wildplakatieren erwünscht.

Komitee für Grundrechte und Demokratie

Jahrbuch 2002/2003

*Deutschland war nie eine bürgerliche Gesellschaft,
und „Bürgersinn" bedeutet hierzulande eine fast
reflexartige Unterwerfung unter den status quo, in
den gebildeteren Schichten die bruchlose
Identifizierung mit ihren Privilegien.*

*(Peter Brückner, Versuch, uns und anderen die
Bundesrepublik zu erklären)*

IMPRESSUM

Herausgeber, Verleger:
Komitee für Grundrechte und Demokratie e.V.
Aquinostr. 7-11, 50670 Köln
Telefon (02 21) 9 72 69-20 und -30, Telefax (02 21) 9 72 69 31
email: info@grundrechtekomitee.de

Redaktion: Wolf-Dieter Narr, Roland Roth,
Birgit Sauer, Martin Singe, Elke Steven, Dirk Vogelskamp

Umbruch, Gestaltung:
Martin Singe, Elke Steven, Dirk Vogelskamp

Preis 15 Euro;
bei Abnahme von mindestens 10 Exemplaren 20 % Rabatt;
Buchhandel generell 40 % Rabatt;
jeweils zuzüglich Versandkosten

Vertrieb und Bankverbindungen:
Komitee für Grundrechte und Demokratie e.V.
Aquinostr. 7-11, 50670 Köln
Postbank Frankfurt Nr. 3 918 81-600, BLZ 500 100 60
Volksbank Odenwald Nr. 8 024 618, BLZ 508 635 13

Erste Auflage, Dezember 2003, 2.000 Exemplare

Alle Rechte beim Herausgeber

Zahlreiche Beiträge sind mit Vorspanntexten versehen; diese wurden von
der Redaktion formuliert. Überschriften und Zwischentitel sind teilweise
von den Autorinnen und Autoren, teilweise von der Redaktion verfasst.
Kurzangaben zu den AutorInnen siehe Seite 307. Die Bildauswahl besorgten Martin Singe, Elke Steven und Dirk Vogelskamp. Bildquellennachweis
siehe Seite 313.

Presserechtlich verantwortlich: Dirk Vogelskamp, Köln

Satz, Druck und Gesamtverarbeitung: hbo-druck, Einhausen

ISBN: 3-88906-103-6; ISSN: 0176-7003

INHALT

7

Zum Gedenken

Schwerpunktthema
Medien, Menschenrechte und Demokratie

Dieter Prokop
Ist das nächste Ziel der Neoliberalen
die Abschaffung der Meinungsfreiheit?

Margarete Jäger
Kriegskritik in den Medien

Editorial

Editorial

Dass es mit der „Friedensdividende" nach dem Ende des Kalten Krieges nicht viel her sein würde, war 1990 sogleich erkenntlich. Die Länder im Umkreis der fast lautlos in sich zusammengestürzten Sowjet-Union, das neue, in Staaten zerfallene und immer noch riesige Russland mussten und müssen sich in kostenreichen Prozessen neu finden. Hierbei mussten sie sich nicht zuletzt in der neuen kapitalistisch „unipolaren" Welt und ihrem Markt zurechtfinden, ebenso wie im kräftig westwärts, vor allem von den USA bestimmten Herrschaftsmanagement der widerspruchsreichen Globalisierung. Und auf Sieger lässt sich, wenn es um Lernprozesse geht, nicht setzen. Das beweist gerade die „westliche Welt" jeden Tag, eine im Kalten Krieg geradezu himmelsblau aufgeladene Orts- und Wertbezeichnung. Die Dummheit nahm nach Kräften wieder einmal zu, wie Laotse wusste, als er seinen Schuh gürtete, um sich ins Exil zu begeben. Konsequenterweise bildete der 2. Golfkrieg, 1991, das Fanal nach dem Ende des „kurzen 20. Jahrhunderts" (Eric Hobsbawm), ein Krieg, der 12 Jahre später seinen brutal dummen Nachschlag erfahren hat. Und unter den Folgen dieses, selbst den besseren eigenen Interessen gegenüber blinden 3. Golfkrieges werden wir alle weltauf, weltab noch unabsehbar lange leiden.

Das ist das Schlimmste dieser „Neuen Zeit", voll des kapitalistisch imperialen Herrschaftsschimmels, dass die schrecklichen Normalitäten schrecklicher gewordener Kriege, kaum fassbar, einen erheblichen Auftrieb erhalten haben.

• Die USA und ihre breite Herrschaftselite stehen an erster Stelle. Gerade weil ihr imperialer Anspruch nach innen und außen vielfach äußerst prekär ist, gerade darum, so scheint es, haben sie den Krieg als ihr fast jederzeit zuhandenes Mittel neu aufbereitet. Die nicht neue Arroganz ihrer Macht wird dabei, nicht zufällig, durch die qualitative militärische Überlegenheit der kapitalistischen Spitzenmacht dieser Welt geradezu extremistisch. Hierbei ließen sich die Bushs und die Cheneys und die Rumsfelds und die Wolfowitzes und tutti quanti mühelos ersetzen. Das was diese nur militärisch monetaristisch denkfähige „Machtelite" schon seit 20 Jahren todbringend zusammenatmet – conspirare wörtlich übersetzt –, ist jenseits aller Idiotien dieser Herren und wenigen Damen die überragende Interessensumme verschärfter Konkurrenz auf dem Weltmarkt. Letzterer ist immer zugleich als Herrschafts- und Militär-"Markt" zu betrachten. Dann wird auch die Marktmetapher ihrer kindlichen Unschuld beraubt.

• Es sind indes gewiss nicht die USA allein. Die Europäer, nicht zuletzt die „Kerneuropäer", tun alles, um die militärisch gestützten Weltspaziergänge an allen möglichen Orten, voll „humanitärer Absichten" versteht sich, US-begleitend und selbstständig zu unternehmen. Nur von philosophischen Toren mit platonischen Throngelüsten sind sie zur besonderen Vernunftmacht zu adeln. Auch „die" selbstgefälligen um keinen Deut „besseren" („besser" als „die" Amerikaner!) sind erfüllt von dem Interesse, einmal menschenrechtlich, einmal antiterroristisch, einmal mit anderen Narrenkappen eingekleidet, weltweit am mehrdimensionalen Machtkuchen teilzuhaben.

• Die Bundesdeutschen zumal tun sich hervor. Sie haben, 1990 typischerweise „wieder"-, nicht neu „vereinigt", nur eines „neu" begriffen, vertreten vor allem durch ihre „neue" so genannte rotgrüne Koalition nach 1998 – die Regierungen zuvor, einschließlich der Grundgesetzopportunisten aus Karlsruhe, agierten freilich nicht anders –, dass sie nun ihre wieder(!) gewonnene Souveränität, die heute weltpolitisch anders zu deklinieren ist als zuvor, dazu benutzen müssen, weltpolitisch und das heißt „weltmilitärisch" eine stärkere Rolle zu spielen. Also schmiedeten sie im Herbst 2001 eine Art „freiheitlich demokratische Grundordnung" kanzlerpräsidiert auf dem sagenumwobenen Petersberg bei Bonn für Afghanistan mit. Dort, „im Hindukusch", kennen sich bundesdeutsche Soldaten, ausgerüstet mit dem fdGO-Visier, trefflich aus. Dort schwärmen sie nun aus, um überall, multilateral, UNO-gefirmt, für (westliche) Ordnung zu sorgen. Und nicht nur dort. Die Einsatzorte vermehren sich. Darum geht auch die Umrüstung der Bundeswehr rasch voran. Einsatztruppen, entsprechende Waffen und „Allzeit-einsatzbereit" lauten die Devisen.

• Waren die Atombomben trotz der hinterher nicht zu verharmlosenden Eigendynamik, die in ihnen und dem Rüstungswettlauf steckte – der große englische Historiker E.P. Thompsen sprach geradezu von einem „exterminism" –, so schien es, während der Kalten-Krieg-Zeit unter wechselseitigem Schreckensverschluss, so geschieht gegenwärtig bedrückend viel, Kriege nicht nur unterhalb der Atomschwelle, sondern auch ausgestattet mit „kleinkalibrigeren" Atomwaffen führbar zu machen. Sprich: auch die Atombombe und andere Massenvernichtungsmittel sollen, wenn man sie nicht ausgemachten „Feinden" andichten kann, jedenfalls für die guten westlichen Werte fungibel gemacht werden.

• Mit all solchen neualten Normalitäten nicht genug. Intellektuelle, die als Erfinder legitimatorischer Schmierseifen immer in einer Nacht geboren wurden, Intellektuelle also, so genannte Wissenschaftler sind rasch zur Hand, um einen neuen Kriegstypus zu erfinden, der als neuer „Bürgerkrieg" privatisierten Militärs geführt, selbstredend vor allem in neuen Ländern, in Noch-Nicht-Staaten oder gar in „failed states" unternommen, nahezu jede Intervention der verantwortlichen Mächte erlaubt. Und wer sind diese verantwortlichen Mächte? Eine rhetorische Frage. Die Siegermächte des Kalten Krieges an erster Stelle. Zu ihnen gesellen sich nun „alte" „Feinde". Auf diese Weise wird Russlands Krieg in und gegen Tschetschenien, so jüngst Herrn Putin durch die „Verantwortungsenthusiasten" Schröder und – zu anderer Zeit – Bush bestätigt, zu einer antiterroristischen Aktion in pazifistischer Absicht.

Der Normalitäten nicht genug. Dieser Anfang genügt schon, um das menschenrechtliche Herz ein um's andere Mal in die Tasche fallen zu lassen. Kann man anders als mit Walter Benjamin feststellen und das in den Jahren 2002/2003 zumal: Das ist die Katastrophe, dass alles so weiter geht? Lässt man allein das Revue passieren, was hochgradig ausgewählt, im Monatskalender des Jahrbuchs in 12 Ausschnitten berichtet wird, man kann dieser Feststellung Benjamins nichts entgegen halten. Es bleibt allein die alte humane Logik des „Trotzdem-Humors". Ihm hat Amos Oz jüngst in seiner Weise Wort gegeben. Wir drucken diesen kurzen Artikel aus der FAZ vom 7.10.2003 mit dem Titel „Flammenschrift"als einen Teil dieser kurzen Einführung im Jahrbuch ab. Dieses Jahrbuch ist selbst ein solcher kleiner Teelöffel – im Sinne von Amos Oz' Bild – oder, vorsichtig und bescheiden gesprochen, versucht ein solcher zu sein – von den exilierten Mitgliedern der Frankfurter Schule, dessen intellektuell Größter, Theodor W. Adorno, anlässlich seines 100. Geburtstages dieses Jahr über- und falsch feiernd fast zum zweiten Mal beerdigt worden ist, haben wir immer wieder auch die Metapher der Flaschenpost übernommen. Wie beim Schöpfen mit dem Teelöffel kommt es im Jahrbuch, an erster Stelle freilich beim menschenrechtlichen Engagement darauf an: immer erneut und immer wieder, sprich kontinuierlich und verlässlich den Problemen auf der wachsamen Lauer zu liegen. Nicht nur das allerdings: mehr noch ist es wichtig, das, was Menschenrechte „sind", vor allem, was sie sein könnten und müssten, Jahr für Jahr, nein Tag für Tag auszupacken. Dann mag es auch ab und an gelingen zu zeigen, dass es selbst in dürftigen Zeiten Spaß macht, und was für welchen (!), menschenrechtlich aktiv zu sein.

Das Jahrbuch erscheint nun im einundzwanzigsten Jahr schon (oder erst) zum 18. Male in dieser Aufmachung. Sein Kern ist auch in dieser Ausgabe unverändert geblieben. Allerdings haben wir etwas an Umfang einzusparen versucht. Wir taten bzw. tun dies nicht, weil wir wie (fast) alle anderen auch sparen müssen, jedenfalls solche, die sich nicht auf der Sonnenseite von Habe und Herrschaft bräunen lassen. Wir tun dies vielmehr, weil wir den Eindruck hatten – vermittelt auch durch manche Äußerung von Jahrbuchlesenden, denen wir sehr dafür danken –, dass der Ereigniskalender am Schluss des Jahrbuchs, auf den wir nun verzichten, zu wenig originell sei und den Lesenden zu wenig einbringe. Auch die Dokumentation der komiteelichen und zuweilen anderer Aktivitäten quer durch's verflossene Jahr haben wir kräftig abgespeckt. Wir wollten vermeiden, die Jahrbuchdokumentation sozusagen als eine Art Ersatzöffentlichkeit für Aktionen zu gebrauchen, die zu wenig publik geworden sind.

Der diesmalige Schwerpunkt „Medien und Öffentlichkeit", im eigenen Editorial ausführlich begründet, dürfte sich als menschenrechtlich einschlägig, insbesondere in Kriegs-, Vorkriegs- und Nachkriegszeiten von selbst verstehen. Dass wir nur wenige Facetten des Themas behandeln konnten, bedauern wir selbst am meisten. Indes: die Artikel sollen alle Lesenden genügend informieren und stimulieren können, um gerade auf diesem Feld die Möglichkeiten ihrer eigenen Urteilsbildung zu erhalten (und immer erneut, angefangen von Leserbriefen) dafür zu kämpfen.

Viele, allzu viele Menschen konnten im vergangenen Jahrbuchjahr 2002/2003 ihren eigenen Tod nicht „haben". Kinder starben, schrecklich hinzuzufügen, wie üblich, zu Hunderttausenden an Hunger. Viele Menschen wurden kriegerisch ermordet. Asylsuchende werden missbraucht und gepeinigt. Manche nehmen sich verzweifelt selbst das Leben. Und die regierende Klasse der Bundesrepublik, ihr angeblicher Rechtstaat und wir, ihre Bürgerinnen und Bürger, sind mitschuldig dabei. Ob wir wollen oder nicht. Auch hier könnten wir alle und müssten wir alle unverändert von der (deutschen) Vergangenheit lernen.

Nur eine Tote wollen wir mit ihrem Namen, in ihrer ganzen Person hervorheben, unser nachdrücklich vertretenes Gleichheitsprinzip damit bestätigend und nicht verletzend. In dieser Toten besonders, in Dorothee Sölle, sind alle anderen als Personen geehrt vertreten. Diese Tote hat lebend besonders – und bleibt lebend darob – dafür gekämpft, geschrieben und gedichtet, dass humane Gleichheit und human herrliche Freiheit sei auf Erden. Und darum zuerst und zuletzt, als Grund von allem, was uns erdenmöglich ist: Friede. Ihre Kinder und uns als die ihren in diesem Falle hat sie in ihren autobiographischen Erinnerungen „Gegenwind" gemahnt, das Beste nicht zu vergessen. Dass es trotz allem, auch inmitten der zutreffenden Feststellung Walter Benjamins, darauf ankomme, anderen Menschen wie sich selbst und allem Geschöpflichen sympathetisch zugewandt zu bleiben.

Berlin, Köln und Wien im November 2003

Wolf-Dieter Narr, Roland Roth, Birgit Sauer, Martin Singe, Elke Steven, Dirk Vogelskamp

Flammenschrift

Was taugen Worte im Konflikt?

Von Amos Oz

Sie haben mich gefragt, wie ich die Wirkung oder den Einfluss meiner politischen Aufsätze (und anderen politischen Aktivitäten) beurteile. Meine ehrliche Antwort auf Ihre Frage lautet: Ich weiß es nicht. Einfluss und Gewicht von Worten, von unabhängigen Stimmen – das hat mit dem hochmysteriösen Prozess zu tun, der Menschen manchmal zu einem Sinneswandel bringt. Wie oft erleben wir, dass Menschen (vor allem Männer), obwohl sie plötzlich völlig andere Ansichten vertreten, einem erklären: „Aber das habe ich letzte Woche/letztes Jahr/immer schon gesagt. Sie müssen mich missverstanden haben." Ganz selten höre ich, dass ich mit einem Artikel, mit einer Rede jemandem die Augen geöffnet habe.

Seit nunmehr fünfunddreißig Jahren trete ich mit einigen gleichgesinnten Freunden – Schriftstellern, Intellektuellen und anderen – für ein binationale Lösung des israelisch-palästinensischen Konflikts ein. 1967 passten die Anhänger dieser Lösung noch in eine Telefonzelle, so wenige waren wir. Heute sprechen sich mehr als siebzig Prozent der Israelis (und Palästinenser) unfroh für diese Zwei-Staaten-Lösung aus. Ist das ein Ergebnis unserer Worte? Wahrscheinlich nicht. Wahrscheinlich ist dieser enorme Sinneswandel das Ergebnis von fünfunddreißig Jahren harten Schlägen der Realität (auf beiden Seiten).

Aber selbst wenn ich gewusst hätte, dass ich niemanden „bekehren" kann, hätte ich dennoch all diese Artikel geschrieben, all diese Reden gehalten, an all diesen Demonstrationen teilgenommen. Ich kann nicht anders. Wie ich schon mehrfach gesagt habe: Wenn man ein großes Feuer sieht, hat man drei Möglichkeiten: Man rennt weg und lässt die anderen in den Flammen umkommen, man bedauert sich und gibt den anderen die Schuld, oder man füllt einen Eimer, eine Tasse, einen Teelöffel mit Wasser und versucht zu löschen. Der Teelöffel ist klein, das Feuer groß, aber jeder von uns hat (mindestens) einen Teelöffel.

Ich bin also ein Mann des Teelöffels. Vielleicht ist es Zeit den „Teelöffelorden" zu gründen, dessen Mitglieder einen kleinen Teelöffel am Revers tragen. Mein „Einfluss" ist der eines Teelöffels voll Wasser angesichts eines großen Waldbrands. Aber was kann der einzelne den anderes tun, wenn er nur Stift und Papier hat?

Aus: FAZ vom 7. Oktober 2003, aus dem Englischen von Matthias Fienbork

Monatskalender
Juli 2002 – Juni 2003

Juli 2002: Das Elend der Kommunalfinanzen ist sprichwörtlich. Alle paar Jahre ertönt der immergleiche Brandruf: „Rettet unsere Städte jetzt!". Längst ist ein Gewöhnungseffekt eingetreten. Ja, wir würden sie vermissen, die Hilferufe der Kämmerer. Es gab noch immer genügend zu verscherbelndes „Tafelsilber" (Grundstücke, Immobilien etc.) und freiwillige Leistungen, die gestrichen werden konnten. Am Ende stand ein kleiner Aufschwung – gerade ausreichend, um die Kommunalfinanzen zu sanieren.

Also kein Grund zur Aufregung, gar zur Sorge um Demokratie und Menschenrechte? Dies ist zumindest die irreführende Auskunft der Bundesregierung. Denn dieses Mal geht es um mehr als nur konjunkturell bedingte Einnahmelücken.

Roland Roth

Der Absturz der Kommunalfinanzen und seine Folgen

Der aktuelle Angriff auf die Finanzausstattung der Kommunen ist Bestandteil und Folge des sozialpolitischen Um- und Abbaus, der gegenwärtig von der Berliner Allparteienkoalition (mit einigen wenigen „Abweichlern") ebenso namenreich wie alternativenarm (Agenda 2010, Hartz, Rürup, Herzog etc.) durchgezogen wird. Dies gilt schon für die unmittelbare Ursache des aktuellen kommunalen Finanzdesasters. Denn neben der schwachen Konjunktur war es vor allem die Eichelsche Unternehmenssteuerreform des Jahres 2000, die zu einem dramatischen Niedergang des Gewerbesteueraufkommens führte. Ein gesenktes Steuerniveau, großzügige Verlustrückträge und neue Spielräume bei der Wahl des billigsten Veranlagungsortes erlaubt Großunternehmen den zumindest zeitweiligen Ausstieg aus der Gewerbesteuer. Über einst beneideten Großstädten, gerade noch stolz auf die stattliche Zahl von Konzernen, die sie mit Gewerbesteuer beglückten (wie z.B. Frankfurt/M, München, Darmstadt), kreisen nun die Pleitegeier. Die Gewerbesteuern sind eingebrochen, einige Kommunen stehen sogar bei „ihren" Konzernen in der Kreide.

21

Die jüngste Debatte um die Reform der Gemeindesteuern hat deutlich gemacht, dass dies kein „handwerklicher Fehler" war, sondern Absicht. Auch hier wie in so vielen anderen Politikfeldern geht es um die „Entlastung" der Unternehmen von Steuern und Abgaben im Namen des Standorts. Gleichzeitig handelt es ich um einen Frontalangriff auf die deutsche Tradition der „Sozialkommune". Dazu gehört nicht nur die Zuständigkeit der Gemeinden für die Sozialhilfe. Es geht auch um kommunale Einrichtungen und Dienste, die nicht nur als wirtschaftsnahe und -fördernde Infrastruktur ausgelegt sein, sondern zur „Daseinsvorsorge" ihrer Einwohner beitragen sollen. Schulen und Kindergärten, Altenheime und Schwimmbäder, Bibliotheken und Jugendzentren sind in dieser Perspektive Teil einer öffentlichen Infrastruktur, die gerade auch Bürgerinnen und Bürger mit geringem Einkommen gesellschaftliche Teilhabe ermöglichen soll. Im aktuell zur Verschrottung freigegebenen deutschen Sozialstaatsmodell sind es in erster Linie die Kommunen, die durch ihre Einrichtungen und Dienste – über bürgernahe Beratungsangebote, sozial gestaffelte Gebühren oder unentgeltliche Nutzungen – soziale Menschen- und Bürgerrechte gewährleisten sollen. Je weniger die Gemeinden dazu finanziell in der Lage sind, desto mehr Ungleichheit in den Lebensbedingungen und soziale Ausgrenzungen. Neues Leitbild ist die neoliberale Stadt, die nicht länger Motor sozialer Integration sein will, sondern sich strikt als „Konzern Stadt" und Wirtschaftsstandort versteht. Es gilt daher, den „sozialen Konsum" zu beschneiden und stattdessen für jene Investitionen zu sorgen, die der lokalen Wirtschaftskraft und ihren sozialen Trägergruppen dienen. Auf der Strecke bleiben Arme,

Obdachlose, Sozialhilfeempfänger und andere soziale „Randgruppen", die stattdessen verstärkt zum Objekt sozialer Kontrolle werden (Videoüberwachung öffentlicher Plätze, rigide Ordnungssatzungen mit exzessiven Platzverweisen etc.) und so auch noch ihrer zivilen und politischen Bürgerrechte beraubt werden.

Das Elend der Kommunalfinanzen hat Tradition und System

Heute liest sich wie ein höhnischer Kommentar, was doch gut gemeint war. In der kleinen verfassungsreformerischen Runderneuerung von 1994 erhielten die Gemeinden erstmals eine Finanzgarantie: „Die Gewährleistung der Selbstverwaltung umfasst auch die Grundlagen der finanziellen Eigenverantwortung" (Artikel 28, 2 Grundgesetz). Schon die vage Formulierung deutet darauf hin, dass die klassische Achillesferse der stolzen, fast 200 Jahre alten – freilich häufig ausgehebelten – Tradition der kommunalen Selbstverwaltung damit nicht krisenfest abgeschirmt wurde. Stets waren es nicht nur die rechtlichen Vorgaben und der zentralisierende bürokratische Zugriff von Bund und Ländern, sondern vor allem die Finanzausstattung, die dem selbstständigen kommunalen Handeln Grenzen setzten. Kommunale Selbstverwaltung, so formulierte einmal ein preußischer Ministerialbeamter, sei das Recht, auf eigene Kosten Dummheiten zu begehen. Dass die höheren Ebenen der Staatsorganisation stets die Neigung verspüren, die Chancen dazu, wie beim knappen Taschengeld für ein Kind, einzuschränken, mag nicht verwundern. So war die kurze Blüte der kommunalen Selbstverwaltung in der Weimarer Republik bereits mit der Erzbergerschen

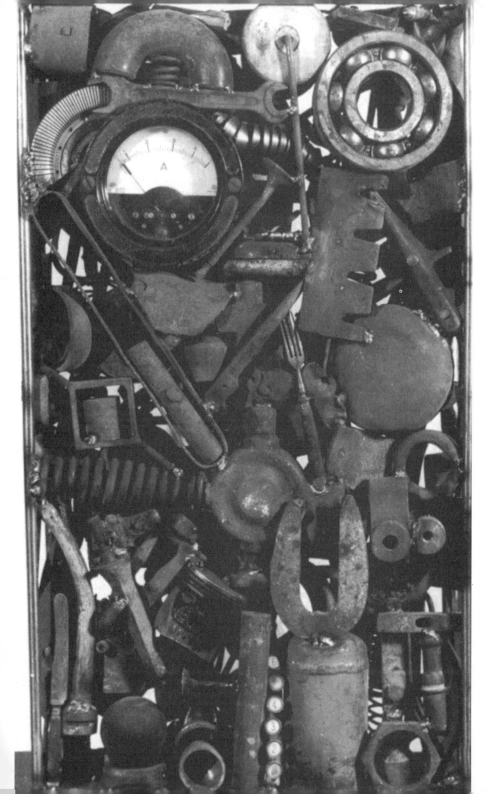

Finanzreform von 1923 weitgehend zu Ende. Auch die im Grundgesetz verankerte Allzuständigkeit und das Aufgabenfindungsrecht der Gemeinden fanden noch immer in der kommunalen Finanzausstattung ihre Grenzen. Im Mittelpunkt stand dabei stets die Gewerbesteuer, die neben den kommunalen Anteilen an der Lohn- und Einkommensteuer das Rückgrat der kommunalen Steuereinnahmen bildete. Zwar erzielen die westdeutschen Gemeinden durchschnittlich nur rund ein Drittel ihrer Einnahmen aus Steuern (in den ostdeutschen Kommunen ist die Steuerkraft wesentlich geringer), ein weiteres Drittel bringen die Gebühren für kommunale Dienste und Leistungen, das letzte Drittel kommt aus den Zweckzuweisungen von Bund und Ländern (und zunehmend auch der Europäischen Union) sowie den diversen föderalen Verbund- und Ausgleichsystemen, die dazu beitragen sollen, bundesweit für die in der Verfassung geforderten gleichwertigen Lebensbedingungen zu sorgen. Aber neben den Bagatellsteuern (z.B. für Hundehalter und Kneipentrinker) und der Grundsteuer bilden die durch eigene Hebesätze gestaltbaren Gewerbesteuern das klassische Herzstück der kommunalen Steuerhoheit. Nur sie garantiert letztlich jene „freien Spitzen", mit denen die Kommunen ihre freiwilligen Aufgaben erfüllen und neue gesellschaftliche Anforderungen aufgreifen können. In den letzten Jahrzehnten waren dies z.B. Umweltämter, Frauenhäuser und -büros, Selbsthilfekontaktstellen und Freiwilligenagenturen.

Die damit einhergehende Abhängigkeit der Kommunalfinanzen von den Gewerbesteuern steckt voller Tücken: a.) Zunächst werden dadurch Gewerbetreibende – vom örtlichen Handwerksbetrieb bis zum Großunternehmen – zu politisch privilegierten Akteuren, deren Interessen in der Regel vorrangig und im Zweifel auch auf Kosten anderer Einwohnergruppen bedient werden. Die Erscheinungsformen sind vielfältig. Sie reichen von der kommunal gerade angesagten „one stop agency" für Investoren (wäre sie doch für die alltäglichen Angelegenheiten der Bürgerinnen und Bürger ebenso populär), über großzügige Vorleistungen für Gewerbegebiete und für Immobilien aus der Stadtkasse bis hin zu jenen vielen „Nicht-Entscheidungen", d.h. der selbstverständlichen Berücksichtigung von lokalen Wirtschaftsinteressen bevor sie überhaupt öffentlich zur Sprache kommen. Ohne die strukturierende Wirkung solcher Nicht-Entscheidungen wäre Kommunalpolitik nur schwer verständlich. b.) Problematisch sind auch die Folgen der Konkurrenz zwischen den Gemeinden um potente Gewerbesteuerzahler. Mögliche Standorte werden so lange gegeneinander ausgespielt, bis die kommunalen Vorleistungen und Vergünstigungen ein Niveau erreichen, dass auch für die „erfolgreichen" Kommunen oft mehr Belastungen als Einnahmen übrig bleiben. Wer durch die neuen Bundesländer fährt, kommt an vielen beleuchteten und von geteerten Straßen durchzogenen Schafweiden vorbei – uneingelöste Hoffnungen auf „blühende Landschaften", aber auch Zeugen einer ruinösen Standortkonkurrenz. c.) Je stärker die Gemeinden von der lokalen Gewerbesteuer abhängig sind, desto konjunkturabhängiger werden sie. Jede Wirtschaftskrise wird dann automatisch zur Krise der Kommunalfinanzen, und die Spruchbänder mit dem Aufdruck „Rettet unsere Städte jetzt" werden wieder aus dem Keller geholt. d.) Zwischen kommunalem Gewerbe und Kommunalpolitik droht stets ein korrupti-

onsträchtiger Interessenfilz. Die Kommunen tätigen das Gros der öffentlichen Investitionen, und lokale Gewerbetreibende – allen voran aus der Baubranche – möchten und sollen ihren Anteil daran bekommen. Dabei helfen im Zweifel auch Briefumschläge mit Bargeld für Entscheidungsträger und Parteispenden für die maßgeblichen Lokalparteien. Kenner dieser Szene gehen längst davon aus, dass Korruption auf lokaler Ebene wesentlich ein Ermittlungsdelikt ist, d.h. die Zahl der gefundenen Fälle einzig von der Intensität der Ermittlungen abhängt. Jenseits seines rheinischen Lokalkolorits dürfte der „Kölner Klüngel" weit verbreitet sein.

Bei anhaltenden ökonomischen Krisen droht den Kommunen eine Abwärtsspirale. Die Steuereinnahmen sinken, gleichzeitig steigen die Sozialhilfeausgaben und der Bedarf an sozialer Unterstützung nimmt in allen Bereichen kommunaler Sozialpolitik zu – mit der Folge, dass die kommunalen Investitionen zurückgeschraubt werden müssen, die dann der lokalen Wirtschaft fehlen. Pleiten, Entlassungen und sinkende Gewerbesteuern sind die Konsequenzen. Um dieses Dilemma nicht zum Teufelskreis werden zu lassen, haben die Kommunen verschiedene, in ihren sozialen und längerfristigen Konsequenzen allerdings wenig erfreuliche Strategien entwickelt: a.) Hatten sie in früheren Jahren ihren Anspruch auf soziale Integration betont, so versuchen die Kommunen heute zunehmend, ihre gewachsene sozialpolitische Verantwortung abzustreifen. Lokal gehören dazu Verschlechterungen in der Qualität des Dienstleistungsangebots und die Schließung von Einrichtungen, den kommunal finanzierten freien Trägern werden die Zuwendungen gekürzt oder gestrichen, kommunal geförderten Projekten und Initiativen ergeht es nicht besser. Der Personalabbau schreitet auch in den Kommunen voran. Wenn es um beschleunigten Sozialabbau geht, treten die kommunalen Spitzenverbände als Lobby auf, die ihre Kommunen von diesen „Soziallasten" befreien bzw. vor weiteren Ansprüchen bewahren möchten. b.) Um zusätzliche Einnahmen zu erzielen, drehen die Gemeinden an der Gebührenschraube. Längst haben sich die Kosten für Müll, Wasser, Strom etc. für viele zur „zweiten Miete" entwickelt. Sozialer Ausgleich über entsprechende Tarife, einst ein Herzstück kommunalwirtschaftlicher Legitimation, rückt in weite Ferne. c.) Die Privatisierung kommunaler Infrastruktur hat sich enorm beschleunigt und ist in immer neuen Varianten zu besichtigen. Ging es vor Jahren noch um den Verkauf des „Tafelsilbers", so geht es heute längst ans Eingemachte. Waren vor Jahren noch „Public Private Partnerships" der Hit, so sind viele Kommunen inzwischen auf „Cross Border Leasing" verfallen, d.h. sie verkaufen ihre Wasserwerke, Krankenhäuser oder U-Bahnen an ausländische Investoren, um sie dann langfristig von ihnen zu mieten. Gemeinsam ist all den Privatisierungsvarianten, dass öffentliche Güter verschwinden und damit der politische Gestaltungsraum der Kommunen weiter schrumpft. d.) Schließlich gehen die Kommunen in die weitere Verschuldung, der allerdings der Gesetzgeber Grenzen gezogen hat („Schuldendeckel"). Um diese Auflagen zu umgehen, sehen sich viele Kommunen dazu gezwungen, verstärkt kurzfristige Kassenkredite aufzunehmen. Schließlich droht ihnen die Staatsaufsicht. Inzwischen agieren z.B. fast alle Großstädte Nordrhein-Westfalens unter Haushaltssicherungsauflagen, d.h. sie müssen sich ihre Aktivitäten jenseits der über-

tragenen Pflichtaufgaben genehmigen lassen. Von der kommunalen Selbstverwaltung bleibt nur noch die Verwaltung (des Mangels) übrig.

Auf dem Wege zur neoliberalen Kommune

Die Misere der Gemeindefinanzen ist zu einem zentralen Vehikel geworden, um auch der Kommunalpolitik die neoliberalen Flötentöne beizubringen. Intoniert werden sie von der Wettbewerbspolitik der Europäischen Union sowie den bundes- wie landespolitischen „Reformen" im Namen von Krise und Haushaltskonsolidierung. Zwar ist schon einige Zeit vom Leitbild der „unternehmerischen Stadt" die Rede und vielerorts eine zunehmende globale kommunale Standortkonkurrenz spürbar, aber es fehlte bislang am nötigen

Leidensdruck, um den gewünschten kommunalen Umbau zu beschleunigen. Nach den „standortgefährdenden Lohnnebenkosten" der großen Sozialversicherungen stehen nun die kommunalen Sozialleistungen, Dienste und Betriebe zur Disposition. Sie gelten als nicht mehr finanzierbar. Was eine kaufkräftige Nachfrage finden kann (z.B. Pflegedienste, Essen auf Rädern oder kommerzielle Betreuungsangebote), ist zu privatisieren und zu vermarkten. Auch der lokale Staat soll so „schlank" gemacht werden – befreit vom Ballast der Daseinsvorsorge. Der aktuelle Sparzwang führt zu Einsparschäden, von denen sich der lokale Sozialstaat „wie wir ihn kannten" vermutlich nicht mehr erholen kann. Ein durchaus erwünschter Effekt, denn erst wenn die kommunale Infrastruktur von Einrichtungen, Diensten und Transfers weitgehend verschwunden oder privatisiert und damit die Marktabhängigkeit verstärkt ist, werden jene prekären Arbeitsmärkte kräftig wachsen, von denen Hartz und andere träumen. Aus den herkömmlichen Kommunen, die als kostspielige und unflexible sozialen Integrationsapparate ausgelegt waren, sollen ökonomische Wachstumsmaschinen werden, die möglichst global wettbewerbsfähige soziale, politische und ökonomische Innovationen hervorbringen. Nicht die Sozialkommune, sondern die kleinen Netze der Nachbarschaften, des bürgerschaftlichen Engagements und der Familien sollen künftig für die notwendige soziale Integration jenseits des Marktes sorgen. Dass die Kommunen weitgehend von den „Lasten" der Sozialhilfe „befreit" und im Verbund mit den zu „Agenturen für Arbeit" gemauserten Arbeitsämtern „passive" Wohlfahrtsempfänger in „aktive" Arbeitswillige verwandeln sollen, passt in das neoliberale Leitbild.

Schon dabei wird man nicht ohne Zwang auskommen. Wie überhaupt die neoliberale Kommune nicht auf repressive Sicherheitsstrategien verzichten kann und will. Wie sonst wären die wachsenden sozialen Gegensätze und die ausgegrenzten Bevölkerungsgruppen zu managen? Die Karriere lokaler polizeilicher Präventionspolitik und kommunaler Sicherheitspartnerschaften, die Konflikte um kommunale Ordnungssatzungen, um die Videoüberwachung öffentlicher Räume oder um elektronische Bewegungsmelder für Schulschwänzer sind nur einige der vielen Anzeichen. Dass es gleichzeitig eine Reformbewegung in Richtung Bürgerkommune gibt, die auf mehr Demokratie und bürgerschaftliches Engagement setzt, muss kein Widerspruch sein. Engagierte sind vielfach als Lücken-

büßer gefragt, solange sie keine weiter reichenden Ansprüche an kommunale Politik herantragen. Ihr „soziales Kapital" soll dort helfen, wo der Rückzug des Staates Brachland hinterlassen hat. Nicht nur wegen des bürgerschaftlichen Eigensinns ist es fraglich, ob es gelingt, die sozialen und räumlichen Grenzen einer sozial gespaltenen Kommune zu befestigen. Da die neoliberale Kommune das klassische urbane Versprechen eines ungeteilten, für alle Einwohnerinnen und Einwohner gleichen zivilen, politischen und sozialen Bürgerstatus über Bord wirft, wird sie – so ist zu hoffen – Gegenbewegungen herausfordern.

28

August 2002: Die „Vereinten Nationen" (UN) hatten seit den Anschlägen vom 11. September 2001 eine weltweite Zunahme von Rassismus und rassistischer Diskriminierung beobachtet. Ende August 2002 stellte der Sonderberichterstatter Maurice Glèlè-Ahanhanzo einen Bericht der UN-Menschenrechtskommission vor. Demnach seien Diskriminierung von Muslimen und Arabern, Anschläge auf Synagogen und die Anwendung rassistischer Profile bei Einreisekontrollen die typischsten Beispiele für diese Entwicklung. Muslime und Araber würden bei Reisen in westliche Länder häufig stigmatisiert. Einwanderungskontrollen und Sicherheitsmaßnahmen im Kontext der Terrorismusbekämpfung hätten den Eindruck entstehen lassen, als sei „ein eiserner Vorhang zwischen dem Norden und dem Süden des Planeten gefallen". Der internationale Kampf gegen Rassismus müsse mit Ausdauer und Nachdruck geführt werden, da „täglich Millionen von Menschen dem Horror einer diskriminierenden Behandlung unterworfen" seien. Den Veränderungen rassistischer Praxen in Deutschland geht der nachfolgende Artikel nach.

Siegfried Jäger

Der Einwanderungsdiskurs nach dem 11.9.2001

Ein Beitrag zum Extremismus der Mitte (1)

Es ist vielfach vermutet worden, dass sich der Einwanderungsdiskurs nach den Terroranschlägen vom 11. September 2001 erheblich verschärfen würde. Befürchtet wurde, dass sich dieses schreckliche Ereignis auf das allgemeine Bild der Einwanderer, insbesondere islamischer Herkunft, äußerst negativ auswirken würde.

So heißt es etwa im jüngsten Jahresbericht der „Europäischen Stelle zur Beobachtung von Rassismus und Frem-

29

denfeindlichkeit" (EUMC) (laut Frankfurter Rundschau vom 11.12.02) , die „Fremdenfeindlichkeit" nehme in Europa zu, die Medien berichteten oftmals wenig differenziert über Ausländer und tolerierten rechtsextremistische Äußerungen. Fremdenfeindlichkeit habe nach dem 11.9.2001 in der Europäischen Union „wegen der verstärkten Angst vor dem Islam neue Dimensionen" angenommen. Journalisten seien oft dazu übergegangen, „Spannungen zwischen inländischen und ausländischen Schichten der Bevölkerung" zu schüren und damit Unsicherheit und Polarisierung" zu verstärken. Sensible Themen wie Asyl und Einwanderung würden von den Medien „hitzig" und „sensationslüstern" aufbereitet. Viele Journalisten präsentierten Bilder, die Ressentiments verstärken: Frauen mit Kopftüchern oder Kinder auf dem Weg zur Koranschule. Begriffe wie Einwanderungswelle fielen, Bilder von „bedrohlichen Menschenmengen" träten zuhauf auf.

Diese Feststellungen der Wiener Beobachtungsstelle gegen Rassismus und Fremdenfeindlichkeit gelten bei verschiedenen Konjunkturen für die Zeit zwischen 1980 und 1998 durchaus, wie auch unsere Analysen zu Politik, Medien und Alltag gezeigt haben. Doch für die Entwicklung des Themas Einwanderung nach dem 11.9.2001 lohnt eine differenziertere Betrachtung! (2)

Nach dem 11.9.2001 gibt es zu den Diskurssträngen „Terror" und „Einwanderung" die folgenden Themenschwerpunkte:

1. Die Berichterstattung zum Anschlag selbst, zur Gefährlichkeit und zu den Netzwerken des Terrorismus in der ganzen Welt, insbesondere aber auch mit Bezug auf Deutschland,

2. das neue Einwanderungsgesetz,

3. die vor dem 11.9.2001 abgehandelten Themen (Kosten, Abschiebung, Kriminalität etc.) tauchen allesamt in der einen oder anderen Variante immer wieder auf. Das wundert nicht! Denn einmal etablierte Diskurse brechen nicht einfach ab, sondern sie verfügen in der Regel über eine ziemliche Stabilität.

Das Thema Terror beherrschte seit den Anschlägen in New York und Washington die Medien in der einen oder anderen Form durchgängig und zieht sich bis in die unmittelbare Gegenwart durch. So widmen sich jeweils etwa 10 Ausgaben von Spiegel und Focus mit Titel und Titelthema dem Thema „Terror/Terroristen und ihre Bekämpfung" (ohne die Titel zu Afghanistan und Irak). Einhellig wird der Terror gebrandmarkt. Die dahinter stehende Annahme eines religiösen Fanatismus konturiert das Feindbild Islam.

Doch es werden auch eher moderate Töne laut, selbst in der BILD-Zeitung: Hier heißt es wenige Tage nach den Terroranschlägen am 16.9.2001 zu Berichten über Anpöbeleien gegen arabische Menschen in Deutschland: „Das Letzte, was wir jetzt brauchen, ist ein Kampf der Kulturen. ... Das Allerletzte sind Mit-Christen, die nun zum Feldzug gegen den Islam blasen und den weltweiten Schock nutzen, um auf den Flammen des Infernos von New York ihr heuchlerisches Süppchen zu kochen. In Deutschland gibt es rund 2,7 Millionen Moslems. Sie pauschal mit Terror und Fanatismus gleichzusetzen, widerspricht nicht nur den Tatsachen, sondern auch der zentralen Grundlage des christlichen Glaubens. ‚Du sollst nicht falsch Zeugnis reden' ist ein wichtiges der zehn Gebote!"

Das mediale Feindbild gegenüber Moslems und anderen Einwanderern in Deutschland hat sich entgegen den Erwartungen vieler nach dem 11.9.2001 keineswegs verschärft, im Gegenteil. Das liegt zum einen auch daran, dass in den Jahren davor, also etwa seit dem Regierungswechsel von 1998 durchaus ein moderaterer Diskurs entstanden ist. Es gab den von den Medien der Mitte lebhaft unterstützten Aufruf zum „Aufstand der Anständigen"; es gab eine Fülle von öffentlich unterstützten Initiativen und Projekten gegen Rassismus und Rechtsextremismus. Es gab, organisiert vom „Bündnis für Demokratie und Toleranz", einer Art vorgelagerter Behörde des Innenministeriums, große Veranstaltungen mit einer Vielzahl von Jugendlichen aus Hunderten von Initiativen zum Verfassungstag jeweils am 23. Mai. Damit etablierte sich im Alltag und auch in den Medien ein moderaterer Einwanderungsdiskurs, der offensichtlich eine gewisse Stabilität erlangte und der nicht mit dem 11.9. plötzlich verschwand. Die vordem zu beobachtenden sensationslüsternen Kollektivsymbole (Fluten von Einwanderern, volle Boote), hitzige Feindbilder u.ä. tauchten deutlich seltener auf.

Auch haben die meisten Medien nach dem 11.9. 2001 tendenziell vor Alarmismus und Hysterie gewarnt. Zwar verstärkte sich ein Feindbild Islam mit Schwerpunkt auf einen islamistischen Fundamentalismus. Eine den Einwanderungsdiskurs generell verschärfende Verschränkung des Einwanderungsdiskurses mit dem Diskurs Islam und daraus resultierende zusätzliche rassistische Effekte waren jedoch nicht zu beobachten.

Die Zurückdrängung des medialen und damit auch des alltäglichen Rassismus (3) hatte jedoch ihren Preis: ein so genanntes Zuwanderungsgesetz, das Einwanderung so sehr begrenzt, wie es sich rechtskonservative und rechtsextreme Kreise nur wünschen konnten, und ausländerfeindliche Ressentiments nahezu restlos befriedigte. (4)

Obwohl mit einem Gesetz, das Einwanderung regelt, anerkannt wird, dass Deutschland ein Einwanderungsland ist, und obwohl dieses Gesetz durchaus einige wenige Zuzugserleichterungen gegenüber den vorangegangenen Bestimmungen enthält – etwa dass Opfer nichtstaatlicher und geschlechtsspezifischer Verfolgung künftig als Flüchtlinge anerkannt und Härtefallkommissionen eingerichtet werden sollen –, gibt es im Gesetzesentwurf zugleich zahlreiche Verschlechterungen gegenüber den bisherigen Regelungen und Praxen, die auch nicht sonderlich fortschrittlich waren. (5)

Nach dem Karlsruher Bescheid, durch den der Gesetzesentwurf vorläufig zurückgestellt wurde, forderte die CDU/CSU insgesamt 137 Änderungen. Bei diesen handelte es sich jedoch größtenteils um Kleinigkeiten und Kleinlichkeiten, die den Entwurf nicht im Kern berühren. (6) Die Absicht ist eindeutig: Die Unionsparteien wollen sich das bewährte Wahlkampf-Dauerthema nicht nehmen lassen.

Ein erstes Fazit lautet daher: Der rotgrünen Regierung ist es zwar gelungen, das wahlkampfsensible Thema ein Stück weit zu neutralisieren. So schreibt auch Pro Asyl: „Der Bundestagswahlkampf (2002; S.J.) blieb weitgehend frei von fremdenfeindlichen Parolen" (7). Dies geschah jedoch zu Lasten demokratischer Einwanderungspolitik.

Ein weiteres Fazit kann gezogen werden: Rassismus ist zwar im öffentlichen Diskurs und im Alltag zurückgedrängt worden; dafür hat er sich aber in der Mitte der Gesellschaft weiter festsetzen können. Wir können davon ausgehen, dass ein institutioneller Rassismus gestärkt worden ist. Das neue „Einwanderungsbegrenzungsgesetz", wie es offiziell bezeichnet wird, vertieft denselbsen. (8) Doch dieser Bereich wird in den staatlich unterstützten Aktionen und Initiativen gegen Rassismus weitestgehend ausgespart oder gar geleugnet.

In einem Gutachten zu den Aktivitäten der Bundesregierung heißt es: „Aus der Opferperspektive wissen wir um diskriminierende institutionelle Praktiken in Ausländerbehörden, Asyleinrichtungen, aber auch in Kommunalverwaltungen, Schulen und Kindergärten. Für diese institutionelle Fremdenfeindlichkeit gibt es in den vorliegenden Programmen keine Aufmerksamkeit." (9) Sie sind in aller Regel durch Verordnungen und Gesetze gedeckt. Auf diese Weise ist Rassismus in der deutschen Gesellschaft, an der Oberfläche abgeschwächt, institutionell weiter gestärkt worden. (10) Das ist auch der Grund, weshalb rechtsextreme Parteien in Deutschland keine Chancen haben. In Sachen Einwanderung ist die Politik der Mitte inzwischen so konservativ bis rechtslastig, dass Rechtskonservative und Rechtsextremisten damit nicht konkurrieren können. (11) Umso wichtiger sind daher weiterhin nicht-staatliche Initiativen und Protestformen.

Maßnahmen und Programme gegen Rechtsextremismus, wissenschaftlich begleitet. Aufgaben, Konzepte und Erfahrungen, Opladen
Roth, Roland (unter Mitarbeit von Anke Benack) 2002: Bürgernetzwerke gegen Rechts. Evaluierung von Aktionsprogrammen und Maßnahmen gegen Rechtsextremismus und Fremdenfeindlichkeit (Kurzfassung)

Anmerkungen

(1) Zusammenfassung eines Vortrags auf dem 9. Bundeskongress für politische Bildung am 7.3.2003 in Braunschweig. Eine ausführliche Darstellung der Ergebnisse eines diskursanalytisch verfahrenden Projekts ist in Planung.
(2) Diese beruht auf der Beobachtung von mehreren großen deutschen Tages- und Wochenzeitungen, die im Zeitraum nach dem 11.9.2001 bis in die Gegenwart erschienen sind, insgesamt etwa 1000 Artikel zu den Themen Terror einerseits und Einwanderung andererseits.
(3) Dies zeigen auch Alltagsinterviews, die wir 2001 und 2003 durchgeführt haben.
(4) Vgl. dazu den Mitgliederrundbrief von Pro Asyl vom 14.2.2002.
(5) Vgl. dazu Keßler 2002. Vgl. auch Pro Asyl 2003: Zuwanderungsgesetz: schlechter als sein Ruf, Frankfurt Februar 2003.
(6) Die große Zahl der Änderungsforderungen täuscht über den tatsächlichen Dissens hinweg. Alle diese Forderungen enthalten zwar Verschärfungen, ohne aber den Gesetzesentwurf im Kern zu tangieren. Vgl. dazu auch Seidel 2003.
(7) Mitgliederrundbrief vom 14.2.2003.
(8) Zum Institutionellen Rassismus vgl. M. Jäger/Kauffmann (Hg.) 2002.
(9) Roth/Benack 2002. Vgl. auch Lynen von Berg/Roth (Hg.) 2003.
(10) Unter Verweis auf das geplante Gesetz dürfte sich zudem die Praxis der Behörden, die mit Einwanderern zu tun haben, weiter verschärfen.
(11) Lösche konstatiert als Teil der Begründung für den Niedergang der europäischen Sozialdemokratie: „Themen sind ... angesagt, die sonst von Rechtspopulisten instrumentalisiert werden." (Lösche 2003, S. 212) Zu bedenken ist, dass alle rechten Parteien in Europa mit dem Thema Einwanderung punkten.

Literatur

Jäger, Margarete/Kauffmann, Heiko (Hg.) 2002: Leben unter Vorbehalt. Institutioneller Rassismus in Deutschland, Duisburg
Keßler, Stefan 2002: Jubeln oder verzweifeln? Flüchtlingsbewegung und Zuwanderungsgesetz, in: M. Jäger/Kauffmann (Hg.) 2002, S. 279-288
Lösche, Peter 2003: Europas Sozialdemokraten im Niedergang? Zum Zustand der SPD und ihrer europäischen Schwesterparteien, Blätter für deutsche und internationale Politik 2/2003, S. 207-216
Lynen von Berg, Heinz/Roth, Roland (Hg.) 2003:

September 2002: Nachdem sich in zwei programmatischen Grundsatzreden des US-Präsidenten (1) bereits die wichtigsten Elemente der sogenannten Bush-Doktrin abgezeichnet hatten, bestätigte die Veröffentlichung der „Nationalen Sicherheitsstrategie der Vereinigten Staaten" (NSS) im September 2002 die schlimmsten Befürchtungen. Mit ihr „übernahm der Präsident das Paradigma jener Befürworter einer hegemonialen, in der Tradition Reagans sich sehenden, auf ‚militärische Stärke und moralische Klarheit' setzenden globalen amerikanischen Führungsrolle, die als beste Garantie für ein stabiles internationales System angesehen wird" (2).

Jürgen Wagner

Die Globalisierung der US-Hegemonie

Der Gruppe neokonservativer Hardliner, angeführt von Vizepräsident Dick Cheney und dem stellvertretenden Verteidigungsminister Paul Wolfowitz, gelang es, ihr politisches Programm in Form der Bush-Doktrin zusammenzufassen, mit der NSS zur offiziellen US-Regierungspolitik zu erheben und durch den „Kampf gegen den Terror" in die Praxis umzusetzen. Allerdings wurden die Grundzüge der Bush-Doktrin bereits vor Jahren ausgearbeitet. Demzufolge sind sie nicht – wie man in Washington gerne betont – als Reaktion auf die Anschläge des 11. September 2001, sondern als Umsetzung der neokonservativen Ideologie zu begreifen.

Wenn viele die NSS als richtungsweisend für die US-Außenpolitik im 21. Jahrhundert erachten, ist dies beängstigend. Sie proklamiert nicht nur ein globales US-amerikanisches Imperium, sondern ist auch eine überaus aggressive Verbindung zwischen neoliberaler Globalisierung und Washingtons politisch-militärischem Hegemonialanspruch.

Das neokonservative Programm: Verewigung der US-Hegemonie

Seit Charles Krauthammer Anfang der 90er Jahre den „unipolaren Moment" ausrief, der auf das Ende der Sowjetunion und dem damit verbundenen Aufstieg der USA zur einzigen Supermacht folgte, steht die Forderung nach einer Verewigung der US-Hegemonie im Zentrum des neokonservativen Denkens. Diese neue Aufgabe der US-Außenpolitik wurde im Wesentlichen bereits 1992 in der unter anderem von Cheney und Wolfowitz verfassten „Defense Planning Guidance" festgelegt. Bereits damals wurden hierfür Präventivkriege ebenso wie die Kontrolle ölreicher und anderer strategisch bedeutsamer Regionen als unerlässlich erachtet (3).

Seither zieht sich diese Prioritätensetzung wie ein roter Faden durch neokonservative Veröffentlichungen. So unterstrich eine Studie vom September 2000, an der neben Wolfowitz auch Lewis Libby, Cheneys heutiger Stabschef, und weitere Mitglieder der Bush-Administration beteiligt waren, dass sich die gesamte US-Außenpolitik diesem Ziel unterzuordnen habe: „Derzeit sieht sich die USA keinem globalen Rivalen ausgesetzt. Die Grand Strategy der USA sollte darauf abzielen, diese vorteilhafte Position so weit wie möglich in die Zukunft zu bewahren und auszuweiten." (4) Schon lange vor dem 11. September benannte diese Studie die „Pax Americana" als „strategisches Ziel" der US-Politik und beschrieb die hierfür notwendigen militärischen Aufgaben (siehe Schaubild) (5):

	Kalter Krieg	21. Jahrhundert
Sicherheitssystem	Bipolar	Unipolar
Strategisches Ziel	Eindämmung der Sowjetunion	Sicherung der Pax Americana
Hauptsächliche militärische Aufgaben	Abschreckung des sowjetischen Expansionismus	Sicherung und Ausdehnung von Zonen des demokratischen Friedens; die Entstehung eines neuen Großmacht-Konkurrenten verhindern; Schlüsselregionen verteidigen

Neokonservatives Grundlagenpapier zu strategischen Zielen der US-Politik (September 2000)

In diesem Kontext ist es nicht verwunderlich, dass auch die NSS im Erhalt der US-Hegemonie die vordringlichste Aufgabe sieht: „Der Präsident beabsichtigt nicht, es irgendeiner anderen ausländischen Macht zu erlauben, den gewaltigen Vorsprung, der sich den USA seit dem Kalten Krieg eröffnet hat, aufzuholen." Interessanterweise wurde dieser Satz kurz vor der Veröffentlichung noch aus dem Dokument entfernt (vgl. Press Briefing by Ari Fleischer, Office of the Press Secretary, 20.09.02).

Das „Gleichgewicht der Freiheit"

Unverblümt feiert sich Washington in der NSS (S. 29) als einzige Weltmacht und Kraft des Guten in Personalunion: „Die Vereinigten Staaten erfreuen sich gegenwärtig beispielloser militärischer Stärke und eines großen wirtschaftlichen und politischen Einflusses. ... Durch unsere Bereitschaft, zu unserer eigenen Verteidigung und der anderer Gewalt einzusetzen, demonstrieren die Vereinigten Staaten ihre Entschlossenheit, ein Gleichgewicht der Macht zu Gunsten der Freiheit aufrechtzuerhalten."

Dass mit „Gleichgewicht" in Wahrheit Dominanz gemeint ist, unterstreicht Bushs Sicherheitsberaterin, Condoleezza Rice, in kaum zu überbietender Deutlichkeit: „Aber wenn es darum geht, einem anderen Kontrahenten zu erlauben, militärische Gleichheit mit den USA zu erreichen so wie es die Sowjetunion tat – nein, die USA haben nicht

die Absicht, dies zu erlauben, weil wenn dies geschieht, wird es kein Mächtegleichgewicht geben, das die Freiheit begünstigt." (6)

Ohne die USA als alleiniger Supermacht, so die Argumentation neokonservativer Ideologen, drohe ständig die Gefahr einer erneuten Blockkonfrontation. Zudem erfordere die Herausforderung des Terrorismus ein umfangreicheres militärisches Engagement, um dem Chaos in der Welt zu begegnen und „Brutstätten des Terrors" zu eliminieren. Da die US-Hegemonie sich somit stabilisierend und konfliktvermeidend auswirke, berechtige dies auch dazu, eine rigorose Interessenspolitik zu betreiben, um die eigene Machtposition dauerhaft zu erhalten. Obwohl die US-Hegemonialpolitik in der Praxis das Gegenteil bewirkt und zahlreiche Konflikte verschärft, stellt dieses Konstrukt die zentrale Legitimation des US-Vormachtanspruches dar. (7)

Worum es tatsächlich geht, beschreibt der stellvertretende US-Außenminister Richard Armitage: „Die nationale Sicherheitsstrategie sollte auf der realistischen Annahme aufbauen, dass die internationale Politik ein Kampf um die Macht ist – für Amerika ein Kampf die führende Macht zu bleiben."(8) Um die optimale Positionierung in diesem auf militärischer, politischer und ökonomischer Ebene ausgetragenen Kampf geht es bei der Bush-Doktrin.

Blaupause militärischer Überlegenheit

„Wir sind wachsam gegenüber einer erneuten Großmachtkonkurrenz", betont die NSS (S. 30). Um dies zu verhindern, müsse das militärische Potenzial der Vereinigten Staaten „groß genug sein, um mögliche Gegner davon abzuhalten, in der Hoffnung, die Macht der USA zu übertreffen oder einzuholen, eine militärische Aufrüstung anzustreben". Dieser Ruf nach permanenter militärischer Dominanz ist ein zentraler Baustein der US-Hegemonialpolitik: „Amerika sollte versuchen, seine globale Führungsposition durch die Übermacht seines Militärs zu bewahren und auszuweiten", verkündeten die Neokonservativen schon vor ihrem Einzug ins Weiße Haus. (9)

Die NSS (S. 29) betont zudem die Bedeutung einer „Vorwärtspräsenz" in „strategisch vitalen Regionen. (Hierfür) benötigen die Vereinigten Staaten Basen und Stützpunkte in Westeuropa, Nordostasien und darüber hinaus, ebenso wie zeitweise Zugangsmöglichkeiten für die Entsendung amerikanischer Streitkräfte in weit entfernte Gegenden." Gemeint sind damit vor allem ölreiche Gebiete und strategische Vorhöfe möglicher Konkurrenten, was im Einklang mit der nun begonnenen radikalen Ausweitung US-amerikanischer Truppenstationierungen in der kaspischen Region am Persischen Golf und teilweise in Südkorea steht. (10)

Um für diese Aufgaben buchstäblich gerüstet zu sein, kam es zu einer dramatischen Erhöhung des amerikanischen „Verteidigungshaushaltes", der für das Jahr 2003 400 Mrd. Dollar vorsieht und bis 2007 auf über 650 Mrd. steigen soll. Gleichzeitig entwirft die NSS ein Legitimationskonstrukt, das die nahezu beliebige Anwendung dieser militärischen Übermacht erlaubt.

(Präventiv-)Kriege auf Verdacht

Laut NSS sei die Bekämpfung der Verbreitung von Massenvernichtungsmitteln (Proliferation) nun das handlungsleitende Prinzip der US-Regierung. Die Möglichkeit, dass „Schurkenstaaten" Massenvernichtungsmittel an Terroristen liefern – obwohl dies von so gut wie allen Experten als äußerst unwahrscheinlich eingeschätzt wird –, sei seit dem 11. September nicht mehr tolerierbar. Mit dieser Begründung fordert die NSS (S. 6), die „Gefahr zu beseitigen, bevor sie unsere Grenzen erreicht", indem die USA „nicht zögern werden, wenn notwendig auch allein, durch präemptives Handeln ihr Recht auf Selbstverteidigung auszuüben".

Während die US-Regierung aber von „Präemption" spricht, was eine durch das Völkerrecht legitimierbare, vorbeugende militärische Maßnahme gegen einen nachweislich und unmittelbar bevorstehenden Angriff darstellt, meint in Wirklichkeit Prävention die Bekämpfung möglicherweise künftig entstehender, keineswegs sicher auftretender Gefahren. Dies bestätigt gerade der als Präzedenzfall für die Bush-Doktrin betrachtete Angriffskrieg gegen den Irak, da eine irakische Aggression unbestritten zu keinem Zeitpunkt unmittelbar bevorstand.

Da Präventivkriege einen klaren Bruch des Völkerrechts darstellen, hebt die Bush-Doktrin faktisch staatliche Souveränität auf. Über diese soll künftig in Washington entschieden werden. Das Beispiel Irak zeigt auch, dass Washington inzwischen der bloße Versuch, an Massenvernichtungsmittel zu gelangen, ja sogar der unbewiesene Verdacht, als Kriegsgrund ausreicht. Immer erneut werden weitere Angriffsziele ins Spiel gebracht, von Nordkorea über Syrien bis zum Iran, die allesamt mit diesem Konstrukt angegriffen werden könnten. Der Anspruch, nahezu beliebig und frei von Restriktionen Staaten militärisch abstrafen zu können, ist integraler Bestandteil einer „Pax Americana".

Alleingänge der Supermacht

Da es wenig plausibel ist, warum andere Staaten diese Herangehensweise nicht übernehmen sollten – Russlands explizit mit dem Verweis auf die Bush-Doktrin erfolgten Drohungen gegenüber Georgien sind ein Beispiel hierfür –, dürfen laut NSS (S. 15) „Staaten Präemption nicht als Vorwand für Aggressionen benutzen". Offensichtlich soll die Deutungsgewalt allein in den Händen der einzigen Weltmacht verbleiben. Das ist wohl eines der entscheidenden Merkmale der neuen Doktrin.

Als „ausgeprägter amerikanischer Internationalismus" (NSS: S. 1) wird dies bezeichnet. Dies bedeutet, „allein zu handeln, wenn unsere Interessen und besondere Verantwortung dies erfordern" (NSS: S. 31). Seit Amtsantritt der Bush-Administration sind Alleingänge zum Prinzip geworden. So wurden zahlreiche internationale Verträge aufgekündigt (ABM-Vertrag), gebrochen (Chemie- und Biowaffenkonventionen) oder schlicht gar nicht erst unterzeichnet beziehungsweise sich für deren Nicht-Ratifizierung eingesetzt (Statut zum internationalen Gerichtshof).

Dieser Unilateralismus hat Methode. Er läuft darauf hinaus, internationale Kooperation ausschließlich dann einzugehen, wenn dies US-amerikanischen Interessen dient. Generell aber wird einer Verrechtlichung – im Washingtoner Jargon Einengung – skeptisch, wenn nicht gar feindlich gegenübergestanden. Unter keinen Umständen wollen die USA sich daran hindern lassen, die eigenen Interessen auch militärisch wahrnehmen zu können.

Militärische Absicherung der neoliberalen Globalisierung

Für Paul Wolfowitz prägen zwei sich gegenseitig bedingende Phänomene die internationalen Beziehungen seit dem Ende der Blockkonfrontation: „Der wichtigste sozial-ökonomische Trend der Welt nach dem Kalten Krieg wird häufig als ‚Globalisierung' beschrieben und das Weltsystem internationaler Politik häufig als ‚unipolar'. Diese beiden Begriffe könnten lediglich unterschiedliche Beschreibungen desselben Phänomens sein, da sich die Globalisierung ... im Kontext der globalen Dominanz amerikanischer ökonomischer und politischer Vorstellungen vollzieht." (11)

Tatsächlich ist die als Globalisierung bezeichnete Ausweitung des kapitalistischen Systems unter neoliberalen Vorzeichen, deren wichtigster Antreiber und Profiteur die Vereinigten Staaten sind, ein wesentlicher Faktor für die Aufrechterhaltung der US-Vormachtstellung. (12) Wie bemerkte Henry Kissinger treffend: Globalisierung ist „nur ein anderes Wort für die US-Herrschaft" (13). Folgerichtig gibt George W. Bush an, es gäbe nur „ein einziges haltbares Modell für nationalen Erfolg: Freiheit, Demokratie und freies Unternehmertum" (NSS: S. 1). Priorität hat dabei allerdings der Freihandel: „Das Konzept des ‚freien Handels' war ein moralisches Prinzip, lange bevor es zu einer Stütze der Wirtschaft wurde", heißt es in der NSS (S. 18). Somit verwundert es nicht, wenn dort (S. 21f.) weiter gefordert wird, „Gesellschaften für Handel und Investitionen (zu) öffnen. ... Freie Märkte und freier Handel sind Schlüsselprioritäten unserer nationalen Sicherheitsstrategie".

Das dramatisch neue an der Bush-Doktrin ist, dass sie den Sturz „nicht-

globalisierungskompatibler Gesellschaften" zu einem nationalen Sicherheitsinteresse erhebt. Autoritär regierte, fehlgeschlagene Staaten seien selbst dafür verantwortlich, wenn in ihrem Land Terrorismus gedeihe. Wird das Ziel, Freiheit, Demokratie und Marktwirtschaft von Staaten verfehlt, würden sie zu einer Gefahr für die USA. Um Freiheit, Demokratie und Marktwirtschaft durchzusetzen, seien deshalb auch militärische Mittel gerechtfertigt. Aus diesem Grund sei beispielsweise die „demokratische Transformation" des Mittleren Ostens notwendig. (14) Bush übernahm inzwischen explizit diese Position. (15) Die Ausweitung „demokratischer Zonen des Friedens" wird hierdurch, wie es die Neokonservativen schon lange gefordert hatten, zur „militärischen Aufgabe".

Damit kann die Geschichte gewissermaßen mit der (gewaltsamen) Durchsetzung des neoliberalen Modells enden. „Es gibt nur eine Wahrheit, die der USA. Alternative Modelle sozialer und politischer Organisation sind nicht nur moralisch falsch, sondern auch eine unzureichende Basis der Weiterentwicklung. ... Die spezielle Interpretation der liberalen Religion, die der Präsident befürwortet, ist eine kreuzzüglerische. Die moralische Pflicht, den Liberalismus zu verteidigen und auszuweiten, kennt keine Grenzen. Staatliche Souveränität bietet keine Sicherheit oder Ausrede. Gesellschaften und Staaten sind nicht berechtigt, sich dem Liberalismus zu verweigern. Tatsächlich haben Staaten die moralische *Pflicht*, nicht nur selber den Liberalismus zu befürworten, sondern ihren Nachbarn Liberalismus *aufzuzwingen*."(16)

Die Aufgabe des US-Militärs besteht darin, die von der neoliberalen Globalisierung verursachten Spannungen und

sozialen Verwerfungen unter Kontrolle zu halten – also für die Stabilität des Gesamtsystems zu bürgen. Keiner beschrieb diesen grundsätzlichen Zusammenhang zwischen beiden Pfeilern der US-Hegemonialpolitik so eindrucksvoll wie der außenpolitische Chefkorrespondent der *New York Times* und ehemalige Berater von Madelaine Albright, Thomas Friedman: Die Globalisierung beruht „auf der Macht der USA und ihrer Bereitschaft, sie gegen jene einzusetzen, die das globalisierte System bedrohen – vom Irak bis Nordkorea. Die unsichtbare Hand des Marktes kann ohne eine unsichtbare Faust nicht arbeiten. McDonald's kann nicht gedeihen ohne McDonell Douglas, die für die US Air Force die F-15 bauen. Die unsichtbare Faust, die dafür sorgt, dass die Technologie des Silicon Valley blüht, besteht aus dem Heer, der Luftwaffe, der Marine und der Marineinfanterie der Vereinigten Staaten." (17)

Doch auch innerhalb der Bush-Administration wird hieraus kein Hehl gemacht. Thomas Barnett, seit September 2001 Berater von US-Verteidigungsminister Donald Rumsfeld und Professor am U.S. Naval War College: „Als die Vereinigten Staaten am Persischen Golf abermals in den Krieg zogen, ging es (um) einen historischen Wendepunkt – den Moment, in dem Washington von der strategischen Sicherheit im Zeitalter der Globalisierung tatsächlich Besitz ergreift." Laut Barnett wurde somit der „nichtintegrierten Lücke", den Staaten, die sich nicht in das Schema der neoliberalen Globalisierung einpassen (lassen), verdeutlicht, dass die USA nicht gewillt sind, dies zu tolerieren: „Wo soll also die nächste Runde von Auswärtsspielen des US-Militärs stattfinden? Das Muster, das sich nach dem Ende des Kalten Krieges

herausgeschält hat, legt eine einfache Antwort nahe: in der Lücke." Barnett beschreibt die Essenz der Pax Americana: Wer sich der neoliberalen Globalisierung widersetzt, dem drohen militärische Angriffe: „Verliert ein Land gegen die Globalisierung oder weist es viele Globalisierungsfortschritte zurück, besteht eine ungleich höhere Chance, dass die Vereinigten Staaten irgendwann Truppen entsenden werden. Umgekehrt gilt: Funktioniert ein Land halbwegs im Rahmen der Globalisierung, dann sehen wir in der Regel keine Veranlassung, unsere Truppen zu schicken, um für Ordnung zu sorgen oder eine Bedrohung zu beseitigen." (18)

Ein prominenter Neokonservativer brachte es auf den Punkt: Als „Preis für den Gewinn des Kalten Krieges" wird nun die Ernte eingefahren: „Wir und niemand sonst werden die Bedingungen der internationalen Gesellschaft diktieren." (19) Allerdings „gibt es nur ein Problem mit der rosigen Vision einer Pax Americana; sie wird nicht funktionieren" (20).

Die Bruchlandung des Adlers

Washingtons Vormachtstellung ist keineswegs so gefestigt, wie es die Neokonservativen gerne hätten. Insbesondere im ökonomischen Bereich sind die Probleme unübersehbar. (21) „Die Pax Americana ist vorüber", urteilt Immanuel Wallerstein. „Die Herausforderungen in Vietnam, auf dem Balkan, im Mittleren Osten bis hin zum 11. September haben die Grenzen amerikanischer Vorherrschaft offenbart. Werden die USA lernen, ruhig schwächer zu werden, oder werden die US-Konservativen sich widersetzen und dabei einen graduellen Niedergang in einen schnellen und gefährlichen Absturz verwan-

deln?"(22) Mit der augenblicklich zu beobachtenden dramatischen Militarisierung der US-Außenpolitik versucht Washington, dieser Entwicklung entgegenzuwirken, und beschleunigt sie damit paradoxerweise noch weiter.

• Die Bestrebungen, anti-hegemoniale Allianzen zu bilden, werden proportional zur Rücksichtslosigkeit der US-Außenpolitik zunehmen. Dies zeigt sich bereits an verschiedenen sino-russischen und russisch-europäischen Annäherungsversuchen, sowie den ernsten Störungen der transatlantischen Beziehungen.

• Der Verbreitung von Massenvernichtungsmitteln wird durch die permanente Androhung militärischer Gewalt massiv Vorschub geleistet, wie die Beispiele Iran und Nordkorea verdeutlichen.

• Die mit der Ausweitung des Neoliberalismus einhergehende Verarmung weiter Teile der Welt führt im Inneren zu Verteilungskonflikten – häufig fälschlicherweise als ethnische Spannungen interpretiert –, die zur Aufrechterhaltung der kapitalistischen Ordnung von außen „befriedet" werden müssen. Verbunden mit der notwendigen Kontrolle von Schlüsselregionen wird hiermit der Nährboden für terroristische Gruppen bereitet, die beabsichtigen, der alles dominierenden Weltmacht mit asymmetrischen Mitteln schweren Schaden zuzufügen.

• Je imperialer sich Washingtons Außenpolitik gibt, desto vielfältiger werden die militärisch zu wahrenden Interessen. Dies führt nicht nur zu zahlreichen Konflikten, sondern auch zu imperialer Überdehnung aufgrund der

Fehlakkumulation von Ressourcen durch Überinvestition in den militärischen Bereich.

Somit wird nur eine Abkehr von dem alles beherrschenden US-Vormachtsanspruch – im Optimalfall sogar der Entschluss, die augenblickliche Position für den Aufbau einer auf Gleichheit basierenden internationalen Ordnung zu nutzen – schwere Konflikte verhindern können. Ein Gedanke, für den sich in Washington augenblicklich kaum jemand zu erwärmen scheint.

Anmerkungen

1) Gemeint sind hier die Ansprache an die Nation im Januar und die Rede vor der Militärakademie in West Point im Juni 2002.
2) Rudolf, Peter: Die USA und die transatlantischen Beziehungen nach dem 11. September, in: APuZ, 25/02, S. 7-13, S. 8.
3) vgl. „No Rivals"-Plan: Den Aufstieg konkurrierender Mächte in Europa und Asien verhindern: Auszüge aus dem neuen Leitlinien-Entwurf des Pentagon, in: Blätter für deutsche und internationale Politik, 4 (1992).
4) Rebuilding America's Defenses. A Report of The Project for the New American Century, September 2000, S. II.
5) ebd., S. 14.
6) zit. nach Rilling, Rainer: „American Empire" als Wille und Vorstellung, RLS Standpunkte, 9/02, S. 5.
7) vgl. zu den theoretischen Prämissen des US-Hegemonialanspruchs und deren Kritik Wagner, Jürgen: Das ewige Imperium: Die US-Außenpolitik als Krisenfaktor, Hamburg 2002.
8) zit. nach Hornbarger, Christopher E./Kearn, David W. Jr. (eds.): National Strategies and Capabilities for a Changing World, Final Report IFPA-Fletcher Conference, November 15-16, 2000, Arlington 2000, S. 14.
9) Rebuilding America's defenses, S. IV.
10) vgl. zur US-Politik in Nordkorea als Mittel zur Eindämmung Chinas Wagner, Jürgen: Schurkenpläne: Krieg oder Krise – wohin steuert die Nordkoreapolitik der Bush-Administration?, IMI-Studie 2003/03, Februar 2003.
11) Wolfowitz, Paul: Statesmanship in the New Century, in: Kagan, Robert/Kristol, William (eds): Present dangers, San Francisco 2000, S. 307-336, 316f.
12) „Wenn man die Globalisierung als das heute vorherrschende internationale System betrachtet und sich die Eigenschaften ansieht, die Unternehmen wie Länder haben müssen, damit sie in diesem System gedeihen, kommt man zwangsläufig zu dem Schluss, dass die USA mehr Startvorteile und weniger Belastungen haben als jedes andere wichtige Land." Vgl. Friedman, Thomas L.: Globalisierung verstehen. Zwischen Marktplatz und Weltmarkt, München 2000, S. 454.
13) zit. nach Biermann, Werner/Klönne, Arno: Globale Spiele: Imperialismus heute – das letzte Stadium des Kapitalismus?, Köln 2001, S. 25.
14) vgl. bspw. Gaddis, John L.: A Grand Strategy, in: Foreign Policy, November/December 2002, S. 50-57.
15) Ripple Effect: Bush Discusses How an Iraq War Would Change Middle East, Reuters, 26.02.03.
16) Rhodes, Edward: Onward, Liberal Soldiers? The Crusading Logic of Bush's Grand Strategy and What Is Wrong with It, Columbia International Affairs Online, December 2002, S. 8.
17) Friedman 2000: S. 570f.
18) Barnett, Thomas P.M.: Die neue Weltkarte des Pentagon, in: Blätter für deutsche und internationale Politik 5/2003, S. 554-564.
19) Kaplan, Robert D.: Warrior Politics: Why Leadership Demands a Pagan Ethos, New York 2002, 144f.
20) Mearsheimer, John J.: Hearts and Minds, in: The National Interest, No. 69 (Fall 2002).
21) vgl. Todd, Emmanuel: Weltmacht USA: Ein Nachruf, München 2003.
22) Wallerstein, Immanuel: The Eagle has Crash Landed, in: Foreign Policy, July/August 2002, S. 60-68, S. 60.

Oktober 2002: Der weltweite „Kampf" gegen den Hunger sei praktisch zum Stillstand gekommen, bilanzierte die Welternährungsorganisation der Vereinten Nationen FAO (Food and Agriculture Organisation) zum „Welternährungstag" am 16. Oktober 2002. FAO-Direktor Jacques Diouf forderte dazu auf, „das Leiden von 840 Millionen Hungrigen und die tägliche Todesrate von 25.000 Opfern des Hungers und der Armut nicht mehr hinzunehmen und zu ignorieren". („die tageszeitung" vom 16. Oktober 2002) Tausendfach wird das Menschenrecht auf Ernährung täglich verletzt. Was aber sind die Ursachen für die immer wiederkehrenden Hungerkrisen?

Martina Backes

Das berechnete Leiden

Verfehlte Strategien der Hunger- und Armutsbekämpfung

Auf dem ersten Welternährungsgipfel 1996 in Rom beschlossen die über 180 Mitgliedstaaten der Welternährungsorganisation (FAO) die Halbierung der Zahl der Hungernden auf etwa 400 Millionen Menschen bis zum Jahre 2015. (1) Die nicht gerade verwunderliche Tatsache wurde bekräftigt, dass Armut und Hunger in engem Zusammenhang stehen. Damit konnten zugleich die seit gut einer Dekade in den westlichen Industriestaaten lancierten entwicklungspolitischen Programme der Armutsbekämpfung als Strategien der Hungerbekämpfung fungieren. Und: Der „Beschluss", das Leiden von über 840 Millionen Menschen halbieren zu wollen, lenkte vorübergehend von der strittigen Frage ab, welche Mittel der Armutsbekämpfung und gegen den Hunger die geeigneten sind – ist doch diese Frage nicht ohne eine Klärung der Ursachen von Armut und Hunger zu beantworten.

Diese zwei Gipfelnachwehen – die fehlende Auseinandersetzung über die Ursachen zum einen und die Fortführung einer von oben verordneten Armutsbekämpfung zum anderen – schlugen sich dann alsbald in den Prognosen der FAO über die Welternährungslage nieder: Das Ziel von Rom, so eine Pressemeldung im Oktober 2002, sei in Anbetracht der derzeitigen Entwicklungen nicht zu erreichen. Die Zahl der Hungernden nehme jährlich nur um sechs statt der für das Halbierungsziel notwendigen 22 Millionen Menschen ab. Nach wie vor, so die nüchterne Statistik, sterben jeden Tag weltweit etwa 100.000 Menschen an den Folgen von Unterernährung. Das sind 36 Millionen pro Jahr. Kaum war ausgesprochen, was man vorher hätte

43

wissen müssen, brach ein internationaler Streit um die Strategien der Hungerbekämpfung aus: Infolge der akuten Nahrungsmittelknappheit im Südlichen Afrika entzündete sich – zunächst am Fall Sambia – ein Kampf um transgene Nahrungsmittel.

Trojanische Pferde der Agrarindustrie

Anfang August 2002 landete das Schiff „Liberty Star" mit 36.000 Tonnen Mais vor der süd-ostafrikanischen Küste, doch die Regierungen Simbabwes und Mosambiks weigerten sich zunächst, die von der US-Regierung gespendete Nahrungsmittelhilfe ins Land zu lassen. Da nicht auszuschließen sei, dass diese Lieferung Körner aus dem Anbau mit gentechnisch verändertem Material enthalte und die Maiskörner möglicherweise nicht nur zum Verzehr, sondern auch als Saatgut genutzt würden, müsse die Ware entweder in gemahlenem Zustand geliefert oder direkt an der Grenze zu Mehl verarbeitet werden, so lautete schließlich die Notlösung. Anders in Sambia: Hier lehnte die Regierung ein Nahrungsmittelhilfe-Angebot der USA in Höhe von 50 Millionen US-Dollar ab, da dieses an die Bedingung geknüpft war, für den gleichen Betrag den Ankauf von Mais auf US-Märkten zu tätigen. Immerhin sind 26 Prozent des US-Maissaatguts transgen, und die konventionell produzierte US-Maisernte wird mit der gentechnisch veränderten Ernte vermischt. Wohlwissend, dass ein Teil der Lieferung von den sambesischen Bauern für die Aussaat zurückgehalten und als Saatgut auf den Feldern landen würde, hatte die Regierung Sambias aus Gründen der drohenden irreversiblen Verunreinigung des eigenen Saatguts die „Hilfe" abgelehnt.

Als unmoralisch bezeichneten die USA nicht nur die unnachgiebige Haltung Sambias, sondern auch die der Europäischen Union. Sambia hielte sich nicht zuletzt aufgrund eines 1999 erlassenen EU-Moratoriums für den Import von gentechnisch veränderten Produkten zurück. Nicht nur Sambia, sondern das hungernde Afrika schlechthin müsse befürchten, dass der Maisanbau künftig nicht mehr für den Export in die EU geeignet sei. Scheinheilig ist dieses Argument schon deshalb, weil kein südostafrikanischer Mais nach Europa exportiert wird. Dahinter steht aber sehr wohl das Interesse der USA, ihr teuer entwickeltes, gentechnisch verändertes Saatgut für Mais, Baumwolle und Soja und letztlich die gesamte Palette grüner Biotechnologie-Produkte langfristig auf dem afrikanischen Markt zu etablieren. Auch die Afrikareise Bushs im Juli 2003 gilt als Unterstützung der 250 Millionen Dollar teuren Werbekampagne der Biotechindustrie für die Akzeptanz ihres gentechnisch veränderten Saatgutes. Dass die gentechnisch veränderten Pflanzen nicht dafür geeignet sind, die kleinbäuerliche Landwirtschaft zu fördern, sondern im Gegenteil nur auf Großfarmen ein geringer Erntezuwachs erzielt wird, belegt die jüngst erschienene Studie des Institute of Development Studies der Universität Sussex (UK). In Anbetracht der Tatsache, dass 75 Prozent der in absoluter Armut lebenden Menschen in ländlichen Regionen wohnen, sind gentechnisch veränderte Organismen keine Antwort auf Armut und Hunger in Afrika.

Ende Juni 2003 meinte Bush anlässlich der 10. Jahreskonferenz der Biotechnology Industry Organisation (BIO), der EU sei im Namen eines von Hunger bedrohten Kontinents dringend

zu raten, ihre oppositionelle Haltung gegenüber der Biotechnologie zu revidieren. Seit Monaten drohen die USA, das WTO-Streitbeilegungsorgan anzurufen und gegen die protektionistische Haltung der EU zu klagen. Im Rahmen des Agrarabkommens (Agreement on Agriculture / AoA) der Welthandelsorganisation (WTO) wird auf eine weltweite Öffnung der Märkte auch für Agrarprodukte gesetzt, die, so betonte der US-Landwirtschaftsminister, nicht zuletzt für die Länder der Dritten Welt von großer Bedeutung sei. Das fünfjährige Moratorium der EU von 1998 wird von den USA als unzulässige Handelsbarriere bewertet. Allein die US-amerikanischen Maisbauern hätten jährliche Handelseinbußen von 300 Millionen Dollar zu verkraften.

Der Vorwurf an die USA, die Hungerkrise dafür zu missbrauchen, Afrika ihren Genmais aufzuzwingen und diesen quasi durch die Hintertüre auf dem Weltmarkt zu etablieren, ließ nicht lange auf sich warten. So wurde pünktlich, nachdem die FAO insbesondere für Afrika düstere Prognosen hinsichtlich der Welternährungslage bekannt gegeben hatte, ausgerechnet die Nothilfe zum Anlass genommen, den schwelenden Konflikt um die (Un)Bedenklichkeit transgener Nahrungsmittel auf die Tagesordnung zu setzen. Nach Monaten der diplomatischen Zurückhaltung wegen des Irakkrieges reichten die USA ihre Klage bei der WTO ein.

Die Gen-Produkte tangieren die Ernährungssouveränität der Bevölkerung in ganz erheblichem Maße. Der politische und wissenschaftliche Streit darüber jedoch, ob mithilfe von gentechnisch veränderten Pflanzen der Hunger in den Griff zu kriegen sei, über ökologische Risiken oder das technische Problemlösungspotenzial der „grünen" Gentechnologie, ist dabei vordergründig. Schon die Tatsache, dass nur ein Prozent der landwirtschaftlichen Genforschung auf solche Kulturpflanzen entfällt, die von Kleinbauern genutzt werden, und dass die Chance der Integration dieser Laborpflanzen in den kleinbäuerlichen Anbau bei 1 zu 250 liegt, verweist auf die Irrelevanz der Gentechnik für die Bekämpfung des Hungers. Vielmehr sind diejenigen gentechnisch veränderten Sorten, die oftmals erst in Kombination mit firmeneigenen Düngemitteln und Pestiziden richtig gedeihen, für die Agrarindustrie von immenser wirtschaftlicher Bedeutung. Die niederländische Rabobank schätzt, dass der globale Handel mit gentechnisch verändertem Saatgut von derzeit über 30 Milliarden Dollar jährlich sich leicht verdreifachen könne.

Aggressive Agrarexportpolitik

Tatsächlich nahm zwischen 1968 und 1998 der internationale Handel mit Grundnahrungsmitteln doppelt so schnell zu wie die Produktion, begleitet von einer Verschlechterung der Austauschbeziehungen (terms of trade) für die Entwicklungsländer. Dabei werden laut der UN-Konferenz für Handel und Entwicklung (UNCTAD) 70 Prozent des Welthandels zwischen transnationalen Konzernen abgewickelt. Eine FAO-Studie über 16 Entwicklungsländer belegt, dass die Liberalisierung des Handels mit Nahrungsmitteln zwar zu einer Einfuhrschwemme führte, der Export dieser Länder aber nicht zunahm. Durch die importierten, meist billigen Lebensmittel – der Preis liegt oft unter den lokalen Produktionskosten – wurden Kleinbauern benachteiligt und der Handel mit regionalen Produkten erschwert. Daraus folgt eine Konzentration der Anbauflächen auf wenige finanzkräftigere Landwirte, die nun ebenfalls auf Exportkulturen setzten. So ist es zu erklären, dass in Indien, dem zweitgrößten Reisexporteur weltweit, heute 260 Millionen Menschen ohne sichere Versorgung mit Nahrung leben. Auch Forschungsergebnisse der Organisation Food First belegen, dass die Zunahme im Freihandel die Fähigkeit der Kleinbauern unterläuft, für ihre Familien und Gemeinden Nahrungsmittel zu produzieren.

Vor diesem Hintergrund ist auch die zur Armuts- und Hungerbekämpfung lancierte „Everything-but-arms-Initiative" der Europäischen Union als einseitig zu bewerten: Industrieländer sollen sich verpflichten, ihre Märkte für die Produkte der am wenigsten entwickelten Länder (LDCs) – mit Ausnahme von Waffen – zu öffnen. Auch diese Regelung fördert, in Kombination mit der so genannten „Nahrungsmittelhilfe", den Anbau von Exportkulturen statt lokal benötigter Nahrungspflanzen. Die deutsche Bundesregierung hatte für die Akzeptanz dieser fraglichen Initiative bei Kanada, USA und Japan geworben – und deklariert diese Bemühungen für eine „Marktöffnung für die ärmsten Länder" als Teil ihres Aktionsprogramms zur Armutsbekämpfung.

Hinzu kommt, dass die EU und die USA mittels Subventionen an ihre Bauern den Export billiger Nahrungsmittel begünstigen und dabei regelrecht um die Wette die Preise unterlaufen. Seit den 70er Jahren richtet die hochtechnisierte und Überschüsse erzeugende Landwirtschaft in Europa und den USA den Blick auf die Absatzmärkte in der „Dritten Welt". Verdeckte Subventionen an die eigenen Farmer sicherten den USA einen komparativen Kostenvorteil gegenüber den Anbietern aus den ländlichen Regionen in Afrika, Asien und Lateinamerika. Mit dem moralischen Motto vom „Brotkorb der Welt" rechtfertigte man den Verkauf der Überschüsse in den Süden. Anfang der 70er Jahre, als die Kosten des Vietnamkrieges stiegen, setzten die USA die Agrarexportstrategie explizit zum Ausgleich des Außenhandelsdefizits ein. Die nationalen Eliten und die städtischen Bevölkerungen in den Metropolen des Südens kauften willig das Billiggetreide – auf Kosten der Absatzmöglichkeiten der eigenen Produzenten. Europäisches Rindfleisch im westlichen und südlichen Afrika, Billigweizen und Zucker in Kenia sind eindrückliche Beispiele für die destruktive Wirkung eines grenzüberschreitenden Agrarhandels. Die Erzeugerpreise der ProduzentInnen in der „Dritten Welt" können mit den Preisen der intensiven Landwirtschaft aus EU und USA nicht mithalten. Der von den Vereinigten Staaten produzierte Mais wird Sambia jetzt inklusive Transport für 190 Dollar angeboten, und damit 70 Dollar billiger als der Mais aus Südafrika ohne Transportkosten.

Auf Dauer zwingen die Billigimporte die lokalen Erzeuger zu ökologisch destruktiven Anbauweisen oder zur Aufgabe der eigenen Produktion. Dieser Entwicklung leisten Internationale Kreditorganisationen noch Vorschub, indem sie unter dem „Entwicklungsmodell" der Strukturanpassung Druck auf die Länder ausüben, dort einzukaufen, wo es am billigsten ist. Auch zwangen sie Malawi, Simbabwe und Sambia, diejenigen Gremien aufzulösen, die für die Verteilung und den Verkauf von Getreide zuständig waren. Sie seien subventioniert und störten das Funktionieren des freien Marktes, argumentierte der Internationale Währungsfonds (IWF). Derartige Entwicklungskonzepte von oben, die auf Schuldensanierung und

Freihandel zielen, opfern die Ernährungssicherheit auf dem Altar der freien Ökonomie.

Importe untergraben nicht nur die Ernährungssicherheit der Landbevölkerung, sondern bewirken zudem veränderte Konsumgewohnheiten. Viele Entwicklungsländer werden von wachsenden Einfuhren abhängig – bei gleichzeitig steigenden Schulden. Die Ausgaben für Nahrungsmittelimporte aller 82 Länder der LIFDCsGruppe (Low Income Food-Deficit Countries: Länder mit niedrigem Durchschnittseinkommen und Mangel an eigenen Nahrungsmitteln), dies betrifft 3,5 Milliarden Menschen oder 60 Prozent der Weltbevölkerung, stiegen laut FAO seit Ende der 80er Jahre um 57 Prozent. Gleichzeitig verschlechterten sich die Deviseneinnahmen etwa in Afrika trotz gleichbleibender Ausfuhrmenge um 60 Prozent.

Erst letztes Jahr fiel der Baumwollpreis in den Keller. Durch Subventionen des US-Landwirtschaftsministeriums hat allein Brasilien vermutlich 640 Millionen Dollar verloren, die afrikanischen Staaten 191 Millionen. In den kommenden Jahren soll den 25.000 US-amerikanischen Baumwollproduzenten mit 2,5 Milliarden Dollar unter die Arme gegriffen werden. Daraufhin haben sich im Juni 2002 Baumwollproduzenten aus Benin, Burkina Faso, Mali und Senegal einer Klage der Brasilianer gegen US-Subventionen angeschlossen.

Meilensteine der Enteignung

Hinter der jüngst eingereichten Klage der USA gegen das Einfuhrverbot von gentechnisch veränderten Produkten in Europa stehen Investitionen von vielen Milliarden Dollar in die grüne Gentechnik, für die die Agrarkonzerne nun auf Rendite hoffen. Das Einfuhrverbot stellt eine der letzten Hürden in einer Agrarentwicklung dar, die vorbei an den Bedürfnissen der Armen und der Kleinbauern wirtschaftet und letztere entmachtet und enteignet.

Schon zu Zeiten der „Grünen Revolution", als Hochertragssorten samt einer auf Düngemittel und Pestizide setzenden Agrartechnik über entwicklungspolitische Programme in alle Welt exportiert wurden, ging es um den Handel nicht nur mit Nahrungsgütern, sondern auch um deren Produktionsmittel. Durch die Fortschritte in der Bio- und Gentechnologie während der letzten Jahrzehnte sind Zugang, Besitz und Kontrolle über das Saatgut zu einem wichtigen Schlüssel der kapitalistischen Akkumulation geworden. Weniger die Life-Science-Technologien und das gentechnisch veränderte Saatgut an sich, sondern die rechtlichen Regelsysteme, die ihre profitable Entfaltung erst möglich machen, sind der Schauplatz, auf dem zwischen Macht und Ohnmacht die Würfel fallen.

Forschungs- und Entwicklungsabteilungen der Agrarindustrie fordern bei ihrer Suche nach verwertbaren biologischen Ressourcen Investitionssicherheit auch in Entwicklungsländern. Die agrarbiologische Vielfalt ist zu einem erheblichen Anteil im Süden verortet, während technologische Möglichkeiten einer agroindustiellen und marktkonformen Nutzung sowie das dazu notwendige Know-How weithin in den Industrieländern liegen. Da zudem traditionelle Kenntnisse der Kleinbauern über Nutzpflanzen – das indigene Wissen – extrem wertvolle geistige Ressourcen für die technologische Inwertsetzung durch die Saatgutindustrie darstellen, sind transnational agierende Akteure aus dem Norden auf marginalisierte

Bevölkerungsgruppen angewiesen. Eine ungewohnte, wenn nicht paradoxe Ausgangslage. Kein Wunder also, dass Patentrechte für geistiges Eigentum an agrarbiologischen Ressourcen zum zentralen Konflikt der internationalen Agrar- und Biopolitik geworden sind – der Patentstreit um Basmati, Quinoa und Neem oder philippinische Reissorten steht hier exemplarisch. Hier, und nicht auf dem Nebenschauplatz Sambia, werden die Spielregeln gesetzt, die über das so euphemistisch formulierte „Recht auf Nahrung" entscheiden.

Die Entwicklungen gehen derzeit in eine bedenkliche Richtung: Eine monopolartige „Verwaltung" des Saatguts durch die Privatwirtschaft tendiert zu ökologisch heiklen, monokulturellen Anbauweisen, diktiert Preise und macht LandwirtInnen über einklagbare Lizenzgebühren zu ihren Vasallen. So werden insbesondere nicht zahlungskräftige KleinbäuerInnen ihrer Produktionsmittel zunehmend entledigt. Seit die Agrarindustrie sich um exklusive Rechte über Genressourcen bemüht und damit Nutzung und Vermarktung monopolisiert, droht gerade den ganz unmittelbar auf die Kulturpflanzenvielfalt angewiesenen lokalen Gemeinden eine ökonomisch-politische Abhängigkeit bisher ungekannten Ausmaßes: Derzeit arbeiten 1,4 Milliarden Menschen mit eigenem Saatgut, und 80 Prozent des Saatguts in Entwicklungsländern werden nicht gehandelt.

Die sozialen Dimensionen dieses umkämpften Terrains äußern sich schließlich im ungleich verteilten Zugang zu Nahrungsmitteln: Die politisch forcierte Warenförmigkeit agrarbiologischer Vielfalt schwächt den unverzichtbaren Beitrag der KleinbäuerInnen zur Ernährungssicherung, insbesondere in den Entwicklungslän-

dern. Es geht nicht, wie die Vertreter der Gentechnik ihren Kritikern vorwerfen, um Technikfeindlichkeit, sondern darum, dass die neue Agrartechnik ohne ihre Anwender, die Kleinbauern, oftmals gar entgegen ihrer Bedürfnisse entwickelt worden ist und die Anwendung nun durch politische Instrumente erzwungen werden soll. Dabei birgt gerade der nicht privatisierte Umgang mit Landsorten, Kulturpflanzen und Nutztieren Ansatzpunkte für eine nachhaltige und sozialökonomisch gerechte Agrarkultur, die unabdingbar für eine langfristige Sicherung einer souveränen Ernährung ist.

Der Mythos vom Hunger

Die Strategien der Armuts- und Hungerbekämpfung „von oben" setzen auf handgeschneiderte Gentechnik und einen freien Handel. Da sie mit politischen Regelwerken Hand in Hand arbeiten, erzeugen sie ein ungeheures Maß an struktureller Gewalt. Der Streit um den Genmais in Sambia ist lediglich der aktuelle Ausdruck einer Jahrzehnte währenden aggressiven Agrarexportpolitik, die für den Hunger in der Welt und die fehlenden Möglichkeiten der Armen, sich selbst zu ernähren, verantwortlich ist. Nicht etwa rückständige landwirtschaftliche Methoden, Naturkatastrophen oder gar eine explosiv wachsende Bevölkerung, wie seitens der Agrarindustrie und Entwicklungsorganisationen proklamiert, sind der Grund für Hunger und Armut. Vielmehr sind die Ursachen in einer auf wirtschaftlichen Profit ausgerichteten und auf die Dialektik von Protektionismus (in Form von Subventionen) und Liberalisierung (Klage gegen Einfuhrverbote und Zwang, dort einzukaufen, wo es am billigsten ist) bauenden Agrarpolitik auszumachen. Die zunehmenden Gewalt-

verhältnisse, die sich etablierenden Bürgerkriegsökonomien und nicht zuletzt die ökologischen Folgeschäden der „Grünen Revolution" lassen das Fass schnell überlaufen. Sie führen dann zu akuter Nahrungsmittelknappheit. Daran ändern auch die auf eine Kombination von Weltmarktintegration und Armutsreduzierung ausgerichteten Entwicklungsstrategien, die von oben verordnet und in die internationale Schuldenpolitik eingebunden sind, wenig.

Gegen die Rede von der „Hungerbekämpfung" und „Ernährungssicherung", der sich die Protagonisten der Gentechnologie und des Freihandels bedienen und die gleichzeitig durch die flankierende Politik (Patentgesetzgebung und Freihandelsdoktrin) enorme Enteignungsfolgen schafft, setzen Kritiker bewusst das Konzept der Er-

nährungssouveränität. Es zielt primär darauf, den Menschen die Möglichkeit zurückzugeben, ihre Produktionsmittel selbst zu kontrollieren und den sozialen und ökologischen Bedürfnissen anzupassen, statt globales Management von Ernährungskrisen mittels technologischer Machbarkeit zu proklamieren.

Offensichtlich ist: Hunger ist nicht etwa das Resultat einer Verringerung der tatsächlich vorhandenen Nahrungsmittel. Dieser tritt unabhängig von der Menge der produzierten Nahrungsmittel auf. Hunger entsteht hingegen durch die Verringerung der Möglichkeit der Menschen, Nahrungsmittel selbst zu produzieren, sie zu erwerben oder einzutauschen. Gemeint sind die Verfügungsrechte, wonach der Zugang zu Nahrung abhängig ist vom Zugang zu den Produktionsmitteln und der Möglichkeit, Nahrung zu erwerben, also letztlich auch von Beschäftigung sowie dem Vorhandensein sozialer Sicherungssysteme wie innerdörflicher Netzwerke. Hinzu kommen Umweltstatus und Naturkatastrophen, die Austauschbeziehungen und damit die Kaufkraft, aber auch der Gesundheitszustand und der Zugang zu Bildung sowie der legale und politische Status der Menschen, der sie mehr oder weniger verwundbar macht. Nahrungs(un)sicherheit ist (in ihrer extremsten Form als Hungersnot) das Resultat von gesellschaftlichen Machtverhältnissen. Vor dem Hintergrund dieser Erklärungsansätze sind die Szenarien über vermeintlich notwendige Ertragssteigerungen zur Ernährungssicherung, wie sie von Seiten der Bio/Gentechnologie bemüht und jüngst von Entwicklungsprogrammen zur Armutsbekämpfung aufgegriffen werden, unzureichend. Sie negieren die komplexen politisch-ökonomischen Ursachen.

die agroindustrielle Aneignung und Vermarktung von Saatgut gezogen werden. Die Enteignung hat ihr Gesicht gewechselt. Eine neue Qualität der aktuellen Kolonisierung der Produktionsmittel der Armen liegt sicher darin, dass an die Stelle grausamster Aneignungsstrategien jetzt von der internationalen Staatengemeinschaft abgesegnete Politiken getreten sind – was ihre Auswirkungen nicht weniger grausam macht.

Anmerkung

1) Als Bezugsjahr gilt das Jahr 1990. Zu diesem Zeitpunkt galten 25 Prozent der Weltbevölkerung, rund 1,2 Mrd. Menschen, als extrem arm. Sie müssen mit weniger als einem Dollar am Tag auskommen. 75 Prozent leben auf dem Lande.

Die „andere Enteignung"

Ob nun, wie Kritikerinnen skandieren, „die agrarbiologische Vielfalt des Südens und das Saatgut die neue Kolonie westlicher Konzerne ist", und „die Biopiraterie die neue Form des Kolonialismus", die das „Recht auf Nahrung" unterläuft, ist lediglich eine Frage des rhetorischen Geschmacks. Sicher trifft das koloniale Prinzip der machtvollen Inbesitznahme natürlicher Ressourcen und landwirtschaftlicher Produktionsmittel durch dominante Akteure – und auch die Ignoranz gegenüber bestehender kleinbäuerlicher Anbauweisen – hier genauso zu. In der Tat kann von Landenteignung und Plantagenwirtschaft als kolonialer Form der Ausbeutung zwischen Nord und Süd eine Parallele zur Privatisierung der Gewinne der meist westlichen Agrarkonzerne durch

November 2002: Seit dem 11. November geht das niederländische Parlament in einem Untersuchungsausschuss abschließend der Frage nach, warum das niederländische UN-Bataillon „Dutchbat" am 11. Juli 1995 die Eroberung der muslimischen Enklave in Ostbosnien und die anschließende Ermordung tausender Männer durch bosnisch-serbische Militärs nicht hat verhindern können. Um diese Frage aufzuklären, wird auch die vom niederländischen Parlament in Auftrag gegebene Studie („Srebrenica, a ‚safe' area") des „Niederländischen Instituts für Kriegsdokumentation" (Niod) herangezogen. Die unter anderem entscheidende Frage, was die westlichen Nachrichtendienste von den serbischen Angriffsvorbereitungen wussten, wird nicht beantwortet.

Helga Dieter

Die Instrumentalisierung der Toten von Srebrenica

Die Entwicklungen im ehemaligen Jugoslawien, die zum Fall von Srebrenica führten, können hier nur in groben Strichen nachgezeichnet werden. Mein Interesse ist auf die Frage gerichtet, wie es möglich war, dass in Srebrenica innerhalb von drei Tagen die Gewalt in einen Massenmord eskalieren konnte, dem keine langfristig strategische Planung zugrunde lag. Lässt sich das Geschehen in Srebrenica letztlich nur als Konsequenz aus der entfesselten Kriegsdynamik begreifen?

Anlässlich einer neuen umfangreichen Untersuchung des „Niederländischen Instituts für Kriegsdokumentation (Niod)" zum Fall von Srebrenica soll an die fatalen Folgen der westlichen militärgestützten Einmischung erinnert werden. Die zählebigen Bilder über die Ereignisse von Srebrenica in unseren Köpfen machen eine Diskussionen darüber schwierig. Jeder Hinweis auf das Zusammenwirken der verschiedenen Akteure und die darin wurzelnde Dynamik bei den Massenerschießungen von Srebrenica wird vorschnell als proserbische Legitimations- strategie denunziert.

Die Toten von Srebrenica und die bundesdeutsche Debatte um eine Kriegsbeteiligung

Seit 1993 ist in Deutschland eine heftige Debatte entbrannt, in der sich „linke" und „grüne" Aktivisten der Friedensbewegung – teils mit öffentlich zur Schau gestellten Gewissensqualen – zur Unterstützung eines Militäreinsatzes in Bosnien durchrangen. Dabei spielte ein Foto von muslimischen Gefangenen im Lager Omarska, das an Bilder von KZ-Häftlingen erinnerte, eine wichtige Rolle. (Die niederländische Niod-Untersuchung hat ergeben, dass das Foto nicht aus Omarska stammt. Es sei für Propagandazwecke von Bosniaken lanciert worden und habe im Westen seine Wirkung nicht verfehlt.)

Am 30. Juni 1995 beschloss der Bundestag als letztes NATO-Mitgliedsland den ersten Kampfeinsatz der Bundeswehr. Das Drohpotential einer NATO-Intervention sollte die bosnisch-serbische Führung zur Kapitulation zwingen. Das „Komitee für Grundrechte und Demokratie" appellierte damals an die Abgeordneten: „Die Verstärkung des militärischen Engagements, sowie die fortschreitende Entwicklung der UN zur Kriegspartei können keinen Frieden im ehemaligen Jugoslawien herbeizwingen. ... Die deutsche Öffentlichkeit soll an die Vorstellung gewöhnt werden, dass die Bundswehr in Zukunft bereit ist, weltweit ‚Flagge zu zeigen'." Die „Grünen" waren bei dieser Abstimmung gespalten. Der heutige Außenminister Josef Fischer stimmte gegen den Einsatz. Zwei Wochen später, nach dem Fall von Srebrenica, schrieb er in einem Brief an seine Parteifreunde (30.7.1995): „Wie also geht eine Politik der Gewaltfreiheit mit dieser neuen Form von Faschismus um, denn genau darum handelt es sich. ... Ich bin der Überzeugung, wir müssen angesichts der Lage der dort eingeschlossenen Zivilbevölkerung für den militärischen Schutz der UN-Schutzzonen sein". Freimut Duve sprach von der „Rampe von Srebrenica".

Während des Kosovo-Krieges der NATO empörten sich einige KZ-Überlebende öffentlich über Vergleiche der Gewalt in Bürgerkriegen mit dem Völkermord in Auschwitz und wiesen diese unverhältnismäßigen Vergleiche zurück. Srebrenica wird seitdem als Chiffre für Kriegsverbrechen verwendet, mit der die Praxis „humanitärer" Militärinterventionen in aller Welt beispielhaft begründet wird.

Hierbei interessiert es wenig, welches Zusammenwirken von politischen und militärischen Entscheidungen die Gewalt in Srebrenica so eskalieren lassen hat, dass es zu den Massenerschießungen kommen konnte. Symptomatisch dafür, dass zwar viele über Srebrenica reden, aber kaum jemand Genaueres wissen will, ist der Umstand, dass die offiziellen Untersuchungsberichte über die Ereignisse in Srebrenica weder in Bibliotheken noch in Friedensforschungsinstituten vorhanden sind.

Je nach politischen Interessen werden die Opferzahlen zu Propagandazwecken manipuliert. Um auf den NATO-Krieg und die möglichen „Kollateralschäden" beim Angriff auf Jugoslawien einzustimmen, fütterte „Verteidigungsminister" Scharping Anfang 1999 die Kriegspropagandamaschine mit Lügen. Er vervierfachte die Zahl der Getöteten in Srebrenica und sprach von 30.000 Opfern.

Einige Kriegsgegner, denen die Zeitschrift „konkret" ein Forum bietet, rechnen die Opferzahlen herunter oder stellen verworrene Hypothesen auf: So seien 214 der Männer in die USA ausgewandert, ohne dass sich ein einziger bei seiner Familie gemeldet habe. 100 bis 800 seien unter Zwang in ein Lager nach Australien gebracht worden. (konkret 8/99)

Anlässlich des achten Srebrenica-Gedenktages rechnete der „konkret"-Autor Jürgen Elsässer die Opferzahlen unter „Serben" und „Muslimen" so lange mit diversen „Belegen" gegeneinander auf, bis die Gesamtzahl „gerecht" aufgeteilt ist: „Demnach wurden in Srebrenica sowohl auf serbischer als auch auf moslemischer Seite etwa 1.500 unbewaffnete oder entwaffnete Personen ermordet." (telepolis, 11.7.2003)

Ich gehe von den offiziellen Zahlen aus, wonach in Srebrenica über 7.500 Männer umgebracht worden sind. Seit den Enthüllungen der gezielten Manipulationen der „Öffentlichkeit" im Irak-, im Kosovo- und im Afghanistankrieg, weiß ich sehr wohl, dass die kriegsführenden Herrschenden zur moralischen Aufrüstung des eigenen Volkes ein Interesse daran haben, die Grausamkeiten der jeweiligen „Schurkenfiguren" zu übertreiben. Es ist jedoch unredlich und grenzt an Selbstbetrug, aus diesem Grunde die Verbrechen der Despoten verharmlosen oder nivellieren zu wollen. Gewiss, es ist ungleich schwieriger, eine pazifistische Haltung einzunehmen, wenn derart ungeheuerliche Verbrechen wie in Srebrenica Anlass zu militärischen Interventionen bieten.

Srebrenica – eine geraffte Chronologie der Ereignisse

Der Sezessionskrieg in Bosnien begann etwas später als der in Kroatien. Er entfaltet sich als kleinräumiger Stellungskrieg von Dorf zu Dorf. In Ostbosnien schienen zunächst die Bosniaken (Muslime) militärisch überlegen zu sein. Sie wüteten 1992 - 1993 mit ihrem lokalen Armeechef Naser Oric (28. Division der Armee von Bosnien und Herzegowina, abgekürzt: ABiH) gegen serbische Dörfer. (Der Niod-Bericht berichtet von 192 Dörfern,

deren Bevölkerung vertrieben oder massakriert worden sei.)

Die militärischen Machtverhältnisse in Ostbosnien kehrten sich bald um. Die geostrategische Lage für die bosnischen Serben war günstiger, da sie leicht über die Drina aus Jugoslawien (Serbien) Nachschub erhalten konnten. Zudem wurden sie durch die berüchtigten paramilitärischen „Arkan-Tiger" unterstützt.

Srebrenica liegt in einem langen, schmalen Talkessel. Ringsum in den Bergen waren bosnisch-serbische Stellungen. Die einzige Straße führt durch bosnisch-serbisches Gebiet. In den Häusern und Straßen der Kleinstadt drängten sich zu den etwa 10.000 Bewohnern über 40.000 Flüchtlinge. Während der umfassenden serbischen Blockade von November 1992 bis März 1993 wurden aus Hubschraubern Lebensmittel über der Stadt abgeworfen. Es wird berichtet, dass bei Panikreaktionen der Hungernden Menschen umgekommen sein sollen.

In dieser Situation machte UN-General Morillon einen Besuch in der Stadt. Er wurde von Tausenden Frauen und Kindern bedrängt und an der Rückfahrt gehindert. Nach Berichten soll er so erschüttert über die Zustände in der Stadt gewesen sein, dass er eigenmächtig eine „UN-Schutzzone" ausrief. Morillon wurde deshalb bald darauf von seinem Amt suspendiert und durch General Janvier ersetzt.

UN-Generalsekretär Butros Ghali hielt die Einrichtung von Schutzzonen gegen den Willen und die Einsicht der Bürgerkriegsparteien für unsinnig. Als der Sicherheitsrat diese dennoch beschloss (Resolution 819 vom 16. April 1993), forderte er zusätzlich 37.000 Blauhelm-Soldaten zu ihrer Absicherung. Der Sicherheitsrat bewilligte aufgrund einer Intervention der US-Amerikaner nur 7.500 Blauhelm-Soldaten. Davon waren zunächst 700, später nur noch 300 niederländische in Srebrenica stationiert (das UN-Bataillon „Dutchbat"). Die bosnischen Serben sahen die Schutzzonen nicht als eine neutrale Einrichtung an, sondern vielmehr als Beleg für die Parteinahme der „Völkergemeinschaft" zugunsten der muslimischen Bevölkerung.

Auch die Bosniaken standen nicht hinter diesem Konzept. Sie wollten „den Westen" auf ihre Seite bringen: Nicht als neutrale Blauhelme, sonder als parteiisch kämpfende Truppe. Laut Niod-Bericht hat die ABiH mit „schmutzigen Tricks" (Nadelstich-Taktik) immer wieder aus der Schutzzone heraus die serbischen Stellungen angegriffen. Mit diesen Angriffen sollten möglichst viele serbische Kräfte gebunden und den eigenen bosnischen Verbänden die Verteidigung Sarajevos erleichtert werden. Das war einer der Gründe, weshalb das Verhältnis der niederländischen UN-Soldaten zu den Männern in der Enklave gespannt war.

Der Angriff der bosnisch-serbischen Armee begann am 6. Juli. Dem im Süden aus den Bergen vorrückenden Drina-Bataillon mit etwa 2.000 Soldaten und Artillerie wurde kaum Widerstand entgegengesetzt. Laut Niod-Bericht habe darum die militärische Führung der bosnischen Serben kurzfristig beschlossen, auf das Zentrum der Stadt vorzurücken und dieses einzunehmen.

Als serbische Soldaten einen UN-Beobachtungsposten einnahmen, war eine Bedingung für eine militärische Verteidigung der UN-Friedenstruppe erfüllt. Der UN-PROFOR-Kommandant, Thom Karreman, forderte Luftun-

terstützung an. Diese Bitte wurde vom Oberkommandierenden der UN-Truppen im ehemaligen Jugoslawien, General Bernard Janvier, nie an die NATO weitergeleitet. Warum er sich so verhalten hat, bleibt bis heute ungeklärt.

Am 10. Juli stellten die bosnischen Serben ein Ultimatum: Die gesamte Bevölkerung, die „Mediziner ohne Grenzen" und die UN könnten unbewaffnet abziehen. Wie ernstgemeint dieses Angebot war, lässt sich nicht mehr klären, weil darüber nicht verhandelt wurde.

Am frühen Morgen des 11. Juli warteten die UN-PROFOR, die ABiH und die Bevölkerung auf die angekündigten Luftangriffe, die jedoch ausblieben. Die bosnisch-serbischen Einheiten rückten in die Stadt ein. Einem Befehl der bosniakischen Militärführung folgend, versammelten sich die Männer der 28. Division der ABiH und Zivilisten im wehrfähigen Alter (zusammen etwa 12.000 - 15.000 Männer) auf einem Feld am nördlichen Rande der Enklave. Etwa ein Drittel der Männer soll bewaffnet gewesen sein. Sie sollten die serbische Linie durchbrechen und sich der bosniakischen Armee anschließen, um die Enklave zurückzuerobern. Da das Gebiet z.T. vermint war, sind 12.000 - 15.000 Männer im Gänsemarsch losgezogen. Um auf die „andere, bosniakische Seite" zu kommen, mussten sie eine Straße und weit einsehbare Felder auf serbischem Gebiet überqueren. Etwa die Hälfte von den Männern, die sich damals aufmachten, gilt bis heute als vermisst.

Frauen und Kinder sowie alte Männer und diejenigen, die sich dem Befehl der bosnischen Militärführung widersetzt hatten, insgesamt etwa 25.000 Menschen, machten sich in Panik auf den ungefähr 5 km langen Weg zum UN-Lager Potocari („Dutchbat"). In dieser Situation begann die NATO mittags (14.40 Uhr) serbische Stellungen in den umliegenden Bergen zu bombardieren. Die serbischen Militärs drohten damit, Granaten in die flüchtende Menschenmenge auf den Straßen zu schießen und die UN-Geiseln zu töten. Daraufhin wurden die Bombardierungen eingestellt.

In jener Nacht (vom 11. auf den 12. Juli) gab es ein Treffen des „Dutchbat"-Kommandeurs Thom Karreman mit dem bosnisch-serbischen Oberbefehlshaber Mladic im nahegelegenen Bratunac. Es wird berichtet, Mladic habe wegen der NATO-Luftangriffe getobt und Rache angedroht. Er habe verlangt, mit politischen und militärischen Autoritäten der Bosniaken über die Evakuierung und Übergabe der Stadt zu verhandeln. Die aber befanden sich alle auf dem Weg, um die serbischen Linien zu durchbrechen. Der Schulrektor und eine Frau kamen mit dem UN-Kommandeur zu den Verhandlungen. Da Mladic nicht mit bosniakischen Repräsentanten verhandeln konnte, bot er den UN-Soldaten an, die Evakuierung zu organisieren. Karreman informierte ranghohe UN-Vertreter in Sarajevo, ohne jedoch von diesen eine Entscheidung zum Handeln zu erhalten.

Vor und auf dem UN-Gelände lagerten rund 25.000 Menschen in glühender Hitze ohne Wasser, Nahrung oder Toiletten. Am nächsten Morgen kam es zu einem weiteren Treffen mit Mladic in Potocari. Mladic verteilte vor laufenden Kameras Bonbons an Kinder.

Der bosniakische Präsident Izetbegovic beharrte weiterhin darauf, die Enklave zu halten. Laut Niod-Bericht hat Mladic der UN-PROFOR angeboten, die Flüchtlinge zu evakuieren. Die Niederländer fühlten sich überfordert und lehnten dies ab. Viele der Männer, zumeist kranke und alte, die vor dem UN-Gelände auf dem Platz lagerten, wurden von den bosnische Serben aussortiert und in eine dem UN-Lager benachbarte Fabrikhalle gesperrt. Am nächsten Tag begannen die Massaker. Nach Schätzungen im Niod-Bericht wurden 100 bis 400 Männer in Potocari exekutiert. Die anderen Männer wurden vermutlich auf den Fußballplatz von Bratunac getrieben.

In den nächsten zwei Tagen wurden die Frauen und Kinder in Busse und auf Lastwagen verfrachtet. Männer wurden daran gehindert, die Fahrzeuge zu besteigen, oder wieder herausgezerrt. In der drangvollen Enge auf den Wagen erstickten Säuglinge. Menschen fielen von den Wagen und wurden von den nachfolgenden überrollt. Am 13. Juli gegen Abend waren alle Frauen und Kinder deportiert.

Die meisten Opfer gab es bei den Männern, die versucht hatten, sich durch die Felder und Wälder auf das bosniakische Gebiet durchzuschlagen. Es ist nicht bekannt, wie viele auf dem Weg durch Minen getötet wurden oder wie viele am Waldrand, als sie die von bosnisch-serbischem Militär kontrollierte Straße überqueren wollten, erschossen wurden. Viele wurden gefangen genommen und vermutlich auf den Fußballplatz nach Bratunac getrieben. Von dort sollen am 14. Juli viele von ihnen auf Lastwagen weggebracht worden sein. Sie sind seitdem vermisst.

Bilder gingen um die Welt: Der niederländische Blauhelmkommandant prostet dem bosnisch-serbischen Schlächter Mladic zu; UN-Soldaten fei-

erten in Zagreb ihren Abschied aus dem Kriegsgebiet; über 20.000 verzweifelte Frauen und Kinder campierten auf dem Flughafen von Tuzla, sie warteten ahnungsvoll verängstigt auf ihre Männer.

Während die Weltöffentlichkeit entsetzt auf Srebrenica starrte, startete die kroatische Armee den blutigen Feldzug „Sturm". In wenigen Tagen (vom 30. Juli - 4. August 1995) wurden bei der Rückeroberung einiger kroatischer Siedlungsgebiete in Bosnien die Krajinen, die seit Generationen serbisch bewohnt sind, gleich mit erobert und 90.000 bosnische Serben vertrieben. Doch damit nicht genug. Etwa 230.000 serbische Bewohner des neuen kroatischen Staatsgebietes wurden unter dem Schutz der NATO gewaltsam in die Flucht getrieben. Die Not dieser Menschen wurde von der Presse als gerechte Strafe für die Massaker von Srebrenica dargestellt. Beide Ereignisse sind weder geografisch noch politisch miteinander verbunden. Viele der Krajina-Flüchtlinge leben bis heute in Notunterkünften. Einige wurden aus bevölkerungspolitischen Gründen im Kosovo angesiedelt. Dort wurden sie ein paar Jahre später wieder vertrieben.

Am 10. August 1995 legte die US-Außenministerin, Madeleine Albright, dem UN-Sicherheitsrat in geschlossener Sitzung Satellitenfotos vor, von denen drei in den Medien veröffentlicht wurden. Die anderen Fotos werden bis heute geheim gehalten. Bei den veröffentlichten Satellitenfotos fehlten die üblichen Einblendungen von Datum und Ort. Auf einem Foto sollen die auf dem Sportplatz zusammengetriebenen Männer zu sehen sein. Auf einem weiteren Foto Erdhügel. Damit sollte dokumentiert werden, dass die Männer in dem Stadion exekutiert und in Massengräbern in der Nähe verscharrt wurden.

Die Mitschuld der Mitwisser

Im Oktober 1995 berichtete der Journalist Andreas Zumach in der „tageszeitung" – zeitgleich mit einem englischen Kollegen im „Independent" –, dass der UN-Sicherheitsrat bereits am 24. Mai 1995 auf Anraten von UN-General Janvier in geschlossener Sitzung diskutiert habe, die Enklave Srebrenica zur „Grenzbegradigung" den bosnischen Serben zu überlassen, da diese langfristig nur als Protektorat mit gewaltigem Aufwand zu schützen sei („Frankfurter Rundschau" vom 31.10.95). (Der Niod-Bericht bestätigt sechs Jahre später diese Diskussion im UN-Sicherheitsrat. Der Vorschlag sei aber verworfen worden. Nur Janvier und Butros Ghali hätten den Rückzug aus den Enklaven empfohlen.)

Andreas Zumach hielt es aufgrund eingesehener Dokumente und Gespräche mit einem hohen NATO-General für bewiesen, dass die Amerikaner seit Anfang Juni Satellitenfotos besaßen, auf denen sie das Vorrücken der bosnischen Serben hätten verfolgen können. Darüber hinaus seien Gespräche zwischen jugoslawischen Militärs und dem serbisch-bosnischen General Mladic durch französische, amerikanische und deutsche Nachrichtendienste abgehört worden. Hierzu lägen Protokolle vor. („die tageszeitung" vom 30.10.95). Das Vorrücken der bosnisch-serbischen Armee auf die Stadt sei also für die NATO nicht überraschend gekommen, sondern bekannt gewesen und insofern geduldet worden. Hintergrund für diese undurchsichtigen Vorgänge sei möglicherweise, dass die Clinton-Regierung die Misserfolge ihrer Bosnienpolitik bis zum Wahlkampf in eine Erfolgsgeschichte ummünzen wollte. Die Grenzbegradigung sei geheimer Bestandteil des amerikanischen „Friedensplans" (Dayton-Prozess) gewesen, wenn auch propagandistisch weiterhin die An-sprüche der Izetbegovic-Regierung auf die muslimischen Gebiete gestützt wurden.

General Janvier sei informiert gewesen und hätte direkt von Chirac den Befehl gehabt, nicht einzugreifen, um als Gegenleistung die Befreiung französischer Geiseln in den Händen der bosnischen Serben zu erreichen. Deshalb habe er auf die fünf Anforderungen der niederländischen Blauhelme nach Luftunterstützung nicht reagiert. Andere hohe UN-Militärs seien dagegen nicht eingeweiht gewesen, wie auch die „Dutchbat-Blauhelme" ahnungslos ihrem Schicksal überlassen worden seien.

Im April 2002 verschärfte Andreas Zumach seine Vorwürfe einer Mitwisserschaft der westlichen Regierungen und der UNO. Er habe nun Belege, dass nicht nur die Regierungen mehrerer Nato-Staaten, sondern auch Kofi Annan als UN-Verantwortlicher (damals UN-Untergeneralsekretär für „Peace Keeping Operations") bereits seit März 1995 von den Plänen der bosnischen Serben zum Angriff auf die Enklave gewusst habe. („die tageszeitung" vom 11.4.02)

Dieser ungeheuerliche Verdacht wird in der UN-Untersuchung zum „Fall von Srebrenica" als Verschwörungstheorie abgetan. In der niederländischen Niod-Analyse werden weitere Belege für den Verdacht genannt. Die Mitwisserschaft der westlichen Großmächte wird als plausible Erklärung der Ereignisse bewertet, die aber letztlich nicht bewiesen werden könne. Sowohl die Satellitenfotos, die Madeleine Albright kurz nach dem Fall von Srebrenica präsentierte, als auch die inzwischen dem Den Haager Tribunal vorliegenden Abhör-

protokolle können Anhaltspunkte dafür sein, dass einige NATO-Regierungen von den Vorbereitungen für den Angriff auf Srebrenica wussten.

In den drei offiziellen Untersuchungen (der UN, in Frankreich und in den Niederlanden) haben die maßgeblichen Verantwortlichen die Auskunft verweigert. Der Einblick in die nachrichtendienstlichen Erkenntnisse jener Zeit wurde Wissenschaftlern und parlamentarischen Kommissionen nicht gewährt.

Die rege Geheimdiplomatie während des Falls von Srebrenica ist bekannt. Unbekannt bleiben hingegen die Inhalte der Gespräche (exemplarisch: am 6. Juli traf sich der UN-Befehlshaber Janvier mit dem bosnisch-serbischen General Mladic; am 7. Juli traf der EU-Beauftragte Carl Bildt mit Präsident Milosevic und General Mladic zusammen.).

Warum haben die UN dem Druck der Amerikaner nachgegeben, die entscheidenden Akten noch 30 - 50 Jahre unter Verschluss zu halten? Könnte es sein, dass es nicht nur eine geheime Mitwisserschaft, sondern Absprachen gab? Wurden die UN-PROFOR-Blauhelme nicht nur im „Regen" sondern möglicherweise im Granathagel stehen gelassen? Und wurde das Leben der Flüchtlinge riskiert, um nach der Schaffung militärischer Fakten einen „Friedensplan" zu präsentieren? Falls es solche Kenntnisse und Absprachen gegeben haben sollte, wären die westlichen Staaten samt UN-Generalsekretär nicht nur zynische Mitwisser, sondern Mittäter.

Wie eskalierte die Gewalt?

Die drei vorliegenden amtlichen Untersuchungen dienen letztendlich der Entlastung ihrer Auftraggeber (UN, Frankreich, Niederlande). Mit großem Aufwand und Einfühlungsvermögen wird die schwierige Situation der Entscheidungsgremien und Akteure wie Janvier und Karreman beschrieben.

Nichts liegt mir ferner, als mich in Denken und Fühlen des für die Ermordung Tausender verantwortlichen General Mladic zu versetzen. Um aber die Ereignisse um Srebrenica zu verstehen, müssen alle Perspektiven beleuchtet, das Konfliktszenario und mögliche konfliktverschärfende Aktionen analysiert werden. Das relativiert nichts, ist aber zum Verständnis, wie es zu solchen Gewaltausbrüchen kommen konnte, unabdingbar.

Seit 1994 versagte der jugoslawische Präsident Milosevic aufgrund der wirtschaftlichen Krise und einer erstarkenden Protestbewegung in Jugoslawien den bosnischen Serben die weitere Unterstützung und drängte sie zur Annahme der internationalen Teilungspläne.

Die Zustimmung Deutschlands zum NATO-Einsatz in Bosnien am 30. Juni 1995 machte den bosnischen Serben klar, dass die Friedensmission mit dem Mandat zur Neutralität beendet war und von nun an die Westmächte geschlossen gegen sie kämpfen würden. Eine Woche später begannen sie den Angriff auf Srebrenica. Ohne die offizielle Unterstützung Jugoslawiens und einem übermächtigen Feind gegenüber versuchten sie noch schnell militärisch Fakten zu schaffen. Hierbei wussten sie möglicherweise, dass Srebrenica nicht ernsthaft durch die NATO verteidigt werden würde.

In den ersten Tagen nach dem Fall der Schutzzone wurde von Politikern und Medien ein irriges Bild der Geschehnisse gezeichnet, das sich in manchen „Köpfen" festgesetzt hat: Die bosnischen Serben hätten 7.500 Zivilisten von ihren Familien getrennt und abgeführt. Bei dieser Aussonderung hätten die holländischen Blauhelme geholfen und bei den folgenden Erschießungen der Männer zugeguckt. Dieser „Völkermord" sei langfristig geplant und vorbereitet worden. Bei aller Kritik an der Rolle der niederländischen Blauhelme stimmt diese verbreitete Darstellung nicht. Die Niod-Untersuchung hat ein Interesse daran, diese gängige Darstellung zu korrigieren. Mit dieser Studie lässt sich jedoch auch das „Bild" der bosnischen Serben nicht mehr aufrecht halten, als hätten diese 7.500 Zivilisten exekutiert. Doch von den deutschen Medien wird dieses schwarz-weiß-Szenario immer wieder journalistisch aufbereitet. (Mir liegen 52 Artikel vor, die die Niod-Studie entsprechend verfälschen.)

Nach serbischer Lesart handelte es sich bei den Männern, die die Frontlinie durchbrechen wollten, um Soldaten im Krieg, die einem militärischen Befehl folgten und z.T. bewaffnet waren. Das wird im Niod-Bericht und vor dem Den Haager Tribunal tendenziell ebenso beurteilt. Demnach wäre die Tötung der Männer im Wald und auf der umkämpften Straße eine „normale" Kampfhandlung. Beim Befehl zu diesem Marsch muss jedoch den militärisch Verantwortlichen von vornherein klar gewesen sein, dass dieser mit sehr hohen Verlusten verbunden sein würde. Die Männer wurden in eine lebensgefährliche Mission geschickt. Ob die „westlichen Schutzmächte" von dem Befehl Präsident Izetbegovic' gewusst haben, geht aus den Untersuchungen nicht hervor.

Gemäß Kriegsrecht hätten die Männer, die gefangen genommen wurden, nach den Regeln der Genfer Konventionen behandelt werden müssen. Doch die bosnischen Serben hatten keinerlei Vor-

kehrungen für ein Gefangenenlager getroffen. Zu fragen ist, ob es in den entsprechenden drei Tagen dazu in den zahlreichen geheimen Verhandlungen von UN-Generälen und ihren Unterhändlern mit den bosnisch-serbischen Kommandeuren Verhandlungen gegeben hat?

Alle amtlichen Untersuchungen und das Haager Tribunal unterstellen, dass die Morde nicht geplant waren. Es waren aber auch keine Vorkehrungen für die Deportation der Flüchtlinge und die Errichtung von Gefangenenlager getroffen worden. Diese Untersuchungsergebnisse können nahe legen, dass die bosnischen Serben der UN die Evakuierung der Enklave tatsächlich überlassen wollten und erst durch den Ausbruch der Männer und die Weigerung der UN, die Evakuierung zu übernehmen, in eine unvorbereitete und unerwartete Situation gerieten. Der Niod-Bericht sieht in der wütenden Reaktion seitens der serbischen Militärführung auf den Ausbruch der Männer eines der Hauptmotive für die anschließenden Massenexekutionen.

Zu dem Zeitpunkt (11. Juli, mittags), als Mladic und seine Offiziere merkten, dass die bosniakischen Männer sie taktisch „hintergangen" hatten, begann die NATO die serbischen Stellungen zu bombardieren. Das war militärisch sinnlos. Die serbischen Soldaten waren nicht mehr in den Bergen, sondern bereits in der Stadt.

General Mladic soll angedroht haben, Granaten in die Menge der ins UN-Lager fliehenden Frauen und Kinder zu schießen, worauf die Flugzeuge abdrehten. Dieses NATO-Bombardement wird im UN-Bericht überhaupt nicht und in der Niod-Untersuchung nur am Rande erwähnt. In Presseberichten wird es nie

zur Sprache gebracht. Militärisch hatte das Bombardement keinen Effekt. Die Folge des Bombardements: Es schüchterte nicht ein, sondern entfesselte die Soldateska.

Nachdem die bosnischen Serben die Schutzzone erobert hatten, erwarteten sie deren Übergabe. Es gab in Potocari keinen bosniakischen Militärvertreter mehr, der die Kapitulation hätte „kriegsstandesgemäß" unterzeichnen können. Da es keine bosniakischen Militärs in der Stadt gab, bot Mladic der UN-PROFOR die Evakuierung der Flüchtlinge nach Tuzla an. Die UN lehnte ab. Sie wollte nicht vor der Weltöffentlichkeit als Erfüllungsgehilfe der Serben bei den „ethnischen Säuberungen" erscheinen. Im Nachhinein erscheint dies als Höhepunkt eines zynischen Doppelspiels. Nachdem das Konzept der Schutzzonen militärisch bereits aufgegeben worden war, sollte die politische Fassade weiter aufrecht erhalten werden. Deshalb überließen die „Mächtigen dieser Welt" 25.000 unter ihrem Schutz stehende Menschen ihren hasserfüllten Feinden.

Darüber hinaus wurden die serbisch-bosnischen Militärs mit strategischen Problemen konfrontiert. Laut Niod-Bericht wollten diese nach dem Fall Srebrenicas nach Süden auf die kleinere Schutzzone Zepa vorrücken. Nun waren aber bis zu 15.000 bosniakische Männer (Soldaten) nördlich der Enklave. Um deren Durchbruch nach Tuzla zu verhindern, mussten sie den Plan ändern. Auf die große Zahl der Gefangenen waren die bosnischen Serben nicht vorbereitet. Eine Mischung aggressiver Motive wie Hass, ethnischer Fanatismus und Rache kumulierte in der Entscheidung, die Muslime nun ein für alle Mal los zu werden. (Niod)

Bei den bosnisch-serbischen Erobe-
rern marschierten skrupellose Freischär-
ler der „Schwarzen Hand" und „Arkan-
Tiger" mit. In wessen Sold sie standen,
ist nicht geklärt. Sie wurden aber von
Mladic und seinen Offizieren des Drina-
Korps nicht zurückgehalten. Der Niod-
Bericht geht davon aus, dass von den
vermissten 7.500 Männern 6.000
erschossen wurden (viele davon in
einem „Kulturhaus").

Die Verantwortung für die Massaker
liegt bei den bosnisch-serbischen Soldaten und ihren Vorgesetzten, die sich nun,
wie in jedem Krieg, auf Befehlsnotstand
berufen. Dass die Tötungshemmung
beim staatlich lizensierten Morden im
Krieg herabgesetzt wird, ist bekannt
und gilt für alle Seiten. Je mehr die
Gewalt eskaliert (Massaker und „ethnische Säuberungen"), um so eher werden
auch die „Regeln" des Kampfes verletzt
und Gefangene oder Zivilisten militärischen Kalkülen unterworfen. Ohne die
Täter entlasten zu wollen: Die westliche
Politik der einseitigen militärgestützten
Einmischung, die Demontage der UN-
Blauhelme, die Absicht der Männer aus
Srebrenica, die serbischen Linien zu
durchbrechen und sich der bosniakischen Armee anzuschließen, und die
einsetzende NATO-Bombardierung
haben zur krisenhaften Zuspitzung der
Situation in Srebrenica beigetragen.

Was gewesen wäre, wenn ...
– Schlussfolgerungen
in der Kriegslogik

Für eine friedlichere Zukunft gilt es
zu fragen, ob es andere Wege und Möglichkeiten aus der gewalteskalierenden
Situation gegeben hätte und wenn,
warum diese nicht beschritten wurden.
Ihrer eigenen Untersuchungsfrage spürt
die aufwändige holländische Niod-Studie leider nicht nach, sondern kommt,

wie auch die anderen referierten Berichte und alle westlichen Politiker und
Medien, zu dem Schluss, dieses ungeheuerliche Kriegsverbrechen hätte nur
durch eine schnelle, hochgerüstete Eingreiftruppe beziehungsweise eine
präventive, massive Bombardierung der
bosnischen Serben verhindert werden
können. Ähnlich lautet das Fazit Kofi
Annans: Die Hauptlektion für die Internationale Gemeinschaft sei es, dass man
mit einem skrupellosen, mörderischen
Regime nicht verhandeln, sondern nur
Gewalt dem systematischen Töten Ein-
halt gebieten könne.

Die Grauen der ethnisierten Bürger-
kriege werden zum Anlass genommen,
spezialisierte Eingreiftruppen aufzustellen und deren Einsätze in aller Welt
durchzusetzen. Die amtlichen Untersuchungen folgen in ihren „Lehren" der
Gewaltlogik der Mächtigen (und Ohn-
mächtigen), die Kriegsverbrechen nur
mit weiteren Kriegseinsätzen verhindern zu können glauben. Dabei obliegt
der „richtige" Zeitpunkt eines Präven-
tivschlages ihren eigeninteressierten
Entscheidungen.

Was gewesen wäre, wenn ...
– Fragen und Schlussfolgerungen
für eine Friedenslogik

Wäre es zu den Kriegen in Jugoslawi-
en gekommen, wenn nach 1989 der
ökonomische Niedergang durch Ent-
schuldung und Wirtschaftshilfe gebremst worden wäre?

Warum haben die Westmächte nicht
die Friedenskräfte in allen Teilen des
ehemaligen Jugoslawien unterstützt und
den Deserteuren ein Aufenthaltsrecht
angeboten?

Welche Wirkung hätte es gehabt,
wenn die westliche Politik den ethnischen Zuschreibungen klar entgegen

getreten wäre und die nationalistischen Abspaltungen nicht anerkannt hätte?

Wäre es bei einem international geforderten Minderheitenschutz zu den „ethnischen Säuberungen" gekommen, die von den nationalistischen Eliten auf allen Seiten betrieben wurden und in den Massakern von Srebrenica gipfelten?

Warum wurden die UN-Schutzzonen nicht personell besser abgesichert, wie es der UN-Generalsekretär gefordert hatte? Warum wurde das niederländische UN-Kontingent nicht verstärkt?

Diente die Verweigerung dieser Mittel möglicherweise der Demontage der Blauhelmeinsätze, um mit deren Versagen zukünftig besser „robuste" Einsätze rechtfertigen zu können?

Was haben die westlichen Nachrichtendienste von den bosnisch-serbischen Plänen zur Eroberung der muslimischen Enklave gewusst? Was wurde in den zahlreichen Treffen der UN-Militärs und anderer Unterhändler mit den bosnisch-serbischen Generälen verhandelt?

Wie sind in der demilitarisierten Schutzzone Teile der bosnischen Armee/Bevölkerung zu Waffen gekommen? Was wusste die NATO/UN über den Versuch großer Teile der männlichen Bevölkerung Srebrenicas, die serbischen Linien zu durchbrechen? Warum wurden die Männer nicht ermutigt, den Befehl zu verweigern?

Weshalb wurde die Schutzzone in einer aussichtslosen Situation nicht aufgegeben? Warum sind nach dem Ultimatum der bosnischen Serben am 10. Juli nicht alle 50.000 BewohnerInnen Srebrenicas mit weißen Tüchern auf die Straße gegangen?

Warum hat die UN die Evakuierung der Flüchtlinge nicht übernommen?

Die Fragen sind unbequem. Sie lassen das gängige schwarz-weiß-Bild zu den Ereignissen in Srebrenica nicht mehr zu. Was gewesen wäre „wenn", das weiß niemand! Aber, was gewesen ist, das zumindest könnte man wissen. Warum lässt sich die UN von Amerika vorschreiben, die Akten 30 - 50 Jahre unter Verschluss zu halten? Die Geheimakten müssen endlich der Öffentlichkeit zugänglich gemacht werden. Stattdessen werden die Ereignisse und die Toten von Srebrenica in Gedenk-Ritualen für die „Kriegslogik" instrumentalisiert.

Dezember 2002: Im Dezember 2002 verhandelte die Europäische Union (EU) in Kopenhagen über den Beginn der Beitrittsverhandlungen mit der Türkei. Wie schon seit längerer Zeit wurde dabei auf Zeit gespielt, d.h. man wollte sich nicht festlegen. Einstweilen wurde der Zeitpunkt für die Entscheidung über die Aufnahme von Beitrittsverhandlungen auf Dezember 2004 verschoben. Dann soll nach der Prüfung des Fortschrittsberichts ein Zeitplan für Verhandlungen verabschiedet werden – oder auch nicht. Über den Beitritt der Türkei zur EU kann man sich trefflich streiten. Zweifel am Zustand der türkischen Demokratie, des türkischen Rechtsstaats sowie an der Einhaltung der Menschenrechte sind durchaus erlaubt.

Rudolf Walther

„Die Türken" vor den Toren der EU – oder wie Vorurteile geschürt werden

Die Debatte im Vorfeld des Kopenhagener Ratstreffens drehte sich nicht um Demokratie, Rechtsstaat und Menschenrechte, sondern wurde auf das kulturelle und zivilisatorische Gleis verschoben: Passen „die" Türken religiös und kulturell überhaupt ins christlich-abendländische Europa? Besonders hervorgetan hat sich in der Debatte der emeritierte Bielefelder Sozialhistoriker Hans-Ulrich Wehler. Dessen Verdienste um die Durchsetzung der Gesellschaftsgeschichte in der Bundesrepublik Deutschland sind unbestritten – aber wenn er politisch argumentiert, erinnert er stark an professorale Kathederirrationalisten, die in Deutschland eine ziemlich lange Tradition haben.

In der unvollständigen Rückblende soll nicht alles in einen großen Topf geworfen, sondern im Gegenteil skizziert werden, in wie mannigfaltigen Formen der Kathederirrationalismus in den letzten 130 Jahren aufgetreten ist. Mit Max Weber teilt Wehler das Verdienst, dass auch äußerst produktive Wissenschaftler politisch leicht vom

Kathederirrationalismus infiziert werden können. Womit nicht behauptet wird, es handle sich dabei um eine Krankheit. Kathederirrationalismus ist vielmehr eine abrupte Mentalitätsverschiebung in Richtung des jeweils vorherrschenden Zeitgeistes und insofern eine Form von politischem Konformismus.

Der preußisch-deutsche Historiker Heinrich von Treitschke (1834-1896) veröffentlichte Mitte November 1879 in seiner Zeitschrift eine Zeitdiagnose, deren Kernsatz lautete: „Die Juden sind unser Unglück!" Das Bismarck-Reich war erst sieben Jahre alt und innerlich von Gegensätzen zerrissen: Streng Konservative waren ebenso gegen das auf dem allgemeinen Wahlrecht beruhende Kaiserreich wie Katholiken, die sich benachteiligt fühlten, und Sozialdemokraten, die seit 1878 unter der Knute des Sozialistengesetzes litten und als Partei verboten waren. Treitschke wollte dem „Nationalgefühl" auf die Beine helfen und brauchte dazu einen „Reichsfeind" (Bismarck) als Sündenbock. Zunächst verteidigte kein einziger Nicht-Jude die so rüde attackierten deutschen Juden. Erst ein Jahr später distanzierte sich der Althistoriker und Nobelpreisträger Theodor Mommsen (1817-1903) von Treitschke und seinen rassistischen Angriffen.

Einer der Väter der „Geopolitik" – der Geograph Friedrich Ratzel (1844-1904) – beschäftigte sich mit den „Gesetzen des räumlichen Wachstums der Staaten". Von der Ideologie des Alldeutschen Verbandes imprägniert, suchte Ratzel nach Rechtfertigungen, um Grenzen zu verschieben und Gebiete „geopolitisch" zu arrondieren. Das als Organismus verstandene Reich Bismarcks sollte nach 1871 wachsen wie ein menschlicher Körper. Max Weber kleidete in seiner berüchtigten Freiburger Antrittsvorlesung von 1895 dieselbe Hoffnung in das Wort von der Reichsgründung als „Jugendstreich", dem „Taten" folgen sollten – sonst hätte man es mit der Reichsgründung gleich lassen sollen.

Ratzels Hauptwerke, „Politische Geographie" (1897) und „Der Lebensraum" (1901), enthalten zwar das Wort „Geopolitik" nicht, aber ihr Autor verstand sich als Ratgeber der Reichsführung bei deren Jagd nach einem „Platz an der Sonne" (Staatssekretär von Bülow, 6.12.1897): „Es liegt im Wesen der Staaten, dass sie im Wettbewerb mit den Nachbarstaaten sich entwickeln, wobei die Kampfpreise zumeist in Gebietsteilen bestehen" (Ratzel). Mit dem Buch „Das Meer als Quelle der Völkergröße" (1900) wurde Ratzel zu einem der Mentoren unter den „Flottenprofessoren", die das bürgerliche Deutschland Land auf und ab ex cathedra auf das Flottenbauprogramm – und damit auf einen Krieg gegen England – einschworen. Ein zentraler Begriff Ratzels ist jener des „Lebensraums", den er von Oscar Peschel übernommen hat, der ihn 1860 bei der Besprechung von Darwins „On the Origin of Species" (1859) verwendete. Ratzel definierte den Begriff an keiner Stelle, sondern beschwor ihn nur in Analogien. Nachhaltig wirkte der Vergleich mit Beobachtungen von der pazifischen Insel Laysan, wo sich aus Mangel an „Nistplätzen der Seevögel ... das Recht der Besitzenden mit grausamer Folgerichtigkeit" durchsetze. Die „Volk-ohne-Raum-Propaganda" der Nazis konnte hier nahtlos anschließen.

Im Oktober 1914 versammelten sich deutsche Professoren hinter einem „Aufruf an die Kulturwelt" und erklärten Frankreich den Kulturkrieg. Sie erfanden die „Ideen von 1914" als Al-

ternative zu den „Ideen von 1789" und verteidigten die „deutsche Kultur" gegen die „französische Zivilisation". Den Franzosen warfen sie vor, „sich mit Russen und Serben" verbündet zu haben „und der Welt das schmachvolle Schauspiel (zu) bieten, Mongolen und Neger auf die weiße Rasse zu hetzen". Max Weber sprach von der „Weihe eines deutschen Krieges" und notierte noch am 18. September 1917: „Die feindlichen Heere setzen sich zunehmend aus Barbaren zusammen. An der Westgrenze steht heute ein Auswurf afrikanischer und asiatischer Wilder und alles Räuber- und Lumpengesindel der Erde mit unter den Waffen, bereit zur Verwüstung deutschen Landes." Belege für solchen Chauvinismus sind unter der deutschen Professorenschaft leicht zu finden. Der Jurist Otto von Gierke etwa zitierte 1915 die Verse Emanuel Geibels: „Und es mag am deutschen Wesen / Einmal noch die Welt genesen" (1861) und fügte hinzu: „So denken auch wir! Und so möge es geschehen!"

Unter deutschen Professoren gibt es immer welche, die nachhaltig dabei sind, ihren eigenen und den Ruf ihres Faches zu ruinieren. Zu ihnen gehört heute der Frankfurter Soziologe Karl Otto Hondrich. Seine Hauptthese ist schlicht: „Letztlich", ein Lieblingswort des Autors, regierten nicht Macht, Geld, Gesetze, Interessen oder die USA die Welt, sondern „moralische Gefühle". Verschärft gelte das in der Frage von Krieg und Frieden – insbesondere heute und in der absehbaren Zukunft. Das Grundprinzip von Hondrichs „universaler Moral" heißt landläufig, „wie Du mir, so ich Dir" und, fachsprachlich geliftet, „Reziprozitätsprinzip". Dieses „moralische Gefühl", für das Hondrich weder eine Definition noch empirische Evidenzen beibringt, teilen angeblich „wir" alle, weshalb es „ohne eine besondere Begründung" auskommt.

Damit liegt auf der Hand, wie es zum Afghanistan-Krieg, dem „Krieg gegen den Terrorismus", kommen musste: „Das Reziprozitätsprinzip – Vergeltung, nicht christliche Vergebung – diktiert den Gegenschlag nach dem Anschlag auf Amerika." Und „wir" – die Regierung, die Parteien, die Bundeswehr, die (nicht gefragten) Deutschen, Engländer, Franzosen, Usbeken? – müssten beim Gegenschlagen dabei sein, denn die Terroranschläge „betrachten wir – fast – als Anschläge auf uns selbst". Das eingeschobene Wort „fast" benützt Hondrich, um argumentative Löcher zu füllen und erschlichene Plausibilitäten zu kaschieren. Quer durch die Geschichte ist es nach Hondrich dieser „soziomoralische Grundprozess der Reziprozität", der die „Spirale der Gewalt" antreibt. Nicht Interessen aller Art, sondern „die Eigendynamik der Moral" garantiert Kriegen eine blendende Zukunft, weil „moralische Expansion" die „territoriale" abgelöst hat.

Fast zur gleichen Zeit, als Wehler das „Türkenproblem" entdeckte, rief der emeritierte Berliner Politikwissenschaftler Arnulf Baring den FAZ-Lesern zu: „Bürger, auf die Barrikaden!" (19.11.2002) und forderte einen Steuerboykott. Es war eine Sternstunde des Katheder-irrationalismus. Da zog der Professor mit einem Aufruf zur „Revolution" ins letzte Gefecht. „Revolution" im Geiste von lebenslänglich Verbeamteten? Dass die Skurrilität ernst gemeint war, zeigte sich einen Tag später. BILD kürte Baring zum „Vordenker Deutschlands" und druckte den FAZ-Artikel nach. Das von klugen Köpfen Geschriebene und Gelesene erwies sich als bestens kompatibel mit dem Groschenblatt mit den großen Buchstaben.

Und nun zurück zum Fall Wehler. Wenige haben den Katheder-Irrationalismus der Professoren der Kaiserzeit schärfer kritisiert als der weltweit renommierte Sozialhistoriker. Nun ist er auf dem besten Weg, seinen Ruf als kritischer Zeitgenosse und historischer (10.9.2002), zwei Tage später in einem ZEIT-Essay über das „Türkenproblem" und im November nochmals in einem FAZ-Interview. Er wollte offensichtlich rauslassen, was endlich einmal gesagt sein musste. Wie ein Kreuzritter schusterte er sich die Welt als Gegensatz von

Aufklärer zu ruinieren. Im Vorfeld des Kopenhagener Ratstreffens im Dezember 2002 meldete er sich gleich mehrfach zu Wort. Zuerst in einem Interview mit der Berliner „Tageszeitung" „Islam" und „Christentum" zusammen und stellte fest, dass jener wächst und dieses „bald weit überholt" sein wird. Dem Islam, das ist für den Experten für europäische Sozialgeschichte klar, wurde die Herkunft „aus der Welt kriegerischer arabischer Nomadenstämme" zum Wesen. Einmal in Fahrt gekommen, faselt es sich besonders munter weiter. Wehler diagnostizierte, wie Bayerns allerchristlicher Minister Beckstein, ein „Türkenproblem". Mit der Einwanderung von Türken muss Schluss sein, denn „man soll sich nicht freiwillig Sprengstoff ins Land holen", meinte Wehler ebenso suggestiv wie demagogisch. „Die" Türken – das „weiß" er ganz genau, sagt aber nicht von wem – „werden in einer Religion groß, die spezifische Integrationsbarrieren bereitstellt". Also Türe zu, denn „Muslime sind nicht integrierbar"!, posaunte der Historiker.

Im Jargon des abgestandensten Lateinlehrer-Abendländertums zählte er auf, was „dem" Türken alles fehle, um in die EU zu kommen – „christliche Tradition, jüdisch-römische Antike, Renaissance, Aufklärung, Wissenschaftsrevolutionen". „Der" Muslim, vulgo Türke, ist ein Defizit auf zwei Beinen und „die" Türkin allemal nur ein Kopftuch. Die Türkei erscheint als „ein prinzipieller Gegner westlicher Werte, westlicher Kultur, westlicher Politik, westlichen Lebensstils". Damit ist das Land für die EU in den Augen Wehlers untauglich, denn diese ist „ein christlich geprägter Staatsverein" und beruht angeblich auf „2000-jähriger Tradition". Und mit gut aller-christlicher Doppelmoral verkündet der Professor, wofür „der Westen" die Türkei unbedingt „braucht": als „südöstlichen Stützpfeiler der Nato", als Frontstaat gegen den Irak und gegen Syrien.

So richtig peinlich wird es, wenn Wehler als Historiker auftrumpft und meint: „Das muslimische Osmanenreich hat rund 450 Jahre lange gegen das christliche Europa nahezu unablässig Krieg geführt; einmal standen seine Heere sogar vor den Toren Wiens. Das ist im Kollektivgedächtnis der europäischen Völker, aber auch der Türkei tief verankert." Was das individuelle Gedächtnis betrifft, kann dem Historiker nachgeholfen werden. Was tat der aller-christliche Westen in dieser Zeit? Die Kreuzzüge gegen das Morgenland und den Islam begannen nicht vor 450, sondern schon vor 900 Jahren, die Vertreibung der Araber und die barbarische Christianisierung von deren Hochkultur in Spanien liegt auch schon über 500 Jahre zurück, und kurz danach erfanden die christlichen Westler Kolonialismus und Imperialismus, die in unterschiedlichen Formen bis heute herrschen.

Neben provinzieller Befangenheit und europäischer Borniertheit den Islam betreffend, sind es dumpfe Ressentiments, die Wehler ins Feld führt. In einem weiteren FAZ-Interview vom 7.5.2003 warnt er vor einem EU-Beitritt der Türkei mit dem Argument, schon 2010 wäre das Land mit 90 Millionen Einwohnern „der größte Staat", der in Straßburg „die größte Fraktion" stellen würde. Das sind nur als Argumente kostümierte Halluzinationen in der Preislage der Warnungen vor der „gelben Gefahr", die angeblich Europa im 19. Jahrhundert bedrohte.

Januar 2003: Am 16. Januar 2003 vermeldeten die Zeitungen, das Datensystem Eurodac habe bei der EU-Kommission seinen Betrieb aufgenommen. Es enthält die Fingerabdruck-Daten aller neu registrierten Asylsuchenden und „illegalen Einwanderer" aus der EU sowie aus Norwegen und Island, sofern sie über 14 Jahre alt sind. Die zu einer Zahlenreihe komprimierten Abdrücke werden darin anonym unter einer Registriernummer erfasst. Das klingt nach Datenschutz, denn die Namen und Personalien sowie das Herkunftsland der Personen sind in Eurodac nicht erkennbar.

Heiner Busch

Eurodac – oder die lange Geschichte der Erfassung von Asylsuchenden

Das ist auch nicht notwendig, denn die Registriernummer verweist auf diese und noch viel mehr Daten, die bei den angeschlossenen nationalen Behörden der Mitgliedstaaten fein säuberlich festgehalten sind. Diese liefern die Daten entweder online oder per Magnetband an. Eurodac sorgt automatisch für einen Vergleich. Wenn sich dabei herausstellt, dass die Fingerabdrücke bereits in dem System enthalten sind, wenn sich also ein „Treffer" ergibt, dann heißt das, dass die betreffende Person bereits vorher einmal als Asylsuchender oder als „illegaler Einwanderer" in Erscheinung getreten ist.

Der „Treffer" wird den nationalen Behörden gemeldet, die dann entsprechend handeln sollen. Sie erfahren damit, dass es sich bei dem Asylantrag um einen Doppel- oder Nachfolgeantrag handelt, dass ein abgelehnter Asylsuchender sich als „Illegaler" weiter in der EU aufhält usw. Sie können also – trotz Anonymität – sehr wohl Folgerungen aus dem „Missbrauch" ziehen.

Die Anfänge

Die Geschichte von Eurodac begann mit der Unterzeichnung des Dubliner Erstasylabkommens am 15. Juni 1990.

Die heutige Europäische Union war zu diesem Zeitpunkt noch die Europäische Gemeinschaft. Ihr wichtigstes Projekt bildete seit Mitte der 80er Jahre die „Vollendung des Binnenmarktes", die am 31. Dezember 1992 abgeschlossen sein sollte. Die Innen- und Justizpolitik gehörte formal noch gar nicht zu den gemeinschaftlichen Aufgaben. Mit der Zusammenarbeit auf diesem Gebiet befassten sich „nur" eine Reihe informeller Gremien. Zuständig für die Asylpolitik war eine 1986 entstandene „Ad hoc-Gruppe Einwanderung", die unter der Aufsicht der Innen- bzw. Justizminister der Mitgliedstaaten stand. Eine ihrer wesentlichen Aufgaben lag schon damals in der „Bekämpfung des Asylmissbrauchs", die auch heute noch zu den asylpolitischen Losungen der EU und ihrer Mitgliedstaaten gehört.

An der Wende zu den 90er Jahren verstanden die Politiker unter diesem Begriff in erster Linie, dass Flüchtlinge sich nicht mit der Ablehnung ihres Asylgesuchs in einem der Staaten des wohlhabenden Westeuropas begnügen, sondern in einem anderen Staat – gegebenenfalls unter einem anderen Namen – einen Doppel- oder Asylnachfolgeantrag stellen. In den Zirkeln der Exekutive war von „Asylum shopping" und „Wanderzirkus" die Rede. Das Dubliner Abkommen, das im Juni 1990 zunächst von elf der damals zwölf EG-Staaten unterzeichnet worden war (Dänemark folgte ein Jahr später), sollte diesen „Missbrauch" abstellen. Es legte fest, dass Asylsuchende nur in einem EG-Staat einen Asylantrag stellen können. Sofern sie nicht ein Visum für oder unmittelbare Verwandte in einem Mitgliedstaat haben, ist für die Prüfung des Antrags derjenige EG-(bzw. heute EU-) Staat zuständig, der als erster betreten wird. Kommt ein

Flüchtling also mit einem wackligen Boot über die Meerenge von Gibraltar, so muss er seinen Antrag in Spanien stellen; betritt er am Flughafen Frankfurt erstmals EU-Boden, dann ist Deutschland zuständig. „One chance only", so lautet die Devise. Die nichtzuständigen Staaten dürfen den Betroffenen in den zuständigen Staat zurückschieben.

Voraussetzung dafür ist allerdings, dass sie erkennen, dass es sich um einen Nachfolgeantrag handelt. Und das geht nur, wenn sie die Identität der Asylsuchenden feststellen und Informationen darüber austauschen. Nicht umsonst enthält das Dubliner Abkommen Regelungen über einen entsprechenden Datenaustausch. Dieser ist im Abkommen selbst aber nur als bilateraler Datenaustausch im Einzelfall konzipiert.

Flächendeckende Erfassung

Dass es nicht beim Einzelfall bleiben würde, war recht schnell klar. Als das Abkommen unterzeichnet wurde, betrieben nämlich bereits fünf der damals zwölf EG-Staaten Automatisierte Fingerabdruck-Identifizierungssysteme (AFIS). Die Niederlande, Belgien, Dänemark, Spanien und Frankreich. Der Weg zu einer „Revolutionierung" der Fingerabdrucktechnik war vorgezeichnet. Die Daktyloskopie hatte sich seit Anfang des 20. Jahrhunderts bei den europäischen Polizeien als die Identifizierungstechnik schlechthin etabliert. Jetzt schien eine vollständige Automatisierung der Erfassung und Wiedererkennung der Abdrücke möglich. Die alten Karteien und die seit den 70er Jahren eingeführten halbautomatischen Lösungen schienen über kurz oder lang ausgedient zu haben.

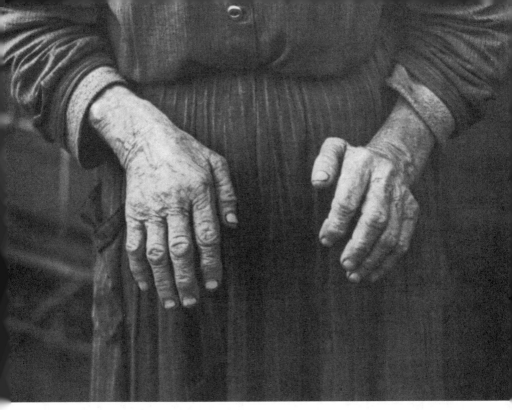

Kennzeichnend für diese Systeme ist, dass sie sowohl für die daktyloskopische Erfassung von „Straftätern" und „Verdächtigen" benutzt werden, als auch für die von Asylsuchenden. Das im Dezember 1992 in Deutschland – sprich beim Bundeskriminalamt – in Betrieb gegangene AFIS-System und die Geschichte seiner Einführung sind dafür ein typisches Beispiel. Seit 1965 konnten in der BRD Asylsuchende erkennungsdienstlich behandelt werden, wenn ihre Identität nicht zweifelsfrei feststand. Im Herbst 1991 machte der Bremer Landesdatenschutzbeauftragte öffentlich, dass diese erkennungsdienstliche Behandlung nicht nur im Einzelfall, sondern nahezu generell erfolgte. Andere Landesdatenschutzbeauftragte zogen nach und entdeckten ähnliche Verfahrensweisen in ihren Bundesländern. Was die Datenschützer aufregte,

war für die Innenpolitiker hingegen erklärtes Ziel. Bereits 1990 hatte die Innenministerkonferenz beschlossen, sämtliche Asylsuchenden auf diese Weise erfassen zu wollen, um dem „Asylmissbrauch" – den Doppelanträgen in verschiedenen Bundesländern und dem Doppelbezug von Sozialhilfe – entgegenzuwirken.

Der Beschluss ließ sich aber nicht voll umsetzen. Während in Bremen sämtliche Asylsuchenden und auch andere Migrantinnen und Migranten erfasst wurden, geschah dies in Hessen gar nicht und in Berlin nur bei Personen ohne Papiere oder bei Verdacht auf geoder verfälschte Papiere. „Nur" Flüchtlinge aus bestimmten „Problemländern" wurden in allen Bundesländern samt und sonders erfasst. Der wesentliche Grund für diese nur teilweise Abnahme von Fingerabdrücken bestand nicht im fehlenden Willen der Behörden, sondern in technischen und Kapazitätsproblemen. Das BKA konnte die rund 12.000 Fingerabdruck-Blätter von Asylsuchenden, die ihm monatlich geschickt wurden nicht mehr bewältigen. Es betrieb zu diesem Zeitpunkt noch ein halbautomatisches System, das in den frühen 80er Jahren eingeführt worden war. Die 10-Finger-Blätter mussten manuell verformelt werden, die daraus gewonnene „Adresse" von 73 Zeichen wurde gespeichert. Sie ergab aber bei der Recherche keine Eindeutigkeit, denn unter jeder Adresse fanden sich Fingerabdrücke von zwei bis drei Personen. Auch bei der Recherche war daher wieder ein manueller Vergleich notwendig. Mit einer Verarbeitung von Massendaten und damit der flächendeckenden daktyloskopischen Erfassung der Asylsuchenden waren das BKA und sein bestehendes Informationssystem überfordert.

Die Anschaffung eines neuen, nunmehr automatischen Systems hatten die Innenminister grundsätzlich bereits im Frühjahr 1991 beschlossen. Als die Regierungsparteien CDU/CSU und FDP 1992 gemeinsam mit der SPD die Verschärfung des Asylverfahrensgesetzes aushandelten, schrieben sie nicht nur die erkennungsdienstliche Behandlung aller Asylsuchenden – aus welchen Ländern auch immer – gesetzlich fest, sondern bestätigten gleichzeitig den Beschluss zur Einführung eines AFIS. Das neue System verkürzte die Erfassungszeiten von 60 – 90 Minuten pro Blatt auf bloße drei Minuten. Für den Asylbereich wurde die Kapazität des Systems auf jährlich 400.000 Blätter festgelegt. 1993 wurde darüber hinaus ein Berg von 150.000 bereits vorliegenden Fingerabdruck-Blättern abgetragen.

Die Verschärfung der Asylpolitik hatte damit eine Erneuerung der polizeilichen Informationstechnik bewirkt. Die Kritik der Datenschutzbeauftragten an der flächendeckenden Erfassung von Asylsuchenden und an der fehlenden Trennung von Asyl- und Polizeidaten hatten die Staatsparteien abgeschmettert.

Vom nationalen AFIS zu Eurodac

Was lag näher, als die Vorteile der jeweils nationalen Fingerabdruck-Systeme auch auf europäischer Ebene zu nutzen? Tatsächlich empfahl die Ad hoc-Gruppe Einwanderung bereits im November 1991 den für Migrations- und Asylfragen zuständigen Justiz- oder Innenministern der EG-Staaten, eine Durchführbarkeitsstudie „zu einem europäischen System für den Vergleich der daktyloskopischen Identifizierungsmerkmale von Asylbewerbern" erstellen zu lassen. Geprüft werden sollte dabei unter anderem die Art der Verformelung (alle 10 Finger oder nur zwei), die Errichtung eines zentralisierten Systems oder die Ermöglichung eines bloß bilateralen Vergleichs, die Einrichtung von online-Verbindungen oder die Verschickung von Blättern auf dem Postwege u.a.m. Im Dezember 1991 beschlossen die Minister die Einrichtung einer Unterarbeitsgruppe Eurodac.

Im August 1992 schien der Aufbau von Eurodac bereits beschlossene Sache. In einem Bericht der Ad hoc-Gruppe Einwanderung werden nach wie vor die verschiedenen technischen Formen der Datenübertragung diskutiert. Man ist sich jedoch schon einig, dass es um die automatisierte Fingerabdruck-Identifizierung geht. Die Ad hoc-Gruppe geht davon aus, dass jährlich etwa sechs Millionen Datensätze anfallen.

Sie rechnet mit rund 500.000 Anfragen pro Jahr.

Zu klären waren aber nicht nur die technischen Fragen, sondern auch die rechtlichen. Zum einen war das Dubliner Abkommen zu diesem Zeitpunkt erst von zwei Staaten ratifiziert. Zum andern reichte es als Rechtsgrundlage für einen automatisierten Datenaustausch nicht aus. Im März 1993 machte der juristische Dienst des Rates der EG den Mitgliedstaaten klar, dass Artikel 15 des Abkommens in der Tat nur für die Weitergabe von Informationen im Einzelfall tauge, nicht aber für eine Verbindung automatisierter Datensysteme oder gar eine zentralisierte gemeinsame Fingerabdruckdatei. Vonnöten war also ein zusätzliches Abkommen.

Der institutionelle Rahmen

Am 1. November 1993 trat der Maastrichter Vertrag über die Europäische Union in Kraft. Aus der bisher informellen Regierungszusammenarbeit wurde nun eine formelle, geregelt nach Titel VI des EU-Vertrags und institutionalisiert in der dritten Säule der EU, der Justiz- und Innenpolitik. Die „Ad hoc-Gruppe Einwanderung" ging nach sieben Jahren umstandslos in eine „Lenkungsgruppe Asyl und Einwanderung" über, unter der wiederum eine Arbeitsgruppe Asyl angesiedelt war. Aus den „für Einwanderungsfragen zuständigen Ministern" war über Nacht der „Rat für innen- und justizpolitische Angelegenheiten" geworden. Das Europäische Parlament hatte auch in dieser nunmehr formellen Struktur nichts zu sagen. Die Entscheidungen trafen die im Rat und seinen Arbeitsgruppen versammelten Exekutiven der Mitgliedstaaten.

So sehr sich die EU-Staaten in ihrer Politik der Abschottung gegenüber Flüchtlingen und Einwanderern einig waren, so langfädig blieb der Verhandlungsprozess in den neuen Strukturen. Zum einen blockierte das Prinzip der Einstimmigkeit im Rat eine Einigung. Insbesondere Großbritannien war darauf bedacht, dass die Regierungszusammenarbeit in der dritten nicht mit den Gemeinschaftsinstitutionen der ersten Säule der EU – insbesondere dem Gerichtshof – vermischt würden. Zum andern erwiesen sich die Instrumente der Kooperation als langsam. Zwar konnten im Rahmen der dritten Säule bis 1997 eine ganze Serie von Abkommen unterzeichnet werden. Die Ratifizierung durch die nationalen Parlamente brauchte jedoch ihre Zeit.

Das 1990 unterzeichnete Dubliner Abkommen trat erst im September 1997 in Kraft, nachdem es von den Niederlanden als letztem Mitgliedstaat unterzeichnet worden war. Für Eurodac lag erst 1996 ein erster Konventionsentwurf vor. 1998 erzielten die Minister im Rat eine politische Einigung. Anfang 1999 musste das interessierte Publikum zur Kenntnis nehmen, dass der Rat die Eurodac-Konvention kurzfristig auf Eis gelegt hatte. Der Grund dafür war erneut ein institutioneller:

Im Februar 1997 hatten die Regierungschefs der Union nämlich bereits den Amsterdamer Vertrag und damit wesentliche Vereinfachungen des bestehenden EU-Vertrags unterzeichnet. Die Asyl- und Einwanderungspolitik rutschte mit diesem Vertrag neu in die Erste Säule der EU, sie wurde „vergemeinschaftet". Statt völkerrechtlicher Verträge sollte der Rat in diesem Bereich nun Verordnungen und Richtlinien produzieren, für die in erster Linie die Kommission die Vorlagen vorbereitete. Das lange Prozedere der Ratifikation in den nationalen Parlamenten entfiel. Im

Unterschied zu den übrigen Angelegenheiten der ersten Säule (Binnenmarkt, Zoll- und Agrarpolitik) blieb das Europäische Parlament allerdings weiterhin ausgeschlossen. Es muss nur konsultiert werden, d.h. es darf sich zwar äußern, aber der Rat muss auf seine Änderungswünsche nicht eingehen. Die Asylpolitik war nun frei von jeglicher parlamentarischen Kontrolle.

Am 1. Mai 1999 trat der Amsterdamer Vertrag in Kraft. Am 26. Mai präsentierte die Kommission ihren Entwurf für eine Eurodac-Verordnung. Der Text des Vorschlags basierte im wesentlichen auf dem Abkommensentwurf, den der Rat wenige Monate zuvor storniert hatte. Der einzige Unterschied bestand nunmehr darin, dass Eurodac in der ersten Säule verortet und die EU-Kommission als Betreiberin auserkoren worden war. Damit sollte zugleich die EU-Datenschutzrichtlinie Anwendung finden. Am 18. November bezog das Europäische Parlament Stellung. Sein einziger Einwand richtete sich gegen das Alter der gespeicherten Personen. Die Erfassung von Minderjährigen widerspräche der Kinderkonvention. Ansonsten schien alles „in Butter". Wie zu erwarten war, ließ sich der Rat davon nicht beeindrucken.

Am 11. Dezember 2000 verabschiedete er die „Verordnung über die Einrichtung von Eurodac für den Vergleich von Fingerabdrücken zum Zwecke der effektiven Anwendung des Dubliner Übereinkommens". Am 26. Februar 2002 erließ er in einer weiteren Verordnung die Durchführungsbestimmungen.

Abgesang auf das informationelle Selbstbestimmungsrecht

Dass sich der Aufbau von Eurodac so lange hingezogen hat, verdankt sich weder datenschutzkonformen Einsichten noch einer Kritik an der inhumanen Asylpolitik in der EU und ihren Mitgliedstaaten. Zwar sind die zwischenzeitlichen Pläne, die Genfer Flüchtlingskonvention insgesamt zu kündigen, vom Tisch. Die Bekämpfer des „Asylmissbrauchs", der „illegalen Einwanderung" und der „Schleuserkriminalität" haben festgestellt, dass es weniger anstößig ist, die Rechte von Flüchtlingen und Einwanderern bis zur Unkenntlichkeit auszuhöhlen.

Dass von sämtlichen Asylsuchenden und „illegalen Einwanderern" über 14 Jahren Fingerabdrücke genommen und EU-weit abgeglichen werden, scheint heute kaum jemanden mehr zu stören, erst recht nicht nach den Anschlägen vom 11. September 2001. Der Rat der Innen- und Justizminister ist dabei, Eurodac von den verbliebenen Begrenzungen zu befreien. Die gespeicherten Daten sollen nicht mehr nur für das Asylverfahren, sondern für alle möglichen polizeilichen Zwecke nutzbar sein.

Zumutungen, die für Asylsuchende und „illegale Einwanderer" recht sind – so lautet derzeit die EU-Parole –, sollen auch für legale Einwanderer billig sein. Im Juni 2003 begrüßte der Rat der Innen- und Justizminister eine Durchführbarkeitsstudie der EU-Kommission für ein Visumsinformationssystem (VIS). Darin sollen biometrische Merkmale all jener Nicht-EU-BürgerInnen gespeichert werden, die ein Visum für einen Mitgliedstaat beantragen. Das VIS wird auf 70 Millionen Datensätze mit Fingerabdrücken und voraussichtlich auch Daten zur Gesichtserkennung ausgelegt. Anders als bei Eurodac wird der Aufbau des VIS schneller vonstatten gehen. Er soll bis 2006 erledigt sein.

■

Februar 2003: Überraschen musste die Offenheit des Täters, beängstigen die Akklamation seines Verhaltens durch zahlreiche Amtspersonen und Funktionsträger der Bundesrepublik: Im Februar 2003 wurde ein Aktenvermerk bekannt, in dem der Frankfurter Polizeivizepräsident, Wolfgang Daschner, seine Anweisung festgehalten hatte, dem der Entführung des 11-jährigen Bankierssohnes Jakob von Metzler verdächtigten Magnus G. im Verhör September 2002 offen und wiederholt Folter anzudrohen. In der Folge kam es zu einer breiten Debatte über die Legitimität und Rechtmäßigkeit von Folter, wie es sie in der Geschichte der Bundesrepublik zuvor allenfalls im „Deutschen Herbst" 1977 gegeben hatte.

Albert Scharenberg

Globalisierung, Terror und Folter nach dem 11.09.

In den ersten Tagen nach Bekanntwerden des Falles wurde Daschner zunächst viel Unterstützung zuteil. Nicht nur der Bund Deutscher Kriminalbeamter und die „üblichen Verdächtigen" aus CDU und CSU, wie Jörg Schönbohm, Norbert Geis, Wolfgang Bosbach, sprangen ihm und seinen Kollegen bei. Auch der Vorsitzende des Deutschen Richterbundes, Geert Mackenroth, legitimierte die Folter-Drohung. Mackenroth trug vor, die Androhung von Gewalt könne gerechtfertigt sein, sofern ein überwiegendes Rechtsgut zu schützen sei. Als Beispiel nannte er die Möglichkeit, dadurch Terroranschläge wie in New York zu ver- hindern. Ähnlich billigte Bundesjustizministerin Brigitte Zypries (SPD) den Beamten einen „rechtfertigenden Notstand" zu, der in der versuchten Rettung des entführten Kindes begründet liege. Im Zweifel werde man die Polizisten freisprechen, kündigte die Justizministerin flugs gegenüber dem NDR an, wohlbemerkt nur einen einzigen Tag nach Bekanntwerden des Falles. Auch der hessische Ministerpräsident, Roland Koch (CDU), menschelte über die angebliche „Zwangslage", in der sich Daschner befunden habe: „Ich persönlich halte Daschners Verhalten in dieser schlimmen Konfliktsituation, in der er

Leben retten wollte, für menschlich sehr verständlich", gab Koch in der *BamS* (23.02.03) zu Protokoll. Rasch waren Umfragen (*forsa* im Auftrag des *Stern*) zur Hand, denen zufolge 63% der BundesbürgerInnen dieses „Verständnis" teilten und Daschners Vorgehen auf Grund der „Zwangslage" für gerechtfertigt hielten.

Daschner selbst zeigte indes rasch, dass er seine Folter-Drohung nicht mit einer wie auch immer definierten „Notlage" begründete, sondern dass hier ein Überzeugungstäter am Werke war. Im *Focus* (24.02.03) forderte er, Gewalt „als letztes Mittel" in Verhören zuzulassen und zu diesem Zweck eine Gesetzesänderung vorzunehmen. Auch wenn zumindest Zypries und Mackenroth bald von ihrer Unterstützung Daschners Abstand nahmen, war und ist die Debatte über Legitimität und Legalität von Folter damit nicht beendet. Im Gegenteil.

Von der Abschaffung der Folter zu ihrer diskursiven Wiedereinführung

Im Kern werden in dieser Diskussion der politische Raum und der legale Rahmen staatlich-polizeilicher Praxis neu vermessen. So wurde anfangs darüber gestritten, ob hier überhaupt ein Fall von Folter vorliege, da gar keine Gewalt angewandt worden sei. Allerdings: Ob Gewalt angewandt oder „nur" angedroht wird, ist für den Tatbestand der Folter nachrangig; hier sind die Erklärung der Menschenrechte und die Europäische Menschenrechtskonvention unzweideutig. *Per definitionem* ist Folter die Einwirkung auf Menschen durch die absichtsvolle Zufügung von körperlichen und/oder seelischen Schmerzen oder die Androhung derselben mit dem Ziel, ein bestimmtes Verhalten zu erzwingen.

Folter ist in den Ländern des Westens seit Jahrhunderten gesetzlich abgeschafft. Im damaligen Preußen wurde die „poena extraordinaria" 1740, als „zivilgesellschaftliche" Flankierung der militärischen Besetzung Schlesiens, von einem „aufgeklärten Absolutisten" aufgehoben, die übrigen deutschen Länder folgten Anfang des 19. Jahrhunderts. Seit fast zwei Jahrhunderten also ist staatlicherseits Folter in Deutschland, wie in Europa und Nordamerika insgesamt, gesetzlich außer Betrieb; dass sie nur während der NS-Diktatur rechtlich gestattet war, spricht für sich. Ihre formelle Abschaffung lange vor jedweder demokratischen Verfassung hatte seinerseits zwei Gründe, an die es zu erinnern lohnt: Einerseits galt die im Zuge der Inquisition entwickelte Folter als unmenschlich, als Verstoß gegen die in den frühen Erklärungen der Menschenrechte definierte Menschenwürde jedes Einzelnen. Andererseits galten die Ergebnisse, die Folter erbrachte – insbesondere die Geständnisse von Verdächtigen – als hochgradig unzuverlässig: Wer gefoltert wird, neigt dazu, alles zu gestehen, jede und jeden zu beschuldigen, damit die entwürdigende und schmerzvolle Behandlung aufhört. Kurz: Auf Folter ist kein Verlass.

Wie konnte es trotz dieser Geschichte dazu kommen, dass neu über Folter verhandelt wird? Warum, so die politisch-strategisch bedeutsame Frage, wird gerade jetzt wieder über Folter diskutiert?

Folter-Traditionen

Die Forderung nach einer Legalisierung von Folter ist nicht vom Himmel gefallen, sondern steht schon seit langem auf der Agenda rechter und ultrakonservativer Kräfte. So dachte der damalige niedersächsische Ministerpräsident, Ernst Albrecht, bereits 1976 öffentlich über eine Wiedereinführung der Folter nach. In seinem Buch „Der Staat – Idee und Wirklichkeit" sieht er im Verbot der Folter „kein absolutes Recht". Nur ein Jahr später, im Herbst 1977, wurde über Folter und sogar über die von Franz-Josef Strauß angeregte Erschießung von RAF-Gefangenen öffentlich verhandelt. Auch haben ein-

das im dreifachen Sinne. So ist Folter zwar in Deutschland grundgesetzlich verboten; die Grundrechteartikel wie auch Art. 104 GG sind hier eindeutig. Gegenüber anderen Staaten aber wird Folter toleriert oder doch billigend in Kauf genommen. Deutsche Richter-Innen, Behörden und Abgeordnete weigern sich seit Jahren beharrlich, Folterpraktiken im Heimatland von Flücht-

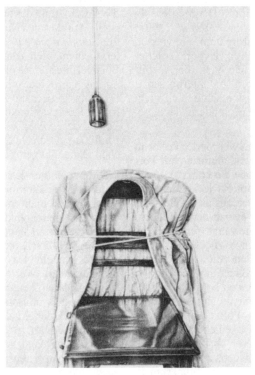

zelne Juristen bereits in den 1980er und 1990er Jahren laut über den Einsatz körperlicher Gewalt bei Verhören oder auch als Prügelstrafe (bspw. für Drogendealer) nachgedacht. Insofern hat die Forderung, das Verbot der Folter jetzt aufzuweichen bzw. -heben, Tradition.

Diese ideologische Traditionslinie hat eine institutionelle Entsprechung, und

lingen als politischen Asylgrund anzuerkennen. In den meisten Fällen wird Folter als eine besondere kriminaltechnische Maßnahme verhandelt, die in vielen Ländern gegenüber „gewöhnlichen" Kriminellen angewandt werde und daher nicht als politische Verfolgung ausgelegt werden könne. Dieses Verfahren ist jüngst vom Bundesverfassungsgericht in einem Beschluss vom

24. Juni 2003 (AZ: 2 BvR 685/03) grundsätzlich bestätigt worden. Insofern gilt das Verbot der Folter ohnehin nicht uneingeschränkt.

Außerdem ist Deutschland zweitens an der Produktion und Verbreitung von Instrumenten beteiligt, die ausschließlich oder mit hoher Wahrscheinlichkeit zur Folter verwendet werden können, wie Elektroschock-Gürtel, Fußeisen, gezähnte Daumenfesseln u.a.m. *Amnesty International* (2001) hat ein Aktionsprogramm entwickelt, um den profitablen Export solcher Folterwerkzeuge wie auch die Ausbildung von Folterern zu unterbinden – Folterknechte werden schließlich nicht als solche geboren, sondern dazu gemacht.

Drittens trifft das Verbot der Folter in Sicherheitsapparaten allerorten auf Vorbehalte und Verstöße. So kommt es auch hier zu Lande immer wieder auf Polizeirevieren, in Strafanstalten, bei Demonstrationen, Festnahmen und Abschiebungen zu Gewaltanwendung, die mitunter die Grenze zur Folter überschreitet: Polizisten, die mit Gegenständen auf Verdächtige einprügeln; Beamte, die am Boden liegende Festgenommene zusammentreten; Abschiebehäftlinge, die im Polizeigriff sterben. Auf Grund des polizeilichen Korpsgeistes sind viele dieser Vorfälle juristisch nur schwer zu belegen; zu groß ist die Solidarität der Täter und Mittäterinnen. Von solchen Übergriffen bis zur systematischen Folter ist es dann gar nicht mehr weit, wie Jost Müller-Neuhof (*Tagesspiegel*, 21.02.03) treffend festhält: „Um die Debatte über die Folter zu erleichtern, muss man sich nur von diesem hässlichen Wort verabschieden. Methode Schimanski: Ein paar auf die Augen, dann redet der schon. Was soll daran Folter sein?"

Medien-Training

Die Unterstützung solchen Verhaltens, mutmaßlich auch durch weite Teile der Bevölkerung, deutet auf den nächsten Punkt: die Rolle der Medien. Den Medien fällt in der Zuspitzung der Debatte eine eigenständige Rolle zu, weil sie im Kampf um die Quote mit emotionalen Produktionstechniken arbeiten und selten mit den rationalen Methoden der (für die Abschaffung der Folter verantwortlichen) Aufklärung. Hier werden vorrangig *Stimmungen* aufgegriffen, verarbeitet, bedient, gemacht. Das deutlichste Beispiel hierfür ist die mediale Aufbereitung von Kindesmissbrauch; im Fall Daschner ging es um Kindesentführung. In den Boulevardmedien siegt, zumal in Zeiten des *embedded journalism*, das Einfühlen in die hoffentlich tränenreichen Darstellungen Betroffener.

Dieser Quoten-Kampf ist aber auf dem heiß umkämpften Zeitungs- und Medienmarkt nicht mehr auf die Boulevardpresse beschränkt. Auch im Berliner *Tagesspiegel* hebt der einschlägige Beitrag (19.02.03) so an: „Die Polizei musste handeln. Das Kind Jakob war verschwunden. War er schon tot? Jede Minute zählte. Die einzige Chance: Der Verdächtige musste zum Reden gebracht werden. Egal, wie." Soweit das Zitat; das Motto ist klar: „Stellen Sie sich vor, ihr Kind ist entführt ..." Es zeigt das ganze Ausmaß der Debatte, dass in der Presse kaum jemand vorschlägt, die Frage stattdessen so zu formulieren: „Stellen Sie sich vor, Sie werden zu Unrecht verdächtigt ..." Warum wird die Unschuldsvermutung außer Kraft gesetzt? Woher will man wissen, dass der oder die Verdächtigte auch wirklich schuldig ist? Oder gilt hier nunmehr der Leitsatz der Entmenschlichung: Wo gehobelt wird, da fallen Späne?

Globalisierung und Terror

Diese „Volksweisheit" berührt bereits den dritten und wichtigsten Punkt, der m.E. den entscheidenden Einschnitt hinsichtlich der aktuellen Folterdiskussion bezeichnet: die Reaktion der USA und der westlichen Staatenwelt insgesamt auf die Terroranschläge vom 11. September 2001. Sie ist offenkundig mehr als bloß eine weitere Drehung der Spirale von Bürgerrechtsabbau und Repression. Selten hat ein Ereignis die (globale) politische Landschaft so rasch und nachhaltig verändert. Aber es gibt auch hierzu eine Vorgeschichte.

Wer sich mit Folter in der Westlichen Welt nach 1945 befasst, wird verschiedenen Staaten begegnen, die Foltermethoden in bürgerkriegsähnlichen Konflikten gegen vermeintliche und/oder tatsächliche terroristische Gegner eingesetzt haben: Spanien gegen die ETA, Frankreich gegen die algerische FLN, Großbritannien gegen die IRA, die Türkei gegen die PKK, Israel gegen Palästinenser-Gruppen. Die beiden letztgenannten Fälle sind von besonderem Interesse, weil hier Folter zeitweise per Gesetz erlaubt war. In Israel war seit 1987 sogenannter „milder physischer Druck" bei Vernehmungen erlaubt, sofern eine gerichtliche Genehmigung eingeholt wurde. 1999 untersagte der Oberste Gerichtshof diese Praxis. Ich erwähne dies ausdrücklich, weil diese gesetzliche Regelung mit der – in Israel ja doch realen – Terrorgefahr begründet wurde und weil diese durch Terror scheinbar legitimierte Praxis den Vorstellungen hiesiger Folter-Befürworter nahe kommt, sogar als Referenzpunkt angeführt wird.

Seit dem 11. September 2001 werden Menschenrechtsverletzungen schon fast rituell mit dem Verweis auf Terrorgefahr

legitimiert. In den Händen der Herrschenden wird der Terror so zu einer Allzweckwaffe, mit der Kriege nach außen und Notstandsgesetze nach innen begründet werden können. Auf diese Weise wurden und werden die Anschläge, insbesondere in den USA, zur Durchsetzung eines ultra-konservativen Programms genutzt, nicht nur in Bezug auf die globale US-amerikanische Militärpolitik, sondern auch für die Innenpolitik (vgl. Marcuse 2003).

In den USA sind nach dem 11.09. wesentliche Grundrechte eingeschränkt bzw. außer Kraft gesetzt worden. Der „USA Patriot Act" erlaubt die verdachtsunabhängige Überwachung und Kontrolle von BürgerInnen und ermöglicht die monatelange Festsetzung von Verdächtigen ohne Angabe von Gründen, ohne Rechtsbeistand, und sogar ohne öffentliche Bekanntgabe der Namen von Inhaftierten; dies ist nach dem 11.09. tausendfach geschehen (vgl. Mayer 2003). Das Gesetzespaket beeinträchtigt zudem die Gewaltenteilung zu Gunsten der Exekutive und bedeutet die Außerkraftsetzung vieler Menschenrechte, die indirekt auch mit dem Folterverbot zu tun haben, wie z.B. durch die Abhaltung von Militärtribunalen, die Verweigerung anwaltlichen Beistandes und jeglicher Kontakte. Räume ohne öffentliche Kontrolle aber sind Räume, in denen Folter entsteht und wuchert.

Nicht zufällig gab es in den USA bereits kurz nach den Anschlägen eine Folter-Debatte, und sie hat erschreckende Ergebnisse gezeigt: Die US-Regierung lässt ihre in „ungesetzliche Kämpfer" umdefinierten Kriegsgefangenen im Ausland festsetzen, damit diese sich nicht auf US-Gesetze berufen können; sie werden auf Kriegsschiffen wochenlang verhört und auf der Militärbasis Guantanamo jenseits aller menschenrechtlich gebotenen Behandlung festgehalten. Mehr noch: Mittlerweile wurden Fälle bekannt, in denen Justizminister John Ashcroft in den USA inhaftierte Verdächtige flugs in „ungesetzliche Kämpfer" umdefinierte, um sie an Verteidigungsminister Rumsfeld überstellen zu können. Man habe sie offensichtlich „im normalen Strafvollzug nicht zur Herausgabe von Informationen bringen können" (spiegel.de vom 25.06.03). Dies ist ein klares Indiz, dass jetzt offenbar andere Mittel zum Einsatz kommen sollen.

Welche das sein werden, darüber scheint zunehmend Klarheit zu bestehen: Am 26. Dezember 2002 berichtete die *Washington Post*, bald sekundiert durch die Recherchen anderer großer Zeitungen (*The Economist*, 11.01.03), dass CIA-Agenten in Bagram bei Kabul des Terrorismus Verdächtige foltern. Darüber hinaus überstellt der CIA offenbar renitente Verdächtige an andere, für ihre brutalen Foltermethoden bekannte Geheimdienste. „Nicht nur Menschen, auch Rechtsgrundsätze wurden von den Trümmern der Twin Towers erschlagen … Die Menschenrechte für echte oder vermeintliche Terroristen sind partiell ausgesetzt." (*SZ*, 10.03.03) Sie dürfen sogar gefoltert werden.

Folter zur Gefahrenabwehr

Zurück nach Deutschland. Auch wenn die Folter-Debatte hier, anders als in den USA, mit einem Fall von Kindesentführung eröffnet wurde, ist der Terror-Diskurs von Anfang an gegenwärtig. Der Grund hierfür ist offenkundig: Einer Umfrage von *emnid* zufolge haben zurzeit 81% der Deutschen Angst vor Terror (*taz*, 31.05.03)! In dieser – anders als in Israel: komplett irrationalen – Angst liegt der Angriffspunkt der Folter-Befürworter. (Insofern hat

Daschner, der ja ganz kalkuliert mit Folter drohte, den richtigen Zeitpunkt getroffen.) Vier von fünf Deutschen haben – ganz ohne Bürgerkrieg! – Angst vor Terror, und gegen Terror ist schnell jedes Mittel Recht.

Hier zeigt sich auch, wieso die Debatte über die Legitimität von Folter, die unter Juristen offenbar schon eine Weile geführt wird, jetzt auf so fruchtbaren Boden fällt. In dieser Debatte wird – und dies ist der entscheidende Punkt – eine Trennung gemacht zwischen Folter in der Strafverfolgung, im laufenden Strafverfahren einerseits; deren Ablehnung bleibt bestehen. Andererseits aber wird der Einsatz von Folter zur Gefahrenabwehr nunmehr von vielen befürwortet: Hier steht der vermeintliche „Schutz Unschuldiger" vor den „Verbrechen des Terrorismus" im Mittelpunkt.

Stichwortgeber dieser juristischen Debatte ist Winfried Brugger, Rechtsprofessor an der Universität Heidelberg. Bereits seit Mitte der 1990er Jahre vertritt er die Auffassung, dass Folter zur Gefahrenabwehr erforderlich sei und letztlich einer rechtlichen Regelung bedürfe. Dabei beruft sich Brugger (2000) auf die seinen Vorstellungen sehr nahe kommenden rechtlichen Regelungen, wie sie in Israel festgelegt waren. Er will nachweisen, dass der Verzicht auf Folter eine Ungerechtigkeit gegenüber den Opfern von Verbrechen bedeuten könne. Brugger zufolge muss Opferschutz prinzipiell Vorrang haben vor Täterschutz; insofern plädiert er sogar für eine *Pflicht* zur Folter. Dabei klammert er, wie auch beim sogenannten „finalen Rettungsschuss", auf den sich Brugger (2002) als Analogie bezieht, die Frage der Unschuldsvermutung aus, denn der Folterer foltert ja „auf Verdacht".

Die Auffassung von Brugger, dass durch Terror bedingte Ausnahmesituationen auch Ausnahmen bezüglich Folter erforderten, ist, anders als dies vor dem 11.09. der Fall war, auch in der Rechtswissenschaft offensichtlich auf dem Vormarsch; nicht zufällig beriefen sich, wie Mackenroth, viele auf die Anschläge. Andere sekundierten, indem sie eine „Abwägung" anstellten, die Folter (scheinbar) legitimiert; so Olaf Miehe, Staatsrechtler aus Heidelberg: „Um es mal ganz drastisch zu sagen: Zwei zerquetschte Daumen sind leichter zu verkraften als der Verlust eines Menschenlebens." (zit. nach *FAZ*, 26.04.03)

Mit derlei „Abwägungen" wäre dann der Folter Tür und Tor geöffnet. Dieser Aufweichung des in der Tat „absoluten" Folterverbotes stellte Wolfgang Hecker (*FR*, 27.02.03) das (noch?) herrschende Rechtsverständnis entgegen: „Diese Unterscheidung zwischen unzulässiger Aussageerpressung im strafprozessualen Zusammenhang und ausnahmsweise zulässigem Zwang zur Aussageerpressung zwecks Gefahrenabwehr ist dem bestehenden Recht völlig fremd ... Die bestehende Rechtsordnung in der Bundesrepublik lässt eine Relativierung des Folterverbots auch nicht zu einem ‚guten Zweck' in einem streng kontrollierten staatlichen Verfahren zu."

Folter: gestern, heute, morgen

Als die Folter 1532 als „Peinliche Gerichtsordnung" in den Strafprozess eingeführt wurde, um Gottesurteil und Zweikampf durch „vernünftige" Beweismittel zu ersetzen, schrieb die *Carolina* in Art. 23 vor, dass vor der Tortur durch Indizien ein Verdachtsgrad erreicht sein müsste („gnugsame anzeygung"), den wir heute wohl „dringenden Tatverdacht" nennen würden (vgl. Radbruch 1996). Insofern war selbst die inquisitorische Folter ursprünglich „gut gemeint": Folter sollte nur angewendet werden, wenn der Täter bei klarer Beweislage leugnete.

Auf ihre angeblich „guten Absichten" berufen sich auch die heutigen Befürworter einer Wiedereinführung der Folter zur Gefahrenabwehr. Die Geschichte zeigt aber, dass „gute Absichten" immer wieder Verbrechen und Grausamkeiten hervorbringen oder rechtfertigen.

Die Unteilbarkeit der Menschenrechte hingegen gründet sich nicht auf „Absichten", sondern auf jedes Menschen „Recht, Rechte zu haben" (Arendt 1986, S. 462). Der Begriff der „Gefahrenabwehr" sollte daher so verstanden werden, dass es gilt, die gefährlichen Angriffe auf dieses fundamentale Grundrecht politisch weiterhin abzuwehren.

Literatur

Arendt, Hannah (1986): Elemente und Ursprünge totaler Herrschaft. München/Zürich.

Albrecht, Ernst (1976): Der Staat – Idee und Wirklichkeit. Grundzüge einer Staatsphilosophie. Stuttgart.

Amnesty International, Sektion der BRD (2001): Zeit zum Handeln – Die Geschäfte mit der Folter stoppen. Unter: www.amnesty.de

Brugger, Winfried (2000): Vom unbedingten Verbot der Folter zum bedingten Recht auf Folter? In: Juristenzeitung 4, 55. Jg., vom 18.02., S. 165-173.

Brugger, Winfried (2002): Darf der Staat foltern? Eine Podiumsdiskussion. In: Humboldt Forum Recht 2002, Beitrag 4.

Marcuse, Peter (2003): Globalisierung nach dem 11. September: städtische, politische und ökonomische Auswirkungen. In: Albert Scharenberg/Oliver Schmidtke (Hg.): Das Ende der Politik? Globalisierung und der Strukturwandel des Politischen. Münster, S. 232-253.

Mayer, Margit (2003): Schutz der Heimat. Über die Aushöhlung der Bürgerrechte in den Vereinigten Staaten. In: Blätter für deutsche und internationale Politik 7, S. 843-852.

Radbruch, Gustav (1996): Einführung in die Carolina. In: Arthur Kaufmann (Hg.): Die Peinliche Gerichtsordnung Kaiser Karls V. von 1532. 6. Aufl. Stuttgart.

März 2003: Am 20. März beginnt die langangekündigte Invasion und Besatzung des Irak durch US-amerikanische und britische Truppen. Der ohne Mandat des UN-Sicherheitsrates geführte Krieg wird in vielen Kommentaren als Beginn einer militärisch gestützten, unilateralen US-Hegemonie oder gar als neuer US-Imperialismus, die Welt gewaltsam kapitalistisch zu durchdringen, gedeutet. Die „Globalisierung" unter US-Dominanz und damit eine „neue Weltordnung" scheinen sich abzuzeichnen. Aber was ist neu?

Frank Unger

Die „Neue Weltordnung", die Vereinten Nationen und die neue EU-Sicherheitsdoktrin

I

Ein politischer Begriff, der in der deutschen Öffentlichkeit seit kurzem Konjunktur hat, ist der der „Neuen Weltordnung". Er ist Teil unserer Umgangssprache geworden, den Informierten beinahe so geläufig wie „Europäische Zentralbank" oder „Subsidiaritätsprinzip". Spätestens seit der SPIEGEL im April 2003 eine Titelgeschichte mit dieser Überschrift gebracht hat, wissen deutsche Leser auch, was sie sich unter „Neue Weltordnung" vorzustellen haben: nämlich dass „die Amerikaner das Recht beanspruchen, die Welt nach ihren Vorstellungen neu

zu ordnen" und sie sich „als die Herren der Welt" (1) fühlen. Und zwar tun sie das laut den Rechercheuren des SPIEGEL „seit dem Sturz des Despoten Saddam Hussein", also demnach seit dem Frühjahr 2003!

Wer sich seit vielen Jahren wissenschaftlich damit beschäftigt hat, dem deutschsprachigen Publikum neben deren vielen faszinierenden Elementen auch den strukturell universalistischen, nach Vorherrschaft strebenden Charakter der amerikanischen bürgerlichen Gesellschaft („Herrenvolkdemokratie") zu erläutern, ist hin- und hergerissen. Auf der einen Seite fühlt man sich bestätigt, wenn ein lange Jahre als Anti-Amerikanismus, Marxismus oder Schlimmeres verdächtigtes Urteil über die USA nunmehr meinungspolizeilich zugelassen, d. h. SPIEGEL- und FAZ-kompatibel (2) geworden ist. Zum anderen ist man skeptisch, weil bislang noch jedes Mal, wenn man glaubte, sich in Übereinstimmung mit der veröffentlichten Meinung zu befinden, sich dies als voreiliges Wunschdenken herausgestellt hat. Auch in diesem Fall ist die Skepsis wieder berechtigt, denn der Zeitpunkt und die tagespolitischen Umstände der jüngsten Erkenntnisse deutscher Meinungsführer über den großen Verbündeten lassen vermuten, dass hier auch andere Motive als unbefangener Er-kenntnisdrang und demokratische Kritik an militärischem Interventionismus eine Rolle gespielt haben.

Die erste Frage ist: Ist das, was deutsche Intellektuelle seit kurzem den Amerikanern kritisch vorwerfen, eigentlich etwas Neues? Natürlich nicht. Die grundsätzlichen strategischen Ziele US-amerikanischer Außen- und Außenwirtschaftspolitik, die einige Autoren des SPIEGEL und andere jetzt der deutschen Öffentlichkeit im Tone kritischer Indigniertheit offenbart haben, gelten spätestens seit der vorletzten Jahrhundertwende. Es lässt sich sogar argumentieren, dass die praktischen Bemühungen um die Errichtung einer „Neuen Weltordnung" (verstanden als informell von den USA kontrolliertes internationales System offener Märkte) bis weit ins 19. Jahrhundert („Monroe-Doktrin") zurückverfolgt werden können. Und zumindest als Vision lässt sie sich seit den ersten Tagen der Republik belegen, als der Kontinentalkongress die zukünftige Verfassung debattierte und (im Juni 1782) das Großsiegel der Vereinigten Staaten verabschiedete,

auf dem – bis auf den heutigen Tag auf jeder Dollarnote nachzulesen – der römische Kaiserdichter Vergil zitiert wird: ANNUIT COEPTIS – NOVUS ORDO SECLORUM. „Eine neue Zeitrechnung sollte beginnen!" Kein unbescheidener Anspruch für die Machthaber einer ungeordneten Sammlung von 13 ehemaligen britischen Kronkolonien am Ostrand eines Kontinents, dessen westliche Teile für sie weitgehend noch terra incognita waren! Und kein Geringerer als der Gründervater James Madison hat bekanntlich die kontinuierliche Expansion der jungen Republik als eine Grundbedingung für ihr langfristiges Gedeihen angesehen (3).

Was also die allgemeine Grundrichtung betrifft, so ist die Regierung George W. Bush mit ihrer offensiven Außenpolitik nur das jüngste Beispiel in einer sehr langen Tradition. Nur Menschen mit einem stark romantisierten Amerikaverständnis oder mit einem sehr kurzen Gedächtnis können ernsthaft der Meinung sein, die gegenwärtige Regierung der Vereinigten Staaten repräsentiere einen Bruch mit amerikanischen Traditionen. Nur ein Beispiel: Der Anlass des militärischen Überfalls auf den Irak 2003 zum Zwecke des Regimewechsels ist eine gute Gelegenheit, an das 50-jährige Jubiläum eines anderen britisch-amerikanischen Coups zum Zwecke des Regimewechsels in einem Land des Nahen Ostens zu erinnern: den CIA-orchestrierten *coup d'etat* von Eisenhower (und Churchill) gegen die demokratisch gewählte iranische Regierung von Mohammad Mossadeq im Sommer 1953, die gewagt hatte, die Anglo-Iranian Oil Company zu nationalisieren, was die Einkünfte des nahezu bankrotten Großbritannien etwas geschmälert hätte. Für viele ist

in the name of humanity

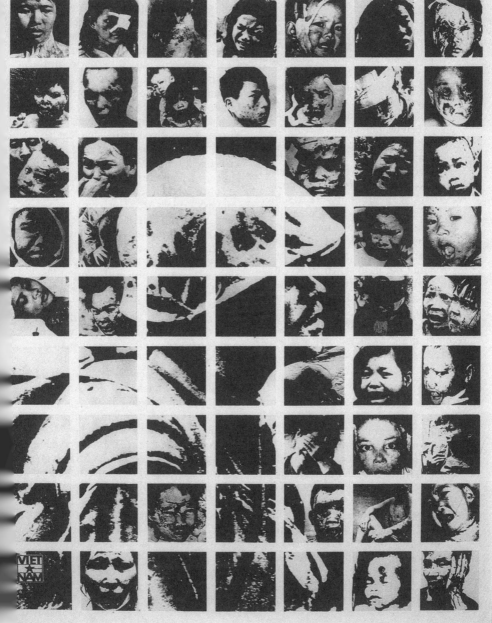

diese mutwillige Zerstörung demokratischer Anfänge in einem bedeutenden Land des Nahen Ostens der Ursprung für die heutigen Probleme in dieser Region (4).

Die Irak-Aktion steht unmittelbar in dieser Tradition, die man mit unzähligen weiteren Beispielen illustrieren könnte. Das heißt, verändert hat sich nicht das außenpolitische Verhalten Amerikas, wohl aber der internationale Kontext, in dem es stattfindet. Was einigen westeuropäischen Verbündeten Großbritanniens und der USA – objektiv gesehen seit über 50 Jahren Komplizen amerikanischen Hegemonialverhaltens – damals kaum erwähnenswert oder sogar begrüßenswert erschien, weckt bei manchen von ihnen heute Widerspruch. Und wo umgekehrt 50 Jahre lang die USA den imperialistischen Beelzebub repräsentierten, bieten sich heute die politischen Eliten, nicht selten zu Proselyten der Marktwirtschaft konvertierte Ex-Kommunisten, als willige Helfer an. Was für eine verwirrende Welt! Da hilft nur, sich noch einmal die Geschichte der letzten 25 Jahre vor Augen zu führen.

II

In den neueren internationalen Polit-Jargon wurde der Begriff „Neue Weltordnung" eingeführt von George Bush dem Älteren, und zwar zur Zeit des ersten Golfkriegs, der ersten militärischen Aktion der USA nach der sowjetischen Kapitulation im Kalten Krieg. Seit diesem Zeitpunkt ist er in der öffentlichen Sprache der USA ein überwiegend positiv besetzter Terminus. Zuvor war das durchaus nicht der Fall, im Gegenteil: Eigentlich wurde er bis dahin explizit nur als negative Utopie benutzt, und zwar von bestimmten Kreisen des antisemitisch-rassistischen Populismus („White Power"). Für sie war er die Horrorvision eines überfremdeten, multikulturellen, von ausländischen Mächten kontrollierten und manipulierten Amerika. „Neue Weltordnung", das ist das phantasmagorische Feindbild für die bewaffneten Steuerrebellen des amerikanischen Rechtsextremismus, die darin ihren Rassismus und ihre Furcht vor dem Wandel in der modernen Gesellschaft bündeln. (Dies wird von den Propagandisten der neoliberalen Globalisierung, die das Kapital von nationalen Kontrollen befreien wollen, besonders gern vor kritischem Publikum erwähnt, um zu suggerieren, da sie rechte Feinde hätten, seien sie folglich selbst so etwas wie ein „linkes" Projekt.) (5) Bush ging mit seinem Versuch, den Begriff positiv zu besetzen, ein erhebliches politisches Risiko ein, denn der rassistische Rechtspopulismus gehört zum politisch aktiven Kern im Milieu der Republikaner (6)

In Deutschland wurde seinerzeit die Bush-Parole überwiegend wohlwollend aufgenommen, weil man allgemein der Meinung war, dass nun die Stunde der Vereinten Nationen geschlagen habe und dass dies auch von den Amerikanern letztlich so gemeint gewesen sei. In der Bosnien-Krise wurde der offene Unilateralismus des atlantischen Militärbündnisses vorsichtig ausprobiert, dann im Bombenkrieg gegen die FSR Jugoslawien im Jahr 1999 mit fliegenden Fahnen vollzogen. Trotz des dabei offen demonstrierten Desinteresses, die Weltorganisation substantiell einzubinden, sahen maßgebliche deutsche Intellektuelle wie Jürgen Habermas diesen Überfall, der nach alter Kriegstreiberart durch ein unannehmbares Ultimatum vorbereitet wurde, nicht als imperialistische Anmaßung, sondern als „humanitäre Intervention" , ja gar als „entscheidende Etappe in der Ausbildung eines internationalen Menschenrechts". (7) Ganz offensichtlich teilte Habermas den damals noch weitverbreiteten Glauben, dass internationale Aktionen der Vereinigten Staaten von Amerika *per se* den Anspruch an internationale Legitimität erfüllen würden.

Erst mit dem jüngsten Irak-Krieg, als zum ersten Mal seit Ende des Zweiten Weltkriegs die Regierung der Bundesrepublik Deutschland sich (aus welchen Gründen auch immer) in einen offenen Dissens mit den USA begab, wurde es auch von Habermas plötzlich als ein Problem gesehen, dass die Amerikaner sich das alleinige Recht nähmen, der Welt nach ihren Vorstellungen eine *Neue Weltordnung* zu oktroyieren. Dabei bezeichnete er den militärischen Überfall ohne UN-Sicherheitsrats-Mandat nun nicht mehr als „humanitäre Intervention", sondern als „burschikosen Bruch des Völkerrechts"! Gemeinsam mit seinem französischen Kollegen Jacques Derrida rief er zum Zusammenschluss des alten „Kerneuropas" auf, um „den hegemonialen Unilateralismus der Vereinigten Staaten auszubalancieren … und eine kosmopolitische Ordnung auf der Basis des Völkerrechts gegen konkurrierende Entwürfe zu verteidigen und voranzubringen". Die beiden europäischen Ikonen der geisteswissenschaftlichen Erörterung begründeten ihre hohen Erwartungen an das alte Europa durch die speziellen Erfahrungen, die die Europäer mit Krieg, Klassenkampf und „totalitären Regimen" gemacht haben, vor allem die, dass „die Domestizierung staatlicher Gewaltausübung auch auf globaler Ebene eine gegenseitige Einschränkung souveräner Handlungsspielräume verlangt". (8)

III

Dies sind ehrenwerte Worte und begrüßenswerte Absichten. Denn in der Tat haben herausragende Vertreter des alten Europa in der jüngeren Vergangenheit Vorschläge dazu unterbreitet, wie eine kosmopolitische Ordnung, die nicht auf einem hegemonialen Unilateralismus einer Supermacht, sondern auf einem kooperativen System gegenseitiger Anerkennung verschiedener Kulturen und Gesellschaftssysteme beruhe, organisiert werden könne.

Zur Vorgeschichte: Im Jahr 1964 fand in Genf eine Konferenz der Vereinten Nationen zum Thema Handel und Entwicklung in der Welt statt. Seit dieser Konferenz hatten sich die durch die „Gruppe der 77" vertretenen Länder der „Dritten Welt" (heute weit über 100) um eine Reform des internationalen Wirtschaftsregimes bemüht, in dem die Regularien im internationalen Handels- und Zahlungsverkehr verändert und damit der in der Welt produzierte Reichtum gerechter verteilt werden sollte. (9) Als Ergänzung zu dieser Initiative wurde daraufhin in der Ersten Welt eine „Nord-Süd-Kommission" unter dem Vorsitz von Willy Brandt einberufen, die eine Reihe von konkreten Vorschlägen dazu erarbeitete. Im Vorwort des ebenfalls 1980 veröffentlichten Reports der Nord-Süd-Kommission schrieb Brandt: „Unser Bericht gründet sich auf das wohl einfachste gemeinsame Interesse: Dass die Menschheit überleben will und – wie man hinzufügen könnte – auch die moralische Pflicht zum Überleben hat. Dies wirft nicht nur die klassischen Fragen nach Krieg und Frieden auf, sondern schließt auch ein, wie man den Hunger in der Welt besiegt, wie man das Massenelend überwindet und die herausfordernden Ungleichheiten in den Lebensbedingungen zwischen Reichen und Armen. Auf einen einfachen Nenner gebracht: Dieser Bericht handelt vom Frieden." (10)

Schließlich wurde für den August 1980 in New York eine dreiwöchige Sondersitzung der UN-Vollversammlung einberufen. Ihr ausschließliches Thema war die Erörterung einzuleitender Maßnahmen, um eine „Neuen Internationalen Wirtschaftsordnung" (NIEO) zu gestalten. Die „Dritte Welt" verband damit große Hoffnungen: Nachdem bestimmte internationale Entwicklungen in den siebziger Jahren das politische und ökonomische Gewicht der Entwicklungsländer in der Welt gestärkt bzw. das der USA geschwächt hatten (11), sollte nun ein Sonderplenum der Vereinten Nationen endlich den nötigen Druck auf die USA und die westlichen Industrieländer machen, um die vorgeschlagenen Reformen in die Tat umzusetzen. Mit anderen Worten: Etwa um den Zeitpunkt des Übergangs von den siebziger zu den achtziger Jahren herrschte sowohl in der Dritten Welt als auch unter progressiven Kräften in den westlichen Industrieländern eine Stimmung, die von Hoffnung und historischer Zuversicht geprägt war. Die KSZE-Konferenz von Helsinki hatte die Grenzen in Europa für unverrückbar erklärt und damit die Drohung eines Krieges in Europa so gut wie eliminiert. Die sozialistischen Länder einschließlich der DDR wurden durch den Westen anerkannt. In den maßgeblichen Ländern des Westens einschließlich den USA waren im weitesten Sinne sozialdemokratische bzw. sozialliberale Regierungen an der Macht (Carter, Schmidt, Callaghan, in Frankreich war Mitterrand auf dem Sprung), in der BRD hatten sich die politischen Spitzen der ehemals sozialrevolutionären 68er-Bewegung zur neuen Partei der Grünen

erfolgreich formiert. Die Welt schien unaufhaltsam auf dem Weg zu einer Friedensordnung auf der Basis friedlichen Systemwettstreits und zu einer neuen, auf Kooperation statt Exploitation beruhenden „Neuen Internationalen Wirtschaftsordnung" zu sein. Was aber geschah statt dessen?

IV

Statt einer Fortsetzung dieses Trends gab es die „Große Wende". Drei politische Ereignisse sind es, an denen sich die Wende zur Restauration eines radikalen Kapitalismus und damit einer uneingeschränkter Hegemonie der USA und ihrer Verbündeten in den entwickelten kapitalistischen Ländern schlaglichtartig erhellen lässt: Erstens, die Konstituierung der G7 in den Jahren 1975/76 als bewusste politische Reaktion auf die wahrgenommene Schwäche und Uneinigkeit „des Westens" angesichts der Aufkündigung des Bretton Woods-Systems durch die Nixon-Regierung und die Auswirkungen der „Ölkrise"; (12) zweitens, die vom US Federal Reserve Chairman Paul Volcker 1979 initiierte und dann unter Reagan kompromisslos durchgeführte Wende zu einer radikalen Politik der Geldwertstabilisierung (13). Diese Politik schraubte die Zinsrate in den USA vorübergehend in astronomische Höhen und stellte die tatsächliche Basis für die lateinamerikanischen und osteuropäischen Schuldenkrisen Anfang der achtziger Jahre dar; und drittens, die von IWF und Weltbank etwa zur gleichen Zeit durchgesetzte rigorose Verschärfung ihrer Kreditkonditionen (zunächst) gegenüber den Schuldnerländern in Lateinamerika gemäß dem *Business Roundtable*-Manifest von 1979, nach denen IWF und Weltbank-Kredite in Zukunft mit strikten wirt-

schafts- und gesellschaftspolitischen Auflagen verbunden wurden. Dies sollte später unter dem Namen „Washington Consensus" (14) in die politische Umgangssprache eingeführt werden. Im gleichen Jahr 1979 erfolgte in Großbritannien die epochemachende Regierungsübernahme durch Margaret Thatcher.

All das hatte einschneidende Folgen: Während die achtziger Jahre den Eigentümerklassen in den kapitalistischen Industrieländern des Nordens – zusätzlich beflügelt durch den präzedenzlosen Schub der *Neuen Informationstechnologien* – Wachstum und ökonomische Entwicklung bescherten, brachten sie für die „Zweite" und „Dritte Welt" das politische und ökonomische Desaster. Die demonstrative Beendigung der Entspannungspolitik durch den Westen und die Lancierung eines *Neuen Kalten Krieges* trugen entscheidend dazu bei, die Regimes der „Zweiten Welt" zu destabilisieren. Diese wurden zu teuren „Nachrüstungen" und zu einer neuen Haltung von Feindseligkeit und Wachsamkeit getrieben. Den „kooperativen" (sprich: zur Aufgabe des Sozialismus bereiten) Kräften unter den politischen Eliten wurden gleichzeitig konspirativ lukrative Angebote ge-macht. Umfangreiche Kredite stabilisierten kurzfristig die sozialistischen Regimes angesichts ökonomischer Klemmen. Diese führten die Kreditnehmer jedoch mittelfristig in tödliche finanzielle Abhängigkeiten von ihren freundlichen Geschäftspartnern, die selbstredend alles andere im Sinn hatten, als ihrem Verständnis nach abgeschottete Sozialstaatsbiotope („ineffektive Zentralverwaltungswirtschaften"), in das renditehungriges westliches Kapital nicht unreguliert eindringen durfte, auf Dauer am Leben zu halten.

Ökonomisch noch schlimmer erging es den meisten Ländern der „Dritten Welt". Besonders die Länder „Schwarzafrikas" – bis dahin in der politischen Organisation der Entwicklungsländer prominent vertreten – brachen wirtschaftlich auf eine Weise ein, die afrikanische Politiker bald von einem „verlorenen Jahrzehnt" sprechen ließen. (15) Mit ihrem ökonomischen Niedergang sank das politische Gewicht der „Entwicklungsländer" in der internationalen Arena. Reformen werden den Schwachen nicht gewährt, sondern von Starken erkämpft. Dies gilt im nationalen wie im internationalen Bereich. Von ernsthaften Verhandlungen über eine „Neue internationale Wirtschaftsordnung" und über die Umsetzung der Empfehlungen der „Nord-Süd-Kommission" war nun bald keine Rede mehr, obwohl große Teile der „Dritten Welt" es jetzt noch viel nötiger gehabt hätten als zehn Jahre zuvor.

V

Doch noch einmal flammte Hoffnung auf. Als in den Jahren 1989 bis 1991 die bipolare Bedrohungsordnung des Kalten Krieges durch den Rücktritt der Junior-Supermacht aufgelöst wurde, waren Euphorie und Friedensoptimismus nicht nur im Westen die zunächst vorherrschenden Emotionen. Im Osten regte die marxistische Staatsintelligenz treuherzig an, dass sich Ost und West nun in gleichberechtigter Kooperation mit der Lösung der „globalen Probleme" befassen könnten. Und im Süden regte sich die Hoffnung, dass der Westen nun – nachdem die militärische Bedrohung durch die Sowjetunion vorüber war – bereit sein würde, das

vernachlässigte Projekt von 1980 wieder aufzunehmen und sich wieder ernsthaft mit einer gerechteren internationalen Wirtschaftsordnung zu befassen; so z.B. explizit der 1990 veröffentlichte Abschlussbericht der 1987 unter dem Vorsitz von Julius K. Nyerere zusammengetretenen Süd-Kommission. (16) Und beinahe überall erwartete man hoffnungsvoll, dass die neunziger Jahre zur Dekade der Vereinten Nationen werden würden.

Diese konkreten Erwartungen des „Welt-Südens" (17), die auch an die USA gerichtet wurden, sind dem damaligen US-Präsidenten George Bush nicht verborgen geblieben. So trat er gewissermaßen die Flucht nach vorn an. Bis auf zwei Wochen genau 10 Jahre nach jenem oben erwähnten Sonderplenum der Vereinten Nationen, in dem die Forderung nach einer „Neuen Internationalen Wirtschaftsordnung" verabschiedet wurde, nutzte er den Anlass des irakischen Einmarschs in Kuwait und verkündete in einer Rede vor beiden Häusern des Kongresses die Morgendämmerung einer „Neuen Weltordnung". Wenige Stunden danach begannen die letzten Vorbereitungen für den Krieg gegen den Irak. Bush griff auf diesen Begriff wiederholt zurück. Der Anlass, der am meisten zitiert wird, ist seine *State of the Union Address* im Januar 1991, in der er dem amerikanischen Volk den historischen Sinn des laufenden Golfkriegs erläuterte: „Wir befinden uns jetzt an einem entscheidenden Augenblick der Geschichte. In einem weit entfernten Teil unseres Globus sind wir in einem großartigen Kampf involviert ... Wir wissen, warum wir dort sind. Wir sind Amerikaner ... Worum es hier aber geht, das ist mehr als nur das Schicksal eines kleinen Landes, es geht um eine große Idee – um

eine neue Weltordnung ... Nur die Vereinigten Staaten von Amerika haben
sowohl das moralische Prestige als auch
die Mittel dazu, sie durchzusetzen ...
Die Kräfte der Veränderung gehen jetzt
von uns aus ...". (18)

Der Begriff „Neue Weltordnung" in
dem Kontext, wie er von Bush gebraucht wurde, bediente zwei semantische Bezugssysteme: ein nationales und
ein internationales. Den außenpolitischen Eliten seines eigenen Landes
gegenüber bekannte er sich damit als
wilsonistischer „Internationalist". Er
meldete stolz den Erfolg der „überpar-
teilichen" Strategie amerikanischer
Weltpolitik seit dem Ende des Zweiten
Weltkriegs: nämlich die finale Annäherung an jenes freihändlerische Weltsystem eines handels- und wirtschaftspoli-
tischen Multilateralismus nach dem
Vorbild der *Pax Britannica* des 19. Jahrhunderts, das Woodrow Wilson 1919
mit seinem „idealistischen" Völker-
bundsprojekt angestrebt hatte. Dessen
Vision scheiterte zwar an der Blockie-
rung der US-Mitgliedschaft in der Weltorganisation durch die „Isolationisten"
im US-Kongress, wurde dann aber
1944/45 mit den Beschlüssen von Bretton Woods (Dollar als goldgebundenes
Weltgeld mit fixierten Wechselkursen)
und San Francisco (Gründung der
UNO) unter der Bezeichnung „liberaler
Internationalismus" gleichsam zur offiziellen Nachkriegsstrategie erhoben.
Während der Zeit des Kalten Krieges
war der liberale Internationalismus eingebunden in das System der MAD
(Mutually Assured Destruction) und
verlor durch den Zwang zu ständigen
Verhandlungslösungen etwas von seinem expansiven Schwung. Die „Neue
Weltordnung" nach dem Kalten Krieg
sollte nun liberaler Internationalismus
sein, befreit von den Restriktionen

der Bipolarität. Nach 70 Jahren
sollte nun endlich Woodrow Wilsons
Vision von einer ganzen Welt, die
sicher ist für Amerikas Geschäftsleute
(„Democracy"), in die Tat umgesetzt
werden!

Für den Rest der Welt wäre eine solche Legitimation nicht ganz plausibel
gewesen. Deswegen versuchte Bush vor
allem dem „Welt-Süden" gegenüber
rhetorisch zu suggerieren, die „Neue
Weltordnung" sei schließlich so etwas
wie die Umsetzung der u. a. von der
Nord-Süd-Kommission und dem
1980er UN-Plenum geforderten „Neuen
Internationalen Wirtschaftsordnung".
Das State Department insinuierte in seinen Erläuterungen für die internationale
Presse bewusst eine Verbindung zu den
Diskussionen um die Nord-Süd-Bezie-
hungen und um eine Reform der Weltwirtschaft. In Wirklichkeit aber handelte es sich um eine schroffe, brutale
Zurückweisung sämtlicher Vorstellungen und Programme, die in irgendeiner
Form eine Neuregelung der internationalen Wirtschaftsbeziehungen anstreb-
ten.

Schlicht gesagt, meinte nämlich
„Neue Weltordnung" im Verständnis der
Regierung George Bush überhaupt
keine Ordnung, sondern war ein Euphe-
mismus für *Unordnung*. Es handelt sich
um die dürre Idee eines prinzipiell unre-
gulierten Weltkapitalismus, in dem
allein die allgemeinen Produktions- und
Austauschbedingungen kodifiziert und
polizeilich überwacht werden sollen –
und dies, wenn nötig, mit Gewalt und
ohne irgendwelche Ausnahmen. Ein
streng überwachter liberaler Nacht-
wächterstaat auf globaler Ebene sozusagen, imaginiert nach dem Modell
unseres Sonnensystems: mit einem
leuchtenden Fixstern, einer Reihe von
Planeten und vielen, vielen Satelliten.

Aber die Gesetze von Angebot und Nachfrage sollen wie die der Schwerkraft für alle gleich sein!

VI

Bezeichnend für die praktische Funktionsweise dieser „Neuen Weltordnung" war nicht so sehr die militärische Aktion gegenüber dem Irak selbst, sondern eher die Art und Weise, wie vorher im UN-Sicherheitsrat eine Entscheidung zugunsten des amerikanischen Einsatzes herbeigeführt worden war. Jedem Entwicklungsland im Sicherheitsrat wurden spezielle wirtschaftliche und militärische Hilfsangebote gemacht. Die VR China, die als permanentes Sicherheitsratsmitglied ein Vetorecht gehabt hätte, erhielt eine Woche nach ihrer Stimmenthaltung in der Irak-Resolution 114 Millionen US-Dollar Wirtschaftshilfe von der Weltbank. Dem Botschafter des Jemen (damals das einzige arabische Land im Sicherheitsrat), der gegen die Resolution gestimmt hatte, wurde unmittelbar nach seiner Stimmabgabe über das interne UN-Kommunikationssystem für alle Welt hörbar mitgeteilt, dass „dies die teuerste Nein-Stimme werden würde, die Sie jemals abgegeben haben". Drei Tage später strich die US-Regierung ihr 70-Millionen-Dollar-Hilfspaket für den Jemen, eins der ärmsten Länder der Region. (19)

Im ersten Golfkrieg inaugurierte sich das amerikanische Militär im Auftrag (UN-Sicherheitsrats-Resolution!) und vor den Augen (Live-Übertragung im Free-TV!) der „Weltgemeinschaft" als unaufhaltsame Nemesis für jeden Schurken, der sich nicht an die Regeln halten sollte. Der acht Jahre später folgende NATO-Krieg gegen die RSF Jugoslawien ist als vorläufiger Abschluss der Inaugurationsphase zu sehen: hier ging es zusätzlich zur Elimination des störri-

schen Sozialismus in Restjugoslawien darum, die Westeuropäer und vor allem die als unsichere Kantonisten angesehenen Deutschen (ehemalige Aktivisten der „Friedensbewegung" in der Regierung!!) als loyale Hilfstruppen in das wilsonistische Projekt einzubeziehen, mit oder ohne „UN-Legitimation". Dies gelang vor allem deshalb glänzend, weil ehemalige deutsche „Anti-Imperialisten" maßgeblich daran beteiligt waren, ihre neuen amerikanischen Freunde auf die Idee zu bringen, Jugoslawien/Serbien als „Zivilisationsfeinde" darzustellen. Durch die Moralisierung des Kriegseinsatzes konnte das „out of area"-Tabu des deutschen Nachkriegskonsenses gebrochen werden. (20)

Damals erklärten sich die meisten deutschen Intellektuellen als enthusiastische Helfer des wilsonistischen Projekts „Neue Weltordnung" (21). Es wurde nicht von dem ungeschlachten George W. Bush, sondern von dem sympathischen und klugen Bill Clinton, der immer sehr freundlich zu den Europäern war, verantwortet. Habermas argumentierte seinerzeit mit einer Art hegelianischer List der Vernunft, die man wohlwollend folgendermaßen deuten könnte: ein möglicherweise im einzelnen moralisch nicht ganz astreiner Krieg würde/könnte am Ende dazu führen, dass sich in der Welt andere, neue, eben „humanitäre" Maßstäbe durchsetzen und dann in der Zukunft auch so etwas wie ein Bombenkrieg gegen ein willkürlich als Sündenbock ausgesuchtes Land nicht mehr möglich sein sollte. Amerika eint die Welt, ohne es zu wollen, aber es tut es!

VII

Diese dialektische Hoffnung nun ist von den geistigen Wortführern des alten Europa aufgegeben worden. Jetzt appel-

lieren sie an die Europäer, sich zu erneuern und sich an die Spitze eines konkurrierenden Weltordnungsprojekts zu setzen, das dem amerikanischen Unilateralismus und militärischen Interventionismus eine Alternative entgegenhalten solle.

Auf welcher Grundlage aber soll diese Alternative ruhen? Derrida und Habermas erörtern dieses Problem mit Hilfe von Generalisierungen und soziologischen Gemeinplätzen, denen man gefühlsmäßig zustimmen kann oder auch nicht: Europäer „betrachten Grenzüberschreitungen zwischen Politik und Religion eher mit Argwohn", sie „haben ein relativ großes Vertrauen in die Organisationsleistungen und Steuerungskapazitäten des Staates", sind „gegenüber der Leistungsfähigkeit des Marktes eher skeptisch". Sie „besitzen einen ausgeprägten Sinn für die ‚Dialektik der Aufklärung'", und die „Schwelle der Toleranz gegenüber der Ausübung von Gewalt gegenüber Personen liegt vergleichsweise niedrig". Und die schrecklichen Erfahrungen ihrer „bellizistischen Vergangenheit" und des Verlustes ihrer Imperien haben dazu beigetragen, dass sie nun eine „reflexive Distanz" zu sich einnehmen und gelernt haben, was es heißt, „für die Gewalt einer oktroyierten und entwurzelnden Modernisierung zur Rechenschaft gezogen zu werden". (22)

Das ist alles sehr schön und vielleicht sogar ein bisschen richtig. Aber sind es politische Argumente, die sich in praktische Vorschläge für eine konkrete politische Agenda übersetzen ließen? Nein, es sind leere Behauptungen, die allein das Wohlbefinden und das gute Gewissen des europäischen Publikums befördern sollen, während es zusieht, wie seine politischen Führer die Politik machen, die sie sowieso machen wollen. Kein einziger Gedanke darüber, wie eine europäische Supermacht in Zukunft konkret mit den Problemen der Ungleichheit in der Welt umgehen sollte; nirgendwo ein Hinweis auf die konkreten politischen Erfahrungen, Leistungen und Visionen der großen internationalistischen Tradition in der europäischen Sozialdemokratie, die mit den Personen Willy Brandt, Bruno Kreisky und Olof Palme verbunden sind – ganz zu schweigen von den nicht unbedeutenden Bewegungen links von der Sozialdemokratie, die schließlich auch zur europäischen Tradition gehören.

Statt dessen erscheint der Erneuerungsaufruf von Habermas und Derrida in ominöser Koinzidenz mit der Veröffentlichung eines ersten Entwurfs für eine EU-Verfassung durch den Konventsvorsitzenden Giscard d'Estaing. Javier Solana, der EU-Beauftragte für die Außen- und Sicherheitspolitik, hatte bekanntlich auf dem EU-Gipfel in Thessaloniki bereits angekündigt, dass nun für die EU die Ära der „harten Machtausübung" anbrechen werde. Im Verfassungsentwurf nun werden alle Mitgliedsstaaten dazu verpflichtet, „ihre militärischen Fähigkeiten schrittweise zu verbessern"; Drittstaaten sollen „bei der Bekämpfung des Terrorismus in ihrem Hoheitsgebiet unterstützt" werden; eine militärische Kerngruppe des „alten Europa" soll gebildet werden, die „anspruchsvolle Kriterien in Bezug auf militärische Fähigkeiten erfüllen"; kurz: Es soll eine „strategische Kultur" aufgebaut werden, die in der Lage ist, „schnelle und, falls erforderlich, robuste Interventionen" durchzuführen, wenn nötig, auch präventiv und „out of area", denn „mit den neuen Bedrohungen wird die Verteidigungslinie oft weit entfernt verlaufen". (23)

98

Und bei welchen Anlässen und zu welchen politischen Zielen soll diese neue militärische Entschlossenheit eingesetzt werden? Auch darauf gibt der Verfassungsentwurf eine Antwort. Unter dem Stichwort „Terrorbekämpfung" erörtert der Entwurf den Zielkatalog für das „auswärtige Handeln" der EU und ihr zu schaffendes kerneuropäisch kontrolliertes Militär. Genannt werden u.a. die „Integration aller Länder in die Weltwirtschaft", den „Abbau von Beschränkungen des internationalen Handels" sowie eine „verantwortungsvolle Weltordnungspolitik"!

All das soll – versichert der Entwurf – „gemäß den Grundsätzen der Charta der Vereinten Nationen" geschehen. (24) Nur steht in dieser Charta kein Wort über eine „Integration aller Länder in die Weltwirtschaft" oder einen „Abbau von Beschränkungen des internationalen Handels". Die Charta spricht vielmehr von der „Achtung vor dem Grundsatz der Gleichberechtigung und Selbstbestimmung der Völker" und nennt als Förderziel der internationalen Zusammenarbeit auf wirtschaftlichem und sozialem Gebiet an erster Stelle „die Verbesserung des Lebensstandards, die Vollbeschäftigung und die Voraussetzungen für wirtschaftlichen und sozialen Fortschritt und Aufstieg". (25)

Die Postulate einer Integration aller Länder in die Weltwirtschaft und des Abbaus von Beschränkungen des internationalen Handels dagegen sind und bleiben Erfindungen und erklärte Prinzipien der Vereinigten Staaten von Amerika – oder, wenn man so will, des alten imperialistischen Europa der Pax Britannica, dessen Erbe die Vereinigten Staaten in Rückbesinnung auf Woodrow Wilson nach dem Zweiten Weltkrieg angetreten haben.

Die führenden Politiker des kontinentalen Europa stehen an einem Scheideweg. Sie müssen sich jetzt entscheiden, ob sie wirklich – wie Habermas und Derrida abstrakt behaupten – aus seiner Geschichte etwas gelernt haben und sich für eine gegenseitige Einschränkung souveräner Handlungsspielräume in einer solidarischen Welt stark machen wollen, oder ob sie mit ihrem Aufstand gegen die internationale Politik der USA bloß die ungeschickte und plumpe Form des Imperialismus, wie sie die Bush-Rumsfeld-Regierung gegenwärtig demonstriert, durch eine etwas verfeinerte Form ersetzen wollen. Und genau das haben sich auch die von Habermas und Derrida beschworenen Massen, die am 15. Februar 2003 gegen den Irak-Krieg demonstrierten, zu fragen, wenn sie je dazu gehört werden sollten, welches Europa sie sich in Zukunft wünschen.

Anmerkungen

1) DER SPIEGEL, Nr. 17/19. 4. 03, S. 18.
2) Auch die FAZ veröffentlicht neuerdings extrem kritische, ja schmähende Artikel über die USA und ihre Rolle in der Weltpolitik. Siehe z.B. den Artikel des Venedig-Korrespondenten Dirk Schümer: Sieg von Alt-Europa, in: FAZ, 8. 4. 2003, S. 42.
3) Siehe z.B.: William Appleman Williams: The Contours of American History, New York 1973, S. 216.
4) Siehe hierzu Stephen Kinzer: All the Shah's Men. An American Coup and the Roots of Middle East Terror, Hoboken, New Jersey 2003.
5) Vgl. David H. Bennett: The Party of Fear. The American Far Right from Nativism to the Militia Movement, Chapel Hill 1995, insbesondere Kap. 19 (S. 409 ff.)
6) So führte z. B. der republikanische Präsidentschaftskandidat von 1988, Pat Robertson, seinen Wahlkampf u.a. mit der Geschichtstheorie, dass die historischen Mächte hinter der Französischen Revolution, der Russischen Revolution, dem Council on Foreign Relations und Wall Street allesamt zurückzuführen sind auf den schon weiland im 18. Jahrhundert die Rothschilds Mitglieder bei den bayerischen Illuminati werden durften. Er hat das näher ausgeführt in seinem Werk The New World Order, Dallas 1991.
7) So wörtlich Jürgen Habermas: Bestialität und Humanität, in: Die ZEIT, 29. 4. 1999.
8) Jacques Derrida/Jürgen Habermas: Unsere

Erneuerung, in: Frankfurter Allgemeine Zeitung, 31. 5. 2003.
9) Siehe Marc Williams: Third World Cooperation: The Group of 77 in UNCTAD, New York 1991, S. 1.
10) Nord-Süd-Kommission: Das Überleben sichern. Gemeinsame Interessen der Industrie- und Entwicklungsländer (Brandt-Report), 1980, Vorwort.
11) Dabei handelte es sich vor allem um den militärischen Sieg der Nationalen Befreiungsfront Vietnams gegen die US-Expeditionsarmee, der eine enorme politische Aufwertung für die Länder der Dritten Welt bewirkte. Andere Ereignisse in dieser Richtung waren die Siege antikolonialistischer Befreiungsbewegungen im südlichen Afrika Mitte der siebziger Jahre sowie die OPEC-Preissteigerungen, die zur sogenannten „Ölkrise" führten.
12) Die politischen Führer der stärksten kapitalistischen Industrieländer der Welt trafen sich erstmalig zu einem organisierten, aber dezidiert informellen Treffen auf unmittelbare Initiative des französischen Präsidenten Giscard d'Estaing in Rambouillet am 17. November 1975, als G6 (USA, UK, Deutschland, Frankreich, Italien und Japan). Im darauffolgenden Jahr komplettierte Kanada die G7. Seitdem finden diese Treffen regelmäßig statt, seit kurzem auch unter Teilnahme des neuen Russland (G8). Interessant an diesen Veranstaltungen wie überhaupt an der ganzen Institution G7 ist weniger ihre Existenz als vielmehr der Mangel an politikwissenschaftlicher (im Unterschied zu journalistischer) Beachtung im Westen. Dabei könnte man allein mit der Analyse der symbolischen und realpolitischen Bedeutung dieses Klubs in Verbindung mit der „Globalisierung" ein Forscherleben füllen.
13) Siehe hierzu William Greider: Secrets of the Temple: How the Federal Reserve Runs the Country, New York 1987.
14) Der Schöpfer dieses Begriffs, der amerikanische Ökonom John Williamson, versucht bis heute unermüdlich, aber vergeblich, seine Synonymität mit dem Begriff „Neoliberalismus" in Abrede zu stellen, was aber hier nicht weiter interessiert ist, da es nur die Person Williamsons, nicht aber die Sache selbst betrifft. Siehe hierzu Moises Naim: Washington Consensus or Confusion? In: Foreign Policy, No. 118, Spring 2000, S. 86-103, sowie Joseph Stiglitz: Globalization and its Discontents, New York 2002.
15) Siehe hierzu Samir Amin: Empire of Chaos, New York 1992.
16) The Challenge to the South: An Overview and Summary of the South Commission Report, New York/ Oxford 1990.
17) Der Begriff „Welt-Süden" („Global South") hat in der internationalen Diskussion seit dem Beginn der neunziger Jahre die alten Begriffe „Dritte Welt" oder „Blockfreie Staaten" abgelöst. Was darunter verstanden werden soll, hat die South Commission folgendermaßen definiert: „Dreieinhalb Milliarden Menschen, drei Viertel der Menschheit, leben in den Entwicklungsländern des Südens. Diese Länder sind ganz verschieden in ihrer Größe, ihrem Entwicklungsniveau, ihren wirtschaftlichen, sozialen und politischen Strukturen. Doch sie alle teilen ein grundsätzliches Merkmal: sie existieren an der Peripherie der entwickelten Länder des Nordens. Die Mehrzahl ihrer Bewohner sind arm; ihre Ökonomien sind meist schwach und schutzlos; sie sind alles in allem machtlos in der Weltarena." The Challenge to the South, a.a.O., S. 1.
18) George Bush, 1991 State of the Union Address.
19) Phyllis Bennis: Command and Control: Politics and Power in the Post-Cold War United Nations, in: Phyllis Bennis/Michael Moushabeck (Hrsg.): Altered States. A Reader in the New World Order, New York 1993.
20) Dies ist eines der traurigsten Kapitel in der Geschichte der westdeutschen politischen Linken. Ich bin überzeugt davon, daß vor allem die Vertreter der SPD, die sich so emotional auf die Seite der Kroaten schlugen, dies deswegen taten, weil sie sich vom innerdeutschen Vorwurf der Kollaboration mit Kommunisten (SPD-SED-Papier!) reinwaschen wollten, durch Flucht nach vorn. Diesmal wollten sie auf der Seite der Sieger sein!
21) Das eigentliche moralische Schandesblatt für die deutschen Intellektuellen aber war weniger ihr gelegentliches Eintreten für den Krieg oder ihr Schweigen, sondern ihr beinahe einmütiges Gratis-Herfallen über den Dissidenten Peter Handke, über den bis heute in den deutschen Medien berichtet wird, als sei er ein Geisteskranker! Dabei handelt es sich bei Handke bloß um den einzigartigen neueren Fall einer deutschsprachigen Figur der Öffentlichkeit, die stark und mutig genug ist, um auch in Situationen extremer Gefahr für die „Reputation" dem inneren Druck des Herdeninstinkts zu widerstehen.
22) Derrida, Habermas, a.a.O., S. 33.
23) Alle Zitate aus: Entwurf für eine Verfassung, EU-Konvent (12. 06. 03), passim.
24) Vgl. hierzu Gerald Oberansmayr: Die „Hard-Power"-Verfassung, in: Guernica, Nr. 3/2003.
25) Charta der Vereinten Nationen, Kapitel IX, Art. 55.

April 2003: Ende April 2003 verabredeten die Staatschefs von Belgien, Deutschland, Frankreich und Luxemburg auf einem Treffen in Brüssel eine Reihe von konkreten Schritten zu einer intensivierten militärischen Zusammenarbeit. Gleichzeitig luden sie alle anderen Mitglieder der Europäischen Union (EU) ein, sich zu beteiligen. Mit dieser Initiative wollte die Viergruppe den Bemühungen um einen Ausbau der militärischen und militärpolitischen Kapazitäten der EU zusätzlichen Schwung verleihen. Sie steht damit im Kontext der seit einigen Jahren betriebenen beschleunigten Militarisierung der Europäischen Union.

Volker Böge

Europa auf dem Weg zur militärischen Großmacht

Zum Katalog der sieben Punkte für eine engere militärische Kooperation, der in Brüssel beschlossen wurde, gehören unter anderem die Aufstellung einer Eingreiftruppe auf Basis der bereits bestehenden deutsch-französischen Brigade, ein europäisches strategisches Lufttransportkommando, eine gemeinsame Instanz für Planung und Einsatzführung (vulgo: Generalstab), gemeinsame ABC-Abwehrfähigkeiten sowie eine gemeinsame Offiziersausbildung in europäischen Ausbildungszentren. Interessanter noch als diese geplanten Maßnahmen ist der politische Begründungszusammenhang, in den sie gestellt werden. Zum einen beteuerten Schröder, Chirac und Co., dass ihre Initiative nicht gegen die USA und die NATO gerichtet sei, zum anderen ordneten sie diese in den Prozess der Schaf-

fung einer Europäischen Sicherheits- und Verteidigungsunion (EVSU) ein und betonten ihre Offenheit für alle EU-Mitglieder. Wenn man sich den Zeitpunkt und den Teilnehmerkreis des Brüsseler Gipfels vergegenwärtigt, wird der Hintersinn dieser politischen Erklärungen deutlich: Das Treffen fand statt unmittelbar nach dem US-geführten Krieg gegen den Irak, Teilnehmer waren die schärfsten Kritiker dieses Krieges aus der EU. Den USA war es gelungen, die EU in der Frage der Haltung zum Irak-Krieg zu spalten: Der (zumindest verbalen) Distanz zum Krieg bei Deutschland, Frankreich und anderen stand die aktive Teilnahme und vehemente Unterstützung durch Großbritannien, Spanien, Dänemark und anderen gegenüber. Damit bestand die Gefahr, dass die Bemühungen zum Auf-

101

bau einer Militärmacht EU, die gerade von der deutsch-französischen Achse in den Jahren zuvor verstärkt worden waren, einen empfindlichen Rückschlag erleiden könnten. Um das zu verhindern, kam der (bereits seit längerem vor dem Irak-Krieg geplante) Vierergipfel gerade recht. Um die ohnehin schon angespannte Atmosphäre im transatlantischen Verhältnis nicht weiter zu belasten und den US-getreuen EU-Mitgliedern die Tür offen zu halten, bekannten sich die Gipfelteilnehmer zur von den USA geführten NATO. Damit wollte man dem in US-Kreisen herrschenden Argwohn, die EVSU-Pläne seien auf Entwertung der NATO gerichtet, begegnen. Und um die anderen EU-Mitglieder sowohl mitzuziehen (und so aus ihrer engen Verbindung zu den USA zu lösen), als auch unter gewissen Druck zu setzen, lud man diese zur Teilnahme ein und machte zugleich deutlich, dass man gewillt sei, auch allein voranzugehen und den Kern einer europäischen Militärmacht zu schaffen. Andere müssten sich dann gegebenenfalls den bereits geschaffenen Realitäten früher oder später fügen. Das betagte „Kerneuropa"-Konzept findet sich hier mithin in der militärpolitischen Dimension wieder. Berufen konnte man sich dabei auf das von allen Mitgliedern getragene Bekenntnis, ein Europa der „Sicherheit und Verteidigung" in Ergänzung zur wirtschaftlichen und politischen Integration zu schaffen.

Die Dynamik der Militarisierung Europas

Dieses Bekenntnis ist bereits in den grundlegenden EU-Verträgen von Maastricht und Amsterdam niedergelegt. Danach soll die EU eine gemeinsame Sicherheitspolitik entwickeln, die auch die „Verteidigungs"politik umfassen

und schließlich in eine Europäische „Verteidigungs"union münden soll. (1) Damit war zwar ein Ziel proklamiert, über den Weg dorthin und die Dauer der Reise war allerdings noch nichts gesagt. In der Tat kam man auf dem Weg zu diesem Ziel jahrelang nur recht schleppend voran; der wesentliche Bezugspunkt der Militärpolitik der (bzw. fast aller) EU-Staaten war die US-geführte NATO. Und unter den EU-Staaten gab es erhebliche Differenzen über die angemessene Ausgestaltung des Verhältnisses zwischen NATO und zu schaffender EU-Militärmacht. Einen entscheidenden Sprung nach vorn brachte erst das Jahr 1999, und zwar im Gefolge des NATO-Krieges gegen Jugoslawien. Seither wird mit Macht an der Entwicklung einer Europäischen Sicherheits- und Verteidigungspolitik (ESVP) gearbeitet und der Aufbau einer Europäischen Sicherheits- und Verteidigungsunion (EVSU) betrieben. Diese Militarisierung der EU hat in den letzten Jahren erheblich an Tempo gewonnen und eine ganze Reihe weitreichender Maßnahmen gezeitigt. Diese Dynamik drohte durch die Uneinigkeit der EU-Europäer in Sachen Haltung zum Irak-Krieg 2003 verloren zu gehen. Dies zu verhindern und die Militarisierungsdynamik aufrechtzuerhalten, war das eigentliche Anliegen des Brüsseler Gipfels und seiner Ankündigung, ein „Verteidigungs"-Kerneuropa zu schaffen.

Aus dem NATO-Krieg gegen Jugoslawien hatten die Regierungen führender EU-Staaten eigene „Lehren" gezogen. Jener Krieg war nämlich auch eine Veranstaltung, mit der die USA den Europäern drastisch ihre militärische Überlegenheit vor Augen geführt und deutlich gemacht hatten, dass in der Konkurrenz USA – EU jedenfalls auf dem Felde von Rüstung, militärischen

Apparaten, Militärtechnologie und Kriegführungsfähigkeit die EU-Staaten weit abgeschlagen sind. Die „Hauptlast" des Krieges auf Seiten der NATO hatten eindeutig die USA getragen; letztlich wären sie durchaus in der Lage gewesen, die Operation militärisch im Alleingang durchzuführen. Demgegenüber hätten die EU-Europäer den Krieg allein, ohne die USA, nicht führen können. Diese Verteilung der Gewichte wirkte sich selbstverständlich auch auf die Entscheidungsbildung auf politischem, strategischem und taktischem Gebiet aus – bis in die Zielauswahl hinein. Und so beklagten sich die Europäer denn auch über ihre weitgehende Einflusslosigkeit hinsichtlich des konkreten Ablaufs der militärischen Aktionen. Ihre Truppen waren nicht mehr als Hilfskräfte der Amerikaner – eine Konstellation, die sich in den Kriegen gegen das Afghanistan der Taliban und den Irak Saddam Husseins wiederholen sollte.

Die Schlussfolgerung, die aus jener Konstellation im Krieg gegen Jugoslawien in bedeutenden europäischen Hauptstädten gezogen wurde, war: Um sich aus der Abhängigkeit von den USA – wenigstens ein Stück weit – zu lösen, müssen die Europäer ihre militärischen Anstrengungen verstärken, muss namentlich die EU endlich eine eigene sicherheits- und militärpolitische Kompetenz entwickeln. Nur so könne man sich in Zukunft gegenüber den USA mehr Gehör verschaffen und gegebenenfalls auch unabhängig(er) von diesen in größerem Maßstab militärisch aktiv werden.

Das Image der „Zivilmacht"

Auf den EU-Gipfeln von Köln und Helsinki 1999 wurden vor dem Hintergrund dieser Einschätzung entscheidende Weichenstellungen zur forcierten Militarisierung der EU vorgenommen – woran übrigens die deutsche rot-grüne Regierung maßgeblichen Anteil hatte. Entgegen allen Beteuerungen insbesondere grüner Parteiprogramme, man sehe Vorzug und Stärke der EU gerade darin, dass sie „Zivilmacht" sei, wurde von deutscher Seite während der deutschen EU-Ratspräsidentschaft im ersten Halbjahr 1999 ein ausgefeilter Plan erarbeitet und vorgelegt, der eine ganze Palette handfester Maßnahmen zur „Stärkung der gemeinsamen europäischen Sicherheits- und Verteidigungspolitik" vorsah. (2) Diese Maßnahmen wurden auf den Gipfeln von Köln und Helsinki weitgehend beschlossen, auf den folgenden Gipfeln konkretisiert und ausgebaut. Damit hat die EU ihr Image als „Zivilmacht" endgültig verloren. Dieses hatte schon immer wenig mit der Realität zu tun – schließlich gehören die Schlüsselstaaten der EU zu den hochgerüstetsten und militärisch mächtigsten der Welt. Die EWG/EU war auch schon während des Ost-West-Konflikts ein zentraler Bestandteil des westlichen (Militär-) Systems. Seither wurden und werden aufgebaut und eingerichtet: unter anderem ein ständiges sicherheitspolitisches Komitee, ein Militärstab und -ausschuss in Brüssel, ein Ad-Hoc-Ausschuss der beitragenden Länder im Falle von EU-Militäroperationen. Die Aufstellung einer EU-Eingreiftruppe ist der sichtbarste und bisher bedenklichste Ausdruck der Militarisierung der EU. Diese Streitmacht soll rund 60.000 Mann und Frau (etwa 15 Brigaden) sowie die entsprechenden Luft- und Seestreitkräfte samt den entsprechenden Kommandostrukturen umfassen. Innerhalb von 60 Tagen sollen diese Kräfte einsatzbereit und auf einen fernen Krisen- oder Kriegsschauplatz verlegbar sein; sie sollen mindestens ein Jahr im Einsatz fern der Hei-

EGEN das EUROPA der ERRSC+ENDEN

mat durchhalten können. Stellt man in Rechnung, dass diese Truppen regelmäßige Ablösungen brauchen, kommt man auf rund 180.000 SoldatInnen für die EU-Streitmacht (wobei allerdings nicht die Aufstellung neuer Verbände beabsichtigt ist, sondern die Umorientierung bereits bestehender). Ihr Zweck soll die Erfüllung der sog. Petersberg-Aufgaben sein. Auf dem Petersberg bei Bonn hatte sich die Westeuropäische Union (WEU, mittlerweile nach Beschluss des Kölner Gipfels in die EU hinein aufgelöst) anlässlich ihrer Außen- und Verteidigungsministertagung im Juni 1992 bereits zuständig erklärt für „humanitäre Aufgaben und Rettungseinsätze, friedenserhaltende Aufgaben sowie Kampfeinsätze bei der Krisenbewältigung, einschließlich friedenschaffender Maßnahmen" – also Militärinterventionen. Diese Petersberg-Aufgaben machte sich die EU mit dem Amsterdamer Vertrag zueigen. Zu ihrer Bewältigung müssen die EU-Streitkräfte laut deutschem Master-Plan von 1999 folgende „Haupteigenschaften" haben: „Dislozierungsfähigkeit, Durchhaltefähigkeit, Interoperabilität, Flexibilität und Mobilität". Das heißt, man orientiert auf eine eindeutig offensiv interventionsfähige Auslegung der eigenen militärischen Mittel. Mit Verteidigung der Territorien der EU-Mitgliedstaaten hat das Ganze nichts zu tun – es sei denn, man folgt dem Diktum des deutschen „Verteidigungs"ministers Struck vom Dezember 2002: „Die Sicherheit der Bundesrepublik wird auch am Hindukusch verteidigt". (3) Es geht um Militärinterventionen außerhalb der EU, überall dort, wo vermeintliche Interessen der EU-Mitglieder ein militärisches Vorgehen geboten und opportun erscheinen lassen (was die Anführungszeichen in diesem Text immer dort rechtfertigt, wo von „Verteidigung" die Rede ist).

Mit dieser Interventionsorientierung folgt man dem Vorbild USA. Auch wenn man sich im Klaren darüber sein dürfte, dass man deren Vorsprung auf diesem Gebiet auf (un)absehbare Zeit nicht wird einholen können, begibt man sich doch auf dieses „Spielfeld" militärischer/militärtechnologischer/militärpolitischer Konkurrenz, weil man meint, auf die militärische Komponente im „Spiel" der Mächte nicht verzichten zu können. Wer in Zeiten der Globalisierung auf der Weltbühne politisch mitmischen will, so das Credo, muss militärisch mächtig sein.

Auf dem Weg zur Europäischen Sicherheitsdoktrin

Die einzig verbliebene militärische Supermacht dieser Welt, die USA, nehmen diese Ausrichtung ihrer europäischen „Partner" durchaus als Herausforderung wahr. Ihnen passt die ganze Richtung nicht. Zwar mahnen sie seit Jahr(zehnt)en an, dass die Europäer im Rahmen einer „gerechteren Arbeits- und Lastenteilung" zwischen den transatlantischen Bündnispartnern gefälligst mehr militärische Arbeit und Lasten übernehmen sollten – nur soll das unter US-Führung und -Kontrolle erfolgen. Eine tatsächliche rüstungsindustrielle, militärpolitische und militärische Eigenständigkeit der Westeuropäer ist nicht im Sinne der USA. Um das zu verhindern, wollten und wollen sie das Primat der von ihnen geführten NATO gegenüber der EU in militärischen Belangen sicherstellen und die Europäische Sicherheits- und Verteidigungspolitik (ESVP) der NATO unterordnen. Gegenwärtig befürchten sie, dass sich mit der ESVP eine Dynamik entfalten könnte, die ihnen womöglich entgleitet. Sie votieren daher als Alternative zur ESVP für die Stärkung des europäischen Pfeilers der NATO, eine „Europäische Sicherheits- und Verteidigungsidentität (ESVI)" im Rahmen dieses transatlantischen Bündnisses. Dafür finden sic immer wieder Verbündete auch unter den europäischen NATO- und zugleich EU-Staaten, allen voran Großbritannien, das seine „special relationship" mit den USA im jüngsten Irak-Krieg einmal mehr unter Beweis gestellt hat. Deswegen wird die Militarisierung der EU auch künftig nicht ohne Friktionen voran kommen. Die entschiedensten Betreiber dieses Prozesses – vor allem die deutsch-französische Achse – müssen darauf achten, die USA nicht vollends zu verprellen und die US-nahen EU-Mitglieder nicht abzukoppeln, sondern mitzuziehen. (4) Sie dürfen sich aber, wenn sie ihr Projekt realisieren wollen, auch nicht von den USA und deren EU-Hilfstruppen ausbremsen lassen. Das Konzept eines „Verteidigungs"kerneuropas der Willigen, wie es im Brüsseler Gipfel vom April 2003 zum Ausdruck kam, scheint angesichts dieser Konstellation die angemessene Strategie zu sein. Jedenfalls gelang es in den Folgemonaten, die EU als Ganzes wieder in das EU-Militarisierungsboot zu holen, selbst Großbritannien zeigte sich wieder willig mitzutun. Mittlerweile ist London bereit, eine „strategische Partnerschaft" zwischen EU und NATO zu akzeptieren, was eine Distanzierung von den US-Vorstellungen einer Unterordnung der ESVP unter die NATO bedeutet. (5) Im Kongo wurde 2003 erstmals eine EU-Militäroperation durchgeführt, weitgehend getragen von den Franzosen, aber auch von deutschem Militär unterstützt. Auch sonst arbeitete man im Laufe des Jahres an neuen Maßnahmen zum Aufbau einer Militärgroßmacht. Insbesondere will man sich nun eine eigene Sicherheitsdoktrin zulegen, welche der Nationalen Sicherheitsstrategie der USA nachempfunden ist. Einen ersten Entwurf legte der Hohe Repräsentant der EU für die Gemeinsame Außen- und Sicherheitspolitik – übrigens ein Amt, welches ebenfalls auf dem Kölner Gipfel 1999 geschaffen worden war und das im Oktober 1999 Javier Solana, vordem NATO-Generalsekretär, angetreten hat – auf dem EU-Gipfel in Thessaloniki im Juni 2003 vor. Solana erntete hierfür große Zustimmung der versammelten Staats- und Regierungschefs. Für die künftige Entwicklung der EU-Sicherheitspolitik lässt das Böses ahnen. Denn neben viel Europa-, Friedens- und Präventionslyrik finden sich in diesem Papier auch handfeste militärische Festlegungen. So erklärt Solana für die EU explizit „unser herkömmliches Konzept der Selbstverteidigung" für obsolet und meint, dass bei den „neuen Bedrohungen ... die erste Verteidigungslinie oftmals im Ausland liegen" werde. (6) Peter Strucks „Verteidigung am Hindukusch" lässt grüßen. Solana will die EU befähigen, nötigenfalls „mehrere Operationen gleichzeitig aufrechtzuerhalten. Wir müssen eine strategische Kultur entwickeln, die ein frühzeitiges, rasches und wenn nötig robustes Eingreifen begünstigt. Wir sollten vor allem an Operationen denken, bei denen sowohl militärische als auch zivile Fähigkeiten zum Einsatz gelangen". (7) Dazu brauche es selbstverständlich mehr Mittel: „Wenn wir es ernst meinen mit den neuen Bedrohungen und dem Aufbau von flexibleren mobilen Einsatzkräften, müssen wir die Mittel für die Verteidigung aufstocken". (8) Als „mit Abstand größte" Bedrohung wird dabei die „Verbreitung von Massenvernichtungswaffen" angesehen; dieser müsse notfalls auch militärisch-präventiv begegnet werden.

Auch wenn in den großen Medien Deutschlands und anderer EU-Länder der Eindruck erweckt wurde, dass diese EU-Doktrin deutlich gemäßigter sei als die Nationale Sicherheitsstrategie der USA, die einem rücksichtslos unilateralen Präventivkriegskonzept verpflichtet ist, so sind sich beide in ihren Grundzügen doch sehr nahe. Es wäre friedenspolitisch daher fatal, wenn die Friedensbewegung dem Eindruck erliegen würde, die EU-Militärmacht sei „nicht so schlimm", das „kleinere Übel" im Vergleich zum US-Militarismus, ja, eventuell sogar leider notwendig, um ein Gegengewicht gegen US-amerikanisches Militärabenteurertum zu schaffen.

In der Tat wird die EU-Militarisierung – nicht zuletzt von der deutschen rot-grünen Regierung – der Öffentlichkeit friedenspolitisch verbrämt mit anti-amerikanischen Untertönen schmackhaft gemacht: In den USA herrsche wie bekannt eine militärische „Haudrauf"-Mentalität vor, die sich aus der Arroganz der – militärischen – Macht speise; demgegenüber seien „wir Europäer" (und vor allem „wir Deutsche") sehr viel zurückhaltender, sehr viel stärker auf zivile Konfliktbearbeitung orientiert und militärischem Draufschlagen eher abhold. Um dieser zivilisierten europäischen Haltung künftig mehr weltpolitisches Gewicht zu verleihen, müssten „wir" allerdings auch gewisse Anstrengungen unternehmen, um unabhängig(er) von den USA (auch militärisch) handlungsfähig zu sein und mehr Einfluss auf die USA und das Weltgeschehen zu bekommen. In der Konsequenz läuft dieser Ansatz auf eine zusätzliche Militarisierung der Weltpolitik hinaus. Nichts spricht angesichts der Geschichte und des aktuellen Verhaltens der europäischen Staaten dafür, dass eine EU-Militärmacht von ihren Mitteln „zu-

rückhaltender", „verantwortungsbewusster", „völkerrechtskonformer" Gebrauch machen wird als die USA. Die zunehmende Militarisierung der Welt-(un)ordnung wird durch eine Militarisierung der EU nicht gestoppt werden können – im Gegenteil. Die Wahl zwischen einem US-geführten Militarismus und einem EU-Militarismus ist gleichbedeutend mit der Wahl zwischen Teufel und Beelzebub. Friedenspolitik lässt sich nur jenseits dieser Alternative entfalten.

Anmerkungen

1) Auch die im Mai 2003 vom deutschen Verteidigungsminister erlassenen „Verteidigungspolitischen Richtlinien" bekräftigen diese Zielsetzung: „Ziel ist die Schaffung einer Europäischen Sicherheits- und Verteidigungsunion als Teil einer voll entwickelten Politischen Union" (Bundesminister der Verteidigung. Verteidigungspolitische Richtlinien. Berlin, 21. Mai 2003, Ziffer 50).
2) Siehe Bericht des Vorsitzes über die Stärkung der gemeinsamen europäischen Sicherheits- und Verteidigungspolitik, in: Presse- und Informationsamt der Bundesregierung. Bulletin, Nr. 49, 16. August 1999, S. 533-535.
3) Zitiert nach Frankfurter Rundschau, 6.12.2002, S. 1.
4) In den deutschen „Verteidigungspolitischen Richtlinien" findet sich daher das (Lippen-) Bekenntnis: „Die ESVP ist kein Ersatz für, sondern eine notwendige Ergänzung zur NATO, die die Allianz stärkt und den Kern eines europäischen Pfeilers der Allianz bildet" [ebd. (Anm. 1), Ziffer 33].
5) Siehe Frankfurter Rundschau, 28.8.2003, S. 1 (London marschiert auf EU zu).
6) Ein sicheres Europa in einer besseren Welt. Javier Solana legt ein Papier für eine Europäische Sicherheitsdoktrin vor (website Friedenspolitischer Ratschlag).
7) Ebd.
8) Ebd.

Mai 2003: Mit dem sozialpolitischen Maßnahmenkatalog „Agenda 2010" werden soziale Unsicherheit und Existenznöte wieder zur Lebensgrundlage für viele Menschen: Insbesondere für Kinder und Frauen, für gesundheitlich eingeschränkte, schlecht ausgebildete und ältere Arbeiterinnen und Arbeiter, für alle, die arbeitslos über kein existenzsicherndes Einkommen verfügen. Über die Strategie der sozialen Ausgrenzung in die Armut sollen die Einstiegslöhne gesenkt und eine flexible und bereitwillige Klasse der „working poor", der arbeitenden Armen, geschaffen werden. Die politisch bewusste Abkehr davon, für alle Bürgerinnen und Bürger ein den sozialen Verhältnissen angemessenes Existenzminimum bereitzustellen, kommentiert der nachfolgende Artikel anhand der Regierungserklärung von Bundeskanzler Schröder zur „Agenda 2010".

Wolf-Dieter Narr

„Agenda 2010" oder der Zukunftsverlust steril aufgeregter Politik

Das Protokoll notiert: „Langanhaltender Beifall bei der SPD und dem Bündnis 90/Die Grünen – Die Abgeordneten der SPD und des Bündnisses 90/Die Grünen erheben sich."

So endet die wohl inszenierte Regierungserklärung des deutschen Bundeskanzlers am 14. März 2003. In ihr präsentierte er die ihrerseits wohl inszenierte, auch sprachlich entsprechend schmuck und smart drapierte „Agenda 2010" mit ihrem unschätzba-

ren Doppelvorteil ebenso „progressiv" in die Zukunft zu weisen, wie für diese Zukunft vorwärts und rückwärts keinerlei Gewähr bieten zu müssen.

Müssen wir aber nicht in all-, ja wilhelminisch in überparteilichem Konsens stehend applaudieren? Was für ein politikmuskulöser Kanzler! Was für eine problemkundige, lösungsphantasievolle Regierung! Was für regierende und auch oppositionell weithin mitregierende, in jedem Fall eigenen

Pfanneninhalts ledige Parteien, die Deutschland nationalmannfrauschaftlich für die Zukunft richten! Tränen stehlen sich dem besorgten Bürger ob solcher Politikfürsorge ins Auge.

Reformen stehen nämlich ohne Frage ins Bundeshaus. Auch und gerade im Kontext dessen, was herkömmlich Sozialpolitik oder, institutionell, Sozialstaat genannt wird. Dafür gibt es viele gute bzw. drängende und viele fragwürdige Gründe. Die zuletzt genannten zeichnet aus, dass sie von den hauptbeteiligten Interessenten selber, den Unternehmen, ihrer besitzenden und tief verstaatlichten Lobby als „Sachzwänge", als ökonomische Gesetzmäßigkeiten im Zeichen der Globalisierung ausgegeben werden. Von selbst dürfte sich verstehen, dass meine Qualifizierung der Gründe in solche triftiger und scheinhafter Art eine Frage der Perspektive und der Folgen ist. Welche Effekte ist man hinzunehmen oder nicht hinzunehmen geneigt? Diese Frage mitten im „Sozialstaat" zielt auf den sozial oder, wenn dieses Wort aus vergangenen Zeiten gegenwärtig noch zutreffend gebraucht werden darf (oder, richtiger, müsste), den klassenpolitisch diskriminierenden Inhalt.

Zu den drängenden Gründen zählt, dass – im Rahmen Deutschlands – das Bismarck'sche Kerngehäuse sozialer Versicherungen, das trotz seiner enormen Expansion weiter besteht, ebenso verwurmt ist, wie es von allem Anfang fragwürdig war: die Anbindung aller allgemeinen Sicherungsvorkehrungen und -leistungen an den männlichen Industriearbeiter. Soziale Versicherungen für die große Mehrheit der Bevölkerung, die vom (Arbeits-)Unfall über die Gesundheit bis zur Rente im Alter gesichert werden musste, konnten und können angesichts des Wandels der Industriegesellschaft zum einen und

grundrechtlich demokratischer Ansprüche zum anderen nicht einseitig an einem schmäler werdenden Segment industrieller Arbeit festgemacht werden.

Zu den Abhilfe fordernden Ursachen gründlicher Reform zählt auch das bürokratisch korporativistische Vatermal der Sozialpolitik des 2. deutschen Kaiserreichs. Im Zuge der quantitativen Dehnungen und der rechtlichen Verdichtungen zuckt dasselbe heute ungleich dominierender im Gesicht sozialer Sicherungen als zu Beginn. Diese bürokratische Formeigenschaft sozialpolitischer Sicherungsinhalte, die alle so oder so von ihnen abhängigen Bürgerinnen und Bürger zu unpersönlichen „Klienten" machte, ist in fast allen Äußerungen, selbst den kritischen unter ihnen, unterbelichtet. Zugespitzt formuliert: das soziale Sicherungssystem im umfassenden Sinne wurde nie demokratisch verfasst. Ihm fehlen entsprechend demokratische, sprich auf die fortlaufende Beteiligung der Versicherten angelegte Prozeduren.

Dass alle staatlich inszenierte Sozialpolitik von den Bedingungen der kapitalistischen Ökonomie abhängig ist – Bedingungen freilich, die verschieden große Spielräume lassen, die sozialpolitisch variierend ausgefüllt werden könnten –, versteht sich in Genesis und Geltung staatlicher Sozialpolitik so sehr von selbst, dass sie anlässlich der Revue einiger exemplarisch dringlicher Reformgründe ihrerseits dreier Aspekte halber erwähnt werden muss. Zum einen wird diese strukturelle und funktionelle Abhängigkeit von vielen, die gegenwärtig auf die angeblich so herrlich gewesenen und ach so staatlich steuerungsvollen Jahrzehnte des Normalsozialstaats seltsam romantisch zurückglotzen, füglich übersehen. Diese Jahrzehnte dehnten sich im übrigen,

Ausverkauf!
Gebäude inkl.
Belegschaft
abzugeben
in liebevolle Hände

höchst eingeschränkt, in der BRD allenfalls zwischen Ende der 50er und Mitte der 70er Jahre. Zum anderen wird viel zu wenig darauf geachtet, dass der Kampf um die ökonomischen und damit auch immer die sozialpolitischen Formeln der Macht von den Liberalen mit erheblichem Startvorteil so geführt wird, dass diese die gegebenen und dehnbaren Spielräume „wirtschaftsgesetzlich" weg zu argumentieren suchen. Man denke nur an die periodische Dauerbrennerbehauptung, die Arbeitskosten in der BRD seien es, die die profitübersensiblen Manager aller Länder von Investitionen abhielten. Selbst der Prozentsatz der oft pseudogenau berechneten Arbeitskosten wird noch, je nach Interessengusto, gesetzesförmig vertäut. Zum dritten sind gerade in den veränderten Akkumulationsbedingungen die Gründe für die veränderten sozialpolitischen Kampfregeln Ende der 50er Jahre des 20. Jahrhunderts und den frühen des 21. Jahrhunderts zu orten. Man muss die nur in ihrer Prätention verantwortlichen Politiker nicht jeglichen eigenen Beitrags entlasten – um alle oberflächlich moralisch tönenden Schuldzuschreibungen zu vermeiden –, um nüchtern einzusehen, dass ihrem willentlichen „Dezisionismus" enge Grenzen gesetzt sind. Diese gelten dann noch mehr, wenn die Gesetzemacher fast keinen Druck wider den Strich der etablierten Interessen aushalten müssen. Repräsentativ abgehoben und demokratisch blutarm scheuen sie vor jeder eigenen Mobilisierung von Bürgerinnen und Bürgern zurück. Eine solche Mobilisierung machte jede Reform erforderlich, die mehr sein sollte als ein Kompromissprodukt ihrerseits bürokratisch organisierter dominanter Interessen. Eine Mobilisierungsscheu eignet bekanntlich auch weithin den ihrerseits sklerotisch bürokratisierten Gewerkschaften.

Die zuweilen schwer lösbare Legierung aus aktuell gegebenen Gründen und interessiert konstruierten Scheingründen hebt bei den demographischen Argumenten an und endet bei den Behauptungen, der strukturellen und der konjunkturellen Arbeitslosigkeit sei nur dadurch zu begegnen, dass man den Faktor Arbeit verbilligt und „flexibilisiert", sprich die Arbeitenden und die Arbeitslosen, großzügiger noch als seither den „Arbeitgebern" zur Disposition stellt. Als sei ein Gutteil demographischer Veränderungen, die nie primär „naturwüchsig" sind, nicht dadurch zu beheben, dass Deutschland und Europa endlich die massiver als je zuvor bewehrten Grenzen öffnete. Wer sich und andere freilich vor einer Zukunft ängstigt, in der die Teutonen, nach den geflügelten Worten des großen bajuwarischen Wahlhelden nur noch „durchmischt und durchrasst" überleben könnten, dem muss die demographische Frage das Deutsche Herz schier zerbrechen. Den Altersverschiebungen aber begegnet man in merkwürdig aktiver Arbeitsmarktpolitik, dem sachverständigen Rürup und anderen sei Dank, dass man die Lebensalterszeit heraufsetzt. Die Rentensicherung klappt dann bekanntlich am besten, wenn die Rentner ihre Rente in der ewigen Ruhe genießen.

Ich kann die diversen „Sein-Schein"-gemischten Gründe an dieser Stelle nicht länger zerpflücken. Der Bundeskanzler und „seine" Agenda haben die schlechten neoliberalen Gründe, von der aktuellen Phase der Globalisierung zugespitzt, ohnehin als die ihren übernommen. In der beifallsumtosten Regierungserklärung vom 14. März lautet die Kernpassage: „Arbeit und Wirtschaft, das ist das Herzstück unserer Reformagenda. Eine dynamisch wachsende

Wirtschaft und eine hohe Beschäftigungsquote sind die Voraussetzungen für einen leistungsfähigen Sozialstaat und damit für eine funktionierende soziale Marktwirtschaft" (hätte der Bundeskanzler nicht die in der BRD besonders früh und universell verbreitete Kreide gefressen, er könnte auch vom bestimmungsmächtigen Postulat der kapitalistischen Akkumulation sprechen, um den falschen Terminus „Gesetz" zu vermeiden. Eine „dynamische Wirtschaft" und „soziale Marktwirtschaft" zumal hören sich von Interessen keimfreier und netter an). Einen Satz später fährt Schröder fort: „Wir haben die Arbeitsmärkte deshalb für neue Formen der Beschäftigung und der Selbstständigkeit geöffnet. Wir haben das Programm ‚Kapital für Arbeit' aufgelegt. Wir haben die Bedingungen für die Vermittlung der Arbeitslosen durchgreifend verbessert. Wir haben Rechte und Pflichten der Arbeitsuchenden in ein neues Gleichgewicht gebracht."

Kann man die eigene politische Ohnmacht und die nur restriktiv-repressiv einseitig wirksame Tätigkeit mit hohl erhobener Brust besser ver-, oder, sieht man genauer hin, entbergen? Selbst wenn man die „Agenda 2010" im gegebenen Kontext betrachtete und kritiklos ihre „tragenden Gründe" akzeptierte, müsste man über diese jämmerlich auf Stöckelschuhen einherstolzierende politische Ohnmacht geradezu erschrecken. „Positiv" in Richtung ökonomischer Veränderungen in Sachen Wachstum, nicht zu reden von zusätzlichen Arbeitsplätzen, bleibt nur der hofferische Appell. „Ich appelliere", so der Kanzler vollgepumpt von Tatendrang, „an die Wirtschaft, das auch zu tun". Hat er für diese Tunsfolge „der" (!) Wirtschaft irgendwelche Gewähr? Nein. Nur die Gewähr der politischen Proskynese

(deutsch = Anhündelung) an „die" Wirtschaft als dem Terminator. Sie wird durch das hündelnde Geschenk flexibilisierend befreiter Arbeitender und Arbeitsloser unterstrichen. „Wir müssen deshalb auch das Kündigungsschutzgesetz für Arbeitnehmerinnen und Arbeitnehmer, sowie für die Unternehmen besser handhabbar machen." Das ist des „Pudels", genauer der „Agenda 2010" haariger „Kern". Sie zerfällt in eine Fülle punktueller Veränderungen, genauer deren stramme Ankündigung, in der Zwischenzeit schon in umfangreiche, Hartz verklebte Gesetzesvorlagen. Dort wo dieser Schaschlik ohne Spieß kleine saftige Fleisch- und Paprikastückchen enthält, werden sie den Unternehmen, unter ihnen hervorgehobener Weise den mittelständischen, zugeworfen. Ansonsten fungieren als Spießersatz all die Teilchen, die den Arbeitsmarkt so richten sollen, dass die „Arbeitgeber" gesetzlich enthemmt zugreifen können, wann immer sie dies aus regierungspolitisch unbeeinflussten Gründen wollen. All die Schlüsselworte der fruchtleeren Kastanie mit ihren allein verbliebenen stachligen Schalen künden diesen Sachverhalt. „Befristet", werden „Minichancen" der weithin bodenlosen „Ich-AGs" versprochen – der Ausdruck „Ich-AG" verdiente im Zeichen des sonst wie eine Gelatine die Reden rund um die „Agenda" versüßenden Solidaritätsgeredes eine eigene politisch tiefenhermeneutische Interpretation. Das luftige Pathos der „Eigenverantwortung" tritt dort wortfintenreich in Erscheinung, wo diejenigen, die sich auf der Schattenseite des Habens und Arbeitens befinden, dazu sanktionsreich angehalten werden sollen, bedingungslos jedes aufgenötigte Angebot einer Drecksarbeit freiwillig für einen Groschen anzunehmen. „Niemandem wird künftig gestattet sein," so spricht wie ein stockschwingender Präceptor Germaniae dieser Gernegroß als Kanzlerfunktionär, „sich zulasten der Gemeinschaft zurückzulehnen". Das Kernwort Flexibilität oder dynamisch „Flexibilisierung" bedeutet nicht mehr und nicht weniger, als dass diejenigen, die noch Arbeit haben, mehr noch diejenigen, die arbeitslos sind, gar wenn sie schon zu den älteren Jahrgängen zählen, für jede Art punktueller Arbeit „allzeit bereit" sein sollen. Darum werden nicht nur Arbeitslosen- und Sozialhilfe nach unten zusammengelegt, vor allem auch um die Eingriffstiefe in die Integrität der Arbeitslosen und Sozialhilfeempfänger zusätzlich zu verstärken. Inmitten des abstrakt repressiven Solidaritätsgeredes wird darum auch die negative Individualisierung kapitalistischen Arbeiterinnen- bzw. Arbeitslosenschicksals, Autonomie stärkend, ein Stück weiter getrieben. Dieser negativen Individualisierung – im bedeutungsgleichen griechischen Wort Atomismus kommt das Gemeinte zutreffender zum Vorschein – dient auch der neue, keiner „normalen" Bürgerin und keinem Bürger verständliche Gesetzeswust. Er wird garantiert nicht die behauptete Entbürokratisierung staatlicher Arbeitsmarkt- und Sozialpolitik befördern. Diese wird im Gegenteil insgesamt, insbesondere in der nominell erneuerten „Bundesagentur für Arbeit" zunehmen, wie die seitherige Bundesanstalt mit Hilfe eines anderen Rumpelstilzchentricks umbenannt werden soll.

Das ist zuweilen der große Vorzug der FAZ (Frankfurter Allgemeine Zeitung). Dass sie, anders als es Schröder und Konsorten mit ihren heimelig heimtückischen Formulierungen des anspruchsvoll bauschig zugebundenen Sacks repressiver Reste zur weiteren kapitalistischen Befreiung tun, unter den dogmatisch vorausgesetzten Prämissen kapitalistischer Herrschaft die diese Herrschaft vertretenden Interessen vergleichsweise klar ausdrückt. Unter der bezeichnenden Überschrift „Der Wert der Freiheit" – im Freiheitsbegriff der sich selbst freiheitlich, sprich liberal, nennenden Gruppen ist eben Eigentum und Ungleichheit begründet, er steckt im originären Begriff der Menschenrechte – doziert der Leitartikler Holger Steltzner: „Von vielen sozialgesetzlichen Regelungen gehen falsche leistungsfeindliche Anreize aus. Dies lädt zur Plünderung öffentlicher Kassen ein. Damit muss Schluss sein. In einer sich dynamisch entwickelnden Weltwirtschaft gibt es keine Bestandsgarantien und keine materiellen Sicherheiten mehr. Am Weltmarkt wird nicht gefragt, welche sozialpolitischen Werte in einem Produkt stecken. Es zählen Qualität und Preis. Die Anpassungsprozesse sind für den einzelnen schmerzhaft, doch sie allein bieten die Chance für Wachstum und Beschäftigung. Länder, die sich diesem steten Wandel verweigern, müssen mit dauerhaft hoher Arbeitslosigkeit und Vermögensverzehr rechnen. Das mag man bedauern, ändern wird man es nicht. Natürlich sind in kapitalistischen Gesellschaften wie den Vereinigten Staaten die Einkommensunterschiede größer, sind befristete Anstellungen und mehrere Teilzeitjobs keine Ausnahme. Doch ist dies nicht besser als ein Millionenheer arbeitswilliger Menschen, die auf staatliche Fürsorge angewiesen sind und deren Hoffnungen auf einen Arbeitsplatz immer wieder enttäuscht werden?" (FAZ, 22.8.2003).

Wissenschaftler, für ihren angeblich kreativ denkfähigen Kopf bezahlt, applaudieren den Machtinhabern gerne, auch wenn die Macht der letztgenannten fast ohne Gestaltungskraft ist. Mög-

lichst der „Zugang zum Machthaber“,
wie Carl Schmitts Bedeutung zu diffe-
renzieren wusste, geringerenfalls auch
der Applaus für den Machthaber. Darum
verwundert es nicht, wenn mehrere hun-
dert, mit der Auraschimäre eines Profes-
sors versehene Wirtschaftswissen-
schaftler, deren Wissenschaftlichkeit
schon an ihrer nicht in Frage gestellten
Kapitalprämisse scheitert, kapitallo-
gisch also, dem Herrn Bundeskanzler
und seiner Repressanda 2003/04 FAZ-
anzeigig, unterschrifteneifrig zur kopf-
losen unverbindlichen Hilfe eilen.
Indes, auch solche Kolleginnen und
Kollegen mehr in den Sozialwissen-
schaften zuhause, oft gewerkschaftsnah,
die die Agitanda 2010 ob ihrer sozialpolitisch negativen Voraussetzungen, Ziele
und Effekte deutlich kritisierten (vgl.
Frankfurter Rundschau vom 1.7.2003),
verstärken entgegen ihrer Absicht das
Verhalten der etablierten Politik und

ihrer Repräsentanten bar allen politischen Eigensinns wie, nein als abhängige Variablen dessen, was die praktischen und theoretischen Ökonomen als
„Sachzwänge“ und „Gesetze“, der Glo-
balnatur entspringend, vorgeben. Sie
orientieren sich überwiegend auf das
Bismarck- und Adenauer-Zeit (!) übli-
che Muster des reformsystematisch
überschätzten „Sozialstaats“ zurück.
Ohne eine vorwärts gerichtete konkrete
Utopie, die das akkumulationsabhängi-
ge sozialstaatliche Muster überstiege,
darum gewiss auch vorstellungsriskan-
ter wäre, ohne daraufhin gerichtete erste
Schritte, können sie nicht einmal zu
einer Mobilisierung der vom repräsentativen Absolutismus systematisch demokratisch demobilisierten Bürgerinnen
und Bürger beitragen.

Der Applaus für die „Agenda 2010“
und ihren Chefpromotor, Gerhard

115

Schröder, übertönt in seinem Klatschgeräusch nur – auch dort, wo es zwischenzeitlich verhaltener kracht –, dass von dieser etablierten Politik in Form und in Inhalt nichts Eigenständiges in Sachen materiell verwirklichte Menschenrechte zu erwarten ist. Partei hin oder her. Tief innen, verleugnet und doch vorhanden, müssten dies auch die klügeren und verantwortlicheren Abgeordneten wissen. Ebenso wissen es insgeheim viele Bürgerinnen und Bürger. Die Gefahr besteht, dass sie ihr Wissen und die darin steckende Angst durch eine Art alltäglichen Zynismus überspielen. Selbst wenn eine Regierung, sagen wir die des Tandem Schröder/Fischer vorübergehend den 500 Wissenschaftlerinnen und Wissenschaftlern folgte – so wie die Dinge stehen, ist auch dies unmöglich – und den „Sozialstaat" reformierte, statt abbaute, wie es im Aufruf verlangt wird, selbst dann wäre nur eine kleine Verschnaufpause im Prozess der restlosen Durchkapitalisierung erreicht. Darum verändert, lange vorbereitet, gegenwärtig auch die Sprache ihren Sinn. Wohltönende Begriffe – angefangen mit Solidarität bis hin zu Grundsicherung und sozialen Menschenrechten allgemein – dürfen nicht benutzt werden, als verstünde sich das, was mit ihnen gemeint ist, irgend von selbst. Sie müssen im Kampf um die Wirklichkeit, die wir vor allem auch sprachlich, mit Bildern versetzt, begreifen, jeweils in dem, was sie bedeuten sollen, ausgepackt werden. Von Grund- oder Bürgersicherung zu reden, ohne genau zu sagen, wie die Bürger daran teilnehmen und wie die grundsichernde Teilhabe materiell hier und heute genau ausfällt, ist nur wohlhabenden Scharlatanen erlaubt. Nüchtern und gerade darum ohne normative Verwässerung betrachtet, gibt es gegenwärtig für eine Gesellschaft, die ohne massive, ja ohne zunehmende Ungleichheiten bestünde, keine Aussicht. Umso wichtiger ist es, an Konzeptionen und überzeugenden Mobilisierungen zu arbeiten, solchen also, an denen, diejenigen, die mitmachen, durchgehend mitbestimmen, die jenseits des herkömmlichen Sozialstaats und seines progressiven, jedoch, schon um der sozialen „Befriedung" willen, nicht gänzlichen Verfalls in der Gegenwart siedeln. Kleine Kompromisse sind nicht zu vermeiden, um misshandelten Menschen und Gruppen in aktueller Not zu helfen. Auch erste Reformschritte lassen sich nicht außerhalb des Gegebenen tun. Ausschlaggebend ist allerdings, dass selbst die alltäglichen Kompromisse von konkret utopischer Orientierung kontrolliert und aufgehoben werden.

Juni 2003: Während sich die „politische Klasse" anlässlich des Weltflüchtlingstages 2003 am 20. Juni – der in diesem Jahr den besonderen Schutzbelangen minderjähriger Flüchtlinge gewidmet war – noch in Feiertagsrhetorik übte, ging cs zeitgleich bei dem am selben Wochenende stattfindenden EU-Gipfel der Staats- und Regierungschefs in Griechenland asylpolitisch hart zur Sache. Auf der Tagesordnung standen weitere restriktive Maßnahmen, um die Zahl der Asylanträge in der EU weiter zu senken und den Flüchtlingsschutz an die Ränder der Europäischen Union oder in die Herkunftsregionen zu verlagern.

Heiko Kauffmann

Europas Krieg gegen Flüchtlinge

Europäische Asylpolitik setzt auf maximale Abschottung

Den Staats- und Regierungschefs der EU lag ein Strategiepapier der britischen Regierung vor, in dem vorgeschlagen wurde, in Europa ankommende Flüchtlinge so schnell wie möglich in Aufnahmelager in der Nähe der Herkunftsregionen zu transportieren. Ein „vermittelndes" Konzept hatte der Hohe Flüchtlingskommissar der Vereinten Nationen, Ruud Lubbers, unterbreitet, das – unter dem Arbeitstitel „Convention Plus" – geschlossene Lager zur Aufnahme von Asylsuchenden auf dem Gebiet der Beitrittsstaaten zur EU vorsieht. Die Asylanträge angeblicher „Wirtschaftsmigranten" aus „sicheren Herkunftsstaaten" sollen dort in einmonatigen Kurzasylverfahren erledigt werden.

Das britische Strategiepapier – den Staats- und Regierungschefs zynischerweise unter der Überschrift „New Vision for Refugees" vorgelegt – ist das zurzeit weitgehendste Konzept zur Demontage des Asylrechts in Europa und weltweit. (1)

Blairs „New Vision for Refugees" – Schutz von Menschen oder Schutz vor Menschen

Das Blair'sche Asylpapier sieht im Kern die Verlagerung jeglicher Hilfe und jeglichen Schutzes für Flüchtlinge in die jeweiligen Herkunftsregionen vor. Ankommende Asylbewerber sollen nicht mehr in die EU einreisen dürfen, sondern ihr Asylverfahren in „Zonen" an den Grenzen zur EU eröffnen – etwa in Ländern wie Rumänien, Kroatien, Albanien oder Ukraine. Staaten also, in

117

denen der Zugang zu einem fairen Asyl-verfahren, wie es die Genfer Flücht-lingskonvention vorsieht, keineswegs gesichert ist.

Man stelle sich vor: Menschen, die mit knapper Not Verbrechen, Krieg, Gewalt, anderen Menschenrechtsverlet-zungen und den Strapazen der Flucht entkommen sind, werden von dem ver-meintlich Schutz bietenden Aufnahme-land geradewegs an die Peripherie der Länder zurückgewiesen, in denen sie soeben Traumatas erlittenen haben: ein humanitärer Alptraum – keine Vision. Es ist das Konzept der Verbannung von Flüchtlingen, die Doktrin eines flücht-lingsfreien Europas, ein Rückfall in die Barbarei.

„Wenn ein Staat diese Verpflichtung (zum Schutz der eigenen Bevölkerung) nicht einlöst und Krieg, Unterdrückung und Staatsbankrott eintritt und die Bevölkerung schweres Leid erfährt, hat die internationale Gemeinschaft die Verpflichtung zu intervenieren. Eine solche Intervention sollte soweit als möglich präventiv erfolgen oder ver-hältnismäßig sein und mit der Ver-pflichtung zum Wiederaufbau … Diese Vision … sollte Teil eines neuen Asyl-systems … sein." (aus dem britischen Stra-tegiepapier: „New Vision for Refu-gees")

Hier entlarvt sich die Blair'sche Visi-on deutlich als ideologische Begleitmu-sik einer konsequenten militärischen Interventionspolitik. In einem Satz bricht sie mit den Grundsätzen des Völ-kerrechts und der UN-Charta von 1945, nach der jegliche Form von Gewaltan-wendung verboten ist, setzt sich über die zuständigen – existenten – Völker-rechtssubjekte (Sicherheitsrat, Vollver-sammlung der UN) hinweg und maßt sich die Selbstmandatierung eines „nebulösen" Akteurs („internationale Gemeinschaft") sowie die Definitions-und Exekutionsgewalt über moralische Werte und völkerrechtliche Grundre-geln an, die sie soeben in der „Allianz der Willigen" mutwillig und fahrlässig zertrümmert hat.

Die wenigen Errungenschaften der Menschenrechtsentwicklung nach dem Zweiten Weltkrieg werden mit dem bri-tischen Ansatz zur Disposition gestellt. Die Genfer Flüchtlingskonvention war und ist auch eine Antwort auf die gescheiterte Flüchtlingskonferenz von Evian im Jahre 1938. Die Unwilligkeit der beteiligten Staaten, Verfolgten des Naziregimes Schutz zu gewähren, besiegelte das Schicksal vieler Men-schen. Mit der Genfer Flüchtlingskon-vention vollzog sich der Übergang von der Flüchtlingsaufnahme als einem Akt staatlicher Gnade zu einem individuel-len, jedoch mit vom Aufnahmestaat anzuerkennenden Schutzanspruch für Flüchtlinge. Asyl bedeutet im Kern, den Schutz von Flüchtlingen vor Zurück-weisung und Abschiebung in den Ver-folgerstaat, die Gewährleistung des hierfür notwendigen Prüfungsverfah-rens und eines menschenwürdigen Da-seins.

Der Vorschlag der Blair-Regierung unterstreicht den Versuch, Rechtsschutz für Asylsuchende in Europa abzubauen und Asylberechtigte nur noch nach dem Maßstab politischer Opportunität in geringen Zahlen aufzunehmen. Das bri-tische Konzept ist der bisher weitge-hendste Vorstoß, dem Flüchtlingsschutz innerhalb der EU und in Kooperation mit anderen Industriestaaten den Garaus zu machen. Die nie zureichend verwirk-lichte Idee des Flüchtlingsschutzes war einmal, dass man Flüchtlinge in einem Staat aufnimmt, wo sie außer Schutz auch Rechte erhalten. Jetzt geht es nur

noch darum, Flüchtlinge heimatnah unterzubringen, am besten gleich dort, wo sie herkommen. Schutzzonen werden als große Flüchtlingslager ausgestaltet. Flüchtlingsschutz reduziert sich dort auf die militärische Garantie des Provisoriums. In der Praxis ist dort niemand in der Lage und willens, über bloße Mangelversorgung hinaus Rechte zu garantieren. Das Dahinvegetieren wird zum Standard des Flüchtlingsschutzes.

„Rule of War" statt „Rule of Law"

Vergleicht man dieses Konzept der Blair-Regierung mit Praktiken und Maßnahmen, die im Zuge der Anti-Terror-Bekämpfung nach dem 11. September 2001 von den USA und verbündeten Staaten durchgesetzt wurden, so muss einem um Menschenrechte und Flüchtlingsschutz angst und bange werden. Gerade die USA, die bei der Gründung der Vereinten Nationen und bei der Formulierung der Allgemeinen Erklärung der Menschenrechte eine führende Rolle gespielt haben, verhalten sich im Umgang mit internationalen Verträgen und Völkerrechtsabkommen äußerst destruktiv und völkerrechtsfeindlich (z.B. Einrichtung des Internationalen Gerichtshofes in Den Haag; Klima-Schutz-Protokoll; Biowaffen-Konvention). Überall ist es die Regierung der USA, die „the rule of law" auch unter Androhung von Militärschlägen von anderen einfordert, aber selbst bereit ist, internationales Recht zu brechen oder beiseite zu schieben, wenn es die eigenen Interessen tangiert.

Mit der Militarisierung einer Gesellschaft nach außen geht die verstärkte Repression im Innern einher. Der mit militärischen Mitteln geführte „Kampf gegen den Terror" à la Bush bringt

nicht nur den Weltfrieden in Gefahr, er gefährdet auch den sozialen Frieden in den demokratischen Gesellschaften. Der Krieg gegen den Terrorismus dient auch als Vorwand zum Abbau von Bürger- und Grundrechten und zur Einschränkung von Freiheitsrechten. Terrorismus wird sogar – das zeigen die Sicherheitspakete von Otto Schily und die sogenannten „patriotischen" Ausnahmegesetze in den USA – mit Rassismus, Fremdenfeindlichkeit und Ausgrenzung bekämpft.

Der britische Vorschlag, extraterritoriale Flüchtlingslager außerhalb der EU einzurichten, entspricht der australischen, der so genannten pazifischen Lösung. Australien praktiziert mit dem „Modell Nauru" bereits seit längerem die Auslagerung der Verantwortung für Asylsuchende und Flüchtlinge. Aber auch die „Operation Liberty Shield" (Freiheits-Schutzschild), die der usamerikanische „Heimatschutzminister" Ridge Ende März 2003 mit dem Beginn des Angriffskrieges gegen Irak vorstellte, trägt Orwellsche Züge. Danach können künftig pauschal alle Asylbewerber aus fast drei Dutzend (vorwiegend muslimischen) Staaten unter rechtsstaatlich untragbaren Bedingungen weggesperrt werden, ohne hinreichende Informationen, ohne gesicherte Rechtshilfe.

Von Benjamin Franklin, einem der Väter der US-amerikanischen Verfassung, stammt der Satz: „Wer Freiheit aufgibt, um Sicherheit zu gewinnen, wird am Ende beides verlieren". Die westliche Freiheit stirbt bereits an ihrer Doppelmoral: Sie stirbt im australischen Wüstenlager Woomera, in dem auf Hilfe angewiesene Flüchtlinge unter menschenunwürdigen Bedingungen interniert sind; sie stirbt auf Guantanamo, wo die Taliban-Gefangenen unter Verstoß gegen das Kriegsvölkerrecht in Isolation gehalten werden; sie stirbt an den Küsten des Mittelmeeres, wenn der Weg oft Tod und die Rettung nur Abschiebung bedeutet; sie stirbt auch in den Abschiebehaftanstalten in Deutschland, in denen Flüchtlinge, die nichts Strafbares begangen haben, wie Kriminelle inhaftiert werden.

Diese Doppelmoral muss man im Hinterkopf behalten, wenn es um den „Krieg gegen den Terror" und damit um die Installierung einer neuen Weltordnung geht. Schon bei der „humanitären Intervention" im Kosovo wurde deutlich, dass es nicht in erster Linie darum ging, Fluchtursachen zu beseitigen und Menschenrechte durchzusetzen, sondern darum, „Massenfluchtbewegungen" und „illegale Einwanderung" in die westeuropäischen Staaten um jeden Preis zu verhindern. Das ist Ausdruck einer Flüchtlingspolitik, deren zentraler Beweggrund nicht in der Beachtung der Menschenrechte, sondern prioritär in der Durchsetzung wirtschaftlicher Eigeninteressen und machtpolitischer Ziele liegt.

Von diesen Doppel-Standards, von der Zwiespältigkeit und Instrumentalisierung der Menschenrechtspolitik sind Flüchtlinge und Minderheiten besonders bedroht. An ihnen vollzieht sich beispielhaft, was sich hinter der Fassade der Menschenrechte durch „humanitäre Intervention" oder durch den „Krieg gegen den Terror" verbirgt: Kein Paradigmenwechsel hin zu mehr „menschlicher Sicherheit" – wie vom UN-Milleniumsgipfel gefordert –, sondern zu mehr militärischer, staatlicher Sicherheit. Dieser Paradigmenwechsel zielt in Wahrheit nicht auf die vorgeblich behauptete bessere Durchsetzung der Menschenrechte als den in Jahrhunderten erkämpften Schutzrechten des

Individuums, sondern auf eine Rolle des Staates als umfassendes Ordnungs- und Kontrollorgan einer allmächtigen Sicherheitsagentur. Hier etabliert sich in den westlichen Demokratien die verhängnisvolle deutsche Denktradition des „starken Staates", der Menschenrechte, Freiheit, Schutz und Sicherheit als „Verfügungsrechte" des Staates gegenüber seinen Bürgern definiert und nicht als „Schutzrechte" des Individuums vor einem übermächtigen Staat. Deshalb kann man von einem „Paradigmen-Wechsel" hin zu einem neuen Völkerrecht und zur stärkeren Beachtung der Menschenrechte erst dann sprechen, wenn die Staaten und Regierungen nicht länger versuchen, den einmal erreichten Standard des humanitären Völkervertragsrechts wie der Genfer Flüchtlingskonvention ständig zu unterschreiten und in der Praxis abzuschwächen. Da sie ihn nicht einfach außer Kraft setzen können, versuchen sie sich über ihn hinwegzusetzen, indem sie die verheißenen Schutzrechte durch zwischenstaatliche Vereinbarungen, durch Zugangsbarrieren und innerstaatliche Maßnahmen für die betroffenen Flüchtlinge unwirksam machen.

„Convention Plus" – die Anpassung nach unten: Convention Minus

Auch die „abgemilderten" Vorschläge des Flüchtlings-Hochkommissars, geschlossene Lager unter EU-Verwaltung innerhalb der Union einzurichten, schwächen letztlich unter dem falschen Etikett eines angeblich „zeitgemäßeren, effektiveren" Asylrechtsschutzes die individuellen Schutzrechte und mühsam erzielten Menschenrechtsstandards. Sie werden sukzessive zugunsten staatlicher bzw. internationaler Verfügungs- und Vollzugsgewalt verschoben.

Dass in der Folge des Irak-Krieges und der von den Interventionsmächten gewollten Schwächung der Vereinten Nationen auch deren Institutionen und zuständige Gremien betroffen sind, liegt auf der Hand.

Der Zerstörung der geltenden Weltordnung durch „humanitäre Interventionen" und Präventivkriege folgt nicht nur die „Entmachtung" des Völker- und Menschenrechts, die Verschiebung von der Stärke des Rechts zum Recht des Stärkeren. Es folgt ebenso die Zerstörung bzw. der Versuch der Zerstörung der den Flüchtlings- und Menschenrechtsschutz bisher garantierenden Institutionen und UN-Gremien. Auch hier entpuppt sich der angebliche Paradigmenwechsel hin zu den Menschenrechten als militärstrategisches und sicherheitspolitisches Kalkül restriktiver Machtpolitik. Vor diesem Hintergrund machtpolitischer Einflussnahme sind auch die Institutionen und Gremien der Vereinten Nationen gefordert, ihre Rolle, ihre Aufgaben und Ziele zu reflektieren und neu zu justieren – freilich nicht als Vollstrecker machtpolitischer Allianzen, sondern als noch entschiedenere Verfechter der Interessen und Rechte von Menschen, Minderheiten und Flüchtlingen.

Mandat für die Menschenwürde

Gerade in der Folge des weltweit erklärten „Krieges gegen den Terror", der Dominanz einer wirtschaftlichen und militärischen Machtpolitik der westlichen Länder und der wachsenden Kluft zwischen den jedem Einzelnen verbürgten Rechten und garantierten Schutzstandards einerseits und der Möglichkeit ihrer Inanspruchnahme andererseits sind Nichtregierungs- und Menschenrechtsorganisationen, soziale Bewegungen und demokratische Zivil-gesellschaften gemeinsam mit den Institutionen der Vereinten Nationen wie UNHCR gefragt und gefordert, unzweideutig und entschieden ihr Mandat im Interesse der Menschenwürde und der Menschenrechte für den einzelnen Menschen wahrzunehmen.

Wo immer Zweifel an einer Instrumentalisierung bzw. Indienstnahme von Institutionen oder Organisationen für repressive, den Kern des internationalen Flüchtlingsschutzes unterminierende staatliche bzw. machtpolitische Maßnahmen aufkommen, muss dieser Aushöhlung des Rechts und einer ungebremsten Anpassung nach unten entschlossen entgegengetreten, der notwendige Diskurs über den Zusammenhang und die Entwicklung von Demokratie, Menschenrechten und Menschenwürde immer neu initiiert werden.

Obwohl der britische Premier Tony Blair seine Vorschläge in Thessaloniki aufgrund der internationalen Kritik kurzfristig zurückgezogen hat, haben eine Reihe von europäischen Regierungen ihr Interesse an dem „Projekt" zur Schaffung von Flüchtlingslagern außerhalb Europas bereits bekundet (Niederlande, Dänemark, Österreich, Italien, Spanien). Das Lubbers-Konzept „Convention Plus", die Einrichtung geschlossener Zentren für Asylbewerber innerhalb der EU, markiert – so ist zu befürchten – die Linie eines künftigen Minimalkonsenses der EU-Staaten: „Convention Minus", d.h. eine Einschränkung des geltenden Flüchtlingsschutzes auf ein von den Staaten noch zu bestimmendes herabgesetztes ungenügendes Maß, eine Konvention verweigerter Hilfe, verweigerten Schutzes.

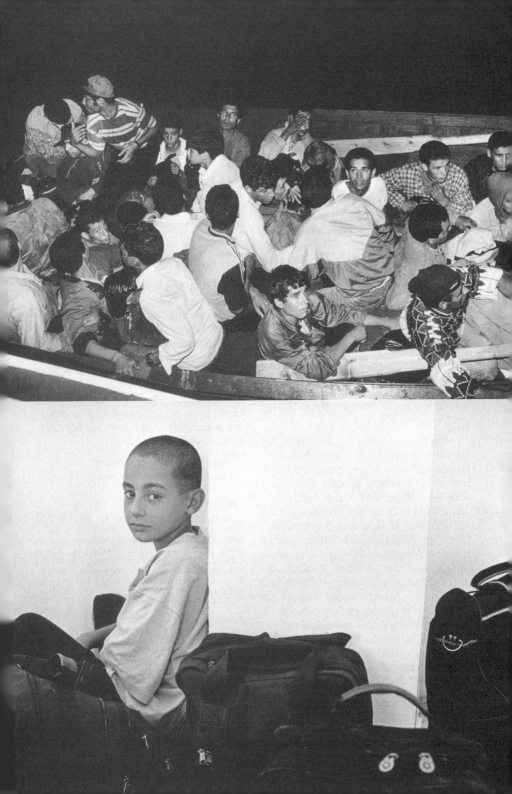

Erst stirbt das Recht – dann sterben Menschen

Zehn Jahre nach der Demontage des Asyl-Grundrechts 1993 wird der Krieg gegen das Asylrecht und gegen die Flüchtlinge global geführt. Während allseits „universelle" Werte von Freiheit, Gleichheit und Demokratie propagiert werden, müssen viele Menschen fliehen. Aber wenige finden Schutz und Sicherheit. Während sich ehemals freiheitliche Schutzzonen (= Demokratien) zu autoritär verfassten Festungen verbarrikadieren, werden die „sicheren Häfen", die Schutzzonen für Flüchtlinge, vermint.

„Die Abschiebegefängnisse sind Orte des Ausnahmezustandes, an denen die Bürgerrechte außer Kraft gesetzt sind ... es sind Orte, an denen das nackte Leben als solches interniert und inhaftiert gehalten wird" (Giorgio Agamben im Interview mit Beppe Caccia, zitiert nach „Flüchtlingsrat Niedersachsen", Heft 93/ 94 April 2003).

Mit der Zunahme militärisch bestimmter Abwehr- und Sicherheitsideologien schwinden Akzeptanz und Aufnahmebereitschaft in den Festungen. Für Flüchtlinge und Minderheiten – so scheint es – droht das Provisorium des exterritorialen Lagers als „völkerrechtlicher" Institution einer staatlich sanktionierten Ausgrenzungs- und Segregationspolitik zur bitteren Realität des 21. Jahrhunderts zu werden! Militärisch gesicherte exterritoriale Lager der Armut und Ausgrenzung einerseits, Festungen des Wohlstandes andererseits – Symbole der Menschen-rechts- und Flüchtlingspolitik des neuen Jahrhunderts? Es wird Zeit, dass die demokratische Zivilgesellschaft aufwacht.

Während die Staats- und Regierungschefs in Thessaloniki fast 400 Millionen Euro zusätzlich zum Aufbau einer europäischen Grenzschutzagentur bewilligten, um die „vorverlagerte" Flucht- und Migrationsabwehr sowie -kontrolle noch engmaschiger und effektiver zu gestalten, starben zeitgleich am „Weltflüchtlingstag" 200 Menschen auf ihrer gefährlichen Flucht nach Europa. Das Londoner Institute of Race Relations dokumentiert allein in den letzten 18 Monaten 742 tote Flüchtlinge und Migranten an den Außengrenzen der Europäischen Union. Die tatsächliche Zahl der Toten liegt nach Angaben des Instituts viel höher.

Im Koalitionsvertrag der rot-grünen Bundesregierung vom Oktober 2002 heißt es unter dem Stichwort „Menschenrechte": „Wir messen der weltweiten Durchsetzung von Menschenrechten zentrale Bedeutung zu. Internationale Friedenssicherung kann nur mit Schutz und Umsetzung von Menschenrechten erfolgreich sein. Menschrechtliche Grundnormen sind unantastbar und dürfen unter keinen Umständen außer Kraft gesetzt werden."

Quod erat demonstrandum!
Quod erit demonstrandum!

Literaturhinweis

Zum Weltflüchtlingstag 2003 hat PRO ASYL gemeinsam mit einem breiten Bündnis von Wohlfahrts- und Menschenrechtsorganisationen eine 3-seitige Stellungnahme „Zum Konzept des regionalisierten Flüchtlingsschutzes" herausgegeben, die sich kritisch mit den britischen Plänen und dem Konzept „Convention Plus" von Ruud Lubbers auseinandersetzt. (bei PRO ASYL, Postfach 16 06 24, 60069 Frankfurt/M. erhältlich)

Anmerkung

(1) Eine ausführliche Darstellung und Bewertung des britischen Strategiepapiers „New Vision for Refugees" findet sich in dem von PRO ASYL herausgegebenen Flugblatt „Tony Blairs Anschlag auf den internationalen Flüchtlingsschutz", erhältlich bei PRO ASYL oder im Internet unter www.proasyl.de.

Erinnerung an Willi Hoss

Wenn Willi Hoss in Versammlungen des Sozialistischen Büros auftrat, in dem er in den 70er Jahren u.a. aktiv war, dann wurde es still. Nicht nur, weil er zu den wenigen Arbeitern gehörte und über die Arbeit in der Produktion in ruhigem Engagement „von innen" heraus sprach. Vielmehr war in der Art, was und wie er etwas sagte, bis in die Stimmlage, die Fügung der Worte und Sätze hinein, sogleich spürbar, dieser Mann meint, was er sagt, er ist geradezu, was er sagt, seine Worte verbergen ihn und seine Absichten nicht, er steckt in ihnen, er redet nur die Worte, die seiner, die unserer Sache Gestalt geben. Eine kleine Passage aus den nicht fertig gewordenen Lebenserinnerungen „Komm ins Offene, Freund. Ein Bericht", die Peter Kammerer hoffentlich als Torso abrunden wird, dessen Nachruf anlässlich von Willi Hoss Beerdigung im Waldfriedhof zu Stuttgart am 27. Februar 2003 wir anschließend drucken, mag – freilich ohne den Stimmklang – den aktuellen Dauereindruck der Person Willi Hoss mit eigener Standschaft nachempfinden lassen. „Die ganze Frage des Sozialismus und der DDR", formuliert Willi Hoss im Umfeld seiner Erinnerungen an den 17. Juni 1953, „war für mich eingebettet in die größere Geschichte der Unterdrückten, die jetzt zur Geltung kommen und den Versuch machen, etwas Neues aufzubauen. Das ist die Sache, die ich bis heute verfolge. Das ist für mich immer noch das Thema. Unabhängig davon, in welchem System. Die Kommunisten haben dieses Anliegen nicht eingelöst, sondern Schindluder damit getrieben. Für mich aber war das immer ein ganz konkretes Thema, später auch bei Daimler-Benz, dass wir angefangen haben, uns um diejenigen in der Fabrik zu kümmern, die die schlechtesten Arbeitsbedingungen hatten. Ich weiß nicht", so fährt Willi Hoss fort, „woher dieses Engagement bei mir kommt. Vielleicht ist es die Mütze, die mein Vater nicht aufsetzen wollte, um sie nicht ziehen zu müssen. Dieses Bild hat mich immer wieder verfolgt. Da liegt im Grunde der ganze Sozialismus drin, dass man aufrecht dasteht, dass man eine Persönlichkeit ist, dass man Widerstand leistet, dass man das zusammen mit anderen

macht und nicht versucht, sich allein auf die andere Seite zu retten, vor denen man den Hut ziehen muss." Auch wenn er nicht bei uns war, dieser Willi Hoss war bei uns. Er möge bei uns bleiben.
(Wolf-Dieter Narr)

Peter Kammerer

Erinnerung an Willi Hoss

In den letzten Jahren hat Willi das Bedürfnis gespürt, sein Leben im Überblick zu sehen und zu erzählen. Wir setzten uns unter die Weinlaube in Urbino, vom Amazonas hatte er eine Hängematte mitgebracht, und er sagte: „Das ist so, Du bist da auf dem Schiff, das Ufer ist ein oft weit entfernter, schmaler, grüner Strich, Du hast Deine Haken für die Hängematte, das ist das Schöne, und ich habe dort überhaupt keine Schwierigkeiten, überall, auch zwischen zwei Bäumen, meine Hängematte aufzuhängen".

Willi war stolz auf sein Leben, auf die vielen Leben, die sich folgerichtig, in geradezu geordneten Abschnitten, in seinem einzigen entwickelt haben, langsam und ohne Sprünge, vom Einfachen zum Vielfältigen, wie in der Natur, von der wir gerne glauben, dass in ihr das Ziel der Vielfalt und Mehrstimmigkeit angelegt sei. Und ich, sein Zuhörer, wurde auch stolz, wie wir es wahrscheinlich alle sind, denn alle, die wir hier stehen, haben irgendwann einmal ein bisschen mit angepackt und sind mit einem längeren oder kürzeren Faden eingewebt in Willis Tätigkeit, die auf eines abzielte, die Entfaltung menschlicher Würde.

Willi war Jahrgang 1929, alt genug, um zu erfahren, wie es mit der Würde des Menschen bestellt ist. Die Folgen der großen Wirtschaftskrise hat er am Leib seines Vaters erlebt, dann mit wachsendem Bewusstsein die Stabilisierung durch Rüstung, die Faszination der Hitlerjugend, den Krieg und was die Eltern dazu sagten (die Mutter war Holländerin), die Wende von Stalingrad und das Kriegsende mit dem festen Wunsch nach einer Neuordnung der sozialen und politischen Verhältnisse. Was tun im zerstörten und aufgeteilten Deutschland als sechzehnjähriger Landarbeiter am Niederrhein, der gerne Lehrer geworden wäre, der zusammen mit dem Vater politisch tätig wurde in der KPD, eine Ausbildung bekam auf der Parteihochschule in Ostberlin, der Arbeiter im Ruhrgebiet war und vom Oberlandesgericht Düsseldorf wegen illegaler politischer Tätigkeit verurteilt wurde. Willi erzählte das ohne jedes Ressentiment, und auch bei anderen, existenzgefährdenden Schlägen hat er sich nie in das Schema von Reaktion und Widerstand pressen lassen. Er ist seiner damaligen Frau Waltraud und der Tochter Irina nachgezogen nach Stuttgart, fand dort ein liberaleres Ambiente und Arbeit als Schweißer bei Daimler, in einem der modernsten Großbetriebe Deutschlands, er knüpfte an die vielen heterogenen und lebendigen Reste der Stuttgarter Arbeiterbewegung an, und wahrscheinlich hat ihm schon damals Hölderlin zugewinkt mit dem wunderbaren Vers: „Komm ins Offene, Freund".

Ebenso wenig wie die Würde, liegt das Offene offen da. In der industriellen Arbeitsorganisation ist ein freies Atmen nicht vorgesehen, und mit der Zerstückelung der Arbeit wird der Blick auf das Leben ausgetrieben. So hat Willi die Situation geschildert, in der Hoss-Mühleisen-D'Andrea, später die Plakatgruppe, einen zähen Kampf mit der Unternehmensleitung aufnahmen, aber auch mit den Schemata der KPD und mit dem Apparat der IG-Metall. Das ist heute Geschichte, die sich nicht nur unten abspielte, sondern bis nach oben ging. Willi wurde aus der Partei und aus der IG Metall ausgeschlossen. Andere Menschen sind an solchen Maßnahmen zugrunde gegangen oder verbittert, und auch Willi hat seine ersten Herzrhythmusstörungen bekommen, aber, und das war auch das schöne rote Glück jener Zeit, die Ausschließer waren die Eingeschlossenen, und das Festhalten Willis an den Kollegen und ihren Lebensbedürfnissen war der Weg ins Offene. Das war Realismus, das war große Praxis, aber Rudi Dutschke hatte auch recht, wenn er Willi einen „der bedeutendsten Theoretiker der Arbeiterschaft" nannte. Rudi wusste, was Theorie war, nämlich die Fähigkeit, aus der Anschauung allgemeine Schlüsse zu ziehen. Willi und die Plakatgruppe haben auf Grund ihres Hinschauens die wesentliche Frage gestellt: Warum werden die Organisationen, Instrumente und Produkte, die für den Menschen und seine Erde da sind, eigenmächtig und lebensfeindlich? An einem zentralen Symbol unserer Zivilisation, am Auto und der von diesem geprägten Mobilität, sind sie bis zum Kern der Widersprüche unserer Lebensweise vorgestoßen, weiter als sie damals hat seitdem kaum einer mehr gedacht, und Willi wurde einer der Mitbegründer der GRÜNEN, war im Bundestag, war einer der Sprecher, bis auch hier sich die Formen des Zusammenwirkens so veränderten, dass er fast unmerklich zu einer Störung des Ablaufs wurde.

Der Schritt aus dem Bundestag war wieder ein Schritt in neue Zusammenhänge: Trinkwasser für Amazonien, frisches Wasser, in ihrer menschenfreundlichen Einfachheit wunderbare Projekte, für die Leute, die die Macht haben, keine Zeit haben. Willi ist es oft gelungen, auch diese Menschen für seine Projekte zu erwärmen, und indem er politische Fronten souverän verwischte, hat er den eigentlichen Maßstab einer alternativen Politik gefunden, deren Ziel nur darin bestehen kann, zu verhindern, dass, bei dem enormen Missverhältnis zwischen Machtmitteln und Vernunft, die Kälte über die Menschen kommt. Wahrscheinlich ist jene Wärme unter den Menschen, nach der alle sich sehnen, außer in kurzen Perioden und ganz kleinen Gruppen, bis heute überhaupt noch nicht da gewesen. Sie ist die Utopie, die in unseren Liebesverhältnissen aufblitzt, die wir in einer eigenen Sphäre schützen. Bei Willi gab es zwischen diesem Privaten und seiner Tätigkeit ein Kontinuum, und wer Willi kannte, kannte auch Heide und Nina und hat mit Bewunderung verfolgt, wie diese starken Verhältnisse sein Leben immer wieder revolutioniert haben. Das Offene, das Atmen, das Grün der Erde, die Frische des Wassers, der Drang der Liebe zum Ausschließlichen und zur Verallgemeinerung sind bei Willi eminent politische Begriffe geworden. Er hat das nicht so gesagt, aber gelebt. Das ist vielleicht der Grund, den ich Ihnen und mir zu erklären versuche, warum mir in den letzten Wochen, immer wenn ich an Willi dachte, etwas unbefugt ein Liebesgedicht durch den Kopf gegangen ist:

Ach, die wahre Herzenskunde
Liebeshauch, erfrischtes Leben
Wird mir nur aus seinem Munde
Kann mir nur sein Atem geben.

Lieber Willi, Du hast das Offene erreicht und ich höre Dich sagen: „Ich habe dort überhaupt keine Schwierigkeiten, überall meine Hängematte aufzuschlagen, auch zwischen den Sternen."

Medien, Menschenrechte und Demokratie

Zum Schwerpunktthema des Jahrbuchs 2002/2003
Roland Roth/Wolf-Dieter Narr

Strukturwandel der Öffentlichkeit 2003 – Menschenrechte, Medien und Demokratie

Einleitung: Die vielen Geheimnisse des Fast-Irrgartens, genannt Öffentlichkeit

(1) Wie fast alle politisch brisanten Themen (und sozialwissenschaftlich jenseits der normalen Wissenschaften auch spannendsten Gegenstände) ist das Thema „Öffentlichkeit" voll der widersprüchlich vagen Bestimmtheiten. Darum ist es immer erneut erforderlich, dem, was Öffentlichkeit sei, näher zu kommen; wie dieses kollektive Subjekt zustande komme und wirke: menschengemacht, menschenkomponiert, menschenbetrieben, aber kein eigener Akteur. Ohne Frage verfügt das Phänomenbündel „Öffentlichkeit" über ein großes Gewicht. Die (politische) Qualität von Demokratie und Menschenrechten ist zuallererst am Charakter ihrer öffentlichen Befindlichkeit – und das meint zugleich die Befindlichkeit der Öffentlichkeit – abzulesen. Entsprechend signalisieren die diversen bestehenden oder fehlenden „Öffentlichkeiten" demokratische und menschenrechtliche Stärken und Schwächen.

Die schwergewichtige Bedeutung dessen, was als Öffentlichkeit bezeichnet wird, erhellt sich daraus, dass Öffentlichkeit als möglicher Zustand über das hinausweist, was als Demokratie bezeichnet wird. Umgekehrt aber gilt: Demokratie ohne Öffentlichkeit ist so kalt und leblos wie ein Herd ohne Feuer. Jedem noch einigermaßen sinnvollen Begriff von Demokratie ist die Qualität des Öffentlichen eigen. Ähnliches trifft für die Menschenrechte zu. Ohne sie wäre ihre begriffs-notwendige allgemeine normativ-praktische Geltung nur mysteriöser Glaube. Öffentlich sind die Menschenrechte auch und gerade dort, wo sie den Gegensatz des Öffentlichen schützen sollen: den privaten, den intimen Bereich des Menschen und die sozial vermittelte, ja konstituierte und zu garantierende Eigensinnigkeit jeder Person.

133

Öffentlichkeit als ein Zustand, in dem Demokratie und Menschenrechte allein gedeihen, besitzt eine Fülle von Modalitäten und Begleiterscheinungen, die alle um das Wort „offen" und seine diversen Zusammensetzungen kreisen. Offensein als sozialer und politischer Ausdruck meint durchsichtig sein, sprich ein Sachverhalt muss von allen, die Augen haben – oder ihre Augen anders ersetzen können bzw. müssen –, eingesehen werden, mit anderen diskutiert und zugleich kontrolliert werden können.

Damit solches Offensein als Einsichtigsein funktioniere, müssen prinzipiell alle, einen offenen Zugang zu dem betreffenden Sachverhalt und, je nach dessen Bedeutung, zu dessen Produktions- und Wirkungsformen besitzen. Der soziale Zugang gibt den Ausschlag, ob und welche Art von Öffentlichkeit besteht. Damit Offensein den emphatisch sozialen (und darin den politischen) Charakter von Öffentlichkeit erhalte, müssen diverse Kommunikations-, Austausch- und also Handlungsformen zwischen all den Personen bestehen, die eine Öffentlichkeit erst zu so etwas wie einem kollektiven Subjekt machen. Welche Mittel stehen dazu zu Gebote? Zur Öffentlichkeit gehört deshalb immer ein – metaį'lorisch schwer zu ersetzender – sozial besetzter Raum. Mit diesem Subjektbegriff in Anführungszeichen ist allemal behutsam zu verfahren. Der Abgrund von herrschaftlichem und identifikatorischem Missbrauch vieler Kollektivsubjekte liegt zu nahe. Im Namen der Öffentlichkeit lässt sich Vieles dekretieren und verbieten. Man denke nur an die strafnahe Kategorie „öffentlichen Ärgernisses". In der Moderne hebt der Missbrauch mit Kollektivsubjekten an mit „Nation" und „ Nationalstaat". National(staatliche) Öffentlichkeiten sind fast schon ein Vorurteil an sich selber.

In Sachen öffentlicher Raum, seiner Zugänglichkeit, seines Organisationsgrads kommt es ausschlaggebend darauf an, über welche Kompetenzen, Mittel und Zeithaushalte die potentiellen Mitglieder der Öffentlichkeit verfügen. Sie müssen wenigstens in der Lage sein, das, was den Sachverhalt ausmacht, zu verstehen.

Offensein, so kann in einer ersten kleinen Zusammenfassung formuliert werden, ist also kein Zustand. Offensein kommt erst durch eine spezifische Art sozialen Handelns zustande. Die Produktionsform besteht im Kern aus dem, was man mit dem seinerseits variantenreichen Begriff der Kommunikation bezeichnet. Kommunikation kann vielfach vergrenzt, versperrt und blockiert sein. Offene Kommunikation setzt voraus, dass diejenigen, für die sie behauptet wird, den besagten freien Zugang und das besitzen, was man als kommunikative Kompetenz bezeichnet. Diese Qualität betrifft vor allem, jedoch bei weitem nicht nur sprachliche Fähigkeiten und Fertigkeiten.

Angesichts der oft heterogenen Vielzahl der allemal perspektivisch besonderen Meinungen unter den Menschen – es sei denn man nähme an, es gäbe eine erweisbare und vor allem allen autonom evidente Wahrheit – und angesichts der unterschiedlichen Vorstellungen, die Menschen von dem haben, was ihnen in einer Gesellschaft wohl tue, was also so oder so politisch entschieden werden müsse, könne, solle, haben kluge Leute, professionelle oder nicht professionelle Philosophen und kluge Verfassungs(er)finder „Wahrheit" als jeweilige Findung in einem nie abschließbaren Prozess konzipiert. Das gemeine Wohl wird jeweils aktuelles Ergebnis eines offenen Aushandlungsprozesses.

Wenn Wahrheit(en) und Gemeinwohl(e) – so sehr ihrerseits begründungspflichtige Konzepte, auch allgemeine Normen, wie beispielsweise die Menschenrechte, ihnen prinzipiell vorgegeben sein mögen –, immer nur annäherungsweise und historisch vorübergehend als Resultante sozialer Prozesse zustande kommen, dann kommt es – über die, ihrerseits nur durch Vereinbarungen vorgebbare Normen und deren Eigenart hinaus – entscheidend darauf an, welche und ob zureichende Bedingungen für die Offenheit als Zustand und die fortdauernde Öffnung als Dynamik gegeben sind. Zu solchen Bedingungen gehören: der (soziale) Raum; die (soziale) Zeit; die Quantität der potentiell Teilnehmenden; die Chancen, die für deren kommunikativem Austausch bestehen; die erschlossen-nichterschlossene Hermetik der kommunizierten Sachverhalte, deren Entscheidungs- und Wirkungsformen und, vor allem, die Art der Zugangs- und kommunikativen Beteiligungschancen. In einer Frage kondensiert: wie materialisieren sich Offenheit und Öffnung?

Wie sich (fast) von selbst versteht, sind angesichts des (gleichfalls fast) durchgehenden Macht- und Herrschaftscharakters menschlicher Gesellungen mit dem utopischen Orientierungshorizont der Herrschaftslosigkeit, alle Arten von Öffnungen und Offenheit macht- und herrschaftsdurchdrungen. Nicht nur können bestimmte Formen von Offenheit und Öffnungen herrschaftlich eingesetzt werden. Vor allem die umgekehrten Gefahren bestehen. Dass sich Machtäußerungen verbergen, dass sich Herrschaftsakte camouflieren und symbolisch verdecken. Insbesondere variantenreiche Geheimhaltungen begleiten wie mächtige Schatten alle Herrschaftsformen, auch wenn manche Herrschaften prätendieren, wie institutionelle Schlemihls ohne Schatten zu bestehen. Solche Prätentionen werden insbesondere vom modernen Staat vor allem in seiner liberaldemokratischen Verfassungsvariante machtvoll in seinen Legitimationsschemata propagiert.

Öffentlichkeit als „Befindlichkeit" von Demokratie: Demokratie als Herrschaftsform der Herrschaftsminderung durch umfassende Teilnahme der zugleich Herrschaftsunterworfenen und Herrschenden kann nur existieren, so lange sie über einen eigenen öffentlichen Raum verfügt. In diesem konstituiert sich, wie Hannah Arendt es formuliert, „das Gemeinsame" der Menschen, die in diesem Raum leben. Kurz: „Politik" wird entschieden und je und je umgesetzt (Hannah Arendt 1960, bes. S. 27 ff.). Nicht nur Offenheit als Zuständlichkeit oder soziale Öffnungen dieser oder jener Art, organisierte, also teilnehmende, also aktive Öffentlichkeit sind das Alpha und Omega dieser herrschaftsminimierenden Herrschaftsform. Darum entscheidet die Antwort auf die Frage nach der Gestalt des öffentlichen Raums, seiner Größe und Qualität darüber mit, ob und um welche Noch- oder Nicht-Mehr-Demokratie es sich handelt.

(2) „Strukturwandel der Öffentlichkeit", so lautet der Titel der 1963 erschienenen, mit gutem Grund berühmt gewordenen Habilitationsschrift von Jürgen Habermas. Wir haben diesen Titel geborgt und durch den Jahreszusatz, also 40 Jahre nach dem Erscheinen des „1. Strukturwandels" mehr als nur jahresnominell verändert. „Strukturwandel der Öffentlichkeit" besitzt von der Logik des Ausdrucks her drei Implikationen. Zum einen, es war einmal, da gab es eine bestimmte Öffentlichkeit. Darum der bestimmte Artikel. Der Untertitel von Habermas' Schrift lautet auch: „Untersuchungen zu einer Kategorie der bürgerlichen Gesellschaft". Hierdurch wird der zeitlich, sprich moderne und der soziale, sprich (klassen-) bürgerliche Bezug offengelegt. Zum zweiten: diese Öffentlichkeit besaß eine eigene „Struktur". Oder anders: Diese Öffentlichkeit war durch eine Reihe institutioneller Eigenarten ausgezeichnet. Zum dritten: Die einst bestehende Öffentlichkeit hat sich in ihrer Struktur in der Gegenwart gewandelt. Das heißt, sie ist nicht mehr, was sie war. Sie hat, diese Vermutung liegt nahe, eine andere Funktion angenommen oder wurde „umfunktioniert". Damit ist schon gesagt: Es gab und gibt nie „die" Öffentlichkeit im Singular, es gibt, nach dem, was historisch einmal der Fall war, mehrere Öffentlichkeiten. Hintereinander, indes auch gleichzeitig. Also liegt es nahe, anzunehmen, dass es nicht nur historisch vertikal, sondern gegenwärtig horizontal mehrere Öffentlichkeiten gibt. Diese Pluralität ist erneut ein Grund, darauf auszugehen, das, was wir im menschenrechtlich demokratischen Zusammenhang unter Öffentlichkeit im Mangel oder der Chance nach verstehen, möglichst genau einzugrenzen. Weil Öffentlichkeit eine so eminente Rolle spielt, weil zugleich das, was sie „ist" und sein „soll", sich perspektivisch vermischt – deskriptive und normative Aussagen fließen beispielsweise bei Habermas in einander über, als seien sie auf ein Löschblatt geschrieben –, ist die begriffliche Arbeit erstrangige politische Arbeit. Die Klärung des Begriffs kann selbst nur im Prozess der Öffentlichkeit erfolgen. Darum versuchen wir mit gläsernen Taschen zu argumentieren.

Wir wollen diesen Klärungsprozess phänomenal an Hand eines Beispiels der jüngsten, in die Gegenwart reichenden Vergangenheit beginnen (A). Danach wollen wir einen kleinen Beitrag zur normativen Zuspitzung leisten (B). Einen dritten Abschnitt (C) benutzen wir dazu, einige aktuelle Problemdimensionen zu profilieren. Schließlich werden wir noch weniger ausführen, als im Hauchbild andeuten, was unseres Erachtens geschehen müsste, damit der Strukturwandel der Öffentlichkeit heute nicht als strukturelle Verschüttung der Öffentlichkeit erfahren werde (D).

Indizien, die einzeln und insgesamt wenigstens überprüft werden müssen, spricht man von Öffentlichkeit mit anderem als geschwätzigen Relevanzton

Was meint in gegebener Gesellschaft „öffentlich", was „privat"?
Welche Rangfolge besteht zwischen „öffentlich" und „privat"?
Wie sind beide gesellschaftlichen Befindlichkeiten organisiert: Struktur, Produktion und Reproduktion von „Öffentlichkeit" und gleicherweise von „Privatheit"?
Wer und was wird in „die" Öffentlichkeit ein- , wer und was aus ihr ausgeschlossen?
Wie viele Menschen sind in welcher sozialen Komposition daran beteiligt?
Über welchen Raum oder welche Räume verfügt „die" Öffentlichkeit; anders gefragt: wie ereignet sie sich im sozialen Raum?
Gibt es eine, gibt es mehrere Öffentlichkeiten in verschiedenen in ihrer Bestimmungskraft unterschiedenen gesellschaftlichen Bereichen? Wie steht es speziell mit der Öffentlichkeit im ökonomischen, im politischen und im kulturellen Produktionssektor?
Über welche positiven und negativen Sanktionen verfügt das, was sich als Öffentlichkeit ereignet, nach innen und außen?
In welcher Weise, aufgrund welcher Prozeduren kommt das, was „Öffentlichkeit" heißt oder als solche agiert, zustande?
Über welche spezifischen Mittel verfügen die Akteure der Öffentlichkeit?
Kommt Öffentlichkeit primär unmittelbar durch Teilnahme zustande oder wird sie mit Hilfe von – sich wandelnden – Medien hergestellt; welche Medien ragen hervor; welche Eigenorganisation und welche vermittelnde Definitonsmacht besitzen solche Medien?
Auf welche Weise wird gewährleistet, dass diejenigen Bürgerinnen und Bürger, die die Öffentlichkeit unmittelbar und/oder verschieden vermittelt bilden, über die für ihre Aufgaben nötigen Kompetenzen verfügen?

(zur weiteren Anregung vergleiche auch das dokumentarisch abgedruckte Inhaltsverzeichnis von Negt/Kluge 1972)

A. Phänomenologischer, problemaufharkender Beginn: Die neualte Politik der mehrfachen, wenn man so will, der strukturellen Täuschung – Das aktuell gängige Exempel Irakkrieg 2002/2003 (und in den folgenden Jahren, wenn nicht Jahrzehnten)

I. Die Ereignisse, die vorder- und hintergründigen Fakten sind nicht zu wiederholen, so weit sie bekannt und annähernd eindeutig und klar sind. Füglich kann dahingestellt bleiben, ob der im März/April von den USA, England und etlichen anderen, mehr oder minder symbolisch verbündeten Staatsleuten, gegen den Irak geführte und rasch gewonnene Krieg erst durch den Schock des 11. 9. motiviert worden ist oder ob der 11.9. und der ihm auf dem Fuß folgende, erneut und umfassender als zuvor verkündete „Krieg" aller Gerechten „gegen den internationalen Terrorismus" nur eine prächtige Super-Legitimation anderer, von Öl und vorderorientalischen Imperiumszielen verschmierter Interessen dargestellt hat. Wir konzentrieren uns nur auf einen, freilich kernigen Aspekt dieses langen, nur vordergründig kurz erscheinenden Krieges. Wir fassen im Sinne eines Resümees sogleich zusammen. Ohne deskriptiv analytischen Vorlauf. Belege stünden bergehoch zur Verfügung.

(a) In diesem Krieg samt seiner Vor- und wie bis heute erkenntlichen Nachgeschichte spielen die Staatsleute der USA und Englands, bei beiden lassen wir's sein exemplarisches Bewenden haben, nicht allein die Rolle eines für Weltmächte allzu niedlichen Rumpelstilzchens. Ach wie gut, dass niemand weiß, welche Interessen wahrhaft wir verfolgen heiß. Dieser Krieg wurde und wird von einem stoffschichtreichen, mit diversen Bestickungen versehenen Purpurmantel in variierendem Scharlachrot tief imprägnierter Täuschungen legitimiert. Den Purpurmantel zeichnet aus, dass er zum einen geradezu systemisch, sprich nicht nur an den Körpern der aktuell politisch Repräsentierenden, festgewachsen ist. Zum anderen umhüllt er auch diejenigen, die dem Krieg öffentlich (!) widerstanden. In diesem Sinne verrät der Irakkrieg spektakulär eine systematische Geschichte über die gegenwärtigen Formen liberaldemokratischer, in der Regel westlicher Herrschaft. Diese Geschichte aber ist nach wie vor weitgehend verborgen, obwohl sie offen zu Tage liegt. Ein öffentliches Geheimnis. Eine Frage der Kompetenz, den Weg durch ideologisch und repressiv verhangenen und eingeschüchterten Öffentlichkeiten, zur vielleicht schon gar nicht mehr organisierten und organisationsfähigen Öffentlichkeit ins Freie zu gehen, für die säkular die biblische Einsicht gilt: Die Wahrheit wird euch frei machen.

- Die erste Täuschung – die Reihenfolge könnte auch anders geordnet werden – besteht im fast spontanen neuen Antiterrorismus nach dem 11.9. Keine Sekunde des Einhaltens, dort, wo distanzierte Einschätzungen des

punktuellen und mehr als punktuellen Grauens möglich und nötig waren.
Der Antiterrorismus der Guten (Staaten, ihrer Gesellschaften und ihrer
Interessen) stand in „unverbrüchlicher Solidarität" sogleich fest. Das politisch verantwortliche Minimum, nicht der unmittelbaren Opfer, nicht ein-
mal der nahen New Yorker, hätte darin bestanden, wenigstens auch zu fragen, welche Hintergründe die Täter und ihre Auftraggeber zu diesem
kollektiven Mordanschlag motivierten. Waren es westliche, von den USA
führend mitbewirkte politisch ökonomische Handlungen seit geraumer
Zeit, die als Mitursachen selbstkritisch wahrzunehmen gewesen wären?
Diese Art Öffentlichkeit konnte nur durch Anstrengung erreicht werden.
Nicht einmal ein Hauch davon war zu erkennen (vgl. Joan Didion 2002).
Der weltweit plakatierte und in mehreren Sequenzen nach innen und außen
rasch fürs erste kriegsschreitende Antiterrorismus hat auf diese Weise eine
starke Ähnlichkeit mit dem bekannten Motto dessen erhalten, der gerade
gestohlen hat. Sein fehlorientierender, sich selbst verbergender Ruf: „Hal-
tet den Dieb!"

- Die zweite, gebündelte Täuschung bestand – wie schon im Falle Afghanistan und seines Taliban-Regime – nicht in der prinzipiellen Kennzeich-
nung der menschlichen und doch menschen-feindlichen Herrschaft des
Saddam Hussein und „seiner" Baath-Partei. Die zweite Täuschung bestand

vielmehr darin, wie schon im zweiten, Bush-väterlich angeführten Golf-krieg 1991, – soweit es den erstgenannten Sachverhalt angeht –, dass vier nur z.T. historische, vor allem durchgehend wirksame Sachverhalte ver-schwiegen wurden. Zum ersten: dass die USA wie andere westliche Regie-rungen, die BRD sachte dabei, das Saddam-Hussein-Regime fast solange päppelten, wie lange es seinen innenpolitisch desaströsen, wechselseitig mörderischen Krieg gegen den Iran führte (1980-1988/89). Das Saddam-Hussein-Regime, jedem menschenrechtlichen Beobachter bekannt, war schon zu dieser Zeit mit das gegenwärtig schlimmste, was man sich den-ken kann. Zum zweiten: dass die USA im Sicherheitsrat der UNO an erster Stelle von 1991 bis zu ihrem Krieg dafür sorgten, das ohnehin doppelt kriegsgeschwächte und selbst in seinen zuvor vorhandenen autoritär erwirkten Modernisierungsflecken (zum Beispiel: in Teilen des Gesund-heits- und Bildungssystems) verdorrte Irak international so in seinem Han-del zu blockieren, dass unter anderem (!) mehrere Hunderttausende von Kindern – manche seriöse Schätzungen sprechen von 1 Million und mehr –, an Nahrungsmangel, an schlechtem Wasser, an medizinischer Versor-gung und dergleichen früh jämmerlich zugrunde gingen. Zum dritten: dass die militärische Ausstattung und Präparation des Irak nicht dergestalt waren – und dies nicht primär ob der menschen-feindlichen Art der vor allem kindertödlichen Blockade –, dass die USA und ihre Verbündeten nicht eines raschen, indes auch human überaus kostenreichen Militär-schlags hätten sicher sein können. Das war die Geheimdienstbasis der Arroganz der Bush-Administrateure. Vor allem aber: dass der Irak, so wie allein die militärischen Dinge vor dem Krieg im März 2003 standen, keine riesige, andere Staaten auch des Vorderen Orients bedrohende Macht dar-stellte (ohne dass der militaristische Charakter des Regimes verniedlicht werden müsste). Zum vierten: dass die USA, die UNO und alle in der vor-derorientalischen Region einflussreichen Mächte keine irgend zureichen-den Versuche unternommen haben, die „Herrschaftsrationalität" des Sad-dam-Hussein-Regimes, seinen inneren Terror und seine nach außen gerichteten Drohungen anders lahm zu legen und zu bekämpfen als krie-gerisch. Das Bündel dieser Täuschungen macht die wohl begründete Ver-mutung dringlich, dass neben den, gerade auch den Afghanistan-Krieg bestimmenden Ölinteressen im gesamten asiatischen Raum, geopolitische Absichten, die über das Öl hinausgehen, eine dominante Rolle spiel(t)en.

- Die dritte Täuschung steht seit längerem im Vordergrund: die Mär von den Massenvernichtungswaffen, über die der Irak verfüge. Diese stellten eine klare und gegenwärtige Gefahr für die „Menschheit" dar. Das hohle Pathos, das im Superabstraktum „Menschheit" steckt, hätte freilich warnen können. Monatelang wurde ein seltsames Wahrheitsspiel mit dem Ziel der Lüge aufgeführt. Informationen der britischen und amerikanischen Geheimdienste sollten nachweisen, so raunten die Regierungsvertreter präzise, dass es im Irak Massenvernichtungswaffen in fast abschussbereiter Präsenz gäbe. Die Rüstungskontrollkommission der UNO unter dem Schweden Blix besuchte aufwendig den Irak, von der Zeitpeitsche des US-Präsidenten angesichts der vom CIA angeblich bestätigten „clearand-present-danger" bedroht. Indes nicht „nur" die Blixkommission, die gesamte UNO und ihr us-amerikanisch willfähriger Generalsekretär ebenso wie die hochhehren Mitglieder des Sicherheitsrats wurden genasführt oder nahmen solche seltsame Nashornführung mehr oder minder billigend in Kauf. Dann kam der Krieg, der, hätte die Mär gestimmt, ein kaum rechtfertigbares Risiko vor allem für Israel geborgen hätte. Spätestens seit dem dieser Krieg geführt worden ist und allen verbreiteten Skeptizismen zum Trotz breite Legitimation gefunden hat, um angeblich die Drohung der Massenvernichtungsmittel zu beseitigen, kommen die amerikanisch-britischen Staatsleute, die mächtigsten Herren auf Erden, wie es heißt, ins Stottern. Kaum dass noch an Viertelswahrheiten, so es so etwas geben sollte, festgehalten werden kann. Dem britischen Premier wird hierbei etwas härter zugesetzt als seinem us-amerikanischen Präsidialkollegen. Der Kongress hatte sich schon vorab kriegskonsensgelähmt. Was bleibt von dieser einen Kernlegitimation des Krieges? Sie zerfiel nicht nur wie schimmlige Pilze. Sie machte einem herrschaftsstarken Kriegsgrundzynismus Platz, dem der Alltagszynismus der sintemal betrogenen Bevölkerungen korrespondiert. Die Rolle der Geheimdienste wurde im übrigen selten so entschleiert wie rund um diesen Krieg – ähnlich allenfalls seinerzeit rund um Vietnam. Niemand weiß mehr: haben die Geheimdienste falsche Informationen weitergegeben? Die Antwort besitzt zwei Varianten, die sich mutmaßlich intern täuscherisch ineinander verschlingen. Die Geheimdienste taugen systematisch nichts für wahrhafte Informationen, weil sie dieselben eben nicht öffentlich testen können und/oder keine wahrheitsfähigen Kennungen besitzen. Außer ihren nicht zu unterschätzenden bürokratischen Eigeninteressen zusammen mit den regierungsmimetischen. Oder haben die Regierungen die geheimdienstlichen Informationen so getrimmt, dass sie ihren vorgegebenen Interessen entsprachen? Die alte Frage: wer kontrolliert wen, scheint längst irrelevant geworden zu sein. Einigermaßen sicher ist nur: die Bevölkerungen tappen so oder so im Dunkeln. Sie folgen bestenfalls geheimdienstlich-regierungsamtlichen Lichtern. Und ansonsten den durch die diversen, vor allem sicherheitsfundamentalistischen Akzeptanzmanagements immer neu eingetrimmten Vorurteilen. Bowling for Colombine.

- Dieser alltägliche, dieser präsidial-premierrollig überformte Zynismus bewahrt jedoch sein sanftkissiges gutes Gewissen. Dieses besteht in der 4., rankenreichen Lügengeschichte, die schon, mit bundesdeutscher Spitzenbeteiligung, in Richtung Afghanistan erzählt worden ist. Dass es darum gehe, modernisierend, versteht sich, zivilisierend, versteht sich, im Irak so etwas wie eine freiheitlich demokratische Grundordnung einzurichten, da die Fortschritte in Afghanistan in wundersamen Sprüngen geschehen. Und jetzt sieht man, auch wenn man nicht so kritisch schieläugig blickt wie unsereins, dass nicht einmal die geringsten Vorbereitungen für einen, gar noch demokratiezielenden Aufbau getroffen worden sind. Deren erste hätte freilich darin bestehen müssen, einzusehen, dass die modernisierenden und angeblich demokratisierenden, bestenfalls kapitalistischer offener-Tür-Politik entsprechenden „Restwelt"-Politiken westlicher Länder nichts anderes als eine notorisch selbstunkritische, borniert eigene Interessen verfolgende Hybris darstellen. Der kostenreichen Modernisierungs- und Transformationsruinen sind über die Jahrzehnte verteilt so viele, dass man hoffen könnte, ein klein wenig Lernen sei möglich. Mehr als vergebens. Die „force majeure unausweichlicher Interessen" (Otto von Bismarck) drängt zu gewalttätig.

Der Lügen ist kein Ende. Das Gespinst ist so dicht, dass nur noch die großen wahren Lücken verwundern. Wir unterstellen jedoch, da wir so viel gestern Geschehnes, heute Wiederholtes erinnert haben, dass unsere Behauptungen nicht allzu kühn oder verschwörungstheoretisch aus der Verdachtsluft gegriffen erscheinen. Allenfalls, dass sie zu banal wirken. Diese Banalität der Lüge bildet die Basis nicht nur dieses Krieges, sondern heutiger offizieller Politik. Der Krieg als Extremismus der Normalität ist nur besonders lügenfettleibig geraten. Darum fällt sein Bauch besonders auf, wenn einmal Andersens Märchen von des Kaisers neuen Kleidern zeitgemäß nacherzählt worden ist. Das ist nämlich die Botschaft, die sich der Wahrheit nähert (sprich der Stimmigkeit der Ereignisse und ihrer analytisch herausholbaren, dann allgemein erkenntlichen Hintergründe). Die regierungsamtlichen Lügenbarone überschlagen sich nicht nur in Kriegszeiten. In solchen gilt immer an erster Stelle Kassandras, von Christa Wolf formulierte Einsicht: „lasst euch nicht von den Eigenen täuschen" (Christa Wolf 1984). Die Un-Politik systematischer Lüge ist das Thema von Karl Kraus' „Die letzten Tage der Menschheit". Die amtlichen und halbamtlichen, im herkömmlichen Sprachgebrauch, der alles Staatliche mit „öffentlich" adelt, die öffentlich verantwortlichen Politiker regieren vielmehr auch in Nichtkriegszeiten, also denen des Vor- und des Nachkriegs, lügnerisch. Dass sie sich hierbei rationalisierend gleichfalls selbst belügen, macht dieses, nicht mehr von einzelnen besonders schlimmen Politikerexemplaren repräsentierte Verhalten nicht erträglicher. Es sollte freilich von oberflächlichem Moralisieren abhalten. Das ist das, wozu die mediengemachte öffentliche Meinung und die meisten ohnmächtig gehaltenen Bürger allenfalls in der Lage sind. Wir leben in liberaldemokratischen Verfassungsstaaten, die durch die Produktion, Zirkulation, Medialisierung und Konsumtion von Lügen existieren. Ade, alle Arten von auch nur entfernt kritischen Öffentlichkeiten, sobald nicht mehr bloß normabweichende Einzelfälle skandalisiert werden.

II. Und was bleibt von Offenheit, gar einer „funktionsfähigen", also wie ein kritisches Subjekt agierender Öffentlichkeit? In den USA, in England ... , in der BRD, gar, als ob es sie anders denn ökonomisch global gäbe, in der Welt?

Kaum je wurde ein Krieg in gewisser Weise „offener" geführt. Spätestens seit dem Sommer 2002. Lässt man die Dauerkriegsdrohung des Antiterrorismus der USA, samt allen ihrer Nato-Verbündeten und den Afghanistankrieg einmal beiseite – was man nur hypothetisch, zu besseren Erkenntniszwecken tun darf –, dann gab es seit dem vorletzten Sommer schon einen Beinahe-Krieg. Wir alle lebten unter dem dauernden Überhang der Kriegsdrohung. Der ganze Krieg wurde von höchster Seite aus unerbittlich angekündigt. Nach dem dogmatischen Motto herrschender Vorurteile in Lessings „Nathan der Weise" unübertrefflich karikiert: Tut nichts, der Irak wird bekriegt. Wie nicht erst hinterher erkenntlich ist – wenngleich das Hoffen wider das Hoffen auch uns täuschte –, war der innere, strategisch habituell seinen selbstgeäußerten Konzeptionen gemäß, durchmilitarisierte Kreis der Bush-Administration und ihres Interessenhofes in einer Hinsicht geradezu staunenswert ehrlich: Sie wollten den Krieg und wollten ihn und wollten ihn. Bis sie ihn kurzfristig führten, aber auch, wie es scheint, nur kurzfristig, symbolisch spektakulär kriegsschiffsiegverkündend, „gewannen". Die vielen Monate des UNO-Hin und USA-Her und-so-weiter waren allem Anschein nach nur erforderlich, um all das an Mann und vor allem Material Kriegsnötige in die Irak-Nähe zu schaffen, das erst die eigene haushohe Überlegenheit nutzen ließ. Orte und Zeiten werden auch kriegerisch näher und kürzer (die Opfer ungleich genauer auszumachen). Zeitspannen und Raumdistanzen spielen jedoch mehr denn je, analog zur Ökonomie, eine ausschlaggebende Rolle. Die Nuance entscheidet kapitalistisch und militärisch global. Und doch beruhte dieser mit offenem, aggressivem Visier geführte Krieg auf einer nahezu vollkommenen Missachtung freilich kaum irgendwo handlungsfähiger Öffentlichkeiten in den USA und anderwärts. Der repräsentativen im Quadrat, der UNO-Öffentlichkeit, hierarchisch, an erster Stelle. Das ist der Widerspruch, den es hier zu nussknacken gilt: herrschaftliche Offenheit, jedoch Missachtung und, soweit erforderlich, Täuschung aller potentiellen Öffentlichkeiten. Oder anders, nicht neu, doch mit neuem Akzent: Herrschaft schafft sich in aller Offenheit machtvoll die (Mehrheits-)Öffentlichkeit, die sie braucht. Auf diese Weise wird sie umso hermetischer. Was kümmern dann schon große Demonstrationen aller möglichen Kriegsgegner zuhause und anderwärts. Sie mögen die Teilnehmerinnen und Teilnehmer solcher Demonstrationen hoffnungsfreudig alkoholisieren. Außerdem belegen sie, das wahrhaft gutdemokratische Regime. Abweichende Meinungen werden auf manchen Straßen und Plätzen in wohligem rechtsstaatlichen Polizeigewahrsam zugelassen.

Das ausschnitthaft skizzierte Gespinst der regierungsamtlichen Täuschungen, ein dicht geknüpftes System für sich selber, zeitigt für alle politisch Denkenden Ohnmacht, also die kritischen Bürgerinnen und Bürger, uns selbstredend eingeschlossen (und hält die Nicht-Denkenden, menschenrechtswidrig, gedankenlos). Zuerst geht es um unsere Informations- und Urteilsfähigkeit. Wie sollten wir und andere lesende Bürgerinnen und Bürger noch Fragen stellen und, so wir sie stellten, die Qualität der Antworten einschätzen können? Gewiss, wir können die Motive der Kriegsführer und ihres Unterstützungsschwarms bezweifeln, wie Bert Brechts lesender Arbeiter fragte. Ob Alexander, der darum große, in der Tat höchst eigenhändig beispielsweise Indien eroberte. Ob er nicht wenigstens „einen Koch" bei sich hatte, der ihn speiste. Ob nicht Soldaten mit ihm waren, die die gegnerischen Soldaten wie sich selbst zerfleischten (diese völkerrechtlich höchst akzeptierte kollektive Selbstmordtäterschaft wird im übrigen auch von den meisten Kriegskritikern akzeptiert. Die Täuschung steckt also im tief in die meisten von uns eingelassenen Konsens). Ob nicht unerhörte Opfer entstanden, als da Einer, ein Großer, weil er skrupellos andere Menschen in Dienst nehmen und für seine Zwecke ausbeuten konnte, Land und Leute eroberte und, versteht sich, „zivilisierte"? Wie vergleichsweise leicht scheint es, die in den Fragen des lesekundigen Brecht-Arbeiters verborgenen Antworten, aufzudecken. Für die Zeitgenossen vor 2000, 3000 Jahren, die Herrschaftsunterworfenen, die Soldaten und Köche und die Fellachen, die den ägyptischen Gottkönigen die Steine der Pyramiden zusammenschleppten und mit ungezählten tödlichen Verletzungen aufschichteten, für alle diese galt die Lesbarkeit der Herrscheranmaßungen nicht. Sie waren nicht frei. Sie lebten in keinen transparent politisch verfassten Gesellschaften. Kärgliche Lebensverhältnisse, Gewalt und Willkür der Herrschenden und ihrer Kamerilla waren ihre hermetische Grammatik. Sie hatten keine Chance, sich lesend zu bilden und darum kritisch zu fragen. Ihrer war das moderne Schreckbild Max Webers: „das Gehäuse der Hörigkeit". Indes wie steht es mit uns angesichts des Exempels Irak-Krieg (und anderer Kriege in dieser Hinsicht analogen Musters)? Ein liberal demokratisch verfasstes Land hat diesen Krieg geführt, verbündet mit anderen liberal demokratisch verfassten. Hat diese Verfassung den Bürgerinnen und Bürgern genützt? Die politisch Verantwortlichen an erster Stelle, also Bush und Anhang waren zwar in ihrer Verantwortungsattitüde, mit ihren von Entschlussmuskeln gespannten Körpern und Physiognomien und dem dazu gehörigen Jargon pathetisch verantwortungsdumpfhohl dröhnender Worte nicht zu übertreffen. Nachvollziehbar, also transparent, die andere Seite aller Verantwortung zuzulassen, Kontrolle nämlich, verweigerten sie sich. Mit geheimdienstlichen Informationen jonglierten sie in unausgewiesener Verantwortungsethik. Mr. Blair als EthikMountEverest der Zeit. Die repräsentativen Einrichtungen und ihre Vertreter sind verfassungsgemäß, an zweiter Stelle, dazu da, uns die Kontrollaufgabe abzunehmen, eine verantwortliche Exekutive zu erzwingen; richtiger, dies an unserer Stelle, das meint repräsentativ, zu leisten. Diese repräsentativen Enthusiasten ließen sich jedoch von der bürokratisch, geheimdienstlich ohnehin und in aller Außen- und Militärpolitik haushoch definitionsmächtig überlegenen Exekutive von vornherein den Schneid abkaufen (übrigens auch in der regierungskriegskritischen BRD. Siehe Afghanistan; siehe den Kosovo-Krieg; siehe den Golfkrieg 1991 und Somalia 1992 usw. usf.). Das gemeinsame Herrschaftsziel setzte sie schon repräsentativ schachmatt, bevor sie überhaupt betörend betört, und ihrerseits bestenfalls halbinformiert, dem Kriegseinsatz zustimmten. Was blieb der großen Mehrheit der Bürgerinnen und Bürger schließlich, an dritter und weit unten angesiedelter Stelle, noch übrig, als sich dem Akzeptanzmanagement und seinen wirksamen Propagandaformeln mehr oder minder freudig zu unterwerfen? Und wir, die wir uns einbilden, weil wir dazu besser vorbereitet sind, weil wir mehr Zeit haben, Informationen aus mehreren Quellen aufzunehmen und gegeneinander abzuwägen, das Geschäft der Lektüre herrschender Politik liberal demokratischer Verfassungsstaaten besser leisten zu können, wussten wir genau darüber Bescheid, schnoddrig formuliert, „was Sache ist"? Das taten wir nicht. Wir waren wie alle anderen auch – mutmaßlich einschließlich des Präsidenten Bush und des Premierministers Blair – nicht in der Lage, die Verlässlichkeit geheimdienstlicher, ja sogar auch nicht geheimdienstlicher Informationen abzuschätzen. Irritierender noch: Wir waren im eigenen Urteil nicht nur deswegen wenigstens halb gelähmt, weil wir über die Fülle informationeller Kenntnisse quellenheterogen, wie sie erforderlich gewesen wären, nicht verfügten und nur zum Teil ihre Verlässlichkeit testen konnten. Auch die Grundlage unseres Urteils schwankte. Mit welcher Urteilsbasis und ihren entsprechenden Kriterien, welcher konkreter Vorstellungskraft für die Gesamtsituation Vorderer Orient auf der einen, USA und das leicht gespaltene westliche Lager auf der anderen Seite konnten wir urteilend arbeiten? Diese Frage stellt sich dann besonders, wenn man annimmt – und diese Annahme gilt wohl für die meisten, in vielen Symbolen bestätigt und sozialisatorisch eingetrimmt –, dass „unsere" Regierenden und „unsere" Repräsentanten wie wir dem menschenrechtlich demokratischen Maßstab verpflichtet sind. So dieses Vertrauen aber, das die Regierenden dauernd heischen und mit allen möglichen Glaubwürdigkeitstricks vorbewusst stark zu halten suchen, nicht mehr gegeben ist, um die Grammatik gegenwärtiger Politik lesen zu können, auch nicht mehr gegeben sein darf, was dann? Dann kann gerade noch ein wenig Gegen-Öffentlichkeit erreicht werden. Diese befindet sich jedoch, da auch all die großen Medien sich dicht um Bush und Blair scharten, von vornherein ganz am Rand der weithin regierungsamtlich umfassten öffentlichen Meinung.

III. Das Täuschungsexempel in Perspektive

a) Analogien und Dyslogien zum Vietnam-Krieg

„Geheimhaltung" – das, was diplomatisch „Diskretion" genannt wird –, ebenso wie die Willkür des Herrschens, das Dunkelfeld, in dem Regieren geschieht – und Täuschung, die bewusste Fälschung und die ausdrückliche Lüge, werden, seitdem Geschichte überliefert wird, als legitime Mittel eingesetzt. Bestimmte politische Ziele rechtfertig(t)en Umstände gemäß nahezu alle Mittel. Wahrhaftigkeit wurde nie zu den politischen Tugenden gezählt. Lügen wurden beim politischen Handeln immer als gerechtfertigt angesehen. So formuliert Hannah Arendt so etwas wie historisch politische Banalitäten in ihrem Aufsatz über „Lügen und Politik", den sie 1971 anlässlich der Publikation der „Pentagon Papers" geschrieben hat (Hannah Arendt 1979, S. 4). Die sogenannten Pentagon Papers, Geheiminformationen aus dem amerikanischen Verteidigungsministerium über etliche, vor allem von der Regierung der USA betriebene Machenschaften rund um den Vietnamkrieg, waren vom seinerzeitigen Noch-Mitarbeiter des Pentagon, Daniel Ellsberg, der New York Times zugänglich gemacht und von letzterer spektakulär veröffentlicht worden.

Die Ziele, die seinerzeit Geheimhaltung und Täuschung rechtfertigten und auch die nötigen Mehrheiten erzeugten – sie wurden und werden mit den nötigen Änderungen zu anderen Zeiten von anderen (Super-)Mächten verfolgt –, bestanden in dem Wunsch, „die Welt" von der ersten nicht-kolonialen Nation, der USA zu überzeugen, die den Feinden widersteht. Die USA musste einem kleinen Land im Befreiungskrieg gegen den Kommunismus beistehen. Selbstverständlich. Sonst wären wir heute längst unter den Dominos begraben. Sie musste außerdem ihre überlegene Führerschaft als die größte Macht auf Erden demonstrieren. An die Stelle des Freiheitskrieges gegen Kommunismus ist ungleich diffuser der Krieg gegen den Terrorismus getreten. Das Lern-Erbe des Vietnamkriegs scheint ansonsten aufgebraucht. Nur die Geheimhaltungen und Täuschungen werden zu perfektionieren gesucht.

Das, was die Geschichte des herrschenden politischen Tandem: Geheimhaltung und Lüge oder Täuschung vor 30 Jahren – wie gesagt jedoch auch zu anderen Zeiten, an anderen Orten von anderen Herrschaften außerhalb der USA – so aufregend wiederlesen macht, besteht in einer Dreifachkontinuität: des schon apostrophierten Täuschungsmodus von liberaldemokratisch verfasster Herrschaft zum ersten; der Divergenz zwischen Tatsachen einerseits, den Prämissen und Konzepten andererseits, die den Entscheidungen zugrundelagen; schließlich der schier unlöslichen Vermischung von Täuschung als einem beabsichtigten Vorgang verbunden mit Selbsttäuschung. Letztere macht den Akt der Täuschung umso überzeugend täuschungsechter.

Wir können die wichtige Beobachtung Arendts an dieser Stelle beiseite lassen. Sie gilt, wie sie es formuliert, der „tödlichen Kombination" aus der „Arroganz der Macht" und der Arroganz der eigenen Weltsicht. Als könne alle Wirklichkeit im Sinne der eigenen Interessen erkannt und dirigiert werden. Im Zusammenhang der schier unauflöslichen Verfilzung von Öffentlichkeit und Herrschaft in Zeiten liberaldemokratisch verfasster Staaten und ihrer global ausgreifenden Interessen wird das Phänomen besonders bedeutsam, das Hannah Arendt den „Wirklichkeitsverlust" nennt. Dieser Wirklichkeitsverlust gilt eben nicht nur denjenigen, die unscharf – und letztlich sogar falsch, weil sie in ihrem Interesse wie selbstständig erscheinen – als Angehörige der „politischen Klasse" bezeichnet werden. Sie gilt in medialer und außermedialer Übertragung korrespondierend für diejenigen, die in den Rändern schwankend, die jeweiligen Mehrheiten ausmachen, einer Fülle in einer darum abstrakt werdenden öffentlichen Meinung zusammenkommender Individuen, allein vorurteils- und angstbeschwert, wie sie gehalten wird. Darum ist auch das Kalkül der politisch Herrschenden, das im Vietnamkrieg seit 1968 in zunehmendem Maße nicht mehr aufging, so falsch nicht, wie es Hannah Arendt 1971 noch berichtet und wie die größer und größer werdende Opposition aus der

Bevölkerung der USA zeigte. Das Kalkül bestand und besteht unverändert unter anderem darin, Kriegsfragen – wir referieren hier Arendt lose – unter der Perspektive der Meinungsbefragung, der nächsten Wahl und der entsprechenden politischen Werbung zu behandeln.

b) Die (meisten) Gegner des US-/England-Kriegs gegen den Irak befinden sich im großen Boot der Kriegsführer

Gegen den US-Irakkrieg gab es in vielen Ländern große Demonstrationen. Diese erfreuliche Tatsache muss, um sie angemessen zu bewerten, ihrerseits in Perspektive gesehen werden. Je nach Land ändert sich diese. In der BRD, auf die wir uns konzentrieren, trat die Opposition gegen den Krieg ungleich umfangreicher und anders in Erscheinung als nur vier Jahre früher gegen den Krieg der NATO unter US-Führung gegen die Bundesrepublik Jugoslawien, also im sogenannten Kosovo-Krieg. So schwer politische „Massenphänomene" wie Großdemonstrationen in Zustandekommen und Verlauf im einzelnen auszurechnen sind, so sehr lassen sich doch einige Merkmale bundesdeutscher Demonstrationen im Februar und März 2003 ausmachen.

- Zum ersten: Im Unterschied zum NATO-Krieg gegen Jugoslawien beteiligte sich die Bundesregierung nicht direkt an diesem Krieg. Dementsprechend entfesselte sie keine kriegsbegünstigende Propaganda. Ob man die Medien eher als symptomatischen Spiegel dessen, was herrschend geschieht oder – richtiger ist mutmaßlich ein „und" – als einen kräftigen Mitakteur begreift, stark sind jedenfalls die Unterschiede der Berichterstattung über den Kosovo-Krieg und sein Vorspiel und den Irakkrieg und seinen Vorlauf. Die bundesdeutschen Medien begleiteten beide Male schattengleich die offiziellen Stellungnahmen. Sie warfen ihre Schatten allenfalls zuweilen voraus. Beim ersten Mal stießen sie mit ins Horn des Krieges als „humanitärer Intervention". Die Nichtbeachtung des Völkerrechts und der UNO wurden als vernachlässigbare Größen behandelt. Deutsche Vergangenheit wurde, ministeriell angeführt, in abgrundtiefer Geschmacklosigkeit instrumentalisiert. Hierauf bezogen hätte der deutsch ressentimentdralle Martin Walser recht gehabt. Beim zweiten Mal verstärkten die Medien – allzu pauschal gesprochen – die Seite der Kritiker der USA. Sie unterstrichen die Verletzung der Völkerrechtsstandards durch die USA samt ihrer Missachtung der UNO. „Unilateral" wurde zum neuen politischen Negativwort. Bescheidene Frage: hat sich denn der multilaterale humanitär sublimierte Imperialismus als so viel menschenrechtstrefflicher erwiesen?

- Zum zweiten: Global gesehen sind die verschiedenen Distanzen fast vernachlässigbar. Die Regionen des Globus sind jedoch unverändert, zum Teil sogar in verstärktem Maße bewusstseins-, verhaltens- und handlungsbedeutsam. Der Kosovo liegt in Europa vor der Tür aller NATO-Partner.

Ex-Jugoslawien und seine ehemaligen, nun teils zerstrittenen, teils unabhängig gewordenen Landesteile spielen in der Bundesrepublik eine beträchtliche Rolle. Auch in Richtung Angst vor und Abwehr von (potentiellen) Flüchtlingen. Flüchtlinge kommen auch aus dem Irak. Ihrer kann man aber anders und in Vorablagern u.a. besser „Herr" werden.

- Zum dritten: viele Organisationen, zum Beispiel „die" Gewerkschaften optierten wie die Bundesregierung und ein Großteil der Medien. So geschah es auch durch manche bundesdeutsche Präzeptoren wie Jürgen Habermas (vgl. Frank Ungers Beitrag in diesem Jahrbuch). Hatte dieser den Kosovokrieg noch gedankenakrobatisch gerechtfertigt, indem er philosophisch tief die NATO trotz leider unvermeidlicher Kollateralschäden zur letzten Kampfgemeinschaft erhob, die noch einmal kriegerisch den Durchbruch zur allgemeinen Geltung der Menschenrechte schaffe, so fand der angeblich neue „Unilateralismus" der USA keine Gnade vor dem Philosophenthron. Wenige Wochen nach Kriegsende verstärkte er einen Akzent, der zuvor schon in vielen europamündigen multilateralen Äußerungen zu erkennen war. Europa, eventuell auch nur ein „Kerneuropa" mit der Achse Frankreich-Deutschland, sollte als der geschichtlich erfahrenere Teil (kleine Frage: oder nur der blutigere?) den ungestümen imperialen Drang der „ersten neuen Nation", wenn nicht stoppen, so doch in vernunftschwerer Balance halten. Als hätten die mit herabgezogenen Mundwinkeln gesprochenen und gezielten Dummäußerungen des US-Verteidigungsministers Rumsfeld die Ehre einer List der Vernunft, trat eine neue europäische Hybris auf den Plan. Sie kann freilich von alten wechselseitigen Vorurteilen zwischen den europäisch-angelsächsischen Mächten und ihren Intellektuellen reichlich zehren.

- Zum vierten: all diese und andere Umstände erhellen, warum das Häuflein, das dem NATO-Krieg opponiert hatte, nur wenige Jahre später ein Haufen geworden war. Diejenigen, die – glücklicherweise – mit demonstrierten, hatten politisch keinen Preis zu bezahlen. Sie konnten im breiten Konsensstrom schwimmen, oppositionell gegen eine Supermacht und deren Repräsentanten, die täglich geradezu global, in jedem Fall europa-, und insbesondere bundesrepublikgerichtet vor machtstrotzender Missachtung geradezu sprühten. Dieser wohlige Konsens aber – wer möchte nicht im strömungsstarken Hauptstrom mitschwimmen, „Politikmainstreaming" – ist über und über täuschungsverschmutzt. Hier treffen sich die meisten Opponenten des Irakkriegs mit den europawärts leisen, in den USA lauteren, in der Zwischenzeit leiser gewordenen Kriegsbefürwortern. Schon bei der ersten, im Sommer 2002 wahlkämpferisch geschickt geäußerten Distanznahme des vielleicht vor allem deshalb gebliebenen Bundeskanzlers wurde keine wichtige Prämisse der kapitalistischen westlichen Länder in Frage gestellt: dass der Kampf gegen den Terrorismus mit bundesdeutscher Beteiligung, schon im Afghanistan-Krieg und der darauf folgenden

„Befriedung" bis heute bewährt, unverändert weitergehen müsse; dass der Krieg generell das alte, neu zu richtende Mittel nun global gewordener nationaler und internationaler Politik bleibe; dass es allenfalls darauf ankomme, die europäische Kriegsführkunst zu kräftigen; schließlich: dass selbstredend die Bundesregierung im „Konsens der Demokraten" im Land die lauteren Kriegsziele der USA und Englands teilten, diese Ziele allenfalls multilateral, das heißt mit zureichend umhätschelten europäischen Staatsleuten in diesem Falle nichtkriegerisch zuerst oder allenfalls im UNO-Legitimationsgewande kriegerisch verfolgen möchten. In diesem Sinne könnte man sagen, ist die Täuschung als Selbsttäuschung vieler Kriegsgegner unter den „pazifistischen" Fittichen der Bundesregierung fast sogar schlimmer als der offen-brutale imperiale Zynismus derjenigen, die ob ihrer überquellenden militärmächtigen Muskeln vernünftig auch nur im instrumentellen Sinne kaum noch gehen können. Sie marschieren immer. Die täuschende Selbsttäuschung, die bei den Schröders, Fischers und tutti quanti den Akzent auf dem Adjektiv, bei vielen Friedensbewegten den Akzent auf dem Substantiv haben mag, ist in Zeiten wie heute bedenklicher, da alle kritische Öffentlichkeit verfassungsfundamental mehr in Frage gestellt scheint, als selbst in den Vorzeiten feudalabsolutistischer Herrschaft. Damals bildete sich zuerst eine bürgerliche Öffentlichkeit.

Ist eine „Moral" dieses nur grob und in einigen Facetten geschilderten Exempels in Sachen Öffentlichkeit zu ziehen? Wir nehmen an, indem wir eine Formulierung aus dem Ersten Übungsbuch für Lateinunterricht aufgreifen: die gezeigten, nicht durchgehend noch einmal schwarz schraffierten Spuren dessen, was im Kontext Irak-Krieg als Öffentlichkeit, selbst im besten Fall als (halbe) Gegenöffentlichkeit, kenntlich geworden ist, schrecken genügend, um gerade inmitten der Öffentlichkeit/von Öffentlichkeiten, da das Nachlaufen so nahe liegt, allen (Selbst-)Täuschungen Dornen in den Weg zu legen.

B. Öffentlichkeit, Demokratie und Menschenrechte – einige historisch-systematische Überlegungen

I. Die gleichursprüngliche Erfindung von Politik und Öffentlichkeit

Das ist ein klassisch griechisches Ereignis, soweit wir es wenigstens europagewandt (und sozialisiert) wissen. Allerdings sind uns viele Nachrichten aus Primitiven Gesellschaften überkommen. Von dort vor allem, wo diese bis in die europäisch angelsächsische Moderne reichten, bevor die Globalisierung im Sinne der europäisch-angelsächsischen Expansion keine Nischen mehr zuließ, Nachrichten, so meinen wir, die demonstrieren, welchen qualitativ anderen Stellenwert, alle Gruppen dauernd umfassend, das ganze Leben rundum gestaltend, öffentliche Räume, der extensiv verstandene soziale Raum als öffentlicher in solchen Primitiven Gesellschaften beträchtlichen Gestaltungsspektrums spielten. Spannend und kaum in ein Begriffsschema zu bringen wäre es, das, was in solchen Gesellschaften „öffentlich" bedeutete, herauszuarbeiten. „Privat" im heutigen Sinne gab es nicht.

Die Restriktionen des öffentlichen Raums in Griechenland, genauer, wenngleich nicht ausschließlich in Athen, waren vor allem solche der Zugangsberechtigung. Nur die Männer Athens, die den Status des Vollbürgers einnahmen, konnten auf der Agora teilnehmen, dem Platz, auf dem sich Demokratie direkt ereignete. Das Ereignis der Demokratie war durch vier Merkmale ausgezeichnet (wir picken allein diejenigen aus der Fülle heraus, die in unserem thematischen Zusammenhang interessieren):

- durch die Einheit des einen, vergleichsweise großen öffentlichen Orts, der agora, des politischen Marktplatzes;

- durch die Einheit der Vollbürger, die potentiell alle anwesend sein konnten. In anderen griechischen Städten ist von 5.000 und weniger Männern die Rede. In Athen von 10.000 und mehr. Die Zahlen der potentiell und aktuell beteiligten Vollbürger war zum einen, und das ist entscheidend, eher klein. Zum anderen differierten deshalb die Zahlen (potentiell vs. aktuell) nicht in erheblicher Weise;

- durch eine überwiegend mündliche, auf Sprache basierende Kultur. Darum kam der Rhetorik ein so hoher Stellenwert zu; das „Medium" war die Rede;

- durch eher rudimentär institutionalisierte Formen der Politik und ihrer Prozeduren. Weder gab es umfangreiche gesetzliche Vorgaben, noch definierten starke Bürokratien vorweg und hinterher, was und wie es geschah, vor allem, was beschlossen und wie es ausgeführt wurde.

Klassisch griechisch-athenische Politik zu idealisieren, besteht keinerlei Anlass. Man muss nur ihre Zugangsblockaden bedenken, die ausgegrenzte, aber Fundament gebende Ökonomie, die unter anderem auf Sklaven beruhte, die imperial kriegerischen Funktionen und Aktionen, die gerade Athen im 5. Jahrhundert vor unserer Zeitrechnung auszeichneten, und Berichte von Zeitgenossen lesen, wie Thukydides' schwer übertreffliche Schilderung des Peleponnesischen Krieges (431-404 vor unserer Zeitrechnung; Thukydides aufregender Bericht bricht 411 ab), um allen idealistischen Illusionen zu widerstehen. Dennoch lässt sich aus dem athenischen Exempel bis heute lernen. Unter anderem kann daraus gelernt werden, wie notwendig und schwer eine fast vollständige Deckung von demokratischer Beteiligung und Öffentlichkeit ist. Dass es hierbei mitentscheidend darum geht, drei immer erneut herzustellende Voraussetzungen zu bedenken: die Voraussetzung der Größe. Ab wann ist Beteiligung nicht mehr möglich? Was muss, so man weiterhin demokratische Qualitäten haben will, getan

werden, um die beispielsweise repräsentativen Vermittlungen nicht zum bloßen demokratischen Schein werden zu lassen? Die Voraussetzung des politischen Raumes, auf dem sich Öffentlichkeit ereignen kann. Ist dieser „reale" Raum ohne weiteres und unter welchen Voraussetzungen durch den parlamentarischen Ort zu ersetzen? Wie müsste die (stellvertretende) parlamentarische Funktion der Öffentlichkeit aussehen, um als demokratisch vergegenwärtigende (= repräsentative) eingeschätzt werden zu können? Zum dritten schließlich, die bürgerliche Voraussetzung. Was kann und muss geschehen, damit Bürgerinnen und Bürger, und das sind dann alle, über genügend Geld und Zeit (und potentielle Problemkenntnis) verfügen, um als teilnehmende Öffentlichkeit wirken zu können?

II. Öffentlichkeit und liberale Demokratie – eine moderne Erscheinung

a) Die Inkubationszeit liberaler Demokratie und zunächst und vor allem bürgerlicher Öffentlichkeit in einem klassenspezifischen Sinne währt lange. In diese Zeit fallen die Entstehung mittelalterlicher Städte mit ihren eigenen Freiheiten und (in der Regel stadtpatrizischen) Teilnahmeformen. Die Stadt als umgrenzter Raum, von den Landesherrschaften mehr oder minder abgeschottet, die sie dauernd gefährdeten und im Verstaatlichungsprozess allmählich übernahmen, besaßen zusätzliche eigene öffentliche Räume/Plätze und ihnen entsprechende Verkehrsformen. Auch zunächst meist antifeudale, bald jedoch auch gegen die Landesherrschaften sich wehrende Bauernrevolten, um „alte Rechte" kreisend, gegen aufkommende Steuern und das Bauernlegen gerichtet, das die vor- und frühkapitalistische Periode kennzeichnete, trugen das ihre dazu bei, dass das „gemeine Volk" und das „platte Land" nicht nur untertan, arbeitsam, elend und gebückt lag.

b) Die bürgerliche Öffentlichkeit kam west- und mitteleuropäisch im 18. Jahrhundert auf. Als Vorschein und Begleiterscheinung der kapitalistischen Vergesellschaftung, in wachsender Auseinandersetzung mit den feudalabsolutistischen Staatsformen. Bei der Transformation der zuletzt genannten zu Verfassungsstaaten potentiell „verantwortlicher Politik", die sich allmählich – ablesbar an der Wahlrechtsentwicklung – liberaldemokratisch häuteten, spielten sich ausweitende und ihrerseits neue Formen bürgerlicher Öffentlichkeit eine wichtige Rolle. Bei unserem summarischen Überblick wollen wir folgende Kennzeichen festhalten:

- lokale Punkte bürgerlicher Öffentlichkeit bildeten sich zuerst, indem Privatleute, zumeist männlichen, indes auch weiblichen Geschlechts in England, in Frankreich, in deutschen Landen und anderwärts in den neu aufkommenden Kaffeehäusern, in Clubs und anderen Orts zusammenfanden; der Buchdruck, Zeitschriften und aufkommende Zeitungen spielten eine wichtige Rolle;

- diese Privatleute, in der Regel unbeteiligt an den feudalabsolutistischen Herrschaften und ihrer repräsentativen Hof-Öffentlichkeit, wenn schon nicht von Gottes Gnaden, so doch von den auch als Bürger Herrschaftsunterworfenen legitimiert, reicherten ihre beschränkten Öffentlichkeiten mehr und mehr politisch an. Sie stellten drei Ansprüche. Diese verwirklichten sie in ihren kleinen Formen ein Stückweit: Sie kehrten sich gegen die „arcana imperii", die nicht berechenbaren Willkürlichkeiten feudalabsolutistischer Herrschaften. In dieser Hinsicht lässt sich eine lange, schlingungenreiche und zuweilen nie unterbrochene Linie seit der Magna Charta im englischen 13. Jahrhundert verfolgen. Das 17. Jahrhundert in England, das mit dem Bild gekennzeichnet worden ist, „Die Welt von zu unterst nach zu oberst gedreht" (s. das wunderschön zu lesende Buch von Christopher Hill 1996), bedeutete dann im werdenden kapitalistischen Vorreiterland, in England, den bürgerlichen und konsequent auch den ersten parlamentarischen Durchbruch; dem kritischen Impuls entsprach positiv, die von den Bürgern an ihren Orten selbst praktizierte, wie man heute formulieren würde, diskursive Theorie der Wahrheit. Aufklärerisch konnte „Wahrheit" nicht theologisch oder herrschaftsontologisch vorausgesetzt und dogmatisch behauptet werden. Das, was zutreffend und in diesem Sinne wahr sein wollte, musste sich der Diskussion von verschiedenen Perspektiven aus stellen. Diese Diskussion wiederum musste im Prinzip uneingeschränkt öffentlich stattfinden. Hier handelt es sich um das, was Jürgen Habermas das „räsonierende Publikum" genannt hat. Verstand/Vernunft, Öffentlichkeit und Diskussion bildeten anspruchsgemäß eine kurz aneinandergebundene Folge. Eine aufklärerische Perlenkette. Wahrheit wurde in diesem Sinne in ihren unterschiedlichen philosophischen und politischen Varianten jeweils zum zweifelgeprüften Ergebnis öffentlichen Räsonnements. Gerade auch im 18. Jahrhundert gab es andere Vorstellungen, beispielsweise von Jean Jacques Rousseau vertreten, von den Jakobinern während der Französischen Revolution auf ihre Weise praktiziert, die darauf hinausliefen, das, was einer Demokratie, einer Gesellschaft angemessen sei, vordiskursiv zu bestimmen. Solche Überlegungen wirken dort weiter, etwa in der menschenrechtlichen Argumentation, wo nach den Normen gefragt wird, die nicht je nach Umständen zur mehrheitlichen Disposition stehen (ein aktueller Hinweis mag hilfreich sein. In der Frankfurter Allgemeinen Zeitung vom 3.9.2003 hat der Verfassungsrechtler Ernst-Wolfgang Böckenförde einen neu erschienenen Kommentar zum 1. Satz des 1. Artikel des Grundgesetzes: „Die Würde des Menschen ist unantastbar" kritisch unter die Lupe genommen. Der neue Kommentar scheint ihm deswegen problematisch, weil er die „Würde des Menschen" nicht mehr als vorgegeben voraussetzt, wie immer sie christlich oder naturrechtlich begründet werde. Dem neueren Kommentar gemäß, im berühmten Verfassungskommentar der hM (= herrschende Lehre) Mauz-Dürig-Herzog-Scholz, ist die Interpretation der Menschenwürde vielmehr der jeweiligen Zeit und ihren einschlägigen Juristen bzw. Gerichten überlassen. Vgl. E.-W. Böckenförde, 2003. Dieser Artikel lohnt gelesen und eigensinnig skrupulös bedacht zu werden). Der 3. Anspruch, den die in feudalabsolutistischen, merkantilistischen, englisch und philosophisch frühkapitalistischen wie Lichtflecken tanzenden bürgerlichen Öffentlichkeiten äußerten – „die" bürgerliche Öffentlichkeit, auch staatsländerspezifisch gab es als ein Kollektivsubjekt allenfalls im Anspruch –, bestand in der Konsequenz des von öffentlicher Diskussion abhängigen Wahrheits- bzw. Vernunftbegriffs darin, Grundfreiheiten, Menschenrechte und auch Formen der Beteiligung zu verlangen. In diesem Sinne äußerten sie schon Absichten, die Herrschaftsteilung zu überwinden: (politisch autoritäre, dann konstitutionelle) Herrschaft hier, also Staatsgewalt, bürgerliche Gesellschaft, ihre ökonomischen Emsigkeiten und privaten Diskussionslustbarkeiten dort;

– in zunehmendem Umfang verfügten diese bürgerlichen Öffentlichkeiten, wie wir sie sogleich auch in ihren einzelstaatlichen Grenzen zutreffender bezeichnen möchten, über eigene Orte und vor allem über selbstgeschaffene Medien. Letztere ließen dann auch die lokalen Punkte der Kaffees und der Clubs ausdehnen. Längst war zum gesprochenen und geschriebenen Wort das gedruckte getreten. Zeitschriften, Journale, Zeitungen vergrößerten und verstetigten das Publikum. Dieses Publikum muss bis tief ins 19. Jahrhundert freilich immer noch als quantitativ klein vorgestellt werden. Von den überkommenen und langhin nachwirkenden absolutistischen Grenzen auch in Zeiten konstitutionell gewordener Herrschaften zu schweigen, sorgten Bildung und Besitz und auch die nach manchen zarten Salon-Anfängen rasch wieder ausgeschlossenen Frauen dafür, dass das männliche Publikumsvergnügen überschaubar blieb. Ohne diese sozial qualitativen Beschränkungen in der ihrerseits quantitativ bürgerkleinen Öffentlichkeit kann man bis heute Werden und Begriff bürgerlicher Öffentlichkeit und liberaler Demokratie nicht verstehen. Als der bekannte konservativ-liberale, englische Kritiker der Französischen Revolution, Edmund Burke, seine ihrerseits berühmte „Rede an die (seine) Wähler von Bristol" hielt, kannte er nicht nur alle seine potentiellen Wähler – jedenfalls hätte er sie kennen können, das wahlberechtigte „Volk" war zu überblicken –, er konnte auch wohlbegründet beanspruchen, sie in ihren Interessen zu repräsentieren. Sie waren (Klassen-)Bürger wie er selbst.

c) Die Wirkungen dieses an diversen Orten divers bürgerlich räsonierenden Publikums, die politische Kraft seiner Öffentlichkeit, dürfen schon früh nicht überschätzt werden. Diese interpretatorische Vorsichtsregel gilt nicht nur für die deutschen Lande. In ihnen regten sich trotz den engen Schotten der fürstlich-königlichen Staaten vor 1848, teils verfasst, wie sie waren, und trotz der erst in den dreißiger Jahren einsetzenden kapitalistischen Entwicklung mit ihren Mobilitäten und enteignenden Mobilisierungen, Bürger öffentlich und installierten eigene Medien (vgl. Sabine Lang 2001). Just in England schüttet Thomas Carlyle, wenngleich in Romanform, kräftig Wasser in idealisierende Rückblicke. „Und so fragt mich daher auch nicht: ‚Wo sind Gesetze, wo ist Regierung?‘ Umsonst ist euer Gang nach Schönbrunn, in die Downing Street oder zum Palais Bourbon. Außer Ziegel- und Steingebäuden und einigen mit Bindfäden verschnürten Papierstößen findet ihr dort nichts. Wo befindet sich nämlich, gewitzt ausgeheckte allmächtige Regierung, dass man Hand an sie legen könnte? Überall und nirgends; wahrnehmbar nur in ihren Auswirkungen, auch sie ein luftförmiges, unsichtbares oder, wenn ihr so wollt, mystisches und mirakulöses Etwas" (zit. nach Zimmermann 2000). Die bleibenden, wenngleich nicht mehr absolutistisch gerechtfertigten Geheimnisse des Herrschens und alltäglichen Regierens in aller Verschiedenheit quer über die europäischen Länder waren jedoch nur eines. Die weiter unten zu behandelnden, von allem Anfang an gegebenen systematischen Ausblendungen in Begriff und verwässerter Praxis bürgerlicher Öffentlichkeit ein zweites. Ein drittes aber bestand sehr bald in einer zunächst eher dämmernden, dann taghell werdenden Angst des „dritten Standes" vor dem, was nie mehr richtig zum „vierten Stand", sondern mehr oder minder bewusst und organisiert, expansiv aus proletarischen Schichten zur Arbeiterklasse wurde. Demgemäß rückte die ursprünglich wenigstens philosophisch konzeptionell allgemeine bürgerliche Öffentlichkeit auf ein Freiheitsverständnis und seine

Rechte zusammen, die allem Gleichheitsverlangen entgegenstand. Karl Marx hat dies schon 1843 in seiner Frühschrift „Zur Judenfrage", die vor allem deswegen erinnerungswert ist, klarsichtig notiert. Deswegen verwundert es nicht, dass, vom Kommunistischen Manifest vorweggenommen (und auch überschätzt), neben die bürgerliche Öffentlichkeit die proletarische trat. Die proletarische tat es, vor allem im kaiserlichen Deutschland nach 1871, insbesondere nach den Sozialistengesetzen. Auch nachdem diese 1890 aufgehoben worden waren, wirkten sie lange, bis tief in die Bundesrepublik fort. Die proletarische Öffentlichkeit war aber „nur" als Gegenöffentlichkeit möglich. Sie ist, von frühen Kooptationen auch der Bismarckschen Sozialgesetze und ihrer Organisierung zu schweigen, erst von der nationalsozialistischen Herrschaft nach 1933 völlig liquidiert, aufgelöst und aufgesogen worden.

d) Den Strukturwandel der von ihm zu sehr idealisierten, in normativ empirischer Melange präsentierten Öffentlichkeit – das Buch fasziniert(e) die Autoren, wie sie meinen aus guten Gründen, dennoch – diagnostiziert Habermas für die Gegenwart der 50er und 60er Jahre des XX. Jahrhunderts, während er seine Arbeit schrieb, vor allem am Beispiel der Massenmedien. Diese Massenmedien sind es insgesamt, denen heute – noch einmal 40 Jahre später – die hauptsächliche Aufmerksam gilt, wenn vom Niedergang der (staatlichen) Politik und ihrer Einrichtungen von den Parteien über die Parlamente, die Politiker bis hin zu den „Staats- und Regierungsleuten" die Rede ist. Als hätten sie den Schwarzen Peter dauerhaft in der Hand, so dass das Spiel längst aus ist. Die Massenmedien, die also von „Massen", zu denen wir alle gehören, gelesen, gehört und gesehen werden, haben in dieser Hinsicht immer schon verloren. Öffentlichkeit, das weiß jedes Kind, ist „medialisiert". Die Medien berichten nur das, was spektakulär ist, also „massenattraktiv", weil sie wiederum abhängige Variablen der Medienökonomie, sprich der kaum medial attraktiv vermittelbaren hartbeinigen Medienkonkurrenz sind. Der bekannte Kampf um die Quoten und die darauf bezogenen Anzeigen, bei den schon fernsehabhängigen Rundfunkanstalten um die Hörerinnen und die ebenfalls definitionsmächtigen Anzeigekunden und bei den Zeitungen wieder mehr fernseh- als rundfunkabhängig die Leser und insbesondere die nun auch noch durchs Internet gefährdeten Anzeigenkunden. Da aber dem so „ist" – wenngleich die Fülle der Varianten in der Lebendfalle der Medienkonzentration, ihres Wachstums- und Akkumulationspostulats auf erhebliche Spielräume aufmerksam macht –, sind die Medien dort am stärksten, wo sie das kleinste gemeinsame Vielfache am besten treffen. Das aber heißt: Sie können und dürfen politische Probleme nicht vermitteln. Sie müssen Formeln und am besten Personen als Formeln zubereiten, weil so die medialen Massenprodukte, ihre multimedialen Informationen am ehesten und am umfangreichsten, am „massenhaftesten" konsumiert werden. Dieses „Mediengesetz", so lautet die weitverbreitete Annahme, hat das, was „Politik" „ist", längst eingenommen. Wie anders sollten Politiker aller Couleur in einer „Massendemokratie" an die potentiellen Wählerinnen und Wähler appellieren können, als indem sie sich den Medien unterwerfen. Diese repräsentieren dann das, was öffentliche Meinung heißt und verlangt. Sie tun dies in einem auffälligen Hin und Her zwischen weit verteilten Vorurteilen bestenfalls qua Wahlen beteiligter Bürgerinnen und Bürger auf der einen Seite, eine Nachfragemediokratie sozusagen, und denjenigen, die in und durch die Medien produzieren und profitieren auf der anderen Seite, dem, was man analog Angebotsmediokratie nennen könnte.

Alles das, was wir hier reichlich pauschal und geradezu emphatisch unoriginell aus allen möglichen Äußerungen über „die" Medien zusammengefasst haben, die seit Jahrzehnten anbranden, besitzt – von all den erheblichen Unschärfen und mangelhaften Differenzierungen nicht zu reden – etliche bestehende Öffentlichkeitszustände insgesamt zutreffend kennzeichnende Behauptungen. So wie die wichtigsten Medien hauptsächlich funktionieren, wird niemand zurechnungsfähig weismachen können, die dominanten Medien, ihr Seh-, Hör- und Lesepublikum, ermöglichten so etwas wie ein räsonierendes Publikum, eine kritische Öffentlichkeit, die allen möglichen alten und neuen Herrschaftsgeheimnissen in detektivischer Vernunft und öffentlicher Diskussion auf die Spur komme. Angesichts großer Zahlen von Menschen kann hier zwar nicht vernachlässigt werden, jedoch als unvermeidlich gelten, dass es neuer Medien als Repräsentanten ihrer nicht unmittelbar zu bildenden Öffentlichkeit bedarf. Die von Habermas vor langen Jahrzehnten beobachtete „Pseudoprivatisierung des Öffentlichen", etwa am Beispiel der Personalisierung von Politik in Politikergestalten und die „Pseudoveröffentlichung des Privaten", die sich wieder an Politikern wie einer medialen Zangenbewegung zeigen lässt, die bis in ihren Intimbereich ausgezogen werden – das, was Richard Sennett dann die „Tyrannei der Intimität" genannt hat (Richard Sennett 1978) –, stellen griffige Formulierungen dar, sie lassen den analytischen Spaten jedoch im Gepäck. Es sind nicht die „armen" Parteien und die „armen" Politiker, die den verführerischen Medien anheimfallen. Wenngleich sie tatsächlich politikarm sind. Das politische Problem steckt in der Art, wie die bürgerliche Öffentlichkeit und ihre nachabsolutistische eigene Form, wie die liberale Demokratie nahezu abstandslos die kapitalistische Entwicklung in ihren verschiedenen Staaten politisch verfassen. Die oft benannte Teilautonomie politischer Organisation, die schon aus auch eigenen Ressourcen staatlicher Politik und auch eigenen Funktionen hätte erwachsen können – und mit ungewöhnlicher Anstrengung, wenngleich unwahrscheinlich, zukünftig erwachsen könnte, wurde schon zu Zeiten, da bürgerliche Öffentlichkeit konzipiert wurde, wurde jedoch vor allem zu

Zeiten, da bürgerliche Öffentlichkeit sich neu hätte demokratisieren müssen, nie auch nur annähernd angemessen verfasst.

e) Die Struktur bürgerlicher und postbürgerlicher Öffentlichkeit – Zu konzeptionellen Geburtsfehlern liberaler Demokratie, die sich im Stadium massengesellschaftlicher Größenordnungen nach der großen Transformation verhängnisvoll äußern müssen. Nur wenige Stichworte.

Wir verfahren idealtypisch. Sprich, wir wählen, bestimmt von unserem gegenwärtigen Interesse, einige verallgemeinerbare Eigentümlichkeiten (bürgerlicher) Öffentlichkeit aus, die Konzeption und Wirklichkeit liberaler Demokratie bis heute prägen. Betrachtet man das, was uns an Berichten über Öffentlichkeit, später systematisiert und idealisiert, überkommen ist, dann fällt auf, wie erheblich die Kontinuitäten sind. Trotz der erheblichen quantitativen und qualitativen Veränderungen. Negativ sind diese Kontinuitäten meist gerade deswegen zu verbuchen, weil zureichende organisatorische Anpassungen versäumt worden sind und unverändert versäumt werden.

Zum ersten: Liberale oder in diesem Sinne zunächst (klassen-)bürgerliche Öffentlichkeit beruht auf dem Fundament des Privaten. Dasselbe ist prius und primär, sprich zeitlich zuerst da und bestimmt im Hinblick auf die Gesamtverfassung an erster Stelle. Privatheit ist konstitutiv nicht Öffentlichkeit. Zum einen: Die privat strukturierten, also die kapitalistischen Produktionsverhältnisse und ihre Funktionen, an erster Stelle der Profit, bilden die hauptsächliche Grundlage der demgemäss kapitalistisch genannten Gesellschaften. Diesem Rang des Privaten korrespondiert der zentrale Interessenbegriff. Das Interesse und seine Rationalität werden als ökonomisches (Profit-)Kalkül verstanden. Die Produktionsöffentlichkeit, wie Negt/Kluge sie nennen, definiert als privat verallgemeinerte die nicht originäre politisch allgemeine Öffentlichkeit (Negt/Kluge 1972). Zum anderen: Die Bürger zunächst und später auch die Bürgerinnen werden als Privatleute begriffen, denen es primär darauf ankommt, ihren individualisierten Interessen nachzurennen. Erst danach sind sie ab und an auch als „politische" Bürger zur Wahl gefordert. Zum dritten: Das politisch Allgemeine, das in der Regel eigens verfasst worden ist, dient vor allem dazu, die Struktur und die Funktionen des Privaten aufrecht zu erhalten. Der erste Staatsauftrag, in dem dann auch das „Interesse des Staates an sich selber" (Claus Offe 1974) zum Ausdruck kommt, besteht darin, alle Revolten und Revolutionen „von unten" auf zeitverschiedene Weise zu unterdrücken. Gegenöffentlichkeiten, zuerst die proletarische, werden nicht oder allenfalls punktuell zugelassen (Negt/Kluge 1972).

Zum zweiten: Freiheit – wie auch alle anderen bürgerlich Ende des 18. Jahrhunderts zuerst mit Allgemeinheitsanspruch formulierten Menschenrechte – wird zuerst – erneut prius und primär – privat verstanden. Sie wird nicht erst, sie ist immer schon, ideengeschichtlich von John Locke bis Immanuel Kant und bis in unsere Zeiten neoliberal hinaus, mit Besitz und Eigentum verheiratet. Menschenrechte werden anfänglich, und auch in der Allgemeinen Charta der Menschenrechte von 1948 noch nicht überwunden, als „individuelle Abwehrrechte" gegen willkürliche Staatseingriffe konzipiert. Das heißt: die jeweiligen Individuen „haben" im besitzenden Sinne schon immer, was sie brauchen. Sie wollen nur nicht von „staatsaußen" und auch noch willkürlich in ihre normativ überwölbten materiellen Besitztümer eingreifen lassen. Diese heben an mit dem Recht auf den eigenen Körper, dem Recht auf die eigene Wohnung, werden vermittelt durch das Recht auf Freie Meinung und enden, wo sie begonnen haben, im Recht auf Besitz. Dieses liberale, von allen heute verfassten liberalen Demokratien übernommene „Urrecht" kehrte sich bald, betrachtet man die Ausgangsbedingungen im 17. und 18. Jahrhundert, gegen alle „gleichmacherischen", also „kommunistischen" Machenschaften, die das Menschenrecht der Gleichheit mit dem der Freiheit eng zu koppeln vorhatten.

Zum dritten: Politisch staatliche Öffentlichkeit, von anderen politisch anspruchsvollen Öffentlichkeiten ganz zu schweigen, wird konsequent nicht als konstitutiv angenommen. Sie ist prinzipiell zweitrangig. Sie ist eine abhängige Größe. Dem entspricht auch die Hierarchie des Rechts (übrigens bis in die juristische Methode und ihre, privatrechtlich geschärfte Logik hinein). Privatrecht rangiert vor öffentlichem. Letzteres wird gemäß der schon im Preußischen Allgemeinen Landrecht (1794) normierten staatlichen Generalklausel nur in Zeiten des Notstands eingriffsprimär. Auch dieses Notstandsrecht, das staatliche Willkür in Gesetzesform gießt und legitimiert, ist primär dazu da, alle möglichen Revolten, die den gegebenen Besitzstand gefährden könnten, repressiv präventiv aushebeln zu lassen.

Zum vierten: Privat gegründete und von Privatpersonen ausgedrückte Öffentlichkeit und ihre Kritik bezogen sich auf das ebenso fördernde wie – ob seiner möglichen irrationalen Gewalt – fordernde staatliche Gewaltmonopol. Dieses Gewaltmonopol selbst wurde, von manchen frühliberalen Erwägungen abgesehen, weder in Frage gestellt noch bürgerbeteiligt durchsetzt und als exekutiv bestimmtes Monopol aufgehoben. Diese Feststellung trifft auch für die bundesdeutsche Verfassung und ihre Entwicklung nach 1949 zu, von der gänzlich ausgesparten Chance 1990 nicht zu reden. Obwohl die Apparaturen des Gewaltmonopols, der anderen, der essentiellen Seite des öffentlichen „Rechtsstaats", enorm zugenommen haben und die Gesellschaft in allen Bereichen insgesamt regelkomplexig durchdringen, bleibt dasselbe wie ein künstlich wachsendes Eisengeflecht ohne eigene, auch nur liberaldemokratische Verfassung. So wie das expandierende Gewaltmonopol nie liberaldemokratisch „gleich" geschaltet worden ist, so wurden der liberale Repräsentationsgedanke und seine parlamentarische Wirklichkeit nie demokratieförmig ausgezogen. Hier schlägt Quantität in Qualität um. Konnte Repräsentation im (klassen-)bürgerlichen männlichen Kontext schon allein angesichts der kleinen Zahl der repräsentativ aufzuhebenden Bürger funktions-, das heißt eben auch repräsentationstüchtig gedacht werden, auch weil die Bürger sozioökonomisch eine vergleichsweise homogene Interessengruppe darstellten, so ist diese Möglichkeit in Zeiten der „Massengesellschaft" und der großen und sozial heterogenen Zahl der Bürgerinnen und Bürger verschwunden. Die ökonomische, die soziale und schließlich auch die politische Distanz zwischen Repräsentierten und Repräsentanten wird so groß, dass die Repräsentierten ohne politisch vergegenwärtigendes Mundstück bleiben, die Repräsentierenden aber in der dünnen Luft des Regierens über keinen legitimatorischen Sauerstoff mehr verfügen. Es kommt hinzu, dass u.a. Carl Schmitts Beobachtungen zum Begriff der Repräsentation politisch demokratisch ebenso zutreffen, wie sie von Anfang an liberaldemokratisch nur halb, sprich ohne zureichende eigene bürgerliche Beteiligungsformen, erfüllt worden sind (dass Schmitt nicht von der Demokratie, sondern von der staatlichen Einheit her dachte, verschlägt in unserem Zusammenhang wenig). „Die Repräsentation kann nur in der Sphäre der Öffentlichkeit vor sich gehen. Es gibt keine Repräsentation, die sich im Geheimen und unter vier Augen abspielt, keine Repräsentation die ‚Privatsache' wäre. Damit sind (folgert Schmitt auch demokratisch richtig, RR/WDN) alle Begriffe und Vorstellungen ausgeschlossen, die wesentlich in die Sphäre des Privaten, des Privatrechtlichen und des bloß Ökonomischen gehören, also Begriffe wie Geschäftsführung, Wahrnehmung und Vertretung privater Interessen" (Carl Schmitt 1957, S. 208).

Zum fünften: Im Rahmen demokratischer Repräsentation – soweit diese jeweils, und dies nie exklusiv wie im repräsentativen Absolutismus des Grundgesetzes, möglich ist – steht die von der Bevölkerung gewählte Legislative an erster Stelle. Transparenz und die Fähigkeit zur öffentlichen Kontrolle der exekutiven Maßnahmen gehören zu den Schlüsseleigenschaften. Diese in der Formulierung des Indikativs – „steht ... an erster Stelle" – enthaltene, repräsentativ demokratisch notwendige Norm ist längst am kräftig ausgestreckten Arm der Exekutive verdorrt. Bestenfalls spielt die Legislative in Sachen ihrer drei Funktionen: der repräsentativen politisch allgemeinen Öffentlichkeit, der öffentlichen Normbestimmung und der öffentlichen Kontrolle allenfalls noch eine randständige, in Maßen symbolisch zirzensische Rolle. Indes: auch die politisch gewählte, also repräsentativ demokratische Exekutive vermag ihrer politischen Verantwortung nicht gerecht zu werden. Diese zählte allein, sofern und soweit sie öffentlich nachprüfbar bewährt und bewiesen werden kann. Nicht nur basieren ihre Hauptaufgaben und deren steuer- und borgestaatlichen Instru-

mente auf der (kapitalistischen) Struktur der Privatheit; nicht nur hat der bürokratisch legal extensive Charakter der Exekutive einen antiöffentlichen und in seinen Rechtsformen willkürge-schwängerten Grad erreicht, der die autoritären arcana imperii fast harmlos erscheinen lässt; vielmehr sind die sogenannt verantwortlichen Politiker derart systematisch in Aufgabenfülle und Aufgabenkomplexität überfordert, dass ihre „Machtausübung" noch stärker als zuvor stellvertreterisch für alle möglichen Privatinteressen geschieht.

Zwischenbemerkung: Repräsentative Demokratie war nie der Fall – nimmt man beide Begriffsteile nominalistisch nicht zu willkürlich ernst. Sowohl das Adjektiv „repräsentativ", das die nachhaltige Vergegenwärtigung nicht andauernd gegenwärtiger Bürgerinnen und Bürger in ihren politischen Interessen verheißt, wie das Substantiv Demokratie, das, wenn schon in repräsentativ vermittelter Weise, die Herrschaft der gesamten Bevölkerung über die ihr gemeinsamen Angelegenheiten verlangt. Ansätze zu so etwas wie einer repräsentativen Demokratie gab es neuerdings allenfalls in den jungen USA. Seinerzeit, von Alexis de Tocqueville in seinem 1. Band geschildert, ergänzte eine Unzahl von direkt demokratischen Town Meetings u.a.m. bis hin zu den Geschworenengerichten und gewählten städtischen Steuerbeamten den dünnen Schleier repräsentativ abgehobener und mit schmaler Kompetenz versehener Einrichtungen. Seit den Zeiten aber, da es ein räsonierendes bürgerliches Publikum von Privatleuten gegeben haben mag, von Jürgen Habermas idealisiert und von vielen anderen idealisiert übernommen, hat der seinerzeit erst brosamenhaft und ideell anhebende Kapitalisierungsprozess die Gesellschaften insgesamt, ja den gesamten Globus in einer Weise durchdrungen und in Struktur und Funktion privat aufgehoben, vom dauernden Propeller privater Interessen konkurrenzhaft getrieben, dass das Allgemeine, das Politische, die Verallgemeinerung nationen- und weltweit dominierender repräsentiert. Von Privatinteressen via öffentliche Politik zurück zu Privatinteressen – so rollt der politisch öffentliche Zirkel.

Zum sechsten: Ein entscheidender Faktor ist noch einmal eigens hervorzuheben, weil er seltsamer- und/oder symptomatischer Weise in Theorie und Praxis weithin ausgelassen wird. Es ist die Zunahme der Größenordnungen, die alle sonstigen Ordnungen in Frage stellt, überschwappt und verändert. Parallel zur nationalstaatlichen und globalen Durchkapitalisierung, die von Europa und den angelsächsischen Ländern ausging, erfolgte eine Durchstaatung, die sich mehr und mehr zu international/globalen Regulierungen ausweitet. Der kapitalistisch vermehrte Arbeiter-, Bürger- und Konsumentenbedarf drückte sich politisch darin aus, dass das Wahlrecht ausgeweitet wurde, mehr und mehr Teile der Bevölkerung bildungs- und arbeitsmarktpolitisch eingefangen wurden und der Bedarf allgemeiner Legitimation wuchs. Allerdings geschahen diese politisch-staatlichen Weitungen fast durchgehend, sieht man von der „Erfindung" der Parteien ab, die rasch ins herrschende Muster eingemeindet wurden, im Umkreis der gegebenen liberalen und später der liberaldemokratischen Institutionen, Prozeduren und Instrumente. Da diese nicht bewusst qualitativ verändert wurden, waren und blieben die erhofften und teilweise erkämpften Wirkungen menschenrechtlich gegründeter liberaler Demokratie aus. Menschenrechte und liberale Demokratie und ihr normativ institutioneller Umkreis wurden stattdessen zu Formeln bestenfalls repressiver Toleranz, ansonsten jedoch weithin hohl tönender Ansprüche.

Diese Beobachtung gilt für den Vorgang der Repräsentation demokratischer Qualität ebenso – siehe oben –, wie für die politische Befindlichkeit genannt „Öffentlichkeit", wie schließlich für die Grund- und Menschenrechte. Diesen geht, mit Hannah Arendt gesprochen, nicht die Arbeit, ihnen gehen die politisch-gesellschaftlich-ökonomischen Bedingungen und damit auch ihre Menschen aus. Von der Antiquiertheit der Menschenrechte, um einen einschlägigen Ausdruck von Günther Anders leicht abzuwandeln (Günther Anders 1961).

Diese normativ verfassungswirkliche, ja schon verfassungsrechtliche Sachlage zeitigt zwei Konsequenzen:

Zum einen: Die immer beschränkte und nur in Form von Gegenöffentlichkeiten momentan originäre Öffentlichkeit der liberaldemokratisch verfassten Staaten besitzt mehrfach relativierten marginalen Charakter. Sie wird relativiert vor allem von der kapitalistischen Struktur der Privatheit und ihren dominanten funktionalen Imperativen. Sie wird zusätzlich relativiert und bis in ihre letzten Bedingungen ausgedünnt durch die politische Katastrophe mangelnder Verfassungsreform, die damit beginnen müsste, nicht mehr irgend verantwortlich und öffentlich traktierbare Größen dezentralisierend und beteiligend handhabbarer zu machen.

Zum anderen: Die kapitalistische Feindurchdringung aller gesellschaftlichen Bereiche ineins mit ihrer globalen Expansion hat die ohnehin in Substanz und Form dauernd gefährdete Öffentlichkeit als liberaldemokratisch ein wenig eigensinnige vollends marginalisiert. Ein Ausdruck dafür ist zum einen, dass die Variable „staatliche Politik" noch enger an die machtexpansiven ideologischen Zwänge der Kapitalakkumulation und ihrer Vertreter gerückt ist. Zum anderen schalten all die vielen Privatisierungen zuvor jedenfalls in europäischen Landen staatlicher Aufgaben, gegenwärtig an der herkömmlichen Sozialpolitik am besten in ihren Graden und Grenzen festzumachen, das Wenige an politisch staatlichen Eigenräumen vollends gleich. Siehe auch die Gleichschaltung des „öffentlichen" Bildungssystems. Der „Strukturwandel der Öffentlichkeit", den Jürgen Habermas vor 40 Jahren beobachtet hat, der heute längst Züge der Perversion trägt, steckte also, mehr als Habermas und andere dies beachteten, schon in der frühen Struktur der bürgerlichen Öffentlichkeit selbst drin. Je expansiver und zugleich dissoziativer diese Struktur der Privatheit inmitten der Öffentlichkeit sich entwickelte, desto mehr fielen ihr Aspekte und Elemente der ihr gemäßen Struktur der Öffentlichkeit zum Opfer, die in ihren Anfängen sozial und politisch über begrenzte Eigenräume verfügte.

D. Hinweise auf einige Irr- und Auswege – Wenige Stichworte

Den vorgesehenen dritten Teil unserer jahrbüchlichen Öffentlichkeitseinführung – C. Aspekte gegenwärtiger Negation aller demokratisch funktionstüchtigen Öffentlichkeit und ihrer Träger der (politischen) Bürgerinnen und Bürger – müssen wir entfallen lassen. Wir haben unser Platzkonto schon so kräftig überzogen, dass wir modisch Insolvenz ankündigen müssen. Der C.-Abschnitt sollte vor allem „der" Globalisierung gewidmet sein. Diese verstärkt geradezu unheimlich das, was wir zuvor beschrieben haben. Erneut sollte über die global noch einmal gesteigerten Quantitäten nachgedacht werden. Der global verlockenden Zuckerwattenproduktion, die nicht einmal ein kleines Stück von Zucker übrig lässt, das die menschenrechtlich demokratischen Aussichten versüßen könnte, sollte wenigstens ein argumentativer Riegel vorgeschoben werden. Was wird nicht alles gedanken- und tatenarm von „Cosmopolitan Democracy" und weltweiter „Vernetzung" aller möglichen Basisgruppen und NGO's kaum verantwortlich, jedoch umso beduselnd hofferischer geschwätzt. In einem dritten Unterabschnitt wäre es darauf angekommen, dass wir uns endlich den „alten", sprich dem 19. und 20. Jahrhundert eigenen und den neuen Medien zukehrten. Medienöffentlichkeit als die Öffentlichkeit heute. An dieser Medienöffentlichkeit könnte noch einsichtiger klar gemacht werden als anhand anderer Aspekte, wie stark alle Öffentlichkeiten von innen privatisiert, sprich kapitalisiert, also kommerzialisiert werden, so dass alle Kategorien der Öffentlichkeit bis zur (Un-)Kenntlichkeit verwandelt werden. Dass politisch kaum noch ferne Spuren eigensinnig und bürgerorientiert übrig bleiben, dieser Mangelstand geht allerdings trotz aller eigenen Formkraft der Medien nicht zu Lasten derselben. So wie auch die Parteien und ihre politische Anämie nicht „Schuld" „der" Medien ist. Vielmehr besteht die eminent unpolitisch politische Qualität der Medien, die sie auch vermittelnd selbst verändert hat, darin, dass sie in einer politisch verantwortlich nicht gestaltbaren Wirklichkeit, alle möglichen und trefflich rundum atomisierbaren Ersatzwirklichkeiten und Ersatzpolitiken schaffen müssen. Schließlich wollten wir, wenn auch die Medienkonzentration und deren innerlicher Qualitätsverfall kurz apostrophiert worden sind, noch einmal auf das zurückkommen, was heute „Politik" nur heißen kann, deren Beispiel, die Lügerei rund um den Irakkrieg, ohne falsche Verkürzungen verallgemeinert werden muss.

1. Um Irrwege handelt es sich u.E. überall dort, wo auf technologische Lösungen gesetzt wird, ohne dass entsprechende Veränderungen der ökonomischen und politischen Produktion und ihrer Verhältnisse stattgefunden hätten. Spuren solcher hofferischer Irrwege lassen sich, so verständlich sie im einzelnen waren und sind, finden in Bert Brechts sympathischer „Radiotheorie" (Bert Brecht 1967, S. 121 ff., in Walter Benjamins „Kunstwerkimzeitalterdertechnischenreproduzierbarkeits-Aufsatz" (Walter Benjamin 1961, S. 148 ff.), in Hans Magnus Enzensbergers „Baukasten zu einer Theorie der Medien" – Sektfrühstück (H.M.E. 1970, 159 ff.), um nur einige der qualifiziertesten herauszugreifen, von all den vielen und abervielen Internetweltdemokraten und Netzwerkern von früh bis spät zu schweigen. Eine kräftige Dosis Günther Anders, heute neu geschrieben, hülfe dazu, nicht zu verkennende technologische Möglichkeiten, so sie nicht auch im Kontext einer anderen Kapitalherrschaftslogik funktionieren, die sie teilweise schon in sich, in ihrer eigenen Produktion enthalten, einigermaßen angemessen einzuschätzen. Benjamins immer erneut anregendem Aufsatz ist zugleich der Hinweis auf die größten Gefahren zu entnehmen, wenn man seine Analyse entsprechend den heutigen Umständen neu formuliert, und auch ein wichtiger Aspekt der Perspektive, so sie Öffentlichkeit demokratisch ernst nimmt (und umgekehrt). Zur Gefahr. Im Nachwort zu seinem Essay formuliert Walter Benjamin: „Die Massen haben ein Recht auf Veränderung der Eigentumsverhältnisse; der Faschismus sucht ihnen einen

Ausdruck in deren Konservierung zu geben. Der Faschismus läuft folgerecht auf eine Ästhetisierung des politischen Lebens hinaus. Der Vergewaltigung der Massen, die er im Kult eines Führers zu Boden zwingt, entspricht die Vergewaltigung einer Apparatur, die er der Herstellung von Kultwerten dienstbar macht." Im übrigen heißt atomisierende, Wirklichkeit auflösende „Zerstreuung" die Devise. Am Ende setzt Benjamin dieser „Ästhetisierung der Politik", eine „Politisierung der Kunst" entgegen (deren seinerzeit politisch fragwürdige, ja falsche Zuordnung uns an dieser Stelle nicht kümmern muss).

2. Es hilft nichts. Auf die Furie des Raum- (und auch Zeit-)Verschwindens lässt sich schon fast utopisch konservativ nur mit human assoziativ allein gestaltbaren, vergleichsweise kleinen Räumen und Zeiten antworten (zu den eher historisch anthropologischen Argumenten s. das nach wie vor faszinierende Buch von Andre Leroi-Gourhan 1984; voll der historisch empirischen Beispiele Lewis Mumford 1961). Das ist übrigens auch die Entdeckung die alle machen, die sich wie wir auch um Globalisierungskritik oder die „globalen sozialen Bewegungen" kümmern (vgl. Theo Bruns u.a. 2003). In dieser Raumzeit sozial gestaltbarer Art und ihren koordinierenden und auch kontrollierenden regionalen und überregionalen Zusammenhängen – ein dörfliches demokratisches Glück im Winkel gab es nie und wird es weniger denn je geben – besteht die größte Aufgabe dessen, was wir mit C. Wright Mills die soziale, die politische und die soziologisch-politologische Phantasie nennen. Indes nicht „nur" Phantasie, Imagination, wie Mills es nennt, Praxis und praktische Experimente sind gefragt. Sie können nur gelingen, wenn sie sich im unvermeidlich „falschen" Kontext außerparlamentarisch, sprich jenseits der etablierten Institutionen und ihres entfremdenden Erzes, der geborgten Knete bewegen.

3. Mit den genannten Kein- und Riesenaufgaben ist die weitere konzeptionell praktische Forderung um Doppelpass verbunden, in der Bundesrepublik und in Europa Formen der Organisation zu finden, die der unvermeidlichen mehrfachen Grenzen jeder sozialen Organisation gewahr unmittelbare und mittelbare, unserthalben auch vernetzende Kontakte so formieren, dass sowohl borniertem und ohnmächtigem Lokalismus wie abgehobenem, rasch sich professionalisierenden und bald steril aufgeregt werdenden überregionalem Engagement ein sozial diskutierter Riegel vorgeschoben wird.

4. Immer erneut sind Versuche, Gegenöffentlichkeit zu installieren angesagt. Ohne die Entdeckung demonstrativer Formen, wie sie in der Ostermarschbewegung während der 60er Jahre allmählich anhoben, Demonstration nicht als „Aufzüge" und/oder „Aufmärsche" mit „Führer oder Leiter" im Sinne des Versammlungsgesetzes von 1953 – das weithin und skandalöserweise trotz entgegenstehendem Bundesverfassungsgerichtsurteil

von 1985 noch heute gilt; darum eine Dauer-Demonstration dem Demonstrationsrecht – wären viele erfreuliche, die einzig demokratisierenden Veränderungen der Republik kurz vor, rund um und in den 70er Jahren vor allem nach der Studentenbewegung nicht in Gang gekommen. Auch wenn die Zahl der allemal möglichen Aktionsformen begrenzt ist, immer erneut sind sie aus der Schatulle demonstrativer Formen aller möglichen gewaltfreien Arten zivilen Ungehorsam lokal, regional und, lokal-regional vermittelt überregional, erneuernd auszuprobieren. Der kooptativen und repressiven, meist die kooptativrepressiven Mittel Gegenöffentlichkeiten kirre zu machen, sind Legion. Und doch ist auch der Schatz der in allen Formen der Gegenöffentlichkeiten liegt bis heute jedenfalls noch nicht verbraucht. Die herrschenden „öffentlichen" Ängste vor allen Gegenöffentlichkeiten, die in Ängste „vor dem Chaos" (oder „Terrorismus") projiziert werden, sind so expansiv und intensiv, dass sie wenigstens zuweilen auch in Richtung gegenöffentlicher Mobilisierung genutzt werden können. Solches kann selbstredend unserem hier ausgebreiteten Verständnis gemäß nur gelingen, wenn nicht nur nach außen gefordert wird, „mehr Demokratie zu wagen", sondern wenn die Anstrengung eigener demokratischer Praxis nicht aufgegeben wird.

Literaturhinweise

Anders, Günther (1961 und 1980): Die Antiquiertheit des Menschen, München

Benjamin, Walter (1961): Das Kunstwerk im Zeitalter seiner technischen Reproduzierbarkeit, Frankfurt/M.

Enzensberger, Hans Magnus (1970/1997): Baukasten zu einer Theorie der Medien, München

Habermas, Jürgen (5. Auflage 1971): Strukturwandel der Öffentlichkeit, Neuwied und Berlin

Hill, Christopher (1996): Liberty against the Law. Some Seventeenth-Century Controversies, London und New York

Lang, Sabine (2001): Politische Öffentlichkeit im modernen Staat, Baden-Baden

Leroi-Gourhan, André (1984): Hand und Wort. Die Evolution von Technik, Sprache und Kunst, Frankfurt/M.

Marx, Karl (1843/1962): Zur Judenfrage, in: Karl Marx, Frühe Schriften, Stuttgart

Negt, Oskar/Kluge, Alexander (1972): Öffentlichkeit und Erfahrung, Zur Organisationsanalyse von bürgerlicher und proletarischer Öffentlichkeit, Frankfurt/M.

Sennett, Richard (1983), Verfall und Ende des öffentlichen Lebens. Die Tyrannei der Intimität, Frankfurt/M.

Anhang:
Oskar Negt/Alexander Kluge; Öffentlichkeit und Erfahrung
Zur Organisationsanalyse von bürgerlicher und proletarischer Öffentlichkeit
Frankfurt am Main 1972

Das Inhaltsverzeichnis (ohne Seitenangaben):

Rohstoffbasis und Realisierungschance des neuen Produktangebots / Proletarische Öffentlichkeit als Widerstandsform gegen die reelle Subsumtion unter das Kapital

Kommentare zum Begriff der proletarischen Öffentlichkeit

Eckart Spoo

Missbrauch publizistischer Macht

Nehmen wir mal an, ich wäre Verleger einer regionalen Monopolzeitung; sagen wir im Westerwald. Und konstruieren wir den Fall: Mein Sohn hätte Drogenprobleme, die Polizei hätte ihn bei Verstößen gegen das Betäubungsmittelgesetz erwischt, die Staatsanwaltschaft hätte ihn angeklagt, ein Amtsrichter hätte das Verfahren eröffnet – und das alles hier bei mir im Westerwald. Würde ich es dann zulassen, dass einer meiner Redakteure in meinem Blatt diese rein private Angelegenheit öffentlich macht? Dürfte ich es dulden, dass mein Blatt dazu missbraucht wird, den Jungen, der später einmal das Unternehmen leiten soll, und damit die ganze Familie in Verruf zu bringen, also dem Unternehmen zu schaden? Niemals könnte ich das verantworten. Schlimm genug, dass der Junge in Gefahr ist, verurteilt zu werden. Würde nicht besser einer meiner Redakteure mal kritisch darstellen, was in diesem Amtsgericht vorgeht, was das für Juristen sind, die es wagen, so rücksichtslos gegen uns vorzugehen? Wofür bin ich Verleger, wenn ich mein Blatt nicht mehr für meine Interessen nutzen könnte? Das Eigentum und sein freier Gebrauch stehen bei uns bitteschön immer noch unter Grundrechtsschutz.

Beenden wir diesen fiktiven Monolog über einen nicht ganz fiktiven Fall und wenden wir uns stattdessen zum Beispiel Alfred Neven DuMont zu, dem Verleger des Kölner Stadtanzeigers. Als die IG Metall begann, die 35StundenWoche zu fordern, ermahnte er die Redaktion schriftlich zu Zurückhaltung – später könne die eigene Branche von solchen Forderungen betroffen sein.

Die Meinungen von Arbeitgebern und Arbeitnehmern über eine Arbeitszeitregelung – im Presse ebenso wie im Metallunternehmen – konnten, ja mussten auseinandergehen. Gerade deswegen erhob der Arbeitgeber Neven DuMont den Anspruch, über die Tendenz von Veröffentlichungen über dieses Thema zu entscheiden.

Dieser Verleger gebietet inzwischen über das Pressemonopol in Köln und Umgebung, seitdem er zum Kölner Stadtanzeiger und dem regionalen Boulevardblatt express auch die konkurrierende Kölnische Zeitung erworben hat. Nach der „Wende" konnte er sich überdies die Mitteldeutsche Zeitung in Halle aneignen. Die Tochter und Beteiligungsgesellschaften (auch im Rundfunk) aufzulisten, würde zu weit führen.

Seit langem spielt Neven eine wichtige Rolle im Bundesverband der deutschen Zeitungsverleger (BDZV), zeitweilig war er dessen Präsident. Er war auch tonangebend beteiligt, als in den 70er Jahren des vorigen Jahrhunderts Tarifverhandlungen zwischen den Journalistenorganisationen und dem BDZV über eine von den Redakteuren geforderte „Kompetenzabgrenzung" geführt wurden („innere Pressefreiheit" war damals die Parole). Die Verleger, denen einen Vertrag darüber von vornherein zuwider war, ließen sich eine Zeitlang auf Verhandlungen ein und erklärten sich bereit, den Redakteuren eine „Detailkompetenz" einzuräumen, sofern klargestellt sei, dass die „Grundsatzkompetenz" bei ihnen liege, den Eigentümern des Pressebetriebs. Die Verhandlungen scheiterten, als die Verleger zusätzlich eine „Richtlinienkompetenz" beanspruchten. Wenn zum Beispiel, so erläuterten sie, im Verbreitungsgebiet des Blattes eine Landratswahl anstehe, müsse der Verleger das Recht haben, darüber zu entscheiden, wie im Blatt über die einzelnen Kandidaten geschrieben werde. Hier könnten seine unmittelbaren Interessen berührt sein. Das heißt: Die Verleger wollten von ihrer publizistischen Macht nichts abgeben. Dabei ist es geblieben; ihre Macht ist derweil permanent gewachsen.

Die Demokratie in Deutschland – und in anderen Ländern desgleichen – ist den Eigentumsverhältnissen in den Medien unterworfen. Aber wer merkt es?

Der größte Pressekonzern in Deutschland ist der AxelSpringerVerlag. Ihm gehören Bild und Welt, Bild am Sonntag, Welt am Sonntag, BZ, Berliner Morgenpost, Hamburger Abendblatt und vieles mehr. Die bei Springer beschäftigten Journalisten sind allesamt auf das marktwirtschaftliche System verpflichtet, den Kapitalismus. Es ist ihre Aufgabe, den vielen Millionen Lesern von SpringerZeitungen und Zeitschriften immerzu die Botschaft einzuträufeln, der Kapitalismus sei gut für sie, besser als alles sonst Erdenkliche, einfach das Bestmögliche.

Zum SpringerKonzern gehören auch die Lübecker Nachrichten, die Monopolzeitung in Lübeck und Umgebung. Wie alle SpringerZeitungen preist dieses Blatt tagtäglich die Konkurrenz, den freien Markt, auf dem sich alles zum Besten füge. Wer bemerkt diesen grotesken Widerspruch, diese Verlogenheit: dass ein Monopolblatt den freien Markt preist?

In den meisten Regionen Deutschlands erscheint nur noch je eine Zeitung. Im Bundesland RheinlandPfalz beispielsweise gibt es vier Tageszeitungen, je eine in den vier (früheren Regierungs)Bezirken Mainz, Koblenz, Ludwigshafen und Trier; die Verbreitungsgebiete sind genau gegeneinander abgegrenzt.

In Ostdeutschland erschienen bis 1989 neben den SEDBezirkszeitungen noch Zeitungen der anderen Parteien, die aber, auch wenn sie sich in Einzelheiten unterschieden, alle den Sozialismus und die damaligen Machtverhältnisse priesen. Die SEDBezirkszeitungen wurden dann sämtlich von westdeutschen Pressekonzernen übernommen; die anderen Blätter wurden eingestellt. Die in Monopolzeitungen umgewandelten früheren SEDBlätter preisen jetzt alle den Kapitalismus und die heutigen Machtverhältnisse.

Obwohl die regionale Monopolisierung der Presse auch in Westdeutschland weitgehend – bis auf wenige Regionen wie Berlin, München, Frankfurt, Düsseldorf – abgeschlossen ist (teilweise mit dem Ergebnis, dass zwar noch zwei Zeitungen nebeneinander erscheinen, diese aber demselben Verlag gehören, so in Hannover und Nürnberg), geht die Pressekonzentration weiter. Die großen Konzerne erbeuten nach und nach die Monopolblätter, wie es Springer in Lübeck getan hat. Der HoltzbrinckKonzern zum Beispiel (Die Zeit, Handelsblatt, Der Tagesspiegel u.a.) hat sich den Südkurier, die Lausitzer Rundschau und die Saarbrücker Zeitung (die einzige Zeitung im Saarland) zugelegt, und jedes HoltzbrinckBlatt stimmt mit jedem SpringerBlatt im Lobpreis des Kapitalismus überein, der angeblich die Grundlage aller Freiheit ist. Die Blätter des BertelsmannKonzerns (Gruner & Jahr), des Essener WAZKonzerns und der anderen großen Verlage singen unisono dasselbe Lied.

Wo einmal ein Monopol besteht, da kann Konkurrenz nicht wiedererstehen. Kleine Versuche hat es gelegentlich hier und da gegeben. In Osnabrück und Umgebung, wo schon seit Jahrzehnten die Neue Osnabrücker Zeitung allein erscheint, trat einmal eine „Neue Freie Presse" mit der Parole „Brecht das Meinungsmonopol der NOZ" an. Der Versuch ist schnell gescheitert. Selbst der reiche HeinrichBauerVerlag schaffte es nicht, in dem kleinen Verbreitungsgebiet der Husumer Nachrichten ein Konkurrenzblatt zu etablieren. Nach der „Wende" bedachte ihn die Treuhandanstalt mit der Volksstimme, der früheren SEDBezirkszeitung in Magdeburg und Umgebung. So konnte dieser mächtige Zeitschriftenkonzern endlich doch auch ins Zeitungsgeschäft hineinwachsen.

All diese Monopolzeitungen agitieren für das Privateigentum an der Presse, für die Privatwirtschaft überhaupt und für die Privatisierung alles dessen, was noch gemeinwirtschaftlich ist: Nahverkehr, Wasserversorgung, Kliniken, zuletzt wahrscheinlich auch noch Schulen und Gefängnisse, jedenfalls soweit sich daraus Geld schlagen lässt.

Albrecht Müller, einst Berater und Redenschreiber Willy Brandts, konstatierte Anfang 2003 in der Frankfurter Rundschau: „Einer sagt: Mit dem Umlageverfahren ist die Altersversorgung nicht mehr zu finanzieren – und alle einflussreichen Multiplikatoren sagen es nach. Einer sagt: Wir leben in einem Gewerkschaftsstaat – und Hunderte sagen es nach. Einer sagt: Keynes ist out – und von Abertausenden schallt es zurück. Einer sagt: Wir brauchen endlich einen Niedriglohnsektor – und Legionen wiederholen es. Usw., usw. Dadurch, dass viele das Gleiche wiederholen, wird die Lüge zur Wahrheit, diagnostizierte George Orwell."

Sie agitieren gegen das Tarifvertragsrecht, gegen das Streikrecht, gegen das Koalitionsrecht. Sie agitieren für die Lockerung, möglichst Abschaffung des Kündigungsschutzes, für die Verlängerung der Arbeitszeit bis hin zur Aufhebung aller Arbeitszeitregelungen, für die Senkung der Lohnkosten, also der Löhne und aller Sozialabgaben, zu denen die Unternehmer je verpflichtet worden sind. Mit der Hingabe eines Kirchenchores verbreiten sie die frohe Botschaft, der Sozialabbau werde den wirtschaftlichen Aufschwung bringen, der dann auch Arbeitsplätze schaffen werde.

Das alles ist so inhuman wie irrsinnig – aber gerade deswegen ist dieser gewaltige publizistische, nein propagandistische Aufwand erforderlich, damit das Volk nicht auf andere, realistischere Gedanken komme.

Die Medien haben in Deutschland viel Freiheit. Sie dürfen über alle möglichen Absonderlichkeiten berichten, auch über frei erfundene. Manchmal zeigen sie sich zu starkem Engagement imstande. So Springers BZ zeitweilig für den armen „EuroFritz", den die Berührung mit Geldscheinen angeblich impotent gemacht hatte; die Zeitung führte ihm Frauen zu, die ihn sexuell stimulieren sollten.

Aus der Macht der Medien, einzelne Menschen bekannt zu machen, hat sich ein glänzendes Geschäft entwickelt: das ShowGeschäft. Ohne die Medien kann niemand bekannt werden. Wegen welcher Eigenart oder Fähigkeit sie einen Menschen bekannt machen, ist nicht entscheidend; hier zählt nur der Effekt, eben die Bekanntheit – die sich vielfältig nutzen lässt. Wenn einer Schlager singt, interessiert an ihm nicht nur die Stimme, und am Fußballspieler interessieren nicht nur die Beine, sondern er darf auch Schlager singen, und besonders wichtig sind seine Liebschaften. Je öfter einer erwähnt und möglichst auch im Bild gezeigt wird, desto höher steigt sein Marktwert. Schließlich darf er sogar für Gummibärchen oder TelekomAktien werben, wodurch seine Bekanntheit und sein Einkommen Spitzenwerte erreichen. Ghostwriter drängen sich ihm auf, die ihn auch zum Buchautor machen; unabhängig vom Inhalt des Buches ist von vornherein eine hohe Auflage garantiert. Die Berichterstattung über Pressebälle, auf denen die kleinen Stars um die großen kreisen, indiziert den Marktwert jedes einzelnen. Es versteht sich von selbst, dass nur derjenige Marktwert bekommen darf, der sich als Werbeträger für das marktwirtschaftliche System eignet. Dass er – eigentlich ein Nobody – ihn bekommt, gilt als Beweis für die Güte dieses Systems.

So werden auch Politiker gemacht. Ein Beispiel aus den USA: Der mittelmäßige HollywoodSchauspieler Ronald Reagan hatte erfolgreich im Fernsehen für Seifenartikel geworben; außerdem hatte er unter McCarthy Kollegen als Kommunisten denunziert. Kalifornische Multimillionäre befanden: Wer BoraxProdukte an den Mann und vor allem auch an die Frau bringe, der könne, wenngleich eigentlich Mitglied der Demokratischen Partei, auch die Politik der Republikanischen Partei verkörpern und Gouverneur von Kalifornien werden. Sie finanzierten seinen Wahlkampf, und er wurde Gouverneur. Ähnlich inzwischen Arnold Schwarzenegger.

Auch wer in Deutschland Kanzler werden will, kann nie genug Fernsehauftritte bekommen. Für den zeitweiligen niedersächsischen Ministerpräsidenten Gerhard Schröder war es besonders nützlich, als er in der Fernseh-Filmserie „Der große Bellheim" den Ministerpräsidenten spielen durfte.

Nachdem sich Gerhard Schröder 1996 in Hamburg auf einer Bundesversammlung des CDUWirtschaftsrates vorgestellt hatte und dort für geeignet befunden worden war, die Nachfolge des damaligen Bundeskanzlers Helmut Kohl anzutreten, taten alle deutschen Medienkonzerne, was sie konnten, um die SPD zu bewegen, Schröder als Kanzlerkandidaten aufzustellen. Die letzte Stufe, die er nehmen musste, war die niedersächsische Landtagswahl im Frühjahr 1996. Nie unterstützten die Medien dermaßen entschlossen und geschlossen einen SPDkandidaten wie in jenem Landtagswahlkampf. Erfolgreich suggerierten sie, dass sich dort entscheide, welcher Sozialdemokrat bei der Bundestagswahl gegen Kohl antrete. Unter dem Druck der Medien knickte die SPD ein – die sich vorher deutlich gegen Schröder entschieden hatte.

Sobald Schröder zum Kanzler gewählt war, übten die Medienkonzerne doppelten Druck aus: Erstens prügelten sie auf die SPD ein, sich Schröders Politik zu eigen zu machen, auch und gerade wenn diese Politik den Beschlüssen der Partei und dem Programm widersprach, mit dem sie sich zur Wahl gestellt hatte. Zweitens ließ vor allem der SpringerKonzern – an den sich Schröder eng anlehnte und von dem er sich einen stellvertretenden Chefredakteur der BildZeitung, der ihm schon als Biograph gedient hatte, als Regierungssprecher holte – den Kanzler bald spüren, dass grundsätzlich die CDU zum Regieren ausersehen ist und dass es Mittel und Wege gibt, regierende Sozialdemokraten abzulösen: In Hamburg schrieben Bild und Hamburger Abendblatt einen ebenso dummen wie reaktionären Amtsrichter zum politischen Hoffnungsträger hoch und verschafften ihm rund 20 Prozent der Stimmen. Mit diesem Koalitionspartner konnte dann die CDU die Landesregierung übernehmen, was ihr aus eigener Kraft nicht möglich gewesen wäre.

Es geht noch viel direkter und brutaler, wie wir aus Italien wissen. Da kauft sich der reichste Unternehmer des Landes Zeitungen und Rundfunkanstalten, kandidiert selbst für das Amt des Ministerpräsidenten, das er in einer Koalition mit Separatisten und Neofaschisten auch erhält. Fortan nutzt er zusätzlich auch die staatlichen Sender für eine Propaganda, die seinen persönlichen Interessen dient, z. B. dem, vor Strafverfolgung geschützt zu werden.

Im Mai 2003 verbot Berlusconi den Journalisten in den von ihm abhängigen Medien, einen Wahlsieg der Linken bei Regionalwahlen als Erfolg darzustellen. Im Juni verbot er ihnen, über ein von der Linken in Gang gebrachtes Referendum zur Sicherung und Stärkung des Kündigungsschutzes zu berichten. Die Totschweigetaktik war erfolgreich: Das Referendum – erschwert auch durch Differenzen innerhalb der Linken – scheiterte an zu schwacher Beteiligung.

Eine freie Presse ist laut Bundesverfassungsgericht „schlechthin konstituierend" für die Demokratie. Wie frei die Presse ist (frei wovon? frei wozu?) und welchen Gebrauch sie von ihrer Freiheit macht, müsste permanent untersucht werden: von Medienwissenschaftlern, von Bürgerrechtsorganisationen, von Gewerkschaften.

Die Gewerkschaften wehren sich kaum noch gegen die unablässige Diffamierung in den Konzernmedien. Es ist sehr lange her, seit die IG Metall einmal Professor Erich Küchenhoff beauftragte, die antigewerkschaftliche Hetze der BildZeitung zu analysieren.

Um so erfreulicher, dass sich eine Bürgerrechtsorganisation, das Komitee für Grundrechte und Demokratie, in diesem Jahrbuch mit dem Thema „Medien, Bürgerrechte und Politik" befasst. Aus dem früheren Komitee für Abrüstung und Demokratie war 1967 das heute noch nützliche Buch „Imperium Springer" hervorgegangen, dessen Befunde die 68er Forderung „Enteignet Springer!" nahe legten.

Die Medienwissenschaft dient weitgehend den Medienkonzernen und der werbungtreibenden Wirtschaft, die möglichst genau wissen wollen, mit welchen Methoden sie noch intensiver auf die Öffentlichkeit und aufs Unterbewusstsein der Konsumenten einwirken können, um ihre Interessen durchzusetzen. Solche Studien bleiben uns meist verborgen. Aber gelegentlich kommen auch Studien mit demokratischer Tendenz zustande wie die von Norbert Jonscher über „Inhalte und Defizite des lokalen Teils in der deutschen Tagespresse" als Dissertation an der Universität Göttingen. Da können wir dann erfahren, dass alle vier untersuchten Monopolzeitungen im östlichen Niedersachsen die Aufgabe, umfassende und vielfältige Informationen und Meinungen zu vermitteln, durch die den Lesern eine eigene Meinungsbildung zu kommunalpolitischen Themen ermöglicht würde, „nicht oder nur mangelhaft erfüllen", indem sie unliebsame Themen (z.B. Umweltverschmutzung durch ortsansässige Unternehmen) bewusst vernachlässigen und auf Kritik und Kontrolle von Politikern und Behörden weitgehend verzichten. Über bestimmte gesellschaftliche Bereiche wie Kirche und Wirtschaft werde fast nie negativ berichtet. In den Lokalteilen, so Jonscher, tauchten immer die gleichen Handlungsträger auf (Parteien, Vereine, Bürgermeister), andere kämen äußerst selten zu Wort. Meist werde über Veranstaltungen berichtet, Hintergrundinformation fehle gewöhnlich. Konsequenz: „Nicht nur die Partizipationsmöglichkeiten der Bürger werden erschwert, auch ihr allgemeines Demokratie-bewusstsein wird durch diese Nichtbeteiligung an unmittelbar interessierenden, überschaubaren kommunalpolitischen Entscheidungsprozessen geschwächt."

Die Mängel im Lokalteil sind noch harmlos im Vergleich zu denen in der außenpolitischen Berichterstattung. Eine Grundtendenz der typischen bundesdeutschen Monopolzeitung ist ihre Mitwirkung an der „Enttabuisierung des Militärischen", derer sich Bundeskanzler Schröder rühmt. Immer schamloser werden militärische „Lösungen" propagiert, zu denen es „keine Alternative" gebe. Die Notwendigkeit kriegerischer Gewalt wird dadurch suggeriert, dass die Gegenseite nicht zu Wort kommt. So wird der Eindruck erweckt, als könne man mit ihr nicht reden. Zum Beispiel wurde vor, in und nach dem NATOKrieg gegen Jugoslawien der damalige jugoslawische Staatspräsident Slobodan Milosevic täglich xmal erwähnt, aber er erhielt niemals selber das Wort – bis heute nicht, auch nicht in der Berichterstattung über den Prozess gegen ihn in Den Haag. Ganz im Sinne der Aggressoren (USPräsident, NATO, Bundesregierung) gelten diejenigen, gegen die sich die Aggression richtet, als urböse, so dass es sich geradezu verbietet, ihnen Gehör zu geben oder mit ihnen zu reden. Und dann bleibt eben nur Waffengewalt gegen sie.

Als sich 2002 die Absicht der USRegierung abzeichnete, den Irak zu besetzen, veranstalteten Friedensgruppen – Internationale Ärzte gegen Atomkrieg (IPPNW) und andere – in Berlin einen Kongress, auf dem viele namhafte Fachleute wie der frühere USamerikanische Waffeninspekteur Scott Ritter, der frühere UNBeauftragte im Irak, Hans Graf Sponeck, Iraker verschiedener politischer Herkunft etc. teilnahmen. Die großen Berliner Zeitungen informierten ihre Leser mit keiner Zeile. Alle Lügen, mit denen die USRegierung ihre Kriegspolitik zu rechtfertigen versuchte, wurden damals bereits gründlich widerlegt – aber der Großteil der Bevölkerung, der den jeweiligen regionalen Monopolblättern vertraut, erfuhr nichts davon.

Über die Friedensbewegung war fast nur Hämisches zu lesen, z.B. auch in der vergleichsweise liberalen Süddeutschen Zeitung, die über Konstantin Wecker, als er Anfang 2003 in den Irak reiste, um sich selber ein Bild zu machen, herzog: „Was will er in Mossul? Da liegt nicht mal Schnee." Erst als am 15. Februar in Berlin eine halbe Million Antikriegsdemon-

stranten zusammenströmten (und noch viel mehr in anderen Städten rund um den Globus), erschienen zeitweilig Artikel, die die Friedensbewegung ernster nahmen. Aber eigene Recherchen der deutschen Medien im Irak unterblieben weiterhin. Das gilt auch für die öffentlichrechtlichen Medien. Ein Fernsehteam des Westdeutschen Rundfunks, das eine Reportagereise nach Bagdad mit dem Arbeitstitel „Dem Feind ein Gesicht geben" vorbereitet hatte, wurde kurz vor dem Ziel zurückgerufen.

Seit dem 11. September 2001 wird dem Publikum eingeredet, „die zivilisierte Welt" müsse weltweit „gegen den Terror" Krieg führen. Zum Beweis dieser angeblichen Notwendigkeit genügten Bilder der einstürzenden Türme des Welthandelszentrums in New York. Nachfragen, was sich damals im einzelnen ereignet hat, unterblieben lange Zeit, obwohl die offiziellen Darstellungen äußerst lückenhaft und widersprüchlich waren. Es ist wie ein religiöses Tabu: Die USregierungsamtliche Verschwörungstheorie, wonach islamistische Selbstmordattentäter unter dem Kommando des geheimnisvollen Osama bin Laden das Verbrechen begangen haben, muss fraglos akzeptiert werden und als Begründung für den „Jahrhundertkrieg gegen den Terror" ausreichen. Die tonangebenden deutschen Medien halten sich daran und fallen gehässig über einzelne Publizisten her, die auf Ungereimtheiten hinweisen.

Die Berechtigung, weltweit militärisch zu intervenieren (wie in den amtlichen militärpolitischen Richtlinien der BRD schon seit 1992 verlangt), will man sich nicht nehmen lassen, da man sie sich in jahrelanger Mühe angemaßt hat. Tatsächlich bedurfte es einer außergewöhnlichen Kraftanstrengung der deutschen Medien in den 90er Jahren (seit sich Deutschland im 2+4Vertrag verpflichtet hatte, die Bundeswehr ausschließlich zu Verteidigungszwecken einzusetzen, wie es ja auch im Grundgesetz steht), um die Bevölkerung glauben zu machen, es gebe ein Recht oder gar eine Pflicht zum Angriffskrieg.

Im Gleichklang mit strammen Politikern – andere Stimmen durften nicht durchdringen – verkündeten die Monopolmedien, Deutschland müsse nun, nachdem es vereinigt sei, endlich „normal werden", es müsse außenpolitisch „erwachsen werden", es müsse „Verantwortung übernehmen". Gemeint war mit all diesen Worten nur eins: Deutschland müsse wieder bereit werden, in den Krieg zu ziehen.

Nun ist die Bundeswehr in etlichen Ländern im Einsatz. Das Publikum erfährt darüber wenig. Gar nichts erfährt es über das Kommando Spezialkräfte (KSK), das nach dem 11.9.2001 zum Zweck der Terroristenbekämpfung aufgestellt und – unabhängig von der Schutztruppe für die neue Regierung in Kabul – nach Afghanistan geschickt wurde. Über dessen Wirken informiert die Bundesregierung weder Presse noch Parlament, nicht einmal den Verteidigungsausschuss des Bundestags. Die Medien lassen sich das ebenso brav gefallen wie die Abgeordneten. Im Krieg gegen den Irak beschränkten sie sich im wesentlichen auf den „embedded journalism", wie ihn das Militär geplant hatte. Der Journalismus ließ sich – mit wenigen Ausnahmen – ausgerechnet im Krieg zu Bett bringen und einschläfern. Lässt sich Schlimmeres über die Medien sagen?

Die Journalisten des SpringerKonzerns wurden unmittelbar nach dem 11.9.2001 arbeitsvertraglich auf „Unterstützung des transatlantischen Bündnisses und die Solidarität in der freiheitlichen Wertegemeinschaft mit den Vereinigten Staaten" verpflichtet. Ungeschrieben scheint in anderen Presseunternehmen die gleiche Pflicht zu voreingenommenem, einseitigem, parteiischem Journalismus zu gelten. Und wenn – vorbestimmt durch die in der Gesellschaft vorherrschenden Interessen – von vorn herein feststeht, was wichtig und was unwichtig, was wahr oder unwahr, gut oder böse ist, dann erübrigt sich eben die Recherche. Vor allem in privaten Medien findet sie kaum statt. Je größer und mächtiger die Konzerne werden, desto stärker sparen sie daran.

Die Verlage, die als Privatunternehmen möglichst hohe Rendite abwerfen sollen, drosseln die Kosten, auch und gerade die notwendigen Kosten journalistischer Arbeit. Die verkleinerten Redaktionen – mit verringerten Etats für freie Mitarbeiter – sind kaum noch in der Lage, mehr zu leisten, als journalistische Fertigware, geliefert von Nachrichtenagenturen oder direkt von Pressestellen und Propagandastäben, weiterzutransportieren. Angeblich fehlt es an Geld. Tatsächlich sind die Einnahmen der Medien aus der Werbung in jüngster Zeit infolge der Kaufkraftverluste großer Bevölkerungsschichten, also infolge der von den Medien selbst propagierten Sozialabbau und Arbeitsverbilligungspolitik, aber auch infolge vermehrter Werbung im Internet zurückgegangen; das Aufkommen an Stellen sowie an Immobilien und Autoanzeigen hat deutlich abgenommen. Andererseits geht es den Medienkonzernen so gut, dass sie international expandieren. Nachdem sie sich Ostdeutschland angeeignet hatten (für sie eine Goldgrube), erwarben sie mehr und mehr Zeitungen in Polen, Tschechien und Ungarn – mit der Konsequenz, dass die Bevölkerung dort kaum noch Medien für die Debatte über oder gar für den Protest gegen den Beitritt zur NATO und andere umwälzende Entscheidungen hatte. Nachdem im Ergebnis der NATOAggression gegen Jugoslawien der frühere Kanzleramtsminister Bodo Hombach als politischer Entwicklungshelfer nach Jugoslawien entsandt worden war, konnte es kaum verwundern, dass sich der Essener WAZKonzern, Monopolist im Ruhrgebiet, die tonangebende Belgrader Zeitung aneignen konnte; Hombach ist inzwischen Chef dieses Konzerns, der auch in Rumänien und Bulgarien die publizistische Macht übernommen hat. Die Ostexpansion – an der sich selbstverständlich auch der SpringerKonzern beteiligt – geht weiter; die Souveränität der betroffenen Völker geht zuschanden.

Welche Mittel gegen den Missbrauch publizistischer Macht haben die Leserinnen und Leser einer Monopolzeitung? Sie können dort anrufen, um sich zu beschweren, wie auch bei einer Rundfunkanstalt; möglicherweise werden sie dann aber in einem CallCenter abgewimmelt. Sie können Leserbriefe schreiben. Sie können auch, wenn ihnen das finanziell möglich ist, versuchen, Anzeigen aufzugeben, um auf diesem Wege unterbliebene Informationen an die Öffentlichkeit zu bringen.

Die Erfahrungen, die ich hierzu vermitteln kann, sind freilich nicht sehr ermutigend. Ich beginne mit einem Beispiel aus der Zeit, als in Südafrika noch das ApartheidRegime bestand. Nach Protesten gegen eine von Unwahrheiten strotzende Anzeige zugunsten dieses damals ins Wanken geratenden Regimes behauptete Die Welt in einem Antwortbrief: „Jede Zeitung wird jede Anzeige bringen, solange sie nicht gegen Gesetze verstößt, d.h. zum Verstoß gegen bestehende Gesetze auffordert. Sie identifiziert sich absolut nicht mit Anzeigen und deren Inhalt, zumal es sich bei Anzeigen nicht um einen redaktionellen Teil handelt."

Die Chefredaktion der Süddeutschen Zeitung weigerte sich, einen Leserbrief gegen diese auch von ihr veröffentlichte Anzeige abzudrucken, und begründete ihre Entscheidung so: „Die Trennung des redaktionellen vom Anzeigenteil (gehört) zu den Prinzipien aller bedeutenden Zeitungen in den westlichen Demokratien."

Als die Bundesvereinigung der deutschen Arbeitgeberverbände eine Anzeige mit der Parole „Streik ist Angriff. Aussperrung ist Abwehr" schaltete, protestierten in München Setzer und Drucker gegen diesen Angriff auf ihr Streikrecht. Die Süddeutsche Zeitung empörte sich über diese Proteste als „Zeichen der Intoleranz". Denn: „Die Freiheit geht zuschanden, wenn man gegnerische Meinungsäußerungen nicht mehr dulden will." Und Die Welt versicherte bei ähnlicher Gelegenheit, dass „jeder, der seinen Standpunkt in einer Tageszeitung nicht genug berücksichtigt glaubt, wenigstens dort eine Anzeige aufgeben (kann) – auch als Gewerkschaft gegen die Arbeitgeber".

Doch als z.B. einmal Schriftsteller und Wissenschaftler, darunter international bekannte wie Noam Chomsky, per Zeitungsanzeige die Abschaffung des Gotteslästerungsparagraphen im Strafgesetzbuch forderten, den schon Kurt Tucholsky einen „mittelalterlichen Diktaturparagraphen" genannt hat, verweigerte die Süddeutsche Zeitung den Abdruck.

Der hannoversche Verlagskonzern Madsack, der in der zentralen Region Niedersachsens das Pressemonopol erobert hat und außerdem inzwischen an Hörfunk und Fernsehsendern beteiligt ist, lehnte es ab, eine Anzeige von 150 prominenten niedersächsischen Bürgern, darunter zwei ehemaligen Ministerpräsidenten, gegen private, von Verlegern betriebene Rundfunkanstalten zu veröffentlichen. Rundfunk, so hieß es in der verhinderten Anzeige, müsse „Forum auch für Minderheiten und alle bleiben, denen nicht die Zeitungen gehören. Überließe man den Rundfunk den wirtschaftlich Mächtigen, dann müsste um des Grundrechts der Informationschancen willen die Presse öffentlichrechtlich organisiert werden". Die Verlagsleitung teilte den Initiatoren mit, eine Veröffentlichung der Anzeige komme nur in Frage, wenn diese Aussagen gestrichen oder verändert würden.

Als die neonazistische Partei DVU für die Bremer Bürgerschaft kandidierte, durfte eine Hausfrau inserieren: „Ich möchte wissen, woher die alten Nazis soviel Geld haben ..." Abgelehnt wurde die Anzeige eines ehemaligen KZHäftlings: „Wo die alten Nazis ihr Geld herhatten, weiß ich. Sie wurden vom Kapital bezahlt." Der Bremer Monopolverlag ließ kühl wissen, die Verlagsleitung sei mit der Aussage nicht einverstanden.

Inzwischen hatte das Landgericht Stuttgart den beiden Stuttgarter Tageszeitungen das Recht zugesprochen, ein Inserat des Deutschen Gewerkschaftsbundes abzulehnen. Die Pressefreiheit erstrecke sich nicht nur auf den redaktionellen, sondern auch auf den Anzeigenteil, urteilte das Gericht und stützte sich auf eine schon 1976 ergangene Entscheidung des Bundesverfassungsgerichts, wonach die Presse „den Abdruck von Anzeigen und Leserzuschriften einer bestimmten Richtung verweigern" dürfe, ohne dass

dadurch die Rechte des Inserenten unzulässig beeinträchtigt würden. Daran ändere auch eine regionale Monopolstellung nichts. Entscheidend für den Abdruck von Anzeigen politischen Inhalts sei allein das Ermessen des Verlages.

So wird die Pressefreiheit in der Bundesrepublik Deutschland als Individualrecht einiger weniger Unternehmer interpretiert statt, wie im Grundgesetz vorgesehen, als Grundrecht aller Bürgerinnen und Bürger. Und die Verlage machen eifrig von diesem ins Gegenteil verdrehten Recht Gebrauch. Der schon erwähnte WAZKonzern in Essen verweigert zum Beispiel der IG Metall eine Anzeige gegen die Einschränkung des Streikrechts durch das Arbeitsförderungsgesetz. Der SpringerKonzern zensiert eine Anzeige derselben Gewerkschaft: Auf Anweisung der Verlagsleitung des SpringerBlattes Elmshorner Nachrichten muss sie bei der Veröffentlichung ihres „Elmshorner Manifests zur Verteidigung des Grundrechtes auf Streik" die Namen derjenigen Erstunterzeichner entfernen, die als DKP oder PDSMitglieder zu erkennen sind. Die Frankfurter Rundschau lehnt eine Anzeige der „Achse des Friedens" anlässlich eines Besuchs des USPräsidenten George W. Bush in Deutschland ab, in der es heißt: „Wir wollen Ihre Kriege nicht, Herr Präsident! ... Wir wollen überhaupt keinen Krieg." Die Verlagsleitung teilt lediglich mit: „Aus verlegerischer Sicht möchten wir von einer Veröffentlichung in der Frankfurter Rundschau absehen." Zur gleichen Zeit erscheint in der FR eine ExtraSeite mit der Überschrift „Welcome, Mr. President". Als die an der „Achse des Friedens" beteiligte Organisation attac per Anzeige gegen diesen Eingriff in das Grundrecht der Meinungsfreiheit protestieren will, lehnt die FR wiederum aus „verlegerischen Gründen" ab.

Ähnlich sind meine Erfahrungen mit dem Mittel der Gegendarstellung: Einer Zeitung, die etwas Falsches über mich behauptet hatte, schickte ich unter Berufung auf das Pressegesetz eine Gegendarstellung. Sie weigerte sich, sie zu drucken. Ich bemühte ein Gericht, das mir Recht gab. Der Zeitungsverlag legte Berufung ein. In zweiter Instanz bekam ich wiederum Recht. Die Gegendarstellung, von Juristen aufs knappste reduziert, erschien einige Monate nach dem Artikel, der längst seine Wirkung getan hatte, und wirkte jetzt eher befremdlich, aus sich heraus kaum verständlich. Ich wurde spöttisch darauf angesprochen, dass ich offenbar sehr viel Zeit gebraucht habe, die paar Zeilen zu formulieren.

Auch den Deutschen Presserat, dem ich einige Jahre angehört habe, sehe ich ähnlich. Seine Gründung geht auf die doppelte Weigerung der Verleger zurück, sich journalistischer Mitbestimmung oder öffentlicher Kontrolle zu unterwerfen. Ein Alibi. Bestenfalls rügt der Presserat gelegentlich einzelne Veröffentlichungen – jeweils lange nach ihrem Erscheinen. Die unzähligen Kriegslügen, die die Medien füllen, bleiben ungerügt. Die vielen Lügen zur Rechtfertigung des Sozialabbaus desgleichen.

Mit diesen Erfahrungen will ich keinesfalls entmutigen. Im Gegenteil, denn Einschüchterung demokratischen Engagements ist ja gerade die Hauptleistung der Springer und ähnlicher Medien. Wir müssen unsere Grundrechte, wenn sie nicht nur auf dem Papier stehen sollen, öffentlich geltend machen, auch und gerade das Grundrecht der Informations und Meinungsfreiheit – aber in dem Bewusstsein, dass es sehr schwer ist, die entstandenen publizistischen Machtstrukturen aufzubrechen. Als vorrangig sehe ich die Aufgabe an, den permanenten Missbrauch publizistischer Macht zu dokumentieren, damit die notwendige politische Auseinandersetzung geführt werden kann. Verantwortliche Journalisten, aber auch die Verleger selbst müssen immer wieder ins öffentliche Gespräch gezogen werden. Davon dürfen wir uns nicht durch die demagogische Parole ab- schrecken lassen, unsere Kritik an den Medien richte sich gegen die Pressefreiheit – während sie sich doch in Wahrheit gegen die Usurpation der Pressefreiheit durch die wirtschaftlich Mächtigen richtet. Kritik der auf wahrheitsgemäße Berichterstattung angewiesenen Mediennutzer an unwahrer Berichterstattung ist im Interesse kritischer, verantwortungsbewusster Journalisten. Sie kann ihnen helfen, wenn sie selber sich um Arbeitsbedingungen bemühen, die sie brauchen, um ihren Beruf so ausüben zu können, wie es sich in einer demokratischen Gesellschaft gehören würde.

Ariane Mohl

Die Qual der Wahl – Überlegungen zur medialen Präsentation von Politik am Beispiel der letzten Bundestagswahl

Die Schmach sitzt tief: Acht Monate nach der letzten Bundestagswahl scheint Edmund Stoiber seine Niederlage im Kampf um das Kanzleramt offensichtlich noch immer schwer im Magen zu liegen. Anlässlich des von der CSU am 21.05.2003 veranstalteten „Zukunftsforums" ließ sich der Parteivorsitzende, bayerische Ministerpräsident und gescheiterte Unions-Kanzlerkandidat zu einem kurzen, aber vielsagenden Blick in die noch nicht allzu ferne Vergangenheit hinreißen. Auf seine ebenso knappe wie schmerzliche Niederlage bei der Bundestagswahl 2002 angesprochen, setzte Stoiber zu einem rhetorischen Rundumschlag gegen die aus seiner Sicht immer unausweichlicher werdenden Abgründe der Mediendemokratie an. Der letzte Wahlkampf sei wie kein anderer von der Verdrängung politischer Inhalte durch medien- bzw. öffentlichkeitswirksame Inszenierungen gekennzeichnet gewesen. In einem Land, in dem in der Öffentlichkeit allen Ernstes über die (un)echte Haarfarbe bzw. die Krawattenmarke der zur Wahl stehenden Kanzlerkandidaten debattiert werde, sei es um die politische Kultur nicht zum Besten bestellt.

Nun wäre es ein Leichtes, das kulturpessimistische Klagelied des erfolgsverwöhnten Landesvaters als selbstmitleidigen Katzenjammer eines vom „Medienkanzler" Gerhard Schröder in letzter Sekunde eiskalt ausgebremsten Möchtegern-Kanzlers abzutun. Allerdings weist Stoiber mit seiner Rückschau auf den Bundestagswahlkampf 2002 auf eine Frage hin, die weit über den persönlichen Bereich gekränkter männlicher Eitelkeit hinausweist: die Frage nämlich, auf welche Art und Weise die Bürgerinnen und Bürger Politik wahrnehmen.

Auch wenn man sich mit gutem Grund nicht in den immer vielstimmiger werdenden Chor derjenigen einreihen möchte, die sämtliche Missstände der bundesrepublikanischen Demokratie – vom Vormarsch des „Info- oder Politainments" über die „Amerikanisierung" der Wahlkämpfe bis hin zum diffusen Phänomen der „Parteien- oder Politikverdrossenheit" – kurzerhand den Medien in die Schuhe schieben, führt kein Weg an der Erkenntnis vorbei, dass Politik für die überwiegende Mehrheit der Bevölkerung eine über die Massenmedien vermittelte Realität ist. Politik wird von den meisten von uns nicht mehr unmittelbar erfahren, geschweige denn aktiv praktiziert, sondern allenfalls noch aus der allzu bequemen Position des im heimischen Fernsehsessels sitzenden Zuschauers wahrgenommen. Die Mediendarstellung dessen, was Politik ist, wie sie funktioniert und handelt, tritt, kurz gesagt, an die Stelle des tatsächlich, gewissermaßen am eigenen Leib Erlebten.

Diesen Umstand macht sich natürlich auch die Politik zunutze. Insbesondere in Wahlkampfzeiten blasen Parteien, Spitzenpolitiker und deren Beraterteams zum multimedialen Frontalangriff auf den Stimmbürger, das ihnen allen trotz pausenlosen ehrerbietigen Schielens auf die Meinungsforschung letzten Endes unbekannte Wesen. Die Zeiten, in denen der Wahlkampf von den jeweiligen Parteizentralen mit der Unterstützung ihnen ideologisch nahestehender freiwilliger Helferinnen und Helfer geführt und gewonnen werden konnte, gehören längst der Vergangenheit an. Heute liegt die Planung und Organisation des Wahlkampfs in den Händen eines ganzen Trosses von „Profis" aus dem Bereich der PR, der Demoskopie und nicht zuletzt der Werbung, die allesamt nur ein Ziel verfolgen: die Wählerin und den Wähler im entscheidenden Moment dazu zu bringen, ihr/sein Kreuzchen an der „richtigen" Stelle zu machen.

Von Beginn an werden die von den Wahlkampfstrategen der Parteien entworfenen Kampagnen auf deren spätere Medientauglichkeit hin ausgerichtet. Egal, ob es sich um eine im Fernsehen übertragene Pressekonferenz, eine Wahlveranstaltung, einen Parteitag oder aber den obligatorischen Auftritt bei Christiansen, Illner oder Maischberger handelt: Jeder öffentliche Auftritt eines Politikers wird akribisch vorbereitet; jedes Wort und jede Geste müssen sitzen. Die Politiker werden dabei nicht nur darauf getrimmt, ihre „Botschaft" in höchstens anderthalb Minuten unterzubringen. Jeder professionelle Medienberater und Wahlkampfstratege weiß um die enorme Wichtigkeit eines mit Blick auf Persönlichkeit und Amt „seines" Politikers konstruierten und medial kommunizierten „Images". So müssen wahlkämpfende Spitzenkandidaten sich von ihren Beratern schon mal mit mahnend erhobenem Zeigefinger darauf hinweisen lassen, Treppen in jedem Fall nur aufwärts, statt abwärts zu gehen. Im Kampf um die Macht wird eben nichts dem Zufall überlassen.

Vor diesem Hintergrund ist es rückblickend um so erstaunlicher, dass der „Medien-Wahlkampf 2002" für Edmund Stoiber, dem kurz zuvor aus dem im bayerischen Wolfratshausen angeblich bei Erdbeermarmelade-Brötchen ausgetragenen Zweikampf mit der CDU-Vorsitzenden Angela Merkel siegreich hervorgegangenen Unions-Kanzlerkandidaten, mit einem (Selbst-) Inszenierungsdebakel erster Güte begonnen hatte: Bei seinem inzwischen legendären Auftritt in der Talkshow „Sabine Christiansen" sprach er die verdutzte Moderatorin gleichen Namens vor Millionen von Zuschauern zuerst mit „Frau Merkel" an und tat dann auch im weiteren Verlauf der Sendung sein Bestes, um die These von der Professionalität unseres politischen Spitzenpersonals nach Kräften zu widerlegen.

Wer bis dahin noch nicht an der politischen Urteilskraft des frischgebackenen Kanzlerkandidaten gezweifelt hatte, tat es spätestens, nachdem Stoiber sich ohne mit der Wimper zu zucken auf das Angebot des amtierenden Bundeskanzlers Schröder einließ, dem Wähler wenige Wochen vor dem 22. September in zwei Fernsehduellen Rede und Antwort zu stehen. Der als hölzerner „Aktenfresser" verschriene Bajuware im direkten Zweikampf mit dem sich seiner telegenen Wirkung äußert bewussten „Großen Kommunikator" Schröder? Die Wahlberichterstatter hatten ihr Thema gefunden: die archaische Urform, das Duell Mann gegen Mann, der Kampf der Giganten, in dem der gesamte Wahlkampf seinen krönenden Abschluss finden sollte.

Genährt wurde die aufmerksamkeits- und quotensteigernde Vorstellung von dem alles entscheidenden Zweikampf zwischen den beiden Aspiranten auf das Kanzleramt, dabei nicht zuletzt auch von der SPD. Unter der Federführung des ehemaligen SPD-Bundesgeschäftsführers und „Kampa 98"-Veterans Matthias Machnig bastelte das Schröder-Team an einer ganz auf die Person des SPD-Spitzenkandidaten und amtierenden Bundeskanzlers zugeschnittenen Strategie. Ausgangspunkt der SPD-Kampagne war der nicht nur von ihrem Vordenker Machnig unaufhaltsam kommunizierte, sondern laut den Ergebnissen verschiedener Meinungsforschungsinstitute auch von der überwiegenden Mehrheit der Bevölkerung geteilte Wunsch, „dass Schröder Kanzler bleiben müsse".

Damit waren seitens der SPD die Weichen für das gestellt, was man im Wahlkampf-Jargon einen „personalisierten Richtungswahlkampf" nennt. Nach eigenen Angaben der „Kampa"-Macher zielte die Planung und Umsetzung des SPD-Wahlkampfes vor allem darauf, folgende Aussage an den Mann oder die Frau zu bringen: Einzig und allein Gerhard Schröder sei in der Lage, die von der rot-grünen Koalition begonnene Modernisierung Deutschlands voranzutreiben, ohne den Zusammenhalt des Landes und die soziale Gerechtigkeit zu gefährden. Von einer durch Edmund Stoiber repräsentierten Union, so jedenfalls die für ihre Wahlkampfstrategie grundlegende Vorstellung der Schröderianer, sei allenfalls eine klägliche Neuauflage der schon von der Regierung Kohl erfolglos umgesetzten Konzepte zu erwarten.

Im erbitterten Kampf um die berühmtberüchtigte „Neue Mitte" setzten die SPD-Strategen voll und ganz darauf, Stoiber als rechts-konservativen Kandidaten darzustellen, dessen auf einem restlos überholten Gesellschaftsbild fußende Politik das Land im Falle eines Wahlsieges der Union ohne jeden Zweifel an den Rande des Ruins bringen würde. Im Gegenzug dazu sollte der Amtsinhaber Schröder als derjenige Kandidat präsentiert werden, der das Lebensgefühl der „Neuen Mitte" auf ebenso authentische wie erfolgreiche Art und Weise repräsentiere. Um es mit dem – zu klaren Worten neigenden – Gerhard Schröder zu sagen, der selbst immer noch sein bester PR-Berater ist, ging es im Bundestagswahlkampf 2002 somit um die alles entscheidende Frage: „Wollt ihr den oder mich?"

Doch die Vertreter der „Kampa" hatten ihre Rechnung ohne die Wahlkampf-Strategen der Union gemacht. In weiser Voraussicht hatte das Stoiber-Team um den vom ehemaligen „Bild am Sonntag"-Chefredakteur und Schröder-Intimus zum persönlichen Berater des Unions-Kanzlerkandidaten avancierten Michael Spreng die Versuche der SPD, Stoiber in die „rechte Ecke" zu drängen, von Beginn an in seine wahltaktischen Überlegungen einbezogen. Ausgehend von der Überzeugung, dass ohne die zum heiligen Gral gewordene „Mitte" in Zeiten sinkender Wahlbeteiligung und schwindender Stammwählerschaft kein Blumentopf, geschweige denn eine Bundestagswahl, zu gewinnen ist, reklamierte die CDU/CSU die von der SPD erfundene „Neue Mitte" kurzerhand für sich. Fortan sprach Stoiber bei jeder sich bietenden Gelegenheit von der „bürgerlichen Mitte" der Gesellschaft, die selbstredend in der Union – und nirgends sonst – ihre politische Heimat habe.

Dementsprechend „mitte"- bzw. massenkompatibel fiel dann auch die mediale Vermarktung des Unions-Kanzlerkandidaten Stoiber aus. Unter Sprengs Ägide mutierte das „blonde Fallbeil" Stoiber sehr zur Überraschung vieler Beobachter und sehr zum Verdruss der Sozialdemokratie zum sanften Lämmchen. Es gehört zu den amüsanteren Legenden des letzten Wahlkampfes, dass sich ehrlich besorgte Ur-Stoiber-Anhänger angesichts dessen neu gewonnener „Republik-Tauglichkeit" hinter vorgehaltener Hand die Frage stellten, ob ihr Parteichef im Falle einer Wahlniederlage und der sich daraus ergebenden Rückkehr in die bayerische Heimat überhaupt noch resozialisierbar sei.

In den folgenden Wochen und Monaten bestimmte eine merkwürdige wechselseitige Überinszenierung den Wahlkampf beider großer Volksparteien: Während der „kantige, echte und erfolgreiche" Stoiber (Michael Spreng) systematisch „weichgezeichnet" wurde, suchte die mit ihrer

Attacke auf den angeblichen „rechten Spalter" auch in den Umfragewerten an die Wand gefahrene SPD ihr Heil in dem Versuch, Schröders Herausforderer als opportunistischen Kreidefresser zu denunzieren, der aus Machtgier seine wahren politischen Überzeugungen hinter einer künstlichen Fassade verbirgt.

Zu der von Spreng ausgerufenen „Operation Heimkehr in die Mitte" gehörte auch das intensive Bemühen des Stoiber-Teams, das von weiten Teilen der (potentiellen) Wählerschaft als rettungslos verstaubt empfundene Frauen- und Familienbild der CDU/CSU zu entrümpeln. Als fleischgewordene Verkörperung einer zeitgemäßen, an den tatsächlichen Bedürfnissen moderner Frauen orientierten Politik holte Stoiber Katherina Reiche – 28 Jahre jung, aus Ostdeutschland stammend und unverheiratete Mutter von zwei Kindern – in sein vollmundig „Kompetenz-Team" genanntes Schattenkabinett. Doch Sprengs wahltaktischer Vorstoß scheiterte am Widerstand aus den eigenen Reihen: Der konservative katholische Flügel tat sich mit Teilen der dem althergebrachten Hausfrau-und-Mutter-Modell anhängenden Frauen-Union zusammen und rebellierte öffentlichkeitswirksam gegen die Berufung der unliebsamen Reiche.

Angesichts dessen konnte sich die Union auch nicht damit retten, dass sie sich in ihrem Parteiprogramm ausdrücklich zur Vereinbarkeit von Familien- und Erwerbsarbeit bekannte und für den Fall ihres Wahlsieges gar die Zahlung eines üppigen „Familiengeldes" in Aussicht stellte. In den Augen der weiblichen Wählerschaft blieb die CDU/CSU eine Alt-Herren-Partei, die die Frauen am liebsten wieder zurück an den Herd verbannte.

Gerhard Schröder wiederum konnte sich der ungebrochenen Sympathie der Mehrzahl der Wählerinnen sicher sein – und das trotz der im übrigen alles andere als rühmlichen frauen- und familienpolitischen Bilanz seiner Regierung, die abgesehen von der längst zum Ritual gewordenen Erhöhung des Kindergeldes diesbezüglich nicht viel vorzuweisen hatte. Man muss und sollte sich nicht dem fachkundigen Urteil des Münchner Psychologen Stephan Lermer anschließen, der Schröders Erfolg bei den weiblichen Wählern in einem Spiegel-Interview im Brustton der Überzeugung auf dessen „Körpersprache" zurückführte, die zweifellos vermittele, dass Schröder „Liebe zu den Menschen" habe. Bei näherem Hinsehen entpuppt sich Schröders notorische Beliebtheit bei den Wählerinnen aller Altersklassen zumindest auch als das Ergebnis einer ausgeklügelten Inszenierungs-Strategie, die sich von derjenigen der Union in erster Linie dadurch unterscheidet, dass sie erfolgreich ist.

Im Kampf um die weiblichen Wählerherzen, von denen in der Bundesrepublik immerhin 2,6 Millionen mehr schlagen als männliche, müssen auch die Gattinnen der Kandidaten an die Medienfront. Dick Morris, der ehemalige Clinton-Berater und vom deutschen Nachwuchs hündisch verehrte Gottvater aller Polit-Strategen, hatte schon vor Jahren auf die wachsende Bedeutung der Politikergattinnen hingewiesen: „Ehefrauen sind Kernbestandteil jeder Wahlkampfstrategie. Die Zeiten, in denen es ausreichte, die stumme Frau an seiner Seite zu sein, sind längst vorbei."

Diese Einsicht hat seit längerer Zeit auch Einzug in den bundesdeutschen Wahlkampf gehalten – natürlich nicht, ohne Erfolg oder Misserfolg der Mobilisierung der Kandidatengattinnen zuvor einem demoskopischen Testlauf unterworfen zu haben. Zielobjekt des „Hennenrennens aufs Kanzleramt" (Der Spiegel) sind dabei vor allem die weiblichen Wähler. Ihnen soll über die mediale Vermarktung von Person und Persönlichkeit der jeweiligen Gattin ein bestimmter Lebensentwurf präsentiert werden, der das Image des Kandidaten „abrundet", seine Schwächen ausgleicht und seine Stärken ins rechte Licht rückt, um zur Identifikation einzuladen und dann, so jedenfalls die dahinter stehende Hoffnung der Wahlkampfmanager, am Tag X den Ausschlag für die eine oder gegen die andere Partei zu geben.

Doris Schröder-Köpf, die mit 39 Jahren jüngste Kanzlergattin, die die Republik je gesehen hat, wurde von den SPD-Wahlkampfmachern als Prototyp der jungen und selbstbewussten Frau von heute in Szene gesetzt. In regelmäßigen Abständen meldete sich die gelernte Journalistin Schröder-Köpf in der Bildzeitung zu Wort. Zwar handelte es sich bei Themen wie dem richtigen Umgang mit BSE, Kampfhunden und dem Nachwuchs nicht unbedingt um die ganz große Politik, aber der Leserin und dem Leser wurde doch nahe zu bringen versucht, dass es sich bei unserer Kanzlergattin um eine ebenso patente wie engagierte Dame handelt, die mitten im Leben steht. Nach investigativem Nachfragen der Fernsehjournalistin Gabi Bauer musste Schröder-Köpf allerdings einräumen, dass sie es ist, die die Hemden ihres ins Hannoveraner Reihen-Endhaus zurückkehrenden Mannes bügelt, und das nach eigenen Angaben auch noch „gerne".

Nichtsdestotrotz schaffte es Schröder-Köpf sogar bis auf eines der SPD-Wahlplakate. Wenn man der Botschaft dieses Plakates Glauben schenken darf, ist mit einem verstärkten Engagement Gerhard Schröders für den Ausbau der Ganztagsbetreuung schon alleine aufgrund des liebevollbestimmten Zuredens seiner Gattin zu rechnen, die als ehemals alleinerziehende berufstätige Mutter schließlich weiß, wovon sie redet. Oder um mit den Gerhard Schröder in den Mund gelegten Worten zu sprechen: „Wie wichtig es ist, dass Frauen Kinder und Karriere vereinbaren können, höre ich jeden Tag. Zuhause."

Ganz anders die mediale Präsentation der 59-jährigen Karin Stoiber, die in Fernsehportraits über ihren Edmund Sätze sagt wie „Mein Mann schöpft viel Kraft aus unserer Ehe" oder „In seine Politik mische ich mich nicht ein" und auch ansonsten ganz das traditionelle Familienmodell verkörpert.

Der Stoiber-Berater Michael Spreng versuchte zwar nach Kräften, das allzu antiquiert wirkende Rollenmodell der Stoibers durch den verstärkten Wahlkampfeinsatz von Tochter Constanze (31 Jahre jung und berufstätige zweifache Mutter) und Tochter Veronica (24 Jahre jung und seit acht Jahren mit ihrem Freund ohne Trauschein zusammenlebend) ins rechte Licht zu rücken, konnte sich mit diesem offenbar zu durchsichtigen Suggestivtrick bei den Wählerinnen und Wählern allerdings nicht durchsetzen: Im Duell der Kanzlergattinnen unterlag die Herausforderin Karin Stoiber der Amtsinhaberin Schröder-Köpf klar mit 25 zu 39 Prozent der Stimmen.

Die eben beschriebene „Strategie der kulturellen Differenz" zwischen der (vermeintlich) modernen Doris Schröder-Köpf und der (vermeintlich) konservativen Karin Stoiber weist allerdings auch eine unübersehbare Gemeinsamkeit auf: der von den Kandidaten und deren Beraterteams planmäßig betriebene Einsatz des Privaten als Strategie im harten Kampf um die Macht. Dass die von Richard Sennett beschriebene „Tyrannei der Intimität" insbesondere in Wahlkampfzeiten Hochkonjunktur hat, liegt daran, dass sie, verstärkt durch den der Medienlogik entsprechenden Hang zur Personalisierung, bestens geeignet scheint, den Politiker als ganz normalen „Menschen wie Du und ich" zu präsentieren, der sich ungeachtet seiner exponierten Position auf gleicher Augenhöhe mit den Bürgerinnen und Bürgern befindet, ihre Sorgen und Nöte kennt und allzeit bereit ist, sich für deren Interessen stark zu machen. So wurde Doris Schröder-Köpf nicht müde, über die Medien verlauten zu lassen, dass ihr Mann Frauen bewundere, „die sich hinstellen und kämpfen", während Karin Stoiber vor der Presse betonte, dass ihr Mann „mit Leib und Seele Politiker" sei, aber in ihrer 34-jährigen Ehe „noch nie" den Hochzeitstag vergessen und „trotz seiner vielen Termine" ihr Geburtstagsgeschenk „selbst ausgesucht" hätte, was sie „riesig" gefreut habe.

In Anbetracht der während des gesamten Wahlkampfes von beiden Kandidaten freimütig gewährten Einblicke in deren heimische Wohnzimmer war manch staunender Beobachter des seltsamen Treibens schon zu der Adenauerschen Erkenntnis gelangt, dass die bundesrepublikanische Lage auch im Jahre 2002 offensichtlich zu ernst sei, um von den politischen Parteien selbst zum Thema gemacht zu werden. Zumindest die SPD hatte auch allen Grund, die Auseinandersetzung mit den „harten" politischen Themen zu fürchten wie der Teufel das Weihwasser: Schließlich war Gerhard Schröder 1998 in erster Linie mit dem gewohnt großmäuligen und ungewohnt konkreten Versprechen, die Arbeitslosenzahl von über 4,2 Millionen binnen vier Jahren auf unter 3,5 Millionen zu senken, Bundeskanzler geworden. Im September 1998 ließ sich Schröder gar zu folgendem Ausspruch hinreißen, der ihm im Bundestagswahlkampf 2002 zum Verhängnis werden sollte: „Wenn wir es nicht schaffen, die Arbeitslosigkeit signifikant zu senken, dann haben wir es nicht verdient, wiedergewählt zu werden."

Wie wir alle nur zu gut wissen, wollte Schröder ungeachtet seines mit Pauken und Trompeten gebrochenen Wahlversprechens dann aber doch wiedergewählt werden. Die Chancen standen indes denkbar schlecht: An der miserablen wirtschafts- und arbeitsmarktpolitischen Bilanz von Rot-Grün konnten auch die eher durch innovative Namensgebung, denn innovative Inhalte glänzenden Reformen – wie zum Beispiel die im besten Bürokraten-Deutsch unter dem Namen „Chance und Anreize zur Aufnahme sozialversicherungspflichtiger Tätigkeiten (CAST)" firmierende Erprobung von Niedriglohnprojekten oder aber die „Modellprojekte zur Verbesserung der Zusammenarbeit von Arbeitsämtern und Trägern der Sozialhilfe (MOZART)" – nichts ändern.

Dem mit Blick auf die zielstrebig in Richtung 5 Millionen steigende Arbeitslosenzahl nach einer Erklärung verlangenden Wähler wurde von den ins Schwitzen geratenen SPD-Strategen einzubleuen versucht, wer der eigentliche Schuldige am arbeitsmarktpolitischen Versagen der Schröder-Regierung sei: Gegen die infolge der Terroranschläge vom 11. September ins Straucheln geratene Weltwirtschaft, so der im Laufe des Wahlkampfes gebetsmühlenartig wiederholte Rechtfertigungsversuch der Sozialdemokraten, hätten selbst die unter Rot-Grün begonnenen Reformen (vorerst) keine Chance gehabt.

Im Februar des (Bundestagswahl-)Jahres 2002 warf der Skandal um die gefälschten Vermittlungsstatistiken der Bundesanstalt für Arbeit seine Schatten auf das ohnehin finstere Ergebnis der sozialdemokratischen Arbeitsbeschaffungsmaßnahmen der vergangenen vier Jahre. Derart unter Druck geraten, verabschiedete Kanzler Schröder sich von seiner in der öffentlichen Wahrnehmung zunehmend mit bloßem Nichtstun gleichgesetzten „Politik der ruhigen Hand". Das, was ihm und seiner Regierung nicht gelungen war, sollte nun also eine von der rot-grünen Bundesregierung eilig einberufene 15-köpfige Expertenkommission unter dem Vorsitz des VW-Managers und Schröder-Vertrauten Peter Hartz schaffen: die Entwicklung einer Arbeitsmarktreform, deren Umsetzung zu einer deutlichen und möglichst schnellen Verringerung der Arbeitslosenzahlen führen würde.

In den kommenden Wochen und Monaten war die Arbeit der Hartz-Kommission in aller Munde, was nicht zuletzt daran lag, dass mit der inzwischen verdient zum „Unwort des Jahres 2002" gekürten „ICH AG" oder dem „Job Floater" immer wieder Vorschläge an die Öffentlichkeit drangen, die selbst gestandenen Wirtschaftsexperten Rätsel aufgaben. Die permanenten Auseinandersetzungen mit den Gewerkschaften, die gegen die von Hartz geplanten pauschalen Leistungskürzungen für Arbeitslose und der Ausweitung des Niedriglohnsektors schon im Vorfeld Sturm liefen, passte indes bestens in die Strategie des Schröder-Teams: Schließlich musste den

Wählerinnen und Wählern klargemacht werden, dass der Kanzler das arbeitsmarktpolitische Ruder – notfalls auch gegen Widerstand aus den eigenen Reihen – nach wie vor fest in der Hand halte. So wurde Peter Hartz von den Wahlkampfmachern der SPD als Schröders „Wunderwaffe" im Kampf gegen die Arbeitslosigkeit vermarktet – in der Hoffnung, dass ein wenig vom Glanz des neuen Hoffnungsträgers auf die in den Umfragen weit zurückliegende SPD abstrahlen würde. Für (mediale) Aufmerksamkeit sorgte insbesondere die Peter Hartz zugeschriebene Ankündigung, bei einer Eins-zu-Eins-Umsetzung „seines" Konzeptes binnen zwei Jahren eine Halbierung der Arbeitslosenzahl erreichen zu können.

Für die Wahlkampf-Strategen der CDU/CSU war Schröders planloses Hinundherlavieren zwischen dem schulterzuckend vorgetragenen Verweis auf die Allmacht der im Abschwung befindlichen Weltwirtschaft einerseits und den mit den Hartz-Plänen verbundenen neuen arbeitsmarktpolitischen Heilsversprechen andererseits ein gefundenes Fressen. Hinter der Wahlkampfstrategie der Union stand, durchaus folgerichtig, die Überlegung, dass man gegen den stets gutgelaunten und eloquenten Sympathieträger Schröder nur dann eine Chance habe, wenn man ihn an seiner schwächsten Stelle, nämlich seiner wirtschafts- und arbeitsmarktpolitischen Bilanz, zu treffen versuchte. Um mit Michael Spreng zu sprechen, sollte mithin ein auf die Themen Wirtschaft und Arbeit zugeschnittener „Kompetenzwahlkampf" an die Stelle des für die Union aussichtslosen „Sympathierennens" treten.

Ihre konkrete Umsetzung fand diese wahltaktische Vorentscheidung zum einen in der von der Union in direkter Anspielung auf die von Schröder im letzten Wahlkampf gemachten Versprechen lancierte Angriffskampagne mit dem bezeichnenden Titel: „Versprochen-Gebrochen". Zu den bekanntesten Elementen dieser unmittelbar auf die Glaubwürdigkeit der Person Schröders gerichteten Kampagne gehörte die in mehreren großen Tageszeitungen geschaltete Anzeige mit dem Konterfei einer jungen Frau und dem Titel: „Wenn mein Freund so viele Versprechen brechen würde wie der Kanzler, würde ich ihn rauswerfen." Zum anderen sollte der Öffentlichkeit vermittelt werden, dass es sich bei Edmund Stoiber wenn schon nicht um den sympathischeren, so doch zumindest um den wirtschafts- und arbeitsmarktpolitisch erfolgreicheren der beiden Bewerber um das Kanzleramt handelt. Unter dem Stichwort „Man kann auch gut regieren" sollte den Wählerinnen und Wählern unter Verweis auf die ansehnlichen Erfolge der unionsgeführten Länder in den Bereichen Wirtschaftswachstum, Arbeitsplätze und Neuverschuldung klargemacht werden, dass es mit Deutschland erst dann wieder aufwärts gehen werde, wenn der vor sich hin dilettierende ökonomische Luftikus Schröder kraft Volkes Stimme gezwungen werde, seinen Platz für den ungleich seriöseren und fähigeren Herausforderer Stoiber zu räumen, der mit seinem wenige Wochen vor der

Wahl vorgelegten „Startprogramm Deutschland" das Land schon aus der Krise hieven werde.

Hinzu kam die öffentlichkeitswirksam aufbereitete Berufung Lothar Späths in Stoibers „Kompetenzteam". Mit dem als Gegenpol zum glücklosen Arbeitsminister Walter Riester stilisierten Späth sollte insbesondere den Wählern in den neuen Ländern suggeriert werden, dass der lang versprochene „Aufschwung" nach einem Sieg der Union endlich kommen werde. Allerdings mutierte Späth für die Wahlkampfmacher der CDU/CSU zunehmend zum „Sicherheitsrisiko", nachdem er die Hartz-Vorschläge der Konkurrenz als „richtig mutiges Konzept" bezeichnet hatte. Von Stoiber hinter verschlossenen Türen zur Brust genommen, besann sich der Dissident jedoch eines Besseren und verkündete nunmehr, dass das Hartz-Konzept unter dem Druck der Gewerkschaften „verwässert" worden sei und ohnehin schnurstracks in die „Planwirtschaft" führe.

Über einen vergleichsweise langen Zeitraum des Wahlkampfs war die Union mit ihrer Strategie der Fokussierung auf die Wirtschafts- und Arbeitsmarktpolitik überaus erfolgreich: In sämtlichen Umfragen lag Stoiber in der Frage der Wirtschaftskompetenz weit vor dem sich je nach Tageslaune wahlweise als „Kanzler der Bosse" oder „Kanzler der Genossen" präsentierenden Schröder. Dann trat allerdings etwas Unvorhergesehenes ein, das die von den Strategen beider Parteien bis ins Detail durchgeplante Wahlkampfdramaturgie von einer Sekunde zur nächsten zum Einsturz brachte: die Flutkatastrophe, die den „Tutnix-Kanzler" (Michael Spreng) aus seinem Umfrage- und Stimmungstief zurück an die Macht spülen sollte. Während Schröder in seiner Lieblingsrolle als Staatsmann und „Macher" in Gummistiefeln vor Ort Präsenz zeigte und mit sorgenvollem Gesicht von einer „nationalen Katastrophe" sprach, die nach einer „nationalen Anstrengung" verlange, verharrte der „ernste Mann für ernste Zeiten" Edmund Stoiber wie paralysiert auf der Urlaubsinsel Juist.

Und als der Kanzler mit seinem Vorschlag, die Flutschäden durch eine Verschiebung der bereits in Aussicht gestellten Steuersenkungen zu finanzieren, mitten ins Herz der ganz auf Solidarität eingeschworenen Deutschen in Ost und West traf, irritierte der aus seinem Dornröschenschlaf erwachte Stoiber die Öffentlichkeit mit dem Ansinnen, der von der SPD vorgeschlagenen Verschiebung der zweiten Stufe der Steuerreform zuzustimmen, um sie dann nach seinem Wahlsieg wieder rückgängig zu machen. Mehr noch: Als die „Zeit für Taten" (Wahlkampf-Slogan der Union) gekommen war, beging Stoiber einen taktischen Fehler nach dem anderen. Zur Konferenz der vom Hochwasser betroffenen Ministerpräsidenten wurde der bereits fluterprobte Brandenburger SPD-Ministerpräsident Matthias Platzeck gar nicht erst eingeladen – ein Signal, das von den Wählern als unangebrachtes Verharren in kleinlicher Parteipolitik verstanden wurde und den monatelangen demoskopischen Höhenflug der Union unsanft beendete.

Zum Verhängnis sollte der von Kopf bis Fuß auf die Themen Arbeit und Wirtschaft eingestellten Union allerdings erst die von Schröder schlagartig aus dem Hut gezauberte Debatte über eine mögliche Neuauflage des Irak-Krieges werden. In der heißen Phase des Wahlkampfs überraschte der „Instinktpolitiker" Schröder mit ungewohnt friedfertigen Tönen: Eine Beteiligung deutscher Soldaten an einem Krieg gegen den Irak, so das fortan auf jeder Wahlkampfveranstaltung zelebrierte außenpolitische Credo, werde es mit einer Regierung Schröder unter keinen Umständen geben.

Angesichts Schröders plötzlicher Wandlung zur Friedenstaube rieb sich nicht nur der erneut auf dem falschen Fuß erwischte politische Gegner, sondern auch manch kritischer Beobachter der bisherigen rot-grünen Regierungspolitik ungläubig die Augen. War es nicht die Regierung Schröder gewesen, die im Krieg gegen das ehemalige Jugoslawien zum ersten Mal nach dem Zweiten Weltkrieg deutsche Kampfflugzeuge in den Einsatz geschickt hatte? Und hatte Kanzler Schröder dem us-amerikanischen Präsidenten nach dem Anschlag auf das World Trade Center nicht „bedingungslose Solidarität" geschworen?

Doch in Zeiten eines sich anbahnenden Krieges scheint das Wähler-Gedächtnis kurz zu sein. Die Strategie der SPD, das schon verloren geglaubte Rennen um das Kanzleramt unter Mobilisierung der in der deutschen Bevölkerung offenbar tief verwurzelten Kriegsangst auf der Zielgeraden doch noch für sich zu entscheiden, trug tatsächlich Früchte – zumal die durch Schröders Kurswechsel vollends verstörte Union der neuen Entschlossenheit des „Friedenskanzlers" wenig entgegenzusetzen hatte. Ausgerechnet in der nach einer klaren Antwort verlangenden Frage von „Krieg oder Frieden" hatten Stoiber, Merkel, Schäuble, Pflüger und Co. nicht mehr anzubieten als ein zwischen deutsch-amerikanischer Freundschaft und UNO-Mandat hin und her schlingerndes Jein. So kam es, dass sich Kanzler Schröder in der Rolle eines dem mächtigsten Mann der Welt kühn die Stirn bietenden Staatsmannes – nicht zuletzt auch mit Blick auf die steigenden Umfragewerte – zunehmend wohler zu fühlen begann, während seinem Herausforderer Stoiber abermals das Stigma des in Krisenzeiten hoffnungslos überforderten Zögerers und Zauderers anhaftete.

Dann kamen sie endlich, die beiden TV-Duelle, über die in den vorangegangenen Wochen und Monaten so unendlich viel spekuliert worden war. Doch statt des schon vorab als „Sternstunde der deutschen TV- und Mediendemokratiegeschichte" gepriesenen Zweikampfes zwischen dem Kanzler und seinem Herausforderer wurde dem erwartungsvollen Zuschauer ein absurdes Schauspiel geboten, in dem man zwar wenig über die von den Duellanten vertretenen Programme, dafür aber um so mehr über das Zusammenspiel zwischen quoten- und publicityhungrigen Medienmachern auf der einen und überängstlich-substanzlosen Wahlkampfstrategen auf der anderen Seite erfahren konnte. In nicht wenigen der jeweils 15 Millionen Zuschauer kam insgeheim der Wunsch auf, dass man den beiden Duellanten doch eine echte Waffe in die Hand geben möge, um ein wenig Schwung in die müde vor sich hin plätschernde Fortsetzung des Wahlkampfes mit anderen Mitteln zu bringen.

Doch so versuchte der die Moderatoren unverdrossen „Herr Bundeskanzler" titulierende Stoiber bei jeder ihm gestellten Frage die Arbeitslosenkarte zu zücken, kam aber über das „36-Mark-Gesetz" zu Fall. Der seinen Gegner unter Verweis auf die steigende Arbeitslosigkeit in Bayern frontal attackierende Schröder wurde von seinem zum Gegenschlag ausholenden Kontrahenten wiederum auf die bundesweit niedrigste Arbeitslosenquote im oberbayerischen Landkreis Freising zu bezwingen versucht, woraufhin der sichtlich gelangweilte Kanzler kundtat, an diesem Abend lieber nicht über Freising sprechen zu wollen.

Vergleichbares ergab auch die Auseinandersetzung über den drohenden Irak-Krieg: Stoiber ereiferte sich über den sowohl die internationale „Druckkulisse" als erst recht das „Ansehen der Nation" schädigenden Kanzler, der, wo „Willy Brandt oder Helmut Schmidt längst zum Telefonhörer gegriffen hätten", seine Position lieber in alle Welt hinaus posaune. Schröder wiederum befand, dass er zwar „dafür" sei, „dass wir konsultiert werden", was aber auch nichts daran ändern werde, dass es unter seiner „Führung" keine deutsche Beteiligung an einer „militärischen Intervention" im Irak geben werde – und damit basta.

Am Ende hatten wenigstens zwei Zuschauer eine eindeutige Antwort auf die von investigativ blickenden Journalisten aufgeworfene Frage nach dem Sieger des Zweikampfs parat. Während SPD-General Franz Müntefering die Öffentlichkeit wissen ließ, dass der das Gespräch „charmant regierende" Kanzler äußerst „solidarisch und seriös" gewirkt habe, klopfte sich der Unions-Strippenzieher Michael Spreng angesichts des „klaren Punktsiegs" für den in der Irak-Frage „besonnen und staatsmännisch" aufgetretenen Stoiber gewissermaßen selbst auf die Schulter.

Den inzwischen gänzlich orientierungslosen Wählern und Wählerinnen blieb nicht einmal mehr der Rückzug ins Ästhetische: Beim zweiten TV-Duell waren sich die beiden Kontrahenten mit ihren rot-weiß gestreiften Krawatten und dunklen Anzügen nunmehr auch optisch zum Verwechseln ähnlich. Dass Gerhard Schröder am Ende des monatelangen Staatstheaters eine knappe Mehrheit des Stimmvolkes hinter sich versammeln konnte, dürfte so nicht zuletzt dem merkwürdigen Umstand geschuldet gewesen sein, dass er bloß den Kanzler zu mimen brauchte, während Edmund Stoiber in seiner Doppelrolle als Kanzler- *und* Schröderdarsteller im Grunde gar nicht anders konnte, als zu scheitern.

Ob die Wählerinnen und Wähler am 22. September vergangenen Jahres die „richtige Wahl" getroffen haben, ist eine müßige Frage, zu deren Beantwortung es weitaus mehr bedarf als eines flüchtigen Blickes auf den multimedial veranstalteten Wahlkampfzirkus. Eines dürfte jedoch zweifellos feststehen: Dass Wahlkämpfe so sind, wie sie nun einmal sind, ist nicht das traurige Resultat einer schicksalhaften Unterwanderung der bis dato angeblich „heilen Welt" des Politischen durch finstere Medienmächte. Der unterwürfige Kniefall der Politik vor den Gesetzen der „Mediendemokratie" verweist vielmehr auf den beklagenswerten Zustand der Politik selbst. Zu einem Siegeszug des Medialen kann es überhaupt nur deshalb kommen, weil es der Politik an Substanz mangelt – ein Mangel, über den auch die mehr oder minder gekonnte Darbietung von (pseudo-)politischem „So-tun-als-ob" auf Dauer nicht hinwegtäuschen kann. Bei näherer Betrachtung wird deutlich, dass die gerade im Wahlkampf mit viel Phantasie verkörperte Allmacht der Politik nie etwas anderes war als eine fast schon tragisch zu nennende Fremd- und oft genug auch Selbsttäuschung, an der die Politiker genauso teilhaben wie die alles andere als „mündigen" Bürgerinnen und Bürger.

Statt sich selbst und den Wählerinnen und Wählern die eigene handlungs- und gestaltungspolitische Ohnmacht einzugestehen, tritt die Politik die Flucht in immer spektakulärer werdende, im wahrsten Sinne des Wortes demonstrative Ersatzhandlungen an. Egal, ob es sich um den oben beschriebenen Zweikampf der „starken Männer", die gerade in Wahlkämpfen anzutreffende (Schein-)Polarisierung angeblich über Aufstieg oder Verfall der Republik entscheidender „Grundsatzpositionen" der verschiedenen politischen Parteien, um den Neuzuschnitt eines Ministeriums oder aber die von Politikern jeder Couleur immer wieder gerne praktizierte Rettung eines maroden Unternehmens vor dem drohenden Konkurs handelt; immer dann, wenn die Politik an die enger werdenden Grenzen des eigenen Handlungsspielraums stößt, ist die Versuchung groß, die nach Orientierung, Halt und oft genug auch Führung verlangenden Bürgerinnen und Bürgern mit einem Placebo ruhig zu stellen, das deren ohnehin schon reichlich verkümmerte politische Wahrnehmungs- und Urteilsfähigkeit zumindest bis zur Schließung der Wahllokale außer Kraft setzen soll.

Der Politologe Bernd Guggenberger hat schon vor Jahren auf ebenso scharfsinnige wie plastische Art und Weise beschrieben, was das institutionalisierte und ritualisierte „So-tun-als-ob" in der offiziellen Politik für die ihrem Anspruch nach repräsentative Parteiendemokratie und die in und unter ihr lebenden Menschen bedeutet. Während die Politiker sich in Talkshows, auf Wahlkampfveranstaltungen, Pressekonferenzen und Parteitagen

in Dialog- und Gestaltungssimulation üben und ihr medial verbreitetes parteipolitisches „Impressions-Management" zu perfektionieren versuchen, gerät der Bürger in seiner Funktion als Wähler zusehends in eine Rolle, die der des „Saalkandidaten" in der Fernsehsendung „Wetten dass ...?" frappierend ähnlich ist: Bürger wie „Saalkandidat" sind notwendiger Bestandteil der Aufrechterhaltung einer Fiktion. Diese besteht im Falle der erfolgreichen Samstagabendshow etwa im albern-sinnentleerten Streichholz-Anzünden unter Zuhilfenahme eines Baggers; im Falle des zur Wahlurne pilgernden Bürgers hingegen darin, dass dieser durch seine Stimmabgabe eine (Placebo-)Politik legitimiert, die er zumeist weder kennt noch versteht. Im Zeitalter des „Saalkandidaten", der laut Guggenberger „zwergwüchsigen Schrumpelversion des demokratischen Souveräns", entpuppt sich die in Artikel 20 Absatz 2 Satz 1 des Grundgesetzes normierte Ausübung der „Volksgewalt" bei nüchterner Betrachtung als normativ maßlos überhöhte Spielart „sozialer Simulation", deren Folgekosten für die „demokratische Qualität" einer Gesellschaft enorm sind.

So steht am Ende aller Wahlkampfreflexion die paradoxsinnige Erkenntnis, dass der mediale Overkill in Sachen Politberichterstattung mit einer Entpolitisierung der Gesellschaft, ja mehr noch, einer Entpolitisierung des Politischen Hand in Hand geht. Oder um es mit den ungleich anschaulicheren Worten des französischen Dichters Paul Valéry zu sagen: „Politik ist die Kunst, die Leute daran zu hindern, sich um das zu kümmern, was sie angeht."

Thomas Kunz/Gottfried Oy

Grenzen und Chancen eines aktualisierten Konzeptes von Gegenöffentlichkeit.

Das Beispiel der Kritik „Innerer Sicherheit"

Kampfbegriff Gegenöffentlichkeit

Die Blütezeit des Konzeptes Gegenöffentlichkeit in der BRD als Ausdruck kritisch-alternativer Medienpolitik ist historisch in den 1970er und 1980er Jahren zu verorten. Noch Anfang der 1980er Jahre kann Wolfgang Beywl die bundesdeutsche Alternativpresse als eigenständigen Bereich neben der etablierten Tages-, Wochen- und Monatspresse bezeichnen (Beywl 1982: 18). Diese exponierte Position der Alternativpresse bezieht Beywl auf die „politische Kultur der Studentenbewegung" (ebd.), innerhalb derer das Erleben der eigenen Ohnmacht gegenüber den Massenmedien dazu führte, zahlreiche Gegenprojekte im Medienbereich zu gründen. Der Begriff der Gegenöffentlichkeit stellte zu Beginn der siebziger Jahre eine Art Schlüsselbegriff in der Thematisierung von anderer Politik dar.

Karl-Heinz Stamm macht den Beginn alternativer Publizistik – dem institutionellen Standbein der Gegenöffentlichkeit – an der Abkehr von dem Imperativ „sofortiger" Aufklärung während der studentischen Protestbewegung Ende der 1960er Jahre fest. (Vgl. Stamm 1988: 28 f.) Als langfristiges Modell von Aufklärung und Politisierung sollte die Alternativpresse als ein Medium dienen, „die Dialektik von wissenschaftlich-theoretischer Analyse und praktisch-alltäglicher Erfahrung" zu entfalten (ebd.: 29). Das Konzept Gegenöffentlichkeit korrespondiert mit der Vorstellung, dass die öffentliche Thematisierung bislang tabuisierter Themen und Ansichten zur rationalen Einsicht und somit zur Veränderung gesellschaftlicher Strukturen führen würde.

Diese Vorstellung von Öffentlichkeit zeichnet ein besonderes Strukturmerkmal aus: In einem kollektiven Aneignungsprozess werden Ansprüche auf spezifische Felder der bürgerlichen Öffentlichkeit angemeldet – seien sie materiell im Sinne von Straßen und Plätzen oder immateriell im Sinne von Meinungsführerschaft.

Das Konzept Gegenöffentlichkeit wird durch die Veränderung des politischen Alltags der Akteure selbst verändert. Während der „Kampfbegriff" Gegenöffentlichkeit einer tatsächlichen oder auch nur imaginierten politischen Situation der permanenten Aktion entstammt und somit das Schaffen einer kritischen Öffentlichkeit als Bestandteil der Alltagspraxis der Protestierenden angesehen werden kann, entwickeln sich die entstehenden Alternativen Medien zu einem Feld der Diskussion über Theorie und Praxis der Neuen Sozialen Bewegungen (NSB) – losgelöst von alltäglichen Formen des Protestes. In der Alltagspraxis der Protestierenden machen sich auch andere Entwicklungen bemerkbar: Ehemalige Massenbewegungen schmelzen über die Jahrzehnte zu bloßen Organisationskernen zusammen, Publikationen mit breiter Publikumswirkung werden zu unbedeutenden Mitteilungsblättern für Eingeweihte.

Dem entgegengesetzt – so scheint es – hat sich in den 1990er Jahren im Zuge der globalisierungskritischen Proteste eine digitale Form der Öffentlichkeit sozialer Bewegungen entwickelt, die sich erneut einen „Kampfbegriff" Gegenöffentlichkeit auf die Fahnen schreibt. Ob hier von einer Renaissance des Konzeptes Gegenöffentlichkeit gesprochen werden kann, ist angesichts der großteils technikdeterministisch geführten Debatten um elektronische Demokratie skeptisch zu beurteilen. Parallel dazu existieren allerdings immer noch zahlreiche Projekte der kritischen Publizistik, die sich weiterhin den aus den Bewegungen der „alten" Bundesrepublik herübergeretteten Zielen einer oppositionellen Gegenöffentlichkeit verpflichtet fühlen. Das Komitee für Grundrechte und Demokratie kann hier selbst als einer der Akteure angesehen werden, die sich dem gegenöffentlichen Eingreifen in zentrale gesellschaftliche Debatten verschrieben haben. Inwieweit das Festhalten an den hergebrachten Formen der Auseinandersetzung um Öffentlichkeit heute noch adäquat ist, soll sowohl an den theoretischen Grundlagen des Konzeptes Gegenöffentlichkeit, wie an der Rolle der kritischen Publizistik innerhalb heutiger Debatten überprüft werden.

Gegenöffentlichkeit als Sorge um die Demokratie

Im September 1967 wird auf einer Delegiertenkonferenz des SDS als Reaktion auf die diffamierende Berichterstattung über die studentische

Modell Deutschland

z.B. ZENSUR

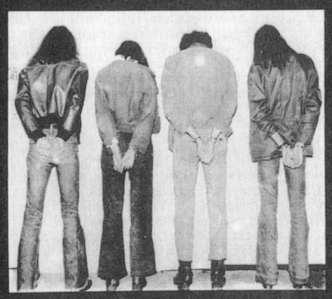

4 DRUCKER VERHAFTET!

Berlin-West, im November 1977

Die Drucker Jutta Werth, Henning Weyer, Gerdi Foß und Martin Beikirch von der AGIT-Druckerei werden verhaftet.
Grund: Die Firma, die u.a. von Kirchengruppen, GEW, Bürgerinitiativen Aufträge entgegennahm, druckte auch das INFO der Berliner-Undogmatischen-Gruppen.
In diesem INFO konnten ganz unterschiedliche Gruppen ihre Meinung vertreten, die AGIT-Drucker lehnten eine Zensur ab.

Zwölf von 400 erschienenen Artikeln im letzten halben Jahr paßten dem Staatsschutz nicht. Deshalb nahmen sie einfach die Drucker in Haft. Drei von ihnen sitzen heute noch und gegen zehn Leute läuft ein Ermittlungsverfahren.
Was beispielhaft an einer relativ kleinen Druckerei exerziert wird, kann morgen die gesamte fortschrittliche Bewegung treffen.

Komitee für die Befreiung der AGIT-Drucker
1 Berlin 61, Mehringdamm 99

SOFORTIGE FREILASSUNG DER AGIT-DRUCKER!

EINSTELLUNG ALLER ERMITTLUNGSVERFAHREN!

FÜR UNEINGESCHRÄNKTE PRESSE- UND MEINUNGSFREIHEIT!

Protestbewegung eine „Resolution zum Kampf gegen Manipulation und für die Demokratisierung der Öffentlichkeit" (SDS 1967) verabschiedet. Hier finden sich die zentralen Argumente der damaligen Anti-Springer-Kampagne. Nach Ansicht des SDS ist es die ökonomische Krise, die nach dem Ende der Restaurationsphase der Nachkriegszeit Repression und Manipulation als Herrschaftsmittel begünstigt. Die Institutionen der parlamentarischen Demokratie verkommen zu bloßen Herrschaftsinstrumenten.

Öffentlichkeit bedeutete in dieser historischen Phase nicht mehr „Widerspiegelung des grundlegenden gesellschaftlichen Konflikts" (ebd.: 29), sondern „funktionale Beherrschung der Massen". Herrschaft beruhe auf der „erkauften Zustimmung der Beherrschten". Somit werde der Kampf um die „Befreiung des Bewusstseins" die zentrale gesellschaftliche Auseinandersetzung. Die demokratische Öffentlichkeit sei zerstört, da die Privatwirtschaft Aufklärung verhindere. Schließlich sei die Selbstzensur der Medien die Folge. Dieser Prozess spiele sich allerdings nicht nur auf einer manifesten Ebene ab, sondern berühre auch die psychische Konstitution der Individuen.

Die „Enteignet-Springer-Kampagne" wird zur ersten umfassenden Aktion gegen Meinungsmanipulation erklärt. Das Aktionsprogramm beinhaltet den Kampf um das Grundrecht auf Freiheit der Information und die Aufforderung zur Bildung einer „praktisch-kritischen" (ebd.: 34) Öffentlichkeit: „Es kommt darauf an, eine aufklärende Gegenöffentlichkeit zu schaffen, die Diktatur der Manipulateure muss gebrochen werden."

Somit steht das Konzept Gegenöffentlichkeit nicht nur für ein demokratietheoretisches Modell, sondern auch für den Anspruch, mit Hilfe eigener Medien in die Medienlandschaft einzugreifen. Nicht zuletzt die Erfahrung der Hilflosigkeit in der direkten Konfrontation mit Springer angesichts der Osterunruhen 1968 führte zu einer Abkehr von direkten Aktionen (vgl. Grossmann, Negt 1968). Stattdessen wurde die Schaffung einer Gegenöffentlichkeit als Netzwerk kritischer Medienprojekte propagiert. Auf Grundlage einer solchen Vorstellung von Gegenöffentlichkeit sollten die 1970er und 1980er Jahre zu den Jahrzehnten der alternativen Publizistik werden – maßgeblich angeleitet von der Gegenöffentlichkeitstheorie von Oskar Negt und Alexander Kluge (vgl. Negt, Kluge 1972). Negt und Kluge, Neomarxisten in der Tradition der Kritischen Theorie, wenden sich dagegen, bewusstseinsindustrielle Mechanismen in ihrer Manipulation für Gegenöffentlichkeit zu kopieren. Sie plädieren insbesondere vor dem Hintergrund der Diskussion um Öffentlichkeit dafür, die Begrifflichkeiten zu klären und in Form von konkreten Medienprojekten praktisch zu kritisieren.

Treffend wurde diese Phase der Gegenöffentlichkeit von Geert Lovink mit dem Begriff „Megaphonmodell" (Lovink 1992) charakterisiert: Vom

Aktivismus weniger und der Verbreitung der richtigen Informationen verspricht man sich eine Art gesellschaftsverändernde Kettenreaktion (vgl. auch autonome a.f.r.i.k.a gruppe et. al. 1997).

In Anlehnung an Jürgen Habermas (1990) wird das Idealbild der bürgerlichen Öffentlichkeit – der Markt sowohl als Ort des ökonomischen Austauschs als auch der gemeinsamen politischen Entscheidungsfindung – mit den durch Medienkonzerne bestimmten vermachteten Strukturen der politischen Kommunikation konfrontiert. Der Begriff Meinungsmanipulation erweitert die Medienkritik sozialpsychologisch. Diese Art der Manipulation bringe falsche Bedürfnisse hervor, die nicht individuelle Triebe befriedige, sondern lediglich den ökonomischen Interessen der Akteure der Kulturindustrie diene. So, wie in die Bedürfnisstruktur der Individuen eingegriffen werde, so werde schließlich auch die politische Einstellung gezielt manipuliert. Herrschaft wandele sich von einem in erster Linie repressiven zu einem in erster Linie manipulativen Charakter (vgl. z.B. Marcuse 1967, Reiche 1968).

Das Konzept Gegenöffentlichkeit steht in der Tradition einer Theorie der bürgerlichen Öffentlichkeit, die den rationalen Austausch von Argumenten jenseits von Machtstrukturen in den Mittelpunkt stellt. In Ermangelung einer solchen Öffentlichkeit und angesichts der vorherrschenden massenmedialen Öffentlichkeitsformen mit ihrem manipulativen Charakter besteht das politische Konzept darin, sich gegen die undemokratische Ausgestaltung der vermachteten öffentlichen Räume zu stellen. Die emanzipativen und demokratisierenden Potenziale der bürgerlichen Öffentlichkeit und ihrer Medien sollen eingelöst werden. Das Konzept Gegenöffentlichkeit versteht sich somit als eine praktische Verwirklichung einer „demokratischeren" Öffentlichkeit.

Gegenöffentlichkeit: Exempel „Innere Sicherheit"

Die bisherigen Überlegungen werden nun anhand eines konkreten Beispieles präzisiert und weiter ausgeführt. In der Auseinandersetzung um die so genannte Politik „Innerer Sicherheit" tauchen einige interessante Facetten der verschiedenen Dimensionen des angeführten Konzeptes Gegenöffentlichkeit, seiner Geschichte und Entwicklung wieder auf. Hierbei liegt das Hauptaugenmerk auf der Kritik und den Kritikern dieser Politik. Jene Kritiker sowie die Organisationen, denen sie zuzurechnen sind, und die Publikationen und Periodika, die von ihnen herausgeben werden, lassen sich als eine Konkretion des bislang behandelten Konzeptes Gegenöffentlichkeit begreifen. Hierbei wird jene Kritik im weiteren Verlauf als „Kritischer Sicherheitsdiskurs" bezeichnet. Dieser Begriff versucht der Einschätzung Rechnung zu tragen, dass die Kritiker der „Inneren Sicherheit" mittlerweile eine Position besetzen, die es rechtfertigt, Verfechter (hier im weiteren als „Konservativer Diskursstrang" bezeichnet) und Gegner der „Inneren Sicherheitspolitik" als zwar sich politisch gegenläufig aufeinander beziehende, aber sich – in der Tradierung und Konservierung jener Auseinandersetzung – zugleich thematisch komplementär zueinander verhaltende Teile desselben thematischen Diskurses zu begreifen.

Zunächst ist nochmals auf die bereits mehrfach erwähnte studentische Protestbewegung der 1960er Jahre und ihre Bedeutung einzugehen. Als Stichworte seien kurz genannt: die enge Verbindung mit eben dieser Bewegung als Konstitutionszusammenhang; damit einhergehende Erfahrungen von Hilflosigkeit oder zumindest struktureller Unterlegenheit in der direkten Konfrontation der gesellschaftlichen Auseinandersetzungen jener Zeit – häufig in Gestalt mit Repressionserfahrungen. Diese Erfahrungen werden unter der *Betroffenheitsperspektive der Bewegungsakteure* behandelt. Schließlich kommt hinzu das Motiv der Sorge um Demokratie. Entlang dieser Stichworte wird versucht, zentrale Inhalte des „Kritischen Sicherheitsdiskurses" vorzustellen, dessen Entwicklungsdynamik nachzuzeichnen und zugleich auszuloten, inwieweit dies für eine Bewertung des Konzeptes Gegenöffentlichkeit von Bedeutung ist.

Bewegungshintergrund

Mit dem Zerfall der studentischen Protestbewegung der 1960er Jahre in verschiedene Einzelströmungen (vgl. auch Brand et al. 1983: 75 ff.) veränderte sich das Auftreten von Protestbewegung(en) auf der innenpolitischen Bühne. Die Einzelströmungen wirkten im Alltag und in den Nischen linker Projekte weiter. Bekanntlich artikulierten sich die „Neuen Sozialen Bewegungen" (NSB) jedoch vorherrschend um bestimmte Anlässe bzw. Themen herum (Stichworte: Frieden, Umwelt, Anti-Kernkraft etc.), ohne hierbei immer auf gesellschaftspolitische Großutopien zu referieren. Die öffentliche Wahrnehmung schwankte und orientierte sich zumeist „am Maßstab von Großmobilisierungen [wie] der Friedens- oder Ökologiebewegung in den 80er Jahren". (Klein et al. 1999: 7; vgl. auch Redaktion *diskus* 1991: 317) Die Dekade der 1980er Jahre war also von den regen Aktivitäten besagter sozialer Bewegungen geprägt – und mit diesen entsprechend verbunden gegenöffentlich zu verstehenden Organisations- und Medienstrukturen.

Der Bewegungsbezug, aus dem sich Betroffenheitsperspektive und die kritische Grundposition herleiten, zeigt sich z. B. daran, dass ein Großteil der Periodika und Einzelpublikationen, in denen die Kritik an „Innerer Sicherheitspolitik" artikuliert wird und deren Exponenten / prominenteste Vertreter immer wieder zu Wort kommen, traditionell den Protestbewegungen zugerechnet werden können. Exemplarisch seien genannt: das Sozialistische Büro (SB), das Komitee für Grundrechte und Demokratie

EUCH GLAUB ICH NIX

(seit 1980), die Gustav-Heinemann-Initiative, die Humanistische Union und das Institut für Bürgerrechte & öffentliche Sicherheit (seit 1978). Darüber hinaus wurde die Thematik ebenso in verschiedenen Publikationen der linken Protestbewegungen explizit oder als Subthema fortlaufend behandelt. Autoren wie Albrecht Funk, Rolf Gössner, Wolf-Dieter Narr, Jürgen Seifert, Falco Werkentin oder Klaus Vack – um nur eine kleine Auswahl zu nennen – repräsentieren, allen untereinander bestehenden inhaltlichen Unterschieden zum Trotz, ein solches Umfeld, das sich regelmäßig bis heute zum Bereich „Innere Sicherheit" zu Wort meldet.

Hat man dazu Arbeiten zur Geschichte Alternativer Medien und Öffentlichkeitskonzepte (vgl. Oy 2001) im Blick, lässt sich formulieren, dass die kritische Position des Sicherheitsdiskurses in ihren Anfängen vornehmlich – und zum Teil bis heute – in so genannten Alternativen Medien angesiedelt war. Hierbei kommt es zu einer interessanten Verschränkung. Charakterisiert man die Kritik an „Innerer Sicherheitspolitik" als den Versuch, insbesondere die antidemokratischen Potenziale jener Politik aufzuzeigen, zu dramatisieren und zu skandalisieren, erweisen sich sowohl die thematisch-inhaltliche Ausgestaltung des kritischen Bezuges auf „Innere Sicherheit", als auch das Konzept Gegenöffentlichkeit als nahezu deckungsgleich: Der emphatische Bezug auf Demokratie und den liberalen Rechtsstaat einerseits und Aufklärung und (Gegen-)Information andererseits. „Innere Sicherheit" ist einer der thematischen Schwerpunkte, mittels dem sich Alternative Medienöffentlichkeit konkretisierte.

Bewegungs*verlust*

Unabhängig davon, ob man es vorzieht, bloß von einem Wandel oder letztlich vom Niedergang der NSB seit Ende der 1980er Jahre zu sprechen, ist zu konstatieren, dass die ansatzweise erkennbaren Organisationsstrukturen und die inhaltlichen Positionen des Teilspektrums sozialer Protestbewegungen, in Gestalt des „Kritischen Sicherheitsdiskurses", davon wenig(er) betroffen zu sein scheinen. Lässt man einmal die simple Einschätzung außer acht, dass eine über die Jahrzehnte unveränderte „Innere Sicherheitspolitik" eben eine ebenso unveränderte Kritik provoziere, und stellt das im Vergleich zur oben genannten Ausrichtung geänderte Hauptfeindbild der 1990er Jahre in Gestalt der so genannten Ausländerkriminalität (Kunz 1998: 198 ff.) in Rechnung, legen sich folgende, sich gegenseitig ergänzende Bewertungen nahe:

1. Dokumentiert wird ein Beharrungsvermögen – in einem positiven Sinne von Mobilisierungserfolg zu verstehen – von (Rest-)Bewegungsteilen, welches der Ausbildung institutioneller Versatzstücke geschuldet ist. Sowohl organisatorisch-personell als auch inhaltlich kompensiert diese Basisstruktur den Wandel bzw. das Schrumpfen eines bürgerrechtlich ori-

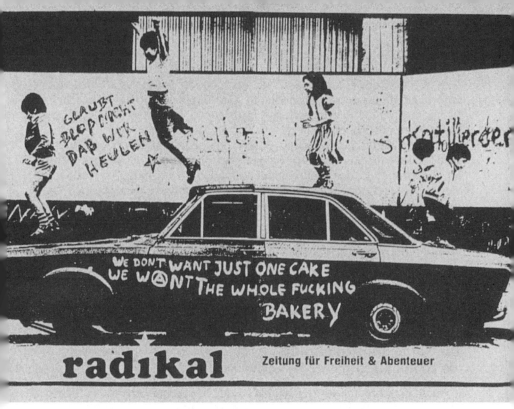

radikal — Zeitung für Freiheit & Abenteuer

entierten Bewegungsspektrums, d.h. eines alternativen Protestmilieus. Die von der – relativen – Massenbasis der Bewegten entkoppelten, institutionalisierten Organisationskerne sichern die inhaltliche Kontinuität von „Innerer Sicherheitskritik" – bis heute.

2. Die zunehmende Entkopplung der kritischen Position von einer bis in die 1980er Jahre hinein vorherrschenden Perspektive des *direkten* Betroffenseins von „Innerer Sicherheitspolitik" (s.o.), führte letztlich zu einer Verallgemeinerung der Kritik: Die in kritischer Absicht skandalisierte Bedrohung durch „Innere Sicherheitspolitik" wurde über die kleiner werdende Gruppe der (ehemals) unmittel- und spürbar Betroffenen hinaus ausgeweitet, indem die mit der „Inneren Sicherheitspolitik" identifizierten Gefahren (Abbau von Rechten, der drohende Überwachungsstaat etc.) auf die Allgemeinheit der Staatsbürgergemeinschaft ausgedehnt wurde. So gesehen wird der Betroffenheitsstatus zwar beibehalten, aber als indirekter auf alle Bürger bezogen („wir alle" seien bedroht).

3. Obschon die Fortdauer und Ausweitung der *tradierten* Kritik weiterhin ein wichtiges Anliegen des verbliebenen Bewegungsspektrums ist, d.h. der ehemals Betroffenen – und von deren Organisationskernen –, sind Reaktionen auf Feindbildveränderungen zu beobachten. Die kritische Position passt sich den veränderten Bedingungen also an. Allerdings um letzt-

lich die altbekannte Position im neuen Gewand zu vertreten. So wird mit dem Wechsel des Hauptfeindbildes, der sich seit Mitte der 1990er Jahren besonders deutlich zeigt, anerkannt und kritisch betont, dass „Innere Sicherheitspolitik" vorherrschend „Ausländer" ins Zentrum rücke (vgl. bspw. Humanistische Union et al. 2001: 4 f.; vgl. Lederer 2001). In einzelnen Beispielen scheint jedoch durch, dass letztlich in erster Linie die Gefahren für die so genannte Mehrheitsbevölkerung, d.h. für „uns" Staatsbürger, Grundlage der Befürchtungen und der Kritik sind: „An Ausländern werde ‚vorexerziert, was gegenüber der Gesamtbevölkerung noch nicht durchsetzbar ist'." (Bebenburg 2002) Der Frage, ob diese Kritik geeignet ist, die Situation der von „Innerer Sicherheitspolitik" zunächst betroffenen Nicht-Staatsbürger zu ändern, wird später nachgegangen. Vorerst ist zu konstatieren, dass diese Art von Kritik Züge von Stellvertreterpolitik trägt, die den Bürgerinnen und Bürgern ohne Staatsbürgerstatus kraft der Feindbildkonstruktionen des „Konservativen Sicherheitsdiskurses" zugewiesenen Objektstatus von kritischer Seite komplettiert. Zugespitzt ließe sich auch von einer Kritikposition sprechen, die im Ansatz paternalistisch ist.

Die Sorge um Demokratie als Kritik an „Innerer Sicherheitspolitik"

Auch verschiedentlich zu beobachtende Bestrebungen von Teilen des „Kritischen Sicherheitsdiskurses" nach verstärkter Berücksichtigung bei konstruktiven Aushandlungen „Innerer Sicherheitspolitik" und deren Bemühen um Anerkennung als Verhandlungspartner der *klassischen* institutionellen Akteure der „Inneren Sicherheit" – die dem „Konservativen Diskursstrang" zuzurechnen sind – lassen sich vor dem Hintergrund eines quantitativ schwindenden Bewegungshintergrundes werten. Hierin ist das Moment enthalten, jenes Abklingen zu kompensieren. Dies erklärt sich daraus, dass der Wandel bzw. das Schwinden des Protestmilieus sich auch im „Kritischen Sicherheitsdiskurs" in Form von einer Veränderung der Organisationsmerkmale artikuliert. Es begünstigt eine Entwicklung, die bisherige Position der „relativ schwach institutionalisierten Repräsentanten" (Neidhardt, Rucht 1999: 144) aufzugeben und sich – von der „Peripherie" kommend – immer mehr dem „Zentrum", d.h. der Sphäre der politischen Entscheidungsträger anzunähern. Nicht zuletzt der Wahlsieg der rot-grünen Parteienkoalition im Jahr 1998 nährte auf Seiten von Bewegungsakteuren diesbezügliche Hoffnungen, unter anderem auch die, Sicherheitspolitik endlich kritisch-programmatisch mitzugestalten.

Zum anderen resultieren die Annäherungsprozesse aus Veränderungen im politischen System, die gleichfalls mit der Existenz der Protestbewegungen in Zusammenhang stehen: „Das politische System hat den [...] ‚Druck von unten' [...] durch Anreicherung von Partei- und Regierungsprogrammen, mit der Einrichtung neuer Ressorts, mit der Finanzierung einschlägiger Forschungsprogramme, mit der Bildung partizipativer Verfahren der Dauerkommunikation etc. aufgenommen, differenziert und kleingearbeitet." (Ebd.: 161)

Die Annäherung der als „Konservativer" und „Kritischer Strang" vorgestellten Diskursteile vollzieht sich, so betrachtet, von beiden Seiten. Diese Tendenz dokumentiert sich nach Meinung der zitierten Bewegungsforscher auch darin, dass insbesondere „die politische Karriere der Partei Bündnis 90/Die Grünen […] ein Ausdruck entsprechender Lernprozesse des politischen Systems [ist], das sich alles in allem als bemerkenswert flexibel erwiesen [sic!] hat". Abgesehen davon lenkt diese Einschätzung, gerade wenn man die vorangegangenen Ausführungen berücksichtigt, das Augenmerk auf den Bewegungshintergrund dieser Partei und somit auch auf eine traditionelle Affinität von „Kritischem Sicherheitsdiskurs" und der Partei Bündnis 90/Die Grünen.

Das Beharrungsvermögen von Gegenöffentlichkeit

Die Geschichte des „Kritischen Sicherheitsdiskurses" ist vor allem Protestbewegungs- bzw. Alternativbewegungsgeschichte und somit Bestandteil der Geschichte der Gegenöffentlichkeit. Folglich ist die Beurteilung

der Kritik immer auch an den Umstand rückzukoppeln, dass der „Kritische Sicherheitsdiskurs" als *Bewegungsrestposten* ohne Bewegung auf unterschiedliche Weise versucht, sich weiterhin zu behaupten und sich seiner Bedeutung zu versichern. Hierin liegt der Grund sowohl für Anpassungsprozesse der Kritik an neue Hauptfeindbilder, die der „Konservative Diskursstrang" vorgibt, als auch für tendenzielle Annäherungen an die klassischen Institutionen „Innerer Sicherheit", wie sie sich in Gestalt der Bemühungen um eine kritische „Innere Sicherheitspolitik" zeigen. Es lässt sich hier, wie verschiedene Beispiele zeigen, von einer in Teilen durchaus affirmativen Übernahme von Bedrohungskonstruktionen des „Konservativen Diskurses" sprechen.

Der *Mainstream* des „Kritischen Sicherheitsdiskurses" – der noch bis zum Deutschen Herbst 1977 heftige Kämpfe mit seinem antietatistischen, linksradikalen Widerpart auszufechten hatte – und der „Konservative Diskursstrang" teilen trotz ihrer Differenzen einige Grundpositionen. Zum einen eine – wenn auch unterschiedlich artikulierte – Einsicht in die Notwendigkeit der Bekämpfung von so genannter gewöhnlicher Kriminalität („Kriminalität ernst nehmen"). Zum anderen ist keine grundsätzliche Infragestellung des Begriffs „Innere Sicherheit" zu beobachten, d.h. statt ihn prinzipiell zurückzuweisen wird versucht, „Innere Sicherheit" von „links" zu besetzen (vgl. Müller-Heidelberg 1994). Darüber hinaus wird vom „Kritischen Sicherheitsdiskurs" der Rechtsstaatsgedanken in Anspruch genommen. Hierbei ist zwischen „Kritischem und Konservativem Sicherheitsdiskurs" umstritten, was unter Rechtsstaatlichkeit zu verstehen sei. Das heißt, die inhaltliche Füllung dieser Inanspruchnahme wird von der des „Konservativen Diskurses" qualitativ abgegrenzt.

Durch die Bürgerrechts- und Rechtsstaatlichkeitsorientierung ist die kritische Position gerade auch für ein bürgerlich-liberales Lager anknüpfungsfähig, was sich z.b. in der regelmäßigen Berücksichtigung der Positionen von Bürgerrechtsorganisationen in den liberalen Medien niederschlägt. Der Erfolg der realpolitischen Kritik an „Innerer Sicherheit" besteht vor allem darin, sich als ewige Mahner und Wächter eines rechtsstaatlich-liberalen Gewissens einen folgenlosen Platz in der mittlerweile ritualisierten Inszenierung der gesellschaftlichen Auseinandersetzung um „Innere Sicherheitspolitik" erkämpft zu haben.

In Anbetracht der gesellschaftlichen Entstehungsbedingungen der kritischen Position erstreckt sich der Erfolg der *Mainstream*-Position nicht nur auf inhaltlicher, sondern auch auf organisatorischer Ebene. Obschon, im Vergleich zu den 1980er Jahren, die NSB ihre Blütezeit hinter sich haben, behaupteten die Kritiker einen festen Platz in der öffentlichen Auseinandersetzung um „Innere Sicherheit". Es mag freilich auch daran liegen, dass die besagten Institutionen der Kritik, in Gestalt von Residuen der Bewegungsstrukturen (Organisationen, Vereinen, Altmitgliedern, bestimmte Exponenten) dem Abflauen der NSB trotzen konnten. Ein Indiz hierfür sind Strukturen, die die entsprechenden Organisationen, aber auch Einzelpersonen weiterhin miteinander vernetzen. Es handelt sich bei den Kritikern häufig um Bewegungs-Altvordere, um die sich (etwas) jüngerer Nachwuchs schart. Es sind die Bewegungsreste, in Gestalt der Organisationskerne mit dem größten Beharrungsvermögen und den zwar altersbedingt zahlenmäßig zurückgehenden, aber doch weiterhin treuen Altmitgliedern. Diese leisten Mitglieds- und Spendenbeiträge und gehören zu den Initiatoren und fleißigsten Unterzeichnern einschlägiger Aufrufe und regelmäßiger (Presse-)Erklärungen. Für die Reste eines Netzwerkes von Initiativen (gerade auch der „Neuen Linken") und die Reste alternativer Publikationsstrukturen, wie sie im Laufe der 1970er Jahre entstanden sind (vgl. Brand et al. 1983: 72 f. und 169 f.; vgl. auch Oy 2001: 133 f.), garantieren jene Kerne Überlieferung und Fortbestand der tradierten Kritik.

Die hier in groben Zügen beschriebene Entwicklung des „Kritischen Sicherheitsdiskurses" kann als paradigmatisch für die Veränderung des Konzeptes Gegenöffentlichkeit angesehen werden. Eine ehemals antietatistische, grundsätzliche Infragestellung der Feindbildkonstruktionen und der Definitionsmacht über Kriminalität wandelte sich in eine Politik der konstruktiven Angebote, die eine Anpassung an vorgegebene Hauptfeindbilder sowie die Einsicht in die Notwendigkeit der Kriminalitätsbekämpfung beinhaltet. Die entkoppelten, institutionellen Organisationskerne des „Kritischen Sicherheitsdiskurses" können sich heute genauso wie andere Organisationskerne aus dem Bereich der Gegenöffentlichkeit gerade deswegen in der Öffentlichkeit weiter behaupten, weil sie durch ihre Anpassung an hegemonial geteilte Vorstellungen von dem, was Demokratie auszeichne, anknüpfungsfähig für das linksliberale politische Lager werden. Innerhalb der linksliberalen Medien sind die erwähnten Organisationskerne inzwischen sogar notwendige Stichwortgeber, wenn es heißt, einmal mehr demokratische Defizite aktueller Sicherheitspolitik oder die „Unverhältnismäßigkeit" von Polizeieinsätzen zu brandmarken. Das Dilemma der Gegenöffentlichkeit, das der ehemalige *taz*-Redakteur Thomas Schmid einmal darin sah, dass sich die radikale Kritik auf ewig an die schon Überzeugten richte, wenn nicht der Schritt in die breite Öffentlichkeit gewagt werde, scheint somit aufgelöst – freilich auf Kosten der Radikalität.

Es wäre allerdings falsch, den Akteuren des „Kritischen Sicherheitsdiskurses" wie anderen Aktiven sozialer Bewegungen mangelnde Radikalität bzw. Anpassung an die Verhältnisse vorzuwerfen. Jenseits moralischer Vorwürfe geht es hier darum, sowohl die Verschiebungen im Feld der sozialen Bewegungen im Blick zu haben, als auch die Veränderungen von Macht und Herrschaft zu beobachten. Denn nicht nur die kritischen Diskurse haben sich verschoben, auch Herrschaft ist im Wandel begriffen bzw.

zu einem nicht unerheblichen Teil durch die Kämpfe der sozialen Bewegungen gewandelt worden. Die Grenzen, aber auch Chancen eines aktuellen Konzeptes von Gegenöffentlichkeit lägen somit gerade darin, sich der eigenen Geschichte und Entwicklung bewusst zu werden, um neue, radikale, kritische Positionsbestimmungen entwickeln zu können. Kritik, die den vorgegebenen diskursiven Rahmen verlässt, wird allerdings unverstanden bleiben, solange sie in keine Erzählung eingebunden ist. In neuen alternativen Öffentlichkeitsmodellen ginge es darum, andere Erzählungen über die Gesellschaft zu etablieren.

Literatur

autonome a.f.r.i.k.a gruppe; Blisset, Luther; Brünzels, Sonja (1997): Handbuch der Kommunikationsguerilla. Hamburg, Berlin.

Bebenburg, Pit von (2002): „Initiativen sehen ‚drastisches' Tempo bei Erosion des Rechtsstaats". Frankfurter Rundschau vom 5. Juni 2002, S. 5.

Beywl, Wolfgang (1982): Die Alternativpresse – ein Modell für Gegenöffentlichkeit und seine Grenzen. Aus Politik und Zeitgeschichte B 45: S. 18-31.

Brand, Karl-Werner et al. (1983): Aufbruch in eine andere Gesellschaft. Frankfurt am Main.

Grossmann, Heinz; Negt, Oskar (1968): Die Auferstehung der Gewalt. Springerblockade und politische Reaktion in der Bundesrepublik. Frankfurt am Main.

Habermas, Jürgen (1990): Strukturwandel der Öffentlichkeit. Untersuchungen zu einer Kategorie der bürgerlichen Gesellschaft. Mit einen Vorwort zur Neuauflage 1990. Frankfurt am Main.

Humanistische Union et al. (2001): „Die falsche Antwort auf den 11. September: Der ÜBERWACHUNGSSTAAT. Presseerklärung von Bürgerrechtsorganisationen vom 24.10.2001", URL: http://www.cilip.de/terror/pe241001.htm (17. Juli 2001).

Klein, Ansgar et al. (Hg.) (1999): Neue soziale Bewegungen. Impulse, Bilanzen und Perspektiven. Opladen, Wiesbaden.

Kunz, Thomas (1998): „Ein ‚Sicherheitsjahr' für Deutschland. Was ist ‚neo' am konservativen Sicherheitsdiskurs?" In: Buntenbach, Annelie et al. (Hg.): Ruckwärts in die Zukunft. Zur Ideologie des Neokonservatismus. Duisburg. S. 173-207.

Ders. (1999): „25 Jahre Sicherheitsdiskurs – Ein Forschungsprojekt". In: Kriminologisches Journal 4/1999, S. 289-307.

Lederer, Anja (2001): „Sicherheitsrisiko Nr. 1. AusländerInnen als Sündenböcke der ‚Terrorbekämpfung'„. In: Bürgerrechte & Polizei. CILIP 70. Nr. 3/2001, S. 35-41.

Lovink, Geert (1992): Hör zu – oder stirb! Fragmente einer Theorie der souveränen Medien. Berlin, Amsterdam.

Marcuse, Herbert (1967): Der eindimensionale Mensch. Neuwied, Berlin.

Müller-Heidelberg, Till (Hg.) (1994): „INNERE SICHERHEIT" Ja – aber wie? München.

Negt, Oskar; Kluge, Alexander (1972): Öffentlichkeit und Erfahrung. Zur Organisationsanalyse von bürgerlicher und proletarischer Öffentlichkeit. Frankfurt am Main.

Neidhardt, Friedhelm; Rucht, Dieter (1999): „Protestgeschichte der Bundesrepublik Deutschland 1950-1994". In: Kaase, Max; Schmid, Günther (Hg.): Eine lernende Demokratie. 50 Jahre Bundesrepublik Deutschland. Berlin. S. 129-164.

Oy, Gottfried (2001): Die Gemeinschaft der Lüge. Medien- und Öffentlichkeitskritik sozialer Bewegungen in der Bundesrepublik. Münster.

Redaktion diskus (Hg.) (1991): Küss den Boden der Freiheit. Texte der Neuen Linken. Berlin, Amsterdam.

Reiche, Reimut (1968): Sexualität und Klassenkampf. Zur Abwehr repressiver Entsublimierung. Frankfurt am Main.

SDS (1967): „22. ordentliche Delegiertenkonferenz des Sozialistischen Deutschen Studentenbundes (SDS): Resolutionen und Referate". In: neue kritik, Nr. 44, S. 12-66.

Stamm, Karl-Heinz (1988): Alternative Öffentlichkeit. Die Erfahrungsproduktion neuer sozialer Bewegungen. Frankfurt am Main, New York.

Birgit Sauer/Sabine Lang

Öffentlichkeit und Privatheit neu bedacht. Grenzziehungen im Neoliberalismus und die Konsequenzen für Geschlechterpolitik

Das Ziel der Frauenbewegung, das „Private" öffentlich zu machen, scheint antiquiert und naiv. Ein ganzes Spektrum von Phänomenen spricht dagegen. Beispielsweise: Verschärfte polizeiliche Eingriffe in die Persönlichkeitsrechte der BürgerInnen nach dem Attentat auf das World Trade Center. Massive Verletzungen von Privatheit durch große Lauschangriffe und durch normalisierende Interventionen in das Zusammenleben, das Lieben und Gebären. Die Ver-Öffentlichung des weiblichen Körpers durch Reproduktionstechnologien. Im Namen von Sicherheit und Gesundheit soll nichts mehr privat, nichts mehr intim sein. Die Augen des Staates oder der Medizinindustrie blicken überall hin. Kulturell findet diese Entäußerung des Privaten ihr Pendant in der Kommodifizierung von Privatheit durch „Big Brother", die mediale Talkshowmanie oder den wachsenden „How to be happy in ten days"-Publikationsmarkt. Sollen also feministische Kritikerinnen fein stillschweigen bzw. die liberale Trennung zwischen öffentlich und privat als Schutz vor staatlichem und ökonomischem Eindringen in die „Privatsphäre" loben? War die frauenbewegte Mobilisierung unter dem Motto: „Das Private ist politisch" ein historischer Irrtum?

So mögen es die Missversteher frauenbewegter Politisierung sehen. Wenn wir feministisch das Verhältnis von Öffentlichkeit und Privatheit neu bewerten, verfolgen wir nicht das Ziel, frühere radikale Positionen reuevoll aufzugeben. Uns geht es darum, die Missverständnisse deutlich zu machen, die mit der Formel „Politisierung des Privaten" verbunden sind. Die Mehrzahl neoliberal gewollter „Privatisierungen" strebt tatsächlich die Aufhe-

215

bung der privaten Sphäre an. Selbst zur Ware gemacht, soll sie zum Umschlagplatz von Waren werden. Außerdem sollen Teilbereichen des Privaten wieder traditionell abgekapselt werden.

Feministische Politiktheorie will angesichts dieser Umstrukturierungen angemessene Begriffe des Politisch-Öffentlichen und des Privaten finden. Privatheit ist geschlechtersensibel neu zu fassen, um den „öffentlichen Zugriff" auf Frauen zu begrenzen. (Cohen 1994: 308). Im Kern ist der Handlungsspielraum von Frauenbewegungen und Geschlechterpolitik neu zu vermessen. Was politisch ist, i.e. „antagonistisch" ausgehandelt werden kann bzw. soll, muss neu konzipiert werden.

1. Was ist öffentlich? Was ist privat?

Die Trennung von öffentlich und privat reguliert, erlaubt oder verbietet die Art der Kommunikationen und Interaktionen (vgl. Benn/Gaus 1983: 7ff.). Die Dichotomie regelt den Zugang zu bestimmten Ressourcen. Sie bildet Eigenarten und Akteursgruppen heraus (z.B. durch Vergeschlechtlichung). Sie organisiert Interessen. Öffentlichkeit und Privatheit sind ungenaue Begriffe. Die liberal herrschend gewordene Trennung unterstellt allerdings Genauigkeit: Als handle es sich um komplementäre, einander ausschließende, ja voreinander in Schutz zu nehmende Sphären. „Öffentlichkeit" wird auf die Institutionen Staat, Parteien, Kunst und Medien reduziert. „Privatheit" wird je nach Anlass und Interessenlage zu Intimität, Familie, Freundeskreis und Markt. Sie wird als „staatsfreier Raum" fixiert. Diese Eindeutigkeit blieb jedoch immer beliebig und ambivalent: Aus der Perspektive des Staates galt der Markt als „privat", aus der Perspektive der Familienökonomie als „öffentlich".

Eindeutige Zuordnungen bedeuteten historisch stets geschlechtsspezifische Zuordnungen zu Lasten von Personen, die in der Familie privat abgesperrt wurden: Diese wurden feminisiert und entmächtigt (1) Die der Öffentlichkeit zugewiesenen Personen wurden maskulin qualifiziert und ermächtigt. In der Familie „privatisierte" Personen erfahren oft keinen Schutz vor staatlichem, aber auch keinen *durch* staatlichen Zugriff: Abtreibung und Gewalt in der Ehe sind Beispiele solch selektiver „Schutz"mechanismen.

Die feministische Perspektive einer „Repolitisierung des Privaten" impliziert somit, das vermeintlich Eindeutige in seiner Vieldeutigkeit aufzudecken. Sie fordert einen Tabubruch. Insbesondere die Privatheit der Familie wird als öffentlich-staatlich regulierter Ort der Herrschaft, Gewalt und Benachteiligung kritisiert (vgl. Rosenberger 1998). Die anti-patriarchale Grenzverletzung macht zudem die Beziehungs-, Denk- und Handlungsmuster, die der Privatsphäre zugeordnet wurden, als Ausdruck staatlicher

Öffentlichkeit sichtbar. Darum sind unter feministischer Perspektive sowohl die Privatheit wie auch die Öffentlichkeit anders zu gestalten.

Die mechanistische Sphären*trennung* ist zurückweisen. Die *Differenz* zwischen öffentlich und privat begrifflich neu mit politisch wirkungsvollen Konsequenzen zu fassen. Öffentlichkeit und Privatheit sind mehrdimensional aufzufächern. Eine geschlechtersensible Zuordnung versteht Öffentlichkeit und Privatheit als historisch flexible Prozesse der Be- und Entgrenzung. In ihnen wird die Zweigeschlechtlichkeit je neu konstituiert. Die Grenzziehung ist das Ergebnis sozialer Auseinandersetzungen und Ausdruck gesellschaftlicher Machtverhältnisse. *Öffentlichkeitsdiskurse* können Themen auf die politische Agenda setzen und sie zum Gegenstand politischer Auseinandersetzung und staatlicher Regulierung machen. *Privatisierungsdiskurse* hingegen können Themen von der öffentlichen Tagesordnung verschwinden lassen. Auch wenn Privatisierungen entmächtigen, bedeuten Veröffentlichungen nicht automatisch, dass Selbstbestimmung zunähme. (2) Männer und Frauen besitzen unterschiedliche Maße an Öffentlichkeit und Privatheit. Sie haben unterschiedliche Möglichkeiten, über die Ressource Öffentlichkeit, sprich Debatte und Entscheidung zu verfügen. Ihnen stehen auch unterschiedliche Chancen zur Verfügung, Privatheit und Intimität für sich zu beanspruchen.

Die Differenzierung ist zu erweitern: Öffentlichkeit und Privatheit sind sowohl „Ideale" wie auch soziale „Entwürfe". Die Dimension des Ideals bezeichnen wir als „Raum". Die Dimension des Entwurfs als „Ort". *Öffentlichkeit als Raum* umfasst die Möglichkeit gemeinsamen Handelns und bedarf einer Idee des Individuums, das die Voraussetzungen dazu besitzt – nämlich Privatheit als Ideal, als Recht und Raum der Autonomie und Fürsorge. Darum ist der Zugang zu beschränken (Allen 1996: 207). *Privatheit als Ideal*, Recht und Raum bietet eine Möglichkeit, die patriarchale Konzeption der Familien zu transformieren. *Privatheit als Ort meint* Familie oder Markt. Weder Privatheit noch Öffentlichkeit können in einer Topographie allein gefasst werden. Raum- und Ortszuschreibungen überschneiden sich. Privatheit ist deshalb auch kein Ort, der von der Öffentlichkeit getrennt wäre. Sie wird durch die staatlich-politische Öffentlichkeit geschaffen. „Privatisierungsdiskurse" hingegen wollen Privatheit auf Orte reduziert wissen. Sie setzen in aller Regel Wirtschaft und Familie als Eckpfeiler der privaten oder zu privatisierenden Bereiche von Lebenswelt.

2. Grenzneuziehungen. Neoliberale Vermessung des Politischen

Die enge Verbindung zwischen dem nationalstaatlich eingehegten Kapitalismus, dem „wohlfahrtsstaatlichen Arrangement" und seiner Trennung eines staatlich-öffentlichen und eines familiär-privaten Ortes hat sich im

Laufe der Geschichte des Wohlfahrtsstaates verändert. Die Politik neoliberaler Restrukturierung ist eine „politische Revolution" (Brodie 1994: 55). Sie bestimmt die Koordinaten des Politischen neu, wie sie im Keynesianischen Wohlfahrtsstaat bestanden: Ein neuerlicher Kampf um die Grenzen des Politischen ist im Gange. Kern der Formulierung des neoliberalen hegemonialen Paradigmas ist die Grenzverschiebung zwischen Ökonomie, Gesellschaft und Familie sowie Staat und politischer Öffentlichkeit, eine Veränderung des Verhältnisses von Individuum und Gesellschaft: Der Markt expandiert. Öffentlich-staatliche Räume schrumpfen. Sie werden zur Unkenntlichkeit privatisiert bzw. dereguliert. Zugleich werden Familie und Privatheit. So löst sich beispielsweise die traditionelle Kernfamilie auf. Die Peinlichkeitsgrenzen werden in Reality-Shows neu gezogen. Privatheit als Raum hingegen wird minimiert.

Fünf neoliberale Privatisierungsdiskurse sind für die Transformation des Geschlechterpolitischen relevant. Erstens: Die *Feminisierung von Erwerbsarbeit* und die Desintegration von Familien sind Teil einer widersprüchlichen Neubestimmung des Verhältnisses von produktiver und reproduktiver Arbeit. Die geschlechtsspezifische „Entgrenzung" von Erwerbsarbeit wird von einer Reprivatisierung von öffentlich organisierten Reproduktionsarbeiten sowie einer Privatisierung sozialstaatlicher Leistungen begleitet: Subsidiarität und Eigenverantwortung sind euphemistische Begriffe für diesen Refamiliarisierungsprozess. Die „neue Mittelalterlichkeit" privater Wohltätigkeit und Fürsorge (Butterwegge 1997: 39f.) produziert neue Diskriminierungen in der Privatheit. Die soziale Verantwortung für die kommenden ebenso wie die Reproduktion gegenwärtiger Generationen werden fester an das weibliche Geschlecht gebunden werden, ohne dass eine gerechtere Verteilung dieser Arbeit politisch intendiert wäre.

Die neoliberale Reprivatisierungsstrategie setzt voraus, dass es einen unbegrenzten Nachschub an unbezahlter Frauenarbeit in der Familie gibt, die die wohlfahrtspolitischen Transformationen auffangen kann. Diese Strategie basiert auf einem Konstrukt von familiärer Privatheit, das längst nicht mehr existiert: Weder ist die Kernfamilie die dominante Lebensform, noch bildet die Idee eines einzigen Familieneinkommens die Wirklichkeit ab. Durch den Rückzug des Staates und die Mobilisierung familiärer Sicherungssysteme werden vielmehr „unsichere" private Orte ausgedehnt. Der Entgrenzung des Erwerbsbereichs in Richtung Informalisierung entspricht eine doppelte Bürde der für Reproduktionsarbeit zuständigen Personen: Eine Mutter mit zwei McJobs muss die Fürsorgearbeit selbstredend auch noch erbringen.

Der androzentrische Charakter des neoliberalen Projekts liegt mithin darin begründet, dass Frauen zunehmend prekär in den Arbeitsmarkt inte-

griert werden. Erwerbsarbeit wird „hausfrauisiert". Das „Hausfrauenda-
sein" wird aber nicht aufgewertet, man könnte sagen, männlich qualifiziert.
Die neue Normalität ist also eine Refamiliarisierung „ohne" Familie, eine
Reprivatisierung „ohne" Privatheit. Einst in der Familie eingebundene Personen, i.e. Frauen, werden aus der Familie entlassen. Personen, i.e. Männer, jedoch, ausserhalb der Familie plaziert, können oder wollen keinen
Weg in die Familie finden.

Zweitens: Allenthalben wird das „Ende des Staates" oder genauer: das
Ende des Nationalstaates gepredigt. Der Staat scheint flüssig, vor allem
aber überflüssig zu werden; man kann ihn nur noch „auf Bewährung"
zulassen (Wehner 1993). „Privatisierung" ist das Signum der *neuen Staatlichkeit,* die die Grenzen zwischen Staat und Markt neu zieht. Der Staat
solle sich aus dem Marktgeschehen zurückziehen, da staatliche Regulierung nicht nur den Wettbewerb verzerre, sondern auch gesellschaftlichen
Wohlstand nur noch unzureichend garantieren könne. Soziale Risiken wie
Krankheit, Altersruhe und Erwerbslosigkeit, aber auch Investitionen in die
gesellschaftliche Zukunft wie Bildung und Ausbildung werden privatisiert,
d.h. dem Regelungskompetenz des Marktes und der Individuen anheim
gestellt. Damit entsteht ein Paradox: Wenn der Staat „privatisiert", dann
zieht er sich aus spezifischen Bereichen der Privatheit zurück, dann wird
Privatheit „entstaatet".

Diese Grenzverschiebungen zugunsten des Marktes schränken den Raum des politisch Gestaltbaren ein, und Gemeinwohlvorstellungen wie die Geschlechtergleichheit geraten unter Individualisierungsdruck. Der Neuentwurf von Staatlichkeit erhält dadurch einen misogynen Schatten. Dieser kommt beispielsweise in der symbolisch-diskursiven Abwertung des „feminisierten" Wohlfahrtsstaates zum Ausdruck. Neoliberalismus als neuer Politikstil der Einengung des Politischen minimiert die Möglichkeiten, den weiblichen Lebensalltag politisch handelnd zu transformieren. Dieser wird vielmehr wieder privat eingehegt – in der Familie, in der weiblichen Biographie oder gar in der weiblichen Biologie. Reproduktionsarbeit beispielsweise wird beim Umbau des Sozialstaates zwar als gesellschaftlich nützliche Arbeit anerkannt, freilich bloß als weibliche „Zuarbeit" und im Kontext einer Strategie der doppelten Privatisierung – der Kommodifizierung oder Familiarisierung – dieser Arbeit.

Dem Neoliberalismus ist ein *dritter Privatisierungsdiskurs* eigen, der *soziale Staatsbürgerschaft neu definiert*. Ihre universelle Geltung wird schrittweise zurückgenommen. Privatisierung bedeutet in diesem Falle Individualisierung, aber auch „Naturalisierung". Staatsbürgerschaft soll aus einem vornehmlich ökonomisch definierten Lebenszusammenhang entstehen und kein grundrechtliches Gut mehr sein. Das neue Paradigma des Staatsbürgers lautet Effektivität und Konkurrenz. Die zukünftigen „NormalbürgerInnen" sollen keine sozialen Rechte mehr vom Staat einfordern, sie müssen sich vielmehr als selbstverantwortliche Individuen entwerfen (vgl. Bakker 1997: 67). Dies erscheint wie eine schlechte Wiederholung des männlich-liberalen Bürger-Entwurfs. Der besitzindividualistische Bürger ist zur „Ich-AG" mutiert.

Viertens: Eine weitere Form der Privatisierung ist die *Informalisierung von Politik* in den Substrukturen von Verhandlungsnetzwerken. Der Staat sei, wie Helmut Willke (1997) ausführt, in der Wissensgesellschaft längst ohne Zentrum und seiner Steuerungsleistung verlustig gegangen. Staatliche Institutionen sind nur noch Vermittler, aber nicht mehr die einzigen oder gar privilegierten Akteure im Politikprozess. Im „Verhandlungsstaat" verlieren demokratisch legitimierte Institutionen ihre primäre Zuständigkeit auf politische Problemdefinitionen und Lösungsstrategien an Netzwerke staatlicher Administrationen und starker gesellschaftlicher Gruppen. Die Zerschlagung der österreichischen Sozialpartnerschaft zeigt ein Janusgesicht: Sie ist die Wiedergeburt des Korporatismus, der allerdings die Akteure der „alten Zivilgesellschaft" wie Gewerkschaften und Arbeiterkammer auszuschließen droht.

Dieser Prozess der Entstaatlichung und Privatisierung von Politik zeitigt geschlechterpolitische Wirkungen: Nationale, freilich auch internationale Verhandlungsregime bedeuten eine Remaskulinisierung von Politik. Diese

Netzwerke sind darauf angelegt, sich als männerbündische Seilschaften zu bilden (Kreisky 1994). Dies ist eine neue Form der „Privatheit" in der Politik, die Repräsentationsorgane wie Parlamente schwächt, in die sich Frauen einen quotierten Zugang erkämpft haben. Die Entscheidungsfindung in Verhandlungssystemen erfolgt darüber hinaus meist unter Ausschluss der Öffentlichkeit. Mit einer Abschaffung der Öffentlichkeit ist aber in der Regel der Versuch verbunden, die geheimen Entscheidungsgremien sozial und geschlechtlich einheitlich zusammenzusetzen. Feministische Politik braucht mithin eine neue Strategie, um diese informellen Netzwerke zu entknüpfen.

Fünftens: Es war – trotz aller Ausschlussmechanismen – der Nationalstaat, in dessen Rahmen im Verlauf des 19. und 20. Jahrhunderts Demokratisierungsprozesse stattfanden und der eine partielle politische Inklusion von Frauen ermöglichte. Die *Aushöhlung wohlfahrtsstaatlicher Angebote* an sozialen Sicherungen, Bildung und Ausbildung zerstört traditionelle Orte und Formen von Frauenpolitik. Die Privatisierung staatlicher Verwaltungen bringt Frauen- und Gleichstellungspolitik in Bedrängnis, weil der „schlanke Staat" Gleichstellungsmaßnahmen – als bürokratische Maßregeln diffamiert und abbaut. Durch staatliche Deregulierung unter Sparzwang werden sich viele Gleichstellungsversprechen als das erweisen, was sie (bislang) waren: Papier ohne Leben. Gleichstellungspolitik degeneriert in der Folge zur Schadensbegrenzung, und aktive feministische Struktur- und Gesellschaftspolitik entweicht dem Denk- und Handlungshorizont.

3. Privatisierung öffentlicher Debatten in den USA – Ansichten aus dem Zentrum des Neoliberalismus

Wenngleich das neoliberale Paradigma sich in unterschiedlichen Systemen je spezifisch ausprägt, so können die praktischen Folgen des anschwellenden Privatisierungsdiskurses im Kernland des Neoliberalismus doch auch für Entwicklungen in Deutschland empfindlich machen: Die New York Times berichtete am 11. August 2001 über die Ergebnisse einiger Studien zu den Effekten der US-amerikanischen Welfare Reform von 1996 (vgl. Harden 2001). Eines der erklärten Beiprodukte dieser Reform war es, die Zahl alleinerziehender Mütter in den USA zu senken und Frauen wie Männer stärker in traditionelle Familienstrukturen einzubinden. Die fünf zitierten Studien stimmen überein, dass dieses Ziel insbesondere für die Gruppe der African Americans erreicht worden sei: Die Zahl der Kinder, die im Jahr 2000 in einem Elternhaus mit zwei Partnern aufwuchsen, ist um vier Prozent höher als 1995. Heute leben 43,1 Prozent aller schwarzen Kinder bei einer alleinerziehenden Mutter, gegenüber 47,1 Prozent im Jahr 1995. Bei hispanischen Kindern sank dieser Prozentsatz von 24,6 Prozent auf 21,3 Prozent. Der höhere Anteil an traditionellen Familienstrukturen ist, so stimmen die Analysen überein, vor allem Resultat der von der Clinton-Administration verabschiedeten veränderten Bezugsberechtigungen von Sozialleistungen. Die Initiatoren der Studie werten ihre Ergebnisse als Erfolg für die Stabilisierung von Familien und für die Rückkehr zu kindgerechten Erziehungssituationen. Diese mit dem Instrument wohlfahrtsstaatlicher Leistungen betriebene Refamiliarisierung übernimmt blind das traditionelle Konzept der Präferenz von Zwei-Eltern-Familien. Ob hingegen die Beziehungen, in denen Frauen nun wieder verstärkt Rückhalt suchen, durch Gewalt, sexuelle Ausbeutung, krisengerüttelte Beziehungsverhältnisse geprägt sind, wird nicht thematisiert. Privatheit wird nicht als Raum politisiert, in dem Frauen freie Entscheidungen darüber fällen können, in welcher Beziehung sie leben wollen. Statt dessen wird Privatheit als Ort und Struktur neu fixiert, die die zweigeschlechtliche Familie zum Kern hat.

Doch nicht nur sozial schwach gestellte Frauen werden im Neoliberalismus in traditionelle Beziehungsmuster zurückgedrängt. Auch unter gut ausgebildeten, ökonomisch unabhängigen und karriereorientierten Frauen produziert die neoliberale Wende in Ökonomie und Kultur einen „Rückfall". Am 16. Juli 2001 und am 13. August 2001 machten das deutsche Wochenmagazin „Der Spiegel" und das US-amerikanische Magazin „Newsweek" mit fast identischen Titelbildern auf: Beide zeigen eine attraktive hochschwangere Frau. Beide Titelseiten suggerieren ein Bekenntnis zu Mutterschaft und Kind. Zunächst scheint es jedoch, als wollten die beiden Titel gänzlich unterschiedliche Geschichten transportieren. Während „Der Spiegel" titelte: „Der neue Mutterstolz. Kinder statt Karriere" (vgl. Der Spiegel Nr. 29, 16.7.01), gab sich „Newsweek" wissenschaftlich mit der Überschrift „The Truth about Fertility. Why More Doctors are Warning that Science Can't Beat the Biological Clock" (vgl. Newsweek, 13. August 2001). Obwohl die Ausgangsthesen weit auseinander klaffen, verfechten beide Artikel die gleiche These: Das „Comeback der Mutter" (Spiegel) ist unaufhaltsam. Frauen entscheiden sich zunehmend, dass die Rolle der Vollzeit-Mutter dem unerquicklichen Spagat zwischen diversen Rollenanforderungen in der Öffentlichkeit und im Privatleben vorzuziehen sei. Während der „Spiegel"-Aufmacher die neue Mütterlichkeit zelebriert, warnt „Newsweek" Frauen davor, den Kinderwunsch all zu lange hinter der Karriere anzustellen: Die These wie sie in den vergangenen Jahren medial transportiert und wissenschaftlich unterfüttert worden ist, sei falsch, dass Geburten auch weit jenseits der Mittdreißiger noch problemlos seien. Frauen überschätzten das Alter, in dem ihre Fruchtbarkeit sinke, zitiert „Newsweek" einen der Spezialisten im Feld der Reproduktionsmedizin (Springer et al. 2001: 46). In der Konsequenz entwickeln diejenigen jungen Frauen heute adäquate Strategien, die – statt Leben und Arbeit kollektiv politisch zu verhandeln und neu zu kombinieren – den individuell privatistischen Ausweg wählen.

Nur am Rande tangieren beide Magazine die öffentlichen Aspekte jener privatisierten Entscheidungsfindung, wie zum Beispiel die ungenügende Situation der Kinderbetreuung und den damit verbundenen Stress, das persönliche Leben, Beziehungen und Erwerbstätigkeit unter einen Hut zu bringen. Viele Frauen interpretieren ihr Scheitern am Ideal der Vereinbarkeit von Beruf und Familie mehr oder weniger eingestanden als individuell verschuldet (vgl. Hochschild 1998). Eine objektive und gesellschaftlich systematisch reproduzierte Überforderung wird kollektiv privatisiert und als subjektives Versagen bearbeitet.

Marktförmig kommodifizierte spätmoderne Karrierefrauen, so die US-amerikanische Medienwissenschaftlerin Jean Kilbourne, repräsentieren kaum die vielfältigen Lebensszenarien von Frauen. Sie sind ausgefeilte Produkte einer maskulin dominierten Imaginations- und Werbemaschinerie (vgl. Kilbourne 1999: 152f.). Insbesondere der weibliche Körper ist heute „öffentlicher" denn je. Mit ihm wird für alles geworben, was werbefähig ist – vom Parfum über die Autobereifung und das adäquate Schreibutensil bis hin zur Männersocke. Die neoliberal zur Ware gemachte Weiblichkeit verlangt Frauen intensive individuelle Anpassungsleistungen ab. Eines der herausragendsten Beispiele ist der Zwang zur Schlankheit, der am männlichen Markt öffentlich erzeugt, von Frauen aber nur individualisiert erlebt wird. Angelika Bertrams hat gezeigt, dass bei essgestörten Frauen das Phantasma der Superfrau besonders wirksam ist. Es fungiert gleichsam als „historisch neue neurotische Antwort auf das frauenspezifische Dilemma zwischen Erwerbsarbeitsmarkt und kontrollierter Individualisierung" (Bertrams 1995: 234). In Essstörungen wird „das Dilemma des modernen Emanzipationsideals in Szene gesetzt, das wiederum durch das Phantasma der Superfrau emotional ‚aufgeladen' wird" (ebd.: 221). Essgestörte Frauen scheitern damit letztlich „an der individuellen Lösung der historischen Aufgabe der Emanzipation ihres Geschlechts" (Habermas 1989: 217). Sie scheitern an den als individuelle Anforderung erlebten marktförmigen Normierungen. Statistiken darüber, wie viele Frauen in spätmodernen Gesellschaften an Essstörungen leiden, variieren. Wissenschaftliche Berechnungen gehen für das Jahr 2000 von etwa 800.000 Betroffenen in der Bundesrepublik aus (vgl. Geo 2000) – in den USA ist der Anteil essgestörter Frauen an der Bevölkerung noch höher. Circa 15 Prozent der diagnostizierten und behandelten Fälle von Anorexie verlaufen tödlich (ebd.).

Kommodifizierung des weiblichen Körpers, Individualisierung von sozialer Sicherheit und Familiarisierung von Care-Arbeit sind die zentralen Privatisierungsformen neoliberaler Hegemonie, die mit einem – von der Politik beförderten und den Medien unterstützten – konservativen Familienbild ungerechte Geschlechterverhältnisse zur Privatsache erklären und somit staatliche Interventionen mit dem Ziel von mehr Gerechtigkeit zum öffentlich-politischen Nicht-Thema erklären.

4. Feministische Re-Formulierung von Privatheit und Öffentlichkeit: neoliberale Konsequenzen

Die „harte" Zeichnung geschlechterpolitischer Transformationen will auf die Notwendigkeit verweisen, den Raum frauenbewegter Intervention neu zu erfinden. Wir befinden uns nicht in post-patriarchalen Zeiten, wenn damit gemeint ist, dass Ungleichheit qua Geschlecht zunehmend unbedeutend oder von anderen Differenzen gleichsam „abgelöst" wird. Feministische Debatten können und sollten auf dieser Grundlage die Theorie und Praxis emanzipativer Politik wieder miteinander verbinden und einen neu bedachten Theorie- und Praxiszusammenhang konstituieren. Feministische Praxis ist mithin genötigt, Handlungsspielräume im vermeintlich automatisch ablaufenden Strudel von ökonomischer Globalisierung und reaktiver nationalstaatlicher Politik auszuleuchten.

Frauenpolitik sollte freilich nicht übersehen, dass es gerade Teil des neoliberalen Diskurses ist, existierende frauenpolitische Zusammenhänge, Widerstände und Widerständigkeiten zu negieren und zu verschweigen. Die Neuvermessung des politischen Raumes bedeutet nämlich nicht, dass weibliche politische Praxen verschwinden, nein: Sie werden zum Verschwinden gebracht. Nach wie vor aber ist der weibliche Alltag Quelle des Widerspruchs und des Widersprechens. Davon können Frauenbewegungen des Südens ein Lied singen. Frauenbewegung und Frauenpolitik des Nordens sind vielleicht aus der „heilen" Welt des Keynesianismus gefallen – aber nicht aus der Welt des Politischen. Feministische Handlungsperspektive könnte es sein, diese widersprüchlichen weiblichen Praxen sichtbar zu machen und zu politisieren. Dies ist nach wie vor ein Weg zu mehr Demokratie.

Gegen den Missbrauch von Privatheit *gegen* Frauen – sie im Privatisierungsdiskurs vom öffentlich-demokratischen Leben und von staatsbürgerlichen Rechten, vom Recht auf gleiche politische und ökonomische Partizipation auszuschließen, sie unter Verweis auf Heim/lichkeit auf eine gesellschaftliche Sphäre festzuschreiben – bedarf es einer positiven Neubestimmung von Privatheit. Das „Recht auf Privatheit bzw. Intimität" ist eine Bedingung für weibliche Freiheit (vgl. Eisenstein 1996; Allen 1996). Die feministische Reformulierung des Privaten muss also zwei Aspekte unterscheiden: erstens Privatheit als ein Menschenrecht auf Würde sowie körperliche und seelische Integrität; zweitens als die stets riskante und riskierte Freiheit von staatlichen Eingriffen.

Damit nicht beide Dimensionen Frauen ausschließen bzw. fixieren können, sollte das bipolare Muster von öffentlich und privat durch eine graduelle Sichtweise von Staat, Öffentlichkeit und Privatheit ersetzt werden. Privatheit ist kein der Öffentlichkeit entgegengesetzter Bereich. Sie umfasst Beziehungsmuster, die der öffentlichen Debatte entzogen sind – wenn auch nicht prinzipiell und immer . Die „Ver-Öffentlichung des Privaten" bedeutet dann nichts weniger, als die Handlungsmöglichkeit von Frauen und Männern einzuklagen, vor allem aber Institutionen und Kontexte zu schaffen, die dies ermöglichen. Der „Zerfall politischer Öffentlichkeit" erscheint nicht als Folge ihrer Privatisierung und Intimisierung, sondern als *Folge* der „Tabuisierung" von Privatheit in der staatlichen Öffentlichkeit. Die Re-Integration von privat und öffentlich ist, so gesehen, auch eine Strategie der feministischen Re-Formulierung einer Öffentlich-Politischen.

Literatur

Allen, Anita L. 1996: Privacy at home: The Twofold Problem, in: Hirschmann, Nancy J./Di Stefano, Christine (Hg.): *Revisioning the Political. Feminist Reconstructions of Traditional Concepts in Western Political Theory*, Boulder, S. 193-212
Bakker, Isabella 1997: Geschlechterverhältnisse im Prozeß der globalen Umstrukturierung, in: Braun, Helga/Jung, Dörthe (Hg.): *Globale Gerechtigkeit? Feministische Debatte zur Krise des Sozialstaats*, Hamburg, S. 66-73
Benn, Stanley I./Gaus, Gerald F. 1983: The public and the private: Concepts and action, in: Diess. (Hg.): *Public and Private in Social Life*, London et al., S. 3-27
Bertrams, Annette, 1995: Phantasma Superfrau – Sozialpsychologische Überlegungen zu heiklen Verwicklungen von Individualisierung und Bulemie, in: Dies. (Hg.): *Dichotomie, Dominanz, Differenz. Frauen plazieren sich in Wissenschaft und Gesellschaft*, Weinheim.
Brodie, Janine 1994: Shifting Boundaries: Gender and the Politics of Restructuring, in: Bakker, Isabella (Hg.): *The Strategic Silence. Gender and Economic Policy*, London, S. 46-60
Butterwegge, Christoph 1997: Globalisierung und die Refeudalisierung der Sozialpolitik, in: *spw. Zeitschrift für Sozialistische Politik und Wirtschaft*, H. 96, S. 38-41
Cohen, Jean L. 1994: Das Öffentliche und das Private neu denken, in: Brückner, Margit/Meyer, Birgit (Hg.): *Die sichtbare Frau. Die Aneignung der gesellschaftlichen Räume*, Freiburg, S. 300-326.
Eisenstein, Zillah 1996: Equalizing Privacy and Specifying Equality, in: Hirschmann, Nancy J./Di Stefano, Christine (Hg.): *Revisioning the Political. Feminist Reconstructions of Traditional Concepts in Western Political Theory*, Boulder, S. 181-192
Fraser, Nancy 1998: Sex, Lies, and the Public Sphere: Reflections on the Confirmation of Clarence Thomas, in: Landes, Joan B. (Hg.): *Feminism, the Public and the Private*, Oxford/New York, S. 314-337
Geo-Magazin, 2000: „Ess-Störungen: Auch Männer ernähren sich krank", in: Geo-Magazin zum Thema „Frau und Mann" Nr. 26.
Habermas, Tilman, 1989: *Heißhunger – Historische Bedingungen der Bulimia Nervosa*, Frankfurt/M..
Harden, Blaine 2001: 2-Parent Families Rise After Change in Welfare Laws, in: *New York Times*, 12.8.01, S. A1.
Hochschild, Arlie 1997: *The Time Bind, When Work Becomes Home and Home Becomes Work*, New York.
Kilbourne, Jean 1999: *Can't buy my love. How advertising changes the way we think and feel*, New York.
Kreisky, Eva 1994: Das ewig Männerbündische? Zur Standardform von Staat und Politik, in: Leggewie, Claus (Hg.): *Wozu Politikwissenschaft? Über das Neue in der Politik*, Darmstadt (Wissenschaftliche Buchgesellschaft), S. 191- 208
Rosenberger, Sieglinde 1998: Privatheit und Politik, in: Kreisky, Eva/Sauer, Birgit (Hg.): Geschlechterverhältnisse im Kontext politischer Transformation (PVS-Sonderheft 28), Opladen (Westdeutscher Verlag), S. 120-136.
Springer, Karen / Scelfo, Julie / Pierce, Ellise, 2001: Should You Have Your Baby Now? In: *Newsweek*, 13.8.01, S.40-48.
Wehner, Burkhard 1993: *Der Staat auf Bewährung. Über den Umgang mit einer erstarrten politischen Ordnung*, Darmstadt
Willke, Helmut 1997: *Supervision des Staates*, Frankfurt/M.

Anmerkungen

1) „Privat" im ursprünglichen Wortsinn bedeutet (öffentlicher Möglichkeiten) „beraubt".
2) Dies hat Nancy Fraser (1998) an der Auseinandersetzung um die Thomas vs. Hill-Affäre deutlich gemacht.

Dieter Prokop

Ist das nächste Ziel der Neoliberalen die Abschaffung der Meinungsfreiheit?

(Bearbeitete Fassung aus Dieter Prokops Buch: Die Unzufriedenheit mit den Medien. Das Theoriebuch der neuen kritischen Medienforschung, Hamburg 2002. Es handelt von einem fiktiven Medienkongress.)

Forum Medienpolitik

Der Moderator: „Meine Damen und Herren, wir haben heute ein Hauptthema: die Frage, ob das Grundgesetz noch den Erfordernissen unserer funktional differenzierten, neuzeitlichen Wissens- und Mediengesellschaft gerecht wird. Im Grundgesetz der Bundesrepublik Deutschland von 1949 steht bekanntlich: ‚(1) Jeder hat das Recht, seine Meinung in Wort, Schrift und Bild frei zu äußern und zu verbreiten und sich aus allgemein zugänglichen Quellen ungehindert zu unterrichten. Die Pressefreiheit und die Freiheit der Berichterstattung durch Rundfunk und Film werden gewährleistet. Eine Zensur findet nicht statt. (Art. 5).‘
In die Debatte ist vor allem der zweite Satz geraten. Die Frage ist, ob der damit garantierte spezielle Schutz der Rundfunkfreiheit – und der Filmfreiheit – angesichts neuer Informations- und Kommunikationstechniken wie der Digitalisierung, der damit gegebenen Frequenzenvielfalt, der Vielzahl von Kanälen, und angesichts des Internet noch erforderlich ist. Wir freuen uns, dass der Herr Ministerpräsident die Zeit fand, seine Auffassung hier auf diesem Forum in einem Impulsstatement darzulegen (Beifall). Dann haben wir ein Statement der Vertreterin des Verbands der Medienkonzerne und danach einen kurzen medienjuristischen Vortrag. Dann die Diskussion. Aber zunächst, bitte Herr Ministerpräsident."

Der Ministerpräsident: „Nutzung der Chancen, nicht unter Vernachlässigung der Risiken, das muss unsere Devise sein. Deshalb sollte man den Schutz der Meinungsfreiheit durch Konzentrationskontrolle nicht überbewerten. Es ist nicht nachzuvollziehen, dass Monopole von Medienkonzernen so schlimm sein sollen."

Einer im Publikum: (leise zum Nachbarn) „Weil sie weniger Qualität bieten, die Preise überhöhen und Meinungsfreiheit einschränken, was denn sonst?"

Der Ministerpräsident: „Es nützt nichts, wenn man die Marktkräfte verteufelt. Es gibt keine Alternative. Politiker und die Konzerne sind schon lange nicht mehr auf gleicher Augenhöhe. Banken, Versicherungen, Automobilkonzerne fragen nicht beim Bundeskanzler nach, ob und mit wem sie sich zusammentun sollen. Außerdem verfügen sie über Drohpotenziale, sie können mit der Verlagerung von Standorten ins Ausland drohen. Auch das Mediensystem ist außer Kontrolle der Politiker. Ich bin nicht prinzipiell gegen eine Kontrolle von Monopolen, aber man muss im Einzelfall prüfen, ob das jeweils sinnvoll ist. Die medientechnische Evolution darf nicht abgebremst werden. Wir müssen da einen flexiblen Rahmen fahren. Schließlich schaffen die kommerziellen Medienunternehmen Arbeitsplätze. Wir brauchen bezifferbare Erfolge, und deshalb muss die Medienwirtschaft ebenso gefördert werden wie die Meinungsfreiheit – und vielleicht noch mehr. Wir dürfen da keine Optionen von vornherein ausschließen. Wenn wir den in unserem Bundesland ansässigen Medienkonzern – einen der größten der Welt – fördern, verhindern wir immerhin, dass sich auch hier die weltweite Latifundienwirtschaft von AOL-Time Warner ausbreitet.

Außerdem kann man Meinungsfreiheit schützen, indem man die Medienkompetenz in den verschiedenen sozialen Milieus unserer hochdifferenzierten Gesellschaft fördert. Wir müssen die Nutzer qualifizieren, sich eigene Medienwelten zu konstruieren."

Der Moderator bittet um das nächste Statement.

Die Vertreterin des Verbands der Medienkonzerne: „Wir, die privaten Medienunternehmen, verfolgen keine gemeinnützigen Zwecke. Ethische Fragen der Meinungsfreiheit, Qualität und Vielfalt zu erörtern, ist nicht unsere Aufgabe. Ebenso ist die im Grundgesetz Art. 14, Abs. 2 festgelegte Allgemeinwohlbindung des Eigentums eine Frage von Moral und Ethik, und dafür sind wir nicht zuständig, das ist für uns kein Thema.

Der Medienmarkt heute ist ein Angebotsmarkt. Es wird viel Neues erfunden. Das Ergebnis sind kreative wie problematische Produkte. Aber wir, die Privaten, sind uns unserer Verantwortung durchaus bewusst. Wir wollen Angebotsvielfalt gewährleisten. Und wir machen auch die ‚Freiwillige Selbstkontrolle'. Wir wollen den Branchencodex und die Selbstkontrolleinrichtungen. Wir können stolz auf unsere Medien sein.

Dafür verlangen wir allerdings die Abschaffung aller Regulierungen. Die Regulierung und Lizensierung von Sendern ist nicht mehr gerechtfertigt. Die beste Regulierung haben wir, wenn der Markt sich selbst reguliert."

Der Moderator gibt das Wort an den nächsten Referenten weiter.

Der neoliberale Medienjurist: „Es gibt einen allgemeinen Konsens darüber, dass ‚Informationsfreiheit' und ‚Meinungsfreiheit' Begriffe aus dem 18. Jahrhundert sind, die in der heutigen komplexen, fragmentierten, segmentierten Wissens- und Mediengesellschaft überflüssig sind.

Der Politikbetrieb hat sich gewandelt, die Politiker suchen jetzt den plebiszitären Schulterschluss mit dem Publikum. Der ‚Medienkanzler' hat die alte parlamentarische Öffentlichkeit abgelöst. Wir haben heute ein neues, präsentatives Öffentlichkeitssystem, eine Art demokratische Fürstenherrschaft, die auf Fernsehlegitimität basiert. Angesichts des Trends zur Entertainisierung, Boulevardisierung, Entpolitisierung ist das alte Konzept einer institutionell und funktional gesicherten Konsensmaschinerie des Publizitären obsolet geworden. Durch Personalisierung, Skandalisierung und story-creating vermitteln die Medien heute eine ebenso erregende wie abstrakt bleibende Weltzeitgenossenschaft. Wegen ihrer Inhaltsleere und Gefühlsbetontheit können die medialen Zeichen heute kein Mittel der Meinungsbildung, das heißt des Räsonierens mehr sein."

Der im Publikum: (zu seinem Nachbarn) „Dieses ewige Geleier, diese endlosen neoliberalen Gebetsmühlen!"

Der Nachbar: „Das ist die Wiederkehr der Gespenster der Gegenaufklärung."

Der neoliberale Medienjurist: „Politik wird *im Fernsehen* legitimiert, mittels *Bildern.* Hierbei gibt es nur Ströme von Bildern und Klängen. Das Bild schlägt das Auge in seinen Bann.
Der Emotionalität der ikonischen Zeichen entspricht ein Publikum, das eher emotional reagiert und im Bewusstsein fragmentiert ist. Wie uns Systemtheorie und Cultural Studies lehren, entnehmen unterschiedliche soziale Milieus den Medienprodukten ganz unterschiedliche Verständnisse. Deshalb hat sich heute der Journalismus in kontextuell variierende Sichtweisen aufgelöst. Es ist daher elitär und anmaßend, wenn sich heute noch Kritiker erdreisten, öffentlich für alle sprechen zu wollen. Publizistische Öffentlichkeit ist in der individualisierten Vielfalt und Relativität sozialer Milieus implodiert.
Unser Vorbild sollte Carl Schmitt sein, der schon 1932 sagte, dass im gefühlsmäßigen Freund-Feind-Verhältnis das Politische zu sich selbst kommt. Politik ist Feindschaft. Der Feind ist der andere, der Fremde. So verhalten sich heute auch die Menschen in ihren subkulturellen Milieus: Sie grenzen sich von anderen ab. Schmitts Ausführungen waren die Geburtsstunde aller heutigen Auffassungen darüber, dass die res publica in der neuzeitlichen Kultur keinen festen Ansatzpunkt mehr besitzt. Darüber sollten wir uns nicht scheuen, neu nachzudenken."

Der im Publikum: (zu seinem Nachbarn) „Der schämt sich nicht, diesen Befürworter der Diktatur, diesen Nazi-Staatsrechtler als Vorbild darzustellen."

Der Nachbar: „Ob viele Medienjuristen seiner Meinung sind?"

Der neoliberale Medienjurist: „Da mittels der Medien keine rationale öffentliche Diskussion mehr möglich ist, kann Art. 5 Abs. 1, Satz 2 des Grundgesetzes, der die Freiheit der Berichterstattung gewährt, vernachlässigt werden."

Der im Publikum: (zum Nachbarn) „Der vergisst, dass im Grundgesetz ‚gewährleistet' und nicht ‚gewährt' steht. Freiheit der Meinungsbildung wird nicht ‚gewährt', sondern sie ist ein unveräußerliches Recht der Menschen."

Der Nachbar: „Das könnte selbst durch eine Bundestagsmehrheit nicht abgeschafft werden, das ist ein Grundrecht. Wer das abschaffen will, ist ein Verfassungsfeind."

Der neoliberale Medienjurist: „Angesichts der Segmentierung des Publikums darf die massen-demokratische Öffentlichkeit nicht mehr als einheitlicher Raum der auf die res publica bezogenen Meinungsbildung gedacht werden. Die neuzeitlichen Unterhaltungsmedien müssen in einem geänderten Grundgesetz auf die Berücksichtigung und Pflege des Facettenreichtums der kulturellen Überlieferungen beschränkt werden."

Der Moderator: „Ich eröffne die Diskussion und möchte alle im Publikum einbeziehen."

Der öffentlich-rechtliche Fernsehjournalist: „Herr Ministerpräsident, Sie finden Monopole nicht so schlimm, und Sie wollen die Medienkompetenz fördern, die Nutzer qualifizieren, damit sie sich eigene Medienwelten konstruieren. Aber was gibt es noch zu konstruieren, wenn kommerzielle Medienkonzerne auf allen Kanälen nur noch niveaulose Billigproduktionen anbieten?"

Der Ministerpräsident: „In der modernen Wissens- und Informationsgesellschaft muss es einen Brückenschlag zwischen wirtschaftlichen Interessen und der demokratischen Kontrolle von Macht geben. Die Förderung von Medienkompetenz ist ein solcher Brückenschlag."

Der öffentlich-rechtliche Fernsehjournalist: „Wenn der Medienkonzern seine Informationssendungen reduziert oder auf Sensations-News umstellt, wird Medienkompetenz nur noch darin bestehen, dass jeder weiß, mit wem es die Reichen und Schönen gerade treiben. Halten Sie das noch für Meinungsfreiheit?"

Der Ministerpräsident: „Der Unterhaltungsdruck lastet doch auf uns allen. Die Unterhaltungsfalle ist ein Zirkel, eine Spirale. Deshalb wollen wir, dass die Nutzer qualifiziert werden. Medienwirtschaftspolitik muss durch Medienbildungspolitik ergänzt werden. Das Subsidiaritätsprinzip, also die Selbstverantwortung kleiner Gemeinschaften, muss hier greifen. Die Menschen sollen Subjekte der Mediennutzung werden. Wir müssen uns vermehrt um die Familien kümmern und in den Familien Medienkompetenz, die Selbstverantwortlichkeit des Einzelnen fördern."

Der im Publikum: (leise) „Und die Verantwortlichkeit der Konzerne nicht mehr erwähnen."

Der Ministerpräsident eilt zum nächsten Termin.

Der Pädagoge im Publikum: „Also, ich möchte vorausschicken, dass alles, was ich sage, freundlich gemeint ist. Aber jetzt muss ich leider ein wenig polemisch werden, ..."

Ein Student: (leise zum Nachbarn) „Warum macht der das so umständlich?"

Der Nachbar: „Weil Kritik nicht politisch korrekt ist. Kritik gilt als Aggression. Korrekt ist es, sanft verstehend auf den Anderen zuzugehen."

Der Pädagoge im Publikum: „ ... mit einer Frage an die Vertreterin der Medienkonzerne. Sie sagen, dass Sie sich Ihrer Verantwortung bewusst sind und deshalb Ihren Branchencodex und Ihre Selbstkontrolleinrichtungen eingeführt haben. Aber wenn Sie sich verpflichten, im Fernsehen anzugeben, welche Filme und Sendungen *für Jugendliche* unter 16 Jahren nicht geeignet sind, können Sie *um so mehr* Sex- und Gewaltfilme *für Erwachsene* zeigen. Und dafür verlangen Sie die Abschaffung des Schutzes der Meinungsfreiheit?"

Die Vertreterin des Verbands der Medienkonzerne: „Wir wollen unsere Pflichten erfüllen. Aber wir haben auch Verantwortung für die Arbeitsplätze unserer Mitarbeiter. Im Übrigen stimme ich, was die Förderung von Medienkompetenz betrifft, dem Herrn Ministerpräsidenten zu, und ich möchte das auch auf Werbekompetenz ausgeweitet wissen. Vor allem Kinder müssen viel Werbung sehen, damit sie lernen, mit Werbung umzugehen. Auch hier ist ein Vorbildhandeln der Eltern notwendig, deren Aufgabe es ist, Kinder verantwortungsvoll an Werbung heranzuführen."

Der Moderator zeigt auf den nächsten Redner.

Der junge Medienökonom: „Ich möchte dem Herrn Medienjuristen zustimmen und dessen Ausführungen aus wettbewerbstheoretischer Sicht ergänzen.
Wir müssen uns hüten, Wissens-Anmaßung zu machen. Wir wissen doch eigentlich nichts. Ich weiß nicht, was Vielfalt ist. Ich weiß nicht, was Qualität ist. Hierzu gibt es nur dogmatische Antworten. Der einzige nicht dog-

matische Prozess ist der Wettbewerbsprozess. Als Problemlösungsverfahren stellt der Markt das einzige schöpferische Moment dar. Der Markt ist klüger als der Mensch."

Ein Unbekannter im Publikum: „Sie wissen wohl auch nicht, was Demokratie ist?"

Der junge Medienökonom: „Die Privatwirtschaft kann die Dinge besser ordnen als der Staat."

Der Unbekannte: „Ist denn nicht wohlfahrtsstaatliche Planung, sind nicht demokratische Einrichtungen wie die öffentlich-rechtlichen Anstalten der bessere Lernprozess? Hat man je von einem Medienökonomen gehört, der das öffentlich-rechtliche System für besser, menschenwürdiger, freiheitlicher hält als das kommerzielle? Oder das Parlament für demokratischer als den Markt?"

Der junge Medienökonom: (lächelnd) „Trotz Ihrer normativ geprägten Polemik – sie ist so rührend altmodisch – halte ich daran fest: Wettbewerb ist ein Entdeckungsverfahren, ein Markt für Ideen, Theorien, Ansichten, Ideologien. Ein Schutz der Meinungsfreiheit durch das öffentlich-rechtliche Prinzip verhindert den Wettbewerb, er schützt lediglich die *vorhandene, eingespielte* Meinungsvielfalt. Der im Grundgesetz in Art. 5, Abs. 1, Satz 2 verankerte Schutz der Rundfunkfreiheit *verhindert* gerade den unbeschränkten Wettbewerb der Meinungen.
Das Bundesverfassungsgericht hat hier ein viel zu *objektivrechtliches* Verständnis von Rundfunkfreiheit. Es will die geschlossene Gesellschaft. Das Problemlösungspotenzial des wettbewerblichen Neuerungsprozesses kann sich so nicht entfalten. Die individuelle Freiheit wird eingeschränkt.
Wir sind eine offene Gesellschaft. Die Sicherung individueller Freiheitszustände braucht keinen Schutz durch den Staat, keinen planenden Gestalter der Gesellschaft."

Der Unbekannte: „Sie meinen, dass Freiheitsrechte keines Schutzes durch den Staat bedürfen? Was sagen Sie dazu, dass die WTO, die World Trade Organization, im Rahmen der Verhandlungen über TRIPS, Trade-Related Aspects of Intellectual Property Rights, ein weltweites polizeiliches Wohnungsdurchsuchungsrecht diskutiert, um Verletzungen des Copyrights durch Internet-Nutzer kontrollieren zu können? So berechtigt das Copyright ist – das wäre eine Verletzung jedes individuellen Freiheitsrechts."

Der junge Medienökonom: (unbeirrt) „Ein Mediensystem muss offen auch gegenüber neuer Meinungsvielfalt sein. Wir brauchen ein *subjektivrechtliches* Verständnis von Meinungsfreiheit, nach welchem der Prozess der ökonomischen Leistungserstellung geschützt wird. Es muss gesichert werden, dass alles von allen versucht werden kann. Wir haben in der neueren Medienökonomie ein ergebnisoffenes Wettbewerbsverständnis."

Der Unbekannte: „Das Ergebnis kann ich Ihnen jetzt schon sagen: Die Kapitalkräftigsten setzen sich durch und machen die Kapitalschwachen platt."

Der junge Medienökonom: „Natürlich ist dieser Lernprozess ungleichgewichtig. Gerade das Ungleichgewicht treibt den Lernprozess voran."

Der Moderator zeigt auf den nächsten Diskussionsredner.

Der öffentlich-rechtliche Fernsehjournalist: „Auch ich möchte etwas zum Statement des Herrn Medienjuristen sagen. Sie meinten, dass heutzutage Bilder nur Emotionales transportieren. Wir Fernsehjournalisten versuchen jedoch, mittels Bildern unsere Zuschauer aufzuklären. Wir zeigen reale politische und gesellschaftliche Auseinandersetzungen – mittels Bildern."

Der neoliberale Medienjurist: „Bilder sind niemals ein Abbild der Realität, es sind immer Konstruktionen."

Der öffentlich-rechtliche Fernsehjournalist: „Das brauchen Sie mir nicht zu erklären. Dass wir immer nur *abbilden* wollen, ist ein Vorurteil. Das wäre kein Journalismus, wenn man Realität abbilden würde, was auch kaum möglich wäre. Wir inszenieren mittels Bildern. Wir zeigen jedoch Bilder, in denen *reale* Auseinandersetzungen anschaulich werden. Wir zeigen in unseren Bildern das Wichtige, das Entscheidende."

Der Postmoderne: „Verzeihen Sie, wenn ich mich einmische, aber das ist zu altmodisch. Im Zeitalter der digitalen Bild-Erzeugung, der Übersetzung jedes Bildpunkts in berechenbare Pixel, wird das traditionelle Verhältnis zwischen Bild und Abbild ins Paradox der Bilder ohne Vorbilder verkehrt. Angesichts der technischen Möglichkeiten spurenloser Bildbearbeitung wird unser naives Vertrauen in die Repräsentationsleistung der technisch hergestellten Bilder von Grund auf erschüttert."

Der öffentlich-rechtliche Fernsehjournalist: „Bilder konnten immer schon manipuliert werden. Die Kirchenbilder von Mariä Himmelfahrt waren doch wohl kein Abbild realer Vorgänge! Und Fotos konnten immer schon retuschiert werden. Warum soll also durch das bisschen Digitalisierung – was bloß eine Technik ist – sich alles von Grund auf ändern?"

Der Postmoderne: „Da die digitale Technik unbewusst direkt in das neuronale Nervensystem einwirkt, ist den Journalisten energisch zu raten, künftig ohne Vokabeln wie ‚Wahrheit‘, ‚Objektivität‘, oder ‚Faktizität‘ auszukommen. Denn durch die Pixelstruktur verliert das Bild eine referenzielle Abbildfunktion und auch seine Repräsentationsfunktion und übernimmt Indikatorfunktion mit emotionalem Mehrwert."

Der neoliberale Medienjurist: „Bilder wirken nur auf emotionaler Ebene. Bilder zielen direkt ins kollektive Nervensystem."

Der öffentlich-rechtliche Fernsehjournalist: „Also, *unsere* Bilder zielen nicht in sowas – was soll denn das sein, ein ‚kollektives Nervensystem'? Wer hat sowas schon einmal gesehen? *Unsere* Bilder klären die Leute auf. Wir zeigen Realität, und das in konzentrierter, zugespitzter Form. Wir sind unabhängige Journalisten! Mit ein paar Pixel und Neuronen werden wir schon fertig."

Der Moderator gibt dem Nächsten das Wort.

Einer aus dem Publikum: (zum Medienjuristen) „Ich möchte Sie fragen, wie Sie das mit der ‚Pflege des Facettenreichtums der kulturellen Überlieferungen' meinen. Also: So wie die Bauern, statt Fleisch, Milch und Käse zu produzieren, zu Landschaftspflegern werden sollen, sollen die Medien, statt Informationen und Hintergrundberichte zu produzieren, die Landschaften des Volksbrauchtums pflegen. Ist das richtig? So wie die *Hitparade der Volksmusik* das tut? Die Alpenländler, die keine landwirtschaftlichen Güter mehr produzieren, sondern jetzt Touristen mit ländlichem Volksgesang unterhalten, sollen die vielleicht sogar im Fernsehen privilegiert werden?"

Der neoliberale Medienjurist: (leicht sauer) „Es geht primär um die Pflege der sozialen Milieus, in die unsere Gesellschaft segmentiert ist."

Der kritische Medienforscher: (ruft dazwischen) „Wer segmentiert denn da?"

Der neoliberale Medienjurist: „Ich möchte lediglich die kulturelle Reproduktion der Gesellschaft schützen. Ich fordere lediglich, dass im Grundgesetz nicht mehr die Freiheit der Berichterstattung, sondern die Toleranz für Heterogenität und die Erhaltung des Strukturreichtums sozialer Milieus garantiert werden soll."

Der kritische Medienforscher: „Das klingt so schön demokratisch, aber das ist ungeheuerlich, was Sie da fordern! Sie verlangen, dass sich das Publikum gefälligst in nach Zielgruppen sortierte Untertanen zu verwandeln hat. Sie fordern praktisch einen Staatsschutz für kommerziell produzierte SINUS-Milieus. Sie wollen der Demokratie die Substanz entziehen, da demokratische politische Willensbildung keine Bedeutung mehr hat, wenn kommerzielle Sozialtechnik – zu der, so unterstellen Sie, es keine Alternative gibt, weil das ‚Wissenschaft' sei – ‚nachweist', dass die Menschen heute ohnehin in der Idiotie ihrer Subkulturen vegetieren. Sie verlangen eine grundgesetzlich verankerte Schwächung der Demokratie!"

Der Systemtheoretiker: „Sie sind ein Andersdenkender. Sie gehören nicht in den Kontext des Teilsystems, das Sie kritisieren."

Der kritische Medienforscher: „Ich gehöre zu jenem Teilsystem, das man Wissenschaft nennt. Wissenschaft darf nicht die Klassifikation des Publi-

kums nach Kaufkraft-Milieus, wie das die kommerzielle Werbungsforschung macht, mit der Realität verwechseln. Die Einteilung der Welt in einen Zoo von Zielgruppen und sozialen Milieus ist keine Wissenschaft, sondern kommerzielle Propaganda, entworfen zur Akquisition von Werbeaufträgen."

Der Cultural Studies-Wissenschaftler: „Sie sehen das falsch. Subkulturpolitik ist Identitätspolitik. Identitätspolitik ist Politik der Selbstverwirklichung, und jene ist Politik in den postmodernen Dimensionen der Differenz und des Hybriden."

Der kritische Medienforscher: „Und die Subkulturen dürfen sich dann in Freund-Feind-Verhältnissen emotional abgrenzen. Jeder in seinem Zoo-Käfig."

Der Cultural Studies-Wissenschaftler: „Auch für Habermas ist Politik die Anerkennung der Differenz des Anderen."

Der kritische Medienforscher: „Wenn Politik nur noch die in emotionalen Verhältnissen sich abgrenzenden Subkulturen fördert, entfällt der grundgesetzliche Schutz des solidarischen Diskurses über die Vernünftigkeit der gesellschaftlichen Gesamtordnung. Damit entfällt die rechtliche Absicherung der Anerkennung des Anderen. Es ist erstaunlich, wie Ihr Kulturalismus Ihnen hierfür den Blick verstellt."

Der neoliberale Medienjurist: „Es gibt keinen solidarischen Diskurs. Im Anschluss an Carl Schmitt sage ich nochmals: Politik ist Kampf."

Der kritische Soziologe: „Und wie passt das zu Ihrer Forderung nach Toleranz für Heterogenität?"

Der kritische Medienforscher: (zum positivistischen Medienjuristen) „Dass Politik real immer Kampf ist, ist sicher richtig. Aber Sie präsentieren uns den bekennenden Nazi-Staatsrechtler Carl Schmitt. Bei dem bekämpfen sich Völker, in absoluten Freund-Feind-Beziehungen; oder der totalitäre Staat bekämpft Teile der Bevölkerung, die er als innere Feinde definiert hat, zum Beispiel Demokraten. Wir leben aber in der Demokratie.

Auch in einer Demokratie gibt es Kämpfe – aber das sind *deliberative* Kämpfe! Wenn es verbindliche Strukturen gibt, die Konfliktparteien zum Diskurs und zum Verhandeln veranlassen, werden politische Kämpfe kanalisiert; der Andere wird einbezogen."

Der neoliberale Medienjurist: „Es gibt Medienkanzler, die wie Fürsten handeln. Es gibt keine solidarischen Diskurse."

Der kritische Medienforscher: „Sie greifen sich die Extremfälle heraus und erheben sie zum Naturgesetz. Der Autoritarismus von Bundeskanzlern und Fraktionsvorsitzenden, die ihre Parteibasis disziplinieren, ergibt noch kein Naturgesetz. Nach demokratischem Verständnis können sich die verhandelnden Parteien – außer- und innerparteilich – bekämpfen, aber nicht als totale Feinde. Sie müssen zumindest die Gleichwertigkeit aller Argumente anerkennen. *Das ist der demokratische Begriff des Politischen.* Wer diesen demokratischen Politikbegriff anerkennt, muss vom Staat die ständige Prüfung der Legitimität von Herrschaft verlangen.

Sie dagegen stilisieren, in Anschluss an Carl Schmitt, den Staat als Einheit. Bei Ihnen soll der Staat zwar tolerant die Subkulturen und sozialen Milieus schützen. Das scheint Schmitt zu widersprechen, der jeden Pluralismus als dem Staat ‚wesensfeindlich' ansah. In Wirklichkeit sagen Sie bloß statt Volk ‚soziale Milieus' und meinen damit nicht mehr als eine Untergliederung, so wie sich einst das ‚Volk' in Volksstämme gliederte. Wenn Sie ‚Pluralismus' sagen, meinen Sie eigentlich ‚deutsche Volksstämme'! Sie beharren weiterhin auf Schmitts totalitärem Staatsbegriff – dem Staat als Kampfgemeinschaft ‚des Volkes' gegen seine Feinde – denn auch Ihr Staat behandelt die Demokraten, die nicht ruhig in ihren sozialen Milieus verharren wollen, als Volksfeinde und Staatsfeinde. Sie ersetzen also Schmitts konstruktivistisch begriffenen Ethno-Nationalismus durch einen ebenso konstruktivistischen *Milieupflege-Etatismus.* Den Willen des Volksgeistes ersetzen Sie durch die Gefühlswelt von Subkulturen. Die brauchen sich nicht einmal mehr als Volk zu versammeln, deren Stimmungen kann man auch über Meinungsumfragen oder Internet-Abstimmungen eruieren.

Aber das ist kein demokratischer Staat! Im demokratischen Staat bestehen die politischen Kämpfe in *öffentlich* ausgetragenen, *demokratisch* zu entscheidenden Konflikten, mit dem Ziel der Konsensherstellung. Deshalb braucht man strukturelle Verfahren, die eine *diskursive Öffentlichkeit* absichern, und dazu braucht man das Grundrecht der Informations- und Meinungsfreiheit, die Medienfreiheit, die das Grundgesetz vorsieht – und die Sie für überflüssig erklären. Es ist erstaunlich, dass man das heute, mehr als 50 Jahre nach Einführung des Grundgesetzes, noch jemandem erklären muss!"

Der Medienökonom: „Was Sie da vertreten, ist eine Kantische Prinzipienmoral, wie sie von Nietzsche längst dekonstruiert wurde. Ich möchte dem eine neue Moraltradition entgegensetzen, die kulturalistische, wie sie der Kommunitarist Charles Taylor entwickelte. Er hat diese Theorien, in denen ein Subjekt etwas Inneres einem Äußeren entgegensetzt, diese Innen- / Außen-Konzeptionen – kurz I/A – ein für allemal begraben. Mit diesem I/A hat er ein für allemal kurzen Prozess gemacht. Für ihn ist Moral in den Umgang mit den Dingen eingebettet, in das ‚gewöhnliche Zurechtkommen'. Moral ist lediglich ein ‚aufgeladener Sinnhorizont', eine Ethik der Lebensführung, des guten Lebens, und da gibt es nun einmal multikulturelle Gemengelagen. Deshalb können die Medien heute nur noch pluralistische Repräsentanten von Milieu-Moral, von Life Politics sein."

Der kritische Soziologe: „Es ist richtig, dass es vorsprachliche Erfahrungen gibt, die von unserer jeweiligen Umgebung geprägt sind. Ihr Fehler ist jedoch, dass Sie annehmen, in der Umgebung eines Menschen entstünde nur pluralistischer Relativismus. Das ist falsch. Es entsteht auch universelle Wahrheit – und damit auch die Fähigkeit, verlogene Legitimationen von Herrschenden zu durchschauen."

Der Systemtheoretiker: „Ich sehe nicht, was sich an den Lebensverhältnissen der Menschen dadurch ändern ließe, oder wie sich die Menschen dadurch bilden ließen, dass man die universelle Wahrheit der Geltungsbegründungen von Herrschenden oder von sonst jemandem diskutiert und auf vernünftigen Konsens zu bringen sucht. Diese Frage und solches Vorgehen ist nicht nur ineffektiv, es ist gleichsam ‚out of Step' mit der gesellschaftlichen Realität."

Der öffentlichrechtliche Fernsehjournalist: „Sagen Sie das mal einem Ausländer ins Gesicht, der von Neonazis zusammengeschlagen wurde!"

Der Systemtheoretiker: „Sie müssen anerkennen, dass heute die Parlamente die politische Integration der Bürger nicht mehr leisten können. Hier übernehmen die Medien eine integrative Funktion. Integration bedeutet, dass das Bewusstsein der Zugehörigkeit der Individuen, Gruppen und Organisationen zu einem übergeordneten Teilsystem, dem der Politik oder der ‚Gesellschaft', hergestellt wird. Die Integration eines Elements ist vollzogen, wenn seine Stellung in der ‚Gesellschaft' festgelegt ist und sowohl von ihm als auch von anderen Elementen des Systems akzeptiert wird. Die zunehmende Ausdifferenzierung moderner Gesellschaften, das Auseinanderfallen in Teilsegmente, das alles macht es erforderlich, dass die Massenmedien einen integrativen Leistungsbeitrag erbringen. Er besteht darin, dass die Massenmedien durch die Vorgabe eines pluralistischen thematischen Horizonts ein Milieubewusstsein erzeugen. Das führt dazu, dass die Menschen zwar pluralistisch denken, aber zugleich die Beschränktheit ihrer Milieugeprägtheit akzeptieren."

Der Fernsehjournalist: „Wenn Sie sagen, dass die Medien einen pluralistischen thematischen Horizont vorgeben – das stelle ich mir so vor: Die Medien berichten über die Gegner des Sozialabbaus in der SPD und bei den GRÜNEN. Die GRÜNEN dramatisieren, dass sie schwer mit sich ringen, innerlich zerrissen sind und so weiter."

Der Systemtheoretiker: „Bedenkenträger haben die Funktion, im Medienpublikum ein Milieubewusstsein zu erzeugen und alle dazu zu veranlassen, pluralistisch zu denken."

Der Fernsehjournalist: „Dann zeigen die Medien, wie die GRÜNEN für den Sozialabbau stimmen."

Der Systemtheoretiker: „Das hat die Funktion, das Medienpublikum dazu zu veranlassen, es beim pluralistischen Denken zu belassen und die *faktische* Beschränktheit ihrer jeweiligen Milieugeprägtheit zu akzeptieren."

Der Fernsehjournalist: „Die Funktion der Medien sehen Sie also darin, dass sie ein bisschen pluralistische Inszenierung bieten, aber faktisch zur Akzeptanz bestehender Machtverhältnisse beitragen."

Der Systemtheoretiker: „Das ist die Funktion der Medien in einem pluralistischen System. Und nicht nur der Medien, sondern auch der Parteien selbst. Sie sind systeminterne Monitore. Sie erfüllen integrative Funktionen, indem sie potenzielle Störungen der funktionalen Differenzierung des Systems verhindern. Deshalb ist es dysfunktional, wenn Journalisten oder kritische Theoretiker die Welt nach irgendwelchen Optimierungen absuchen und irgendwie eingreifen wollen. Es genügt, dass das System robust genug ist, alle Kritik zu überstehen."

Der Fernsehjournalist: „Das ist keine Demokratie."

Der Systemtheoretiker: „Das ist die hochkomplizierte Sachgesetzlichkeit des Systems."

Die junge Medien-Betriebswirtschaftlerin: „Ich halte Ihre ganze Debatte für veraltet, sag ich jetzt mal. Ich möchte dagegenhalten, dass uns heute das Internet die Möglichkeit gibt, Konsumenten zu Prosumenten zu machen, zu aktiven Sendern, sag ich mal, und damit zu echter Demokratie. Brechts Radioutopie, nach der jeder ein Sender sein soll, ist heute Wirklichkeit geworden. Jeder kann sein eigener Sender sein. Jeder kann Produzent werden. Wir brauchen deshalb keine öffentlich-rechtlichen Monopolisten mehr, sag ich mal, sondern wir brauchen den freien Markt."

Der kritische Medienforscher: „Sie vergessen, dass Brecht nicht an ‚Prosumenten', sondern an *Produzenten* dachte. Er wollte, dass alle jene senden können, die Talent *und Professionalität* besitzen, Radio zu machen. Sie denken dabei heute an das kommerzielle Musik-Formatradio. Brecht dachte an *seriösen* Radiojournalismus. Er plädierte für die Freiheit von *professionellen* Journalisten. Diese Freiheit gab es im rechtsgerichteten Staatsrundfunk der 1920er Jahre nicht. Und diese Freiheit ist heute in den Profit-Centers der Medienkonzerne, im Radio, im Fernsehen, in den Zeitungen, eher bedroht als garantiert. Von einer realisierten Utopie kann nicht die Rede sein."

Der junge Medienökonom: „Wir leben nun einmal im Zeitalter des Kaufmanns, nicht mehr der Verlegerpersönlichkeiten."

Der kritische Medienforscher: „Heute wird in den Profit-Centers der Medienkonzerne alle Macht den Marketing- und Event-Fachleuten übergeben. Entmachtet werden in den Formatradios und im Kommerzfernsehen die Fachleute, die Redakteure – die zumindest die strukturelle Chance hatten, das Publikum mit Qualität zu gewinnen – zu Gunsten derer, die versuchen, das Publikum auf kategorial bestimmte Gefühlswerte festzulegen."

Die PR-Fachfrau: „Die Leute in den Medien *wollen* das gar nicht anders."

Der kritische Medienforscher: „Fragen Sie die Redakteure, die durch die Marketing-Leute ersetzt wurden!"

Der betriebswirtschaftliche Medienökonom: „Was haben Sie gegen Profit-Centers? Sie ermöglichen ein direktes Erleben von Markt- und Wettbewerbsanforderungen. Das bewirkt erfahrungsgemäß ein schnelleres und wesentlich nachhaltigeres und emotional tiefergehendes Erfahrungslernen, als das üblicherweise mit Personalentwicklungsmaßnahmen wie Trainings und Seminaren erzielt wird. Die flexiblen Mitarbeiter tragen jetzt Mitverantwortung für den ökonomischen Erfolg."

Der kritische Medienforscher: „Wer ständig unter der Drohung leben muss, gefeuert zu werden, wenn er nicht Kasse macht, entwickelt zweifellos ein nachhaltiges Erfahrungslernen. Aber besser ...‘"

Der betriebswirtschaftliche Medienökonom: (unterbricht) „Outsourcing schafft neue Facilitäten, um attraktiv zu sein, denn das schafft neues privates Engagement."

Der kritische Medienforscher: „... aber besser ist das Erfahrungslernen, das aus journalistischer oder künstlerischer Freiheit entsteht."

Der betriebswirtschaftliche Medienökonom: „Derartige Freiheiten können Unternehmer nicht gewähren. Medien-Unternehmen sind keine Volkshochschule."

Der kritische Medienforscher: „Es geht nicht darum, ob Unternehmer den Menschen etwas ‚gewähren'. Es geht darum, ob die den Menschen *von vornherein zustehenden Grundrechte* in Medien-Strukturen umgesetzt – und gemeinsam finanziert – werden; in Medien-Strukturen, die journalistische und künstlerische Freiheiten *garantieren*."

Der betriebswirtschaftliche Medienökonom: „Die Finanzierung gemeinschaftlicher Einrichtungen durch den Staat ist ein Eingriff in den freien Wettbewerb. Sie wird zu Recht von der WTO und der EU bekämpft."

Der kritische Medienforscher: „Das wiederum ist ein Eingriff in Menschenrechte."

Der positivistische Kommunikationsforscher: „Die Funktion des Journalismus besteht *nicht* in der Verwirklichung *eigener* Kommunikationsinteressen. Journalisten und ihre Medien stehen im Dienst der Kommunikati-

onsinteressen der Gesellschaft. Sie haben Vermittlungsdienste zu leisten. Sie haben dafür zu sorgen, dass alle gesellschaftlichen Milieus zu Wort kommen. Journalistische Vermittlung kann nur in der Form meinungsfreier Fremdvermittlung optimal geleistet werden. Journalismus muss Vermittlungsjournalismus sein, kein subjektiver Verlautbarungsjournalismus!"

Der öffentlich-rechtliche Fernsehjournalist: „‚Subjektiver Verlautbarungsjournalismus' – das ist diffamierend! Hintergrund-Berichterstattung ist kein subjektives Interesse von Journalisten! Und keine ‚Verlautbarung'! Sie dürfen bei uns schon ein Interesse an objektiver Aufklärung vermuten. Natürlich muss man zwischen Nachrichten und Meinungen trennen. Aber auch wenn wir nur Nachrichten auswählen würden, könnten wir nicht neutrale Vermittler zwischen den Presseabteilungen von Parteien und Verbänden sein, die machen doch Propaganda! Die können wir doch nicht neutral weitergeben! Wir müssen uns immer ein eigenes, unabhängiges Urteil bilden und das an unsere Zuschauer weitergeben."

Der kritische Soziologe: (zum positivistischen Kommunikationsforscher) „Mit Ihrer neutralen Vermittlungsethik greifen Sie die Kriterien der Wahrheit, Objektivität, der Relevanz und der Professionalität an. Sie erklären damit die entscheidenden Qualitätskriterien journalistischer Produktion für überflüssig."

Der Wienerische: „Was wolln's mit Qualität? Der Wurm muss nicht dem Angelhaken schmecken, sondern dem Fisch."

Der kritische Medienforscher: „Erstens ist es verquer, einem Fisch, der am Angelhaken sterben soll, schmackhaftes Futter zu wünschen. Zweitens ist da kein schmackhaftes Futter. Sieht man genauer hin, müsste Ihr Satz nämlich so aussehen: ‚Das wie ein Wurm aussehende *Plastikding mit Wurm-Aroma* und Geschmacksverstärker muss nicht dem Angelhaken, also dem Journalisten schmecken. Er muss auch *dem in seinen eigenen Exkrementen schwimmenden Massentierhaltungs-Fisch*, der im Zielgruppen-Teich gerade noch nach Luft schnappen kann, nicht *schmecken*. Es reicht vollkommen, wenn das Wurm-Aroma dazu führt, dass er *anbeißt*."

Der neoliberale Medienjurist: „Sie sehen nicht, welche Integrationsleistung das bringt! Die Massenmedien gewährleisten eine gewisse Transparenz bezüglich der Gemeinsamkeiten und Divergenzen der sozialen Milieus. Diese Transparenz wird um so stärker und funktionaler, je mehr alle Standpunkte, auch die von Minderheiten, zum Ausdruck gebracht werden. – Allerdings dürfen die Medien diesen Pluralismus, um desintegrierende Effekte zu vermeiden, nur repräsentieren. Journalisten als Parteigänger mit partikularistischer Sicht der Gesellschaft und ihrer Probleme darf es *nicht* geben."

Der öffentlich-rechtliche Fernsehjournalist: „Da werden wir schon wieder diffamiert!"

Der neoliberale Medienjurist: „Solche Journalisten dürfen nicht zu Wort kommen, das wäre dysfunktional. Pluralismus und Toleranz für Heterogentiät ja – öffentlicher Diskurs nein! So leisten die Medien ihre Integrationsaufgabe."

Der kritische Medienforscher: „Es soll also Toleranz und Pluralismus propagiert werden, damit jeder tolerant und resigniert an seinem Milieu-Käfig das Maul halten soll. Das ist faktisch nicht tolerant, das ist rechtsradikal."

Der Cultural Studies-Wissenschaftler: „Das ist neuzeitlich! Die Medien haben heute ihren Platz zwischen der Macht und den Machtunterworfenen eingenommen."

Der neoliberale Medienjurist: „Das ist der richtige Begriff: ‚Machtunterworfene'! Denn es gibt ja keine mündigen Bürger mehr."

Der kritische Medienforscher: „Zum Glück gibt es Mediengewerkschaften, die sich für die Erhaltung der Rechte mündiger Bürger einsetzen."

Ein zufällig anwesender Verleger: „Gewerkschaften als Verteidiger der Meinungsfreiheit? Gegen die supranationalen Konzerne? Wenn Sie sich da nicht täuschen! Gewerkschaften schätzen *große Konzerne*, denn das bedeutet auch: große Betriebsräte. Nichts schätzen Gewerkschaften mehr als viele Gewerkschaftsfunktionäre. Wo soll die Opposition gegen die Medienkonzerne herkommen?"

Der kritische Medienforscher: „Zeigen Sie mir die repräsentativen, empirischen Studien, die seriös nachweisen, dass die Leute heutzutage nicht denken können, dass sie nur von Gefühlen geleitet und keine mündigen Bürger sind! Das können Sie nicht!"

Der Öffentlichkeits-Fachmann: „Sie müssen aber auch beachten, dass Aufklärung, dass die Aufladung des Öffentlichkeitsverständnisses zum Vernunft und Tugend sichernden Öffentlichkeitsprinzip, zu einer Anspruchsüberlastung und damit zu einer Unzufriedenheit mit den Medien führt."

Der kritische Medienforscher: „Demokratie ist für Sie also eine Anspruchsüberlastung?"

Der Öffentlichkeits-Fachmann: „Deshalb ist der Strukturwandel der Öffentlichkeit im 21. Jahrhundert nur verständlich: Die zunehmende Skandalisierungsintensität heutiger medienvermittelter Kommunikation ist nichts anderes als eine bessere Berücksichtigung der emotionalen Aufmerksamkeitsstrukturen des Publikums."

Der kritische Medienforscher: „Sie meinen, das Publikum ist dumm und will nur Skandale und Randale. Das ist unsoziologisch gedacht. Das ignoriert die oligopolistischen Machtstrukturen auf der Produktionsseite, die dem Publikum das aufzwingen, was es wollen soll."

Der Öffentlichkeits-Fachmann: „Das Publikum will Skandale sehen."

Der öffentlich-rechtliche Fernsehjournalist: „Mit Ihrem Relativismus übersehen Sie, dass es objektive Skandale gibt. Wenn ein Parteivorsitzender sich nicht an das Gesetz hält und seine Spender nicht nennt, ist das ein objektiver Skandal. Wenn die Medien das aufgreifen, ist das kein Eingehen auf die Aufmerksamkeitsstrukturen des Publikums, sondern das Aufdecken eines Skandals."

Der neoliberale Medienjurist: „Ich finde die These von der Anspruchsüberlastung und der zunehmenden Skandalisierungsintensität richtig. Es genügt völlig, wenn Medienunternehmen als Informationsgeber sich an den Skandalierungsbedürfnissen der Informationsnehmer orientieren. Das ist wahre Demokratie."

Einer im Publikum: „Medienkonzerne als ‚Informationsgeber'! Wir sollen ihnen wohl so dankbar sein wie den Arbeitgebern, die uns Arbeit geben!"

Der Postmoderne: „Ohnehin zeigt Demokratie den Menschen bloß im

Status der Verdinglichung. Wir glauben, dass der Mensch erst in der Erfahrung der Differenz, in welcher der Subjekt-Objekt-Bezug entgrenzt ist, zu seiner wahren Souveränität gelangt. Wahre Souveränität besteht in einem gegenstandslosen Selbst, das sich nicht mehr kennt."

Der positivistische Medienjurist: „Genau hier muss eine neue Bedeutungspolitik ansetzen. Das ist die Aufgabe einer neuen Avantgarde im Sinne von Carl Schmitt. Avantgarde ist immer Zerstörung des Alten. Inbegriff der Avantgarde ist der Staat als der wahre Souverän, und souverän ist er darin, als er alles zerstört, was gegen ihn ist. Insofern ist der Staat ein Schöpfer, und ein Konstrukteur. Für die neue Bedeutungspolitik wird die Welt zum Material einer selbstmächtigen Konstruktion. Das ist neuzeitlich. Das neue Kollektivbewusstsein wird pluralistisch sein, aber nicht kritisch."

Der kritische Medienforscher: „,Bedeutungspolitik'– das ist ein beschönigender Begriff für Propaganda!"

Der Postmoderne: „Bedeutung wird heute durch einen technischen Hyperkörper aus Kabeln, Modulen und Rechnern übertragen, der gleichsam göttliche Attribute besitzt – Simultanität, Instantaneität, Ubiquität –, die an Spinozas Begriff der Substanz erinnern. Bekanntlich ist bei Spinoza die Substanz – also das, was in sich ist und durch sich begriffen wird – die grundlegende Kategorie, die das Wesen der materiellen Welt bezeichnet. Sie ist unendlich und ewig, wie die quasitranszendentale Hypervirtualität des Internet."

Der neoliberale Medienjurist: „Deswegen können wir die Parteiendemokratie, wie sie in den öffentlich-rechtlichen Anstalten herrscht, einfach abschaffen."

Der öffentlich-rechtliche Fernsehjournalist: „Die demokratische Pflicht der Medien besteht darin, den Bürgern für deren Urteilsbildung drei Dinge zu liefern: Erstens *vollständige* Informationen, zweitens *objektive* Informationen und drittens Informationen, die *Hintergründe* durchschaubar machen und erklären. Es geht um die Suche nach Wahrheit."

Der Postmoderne: „Was Sie die Suche nach Wahrheit nennen, ist, wie Foucault gezeigt hat, bloß der Wille zur Macht. Vernunft ist Folter. Sie schließt den Gedanken an geordnete Verhältnisse ein. Ordnung scheidet aber alles aus, was der Ordnung widersteht. Also ist Ordnung gewalttätig. Also ist Vernunft gewalttätig. Freiheit besteht in der souveränen Verschwendung im Augenblick. Gefragt ist jetzt die Fähigkeit zur spielerischen Übernahme des Vorgegebenen."

Der neoliberale Medienjurist: „Es kommt nicht mehr darauf an, zu dekretieren, was sein soll und nicht ist. Es kommt darauf an, deskriptiv zu sein."

Der Postmoderne: „Das macht viel Spaß."

Margarete Jäger

Kriegskritik in den Medien

Die Bedeutung, die in den neuen Kriegen den Medien zukommt, lässt sich nicht erst im Irak-Krieg im Frühjahr 2003 studieren. Bereits im Golf-Krieg von 1991 waren die Medien ein wichtiges Propagandamittel, mit dem damals vor allem die amerikanische Bevölkerung für den Krieg eingestimmt wurde. Spätestens im Verlaufe des NATO-Kriegs in Jugoslawien gilt diese Funktion auch für deutsche Medien. Schließlich markiert dieser Krieg einen Wendepunkt in der deutschen Außenpolitik, in dem Deutschland sich erstmalig an Kampfeinsätzen beteiligte. Dieser Krieg war auch insofern für eine genauere Betrachtung der Wirkungsweisen medialer Kriegsberichterstattung von Bedeutung, als wir es im Frühjahr 1999 mit einer eigentümlichen Konstellation zu tun hatten. Innerhalb der Zivilgesellschaft wurde der Krieg eher skeptisch, vom größten Teil der politischen und medialen Klasse dagegen befürwortend aufgenommen.

Das Duisburger Institut für Sprach- und Sozialforschung (DISS) ist deshalb in einer diskursanalytischen Untersuchung der Frage nachgegangen, wie es gelingen konnte, dass trotz Skepsis und Ablehnung der Krieg dennoch von der Bevölkerung geduldet wurde. Dazu wurde der Mediendiskurs unter der Fragestellung analysiert, wie es gelingen konnte, den Krieg als ein Stück Normalität erscheinen zu lassen.

Vor dem Hintergrund des jüngsten Krieges gegen den Irak, bei dem die gleiche medio-politische Klasse diesmal eine ablehnende Position einnahm, lassen sich in Bezug auf die Behandlung der beiden Kriege charakteristische Unterschiede feststellen.

Gerade in Bezug auf die Bedeutung der Bilder, die vom Kriegsgeschehen durch die Medien verbreitet wurden, war während des Irak-Kriegs mehr Sensibilität und Kritik festzustellen.

Während des Nato-Krieges dienten die Bilder vor allem dazu, zu beweisen, dass dieser Krieg unbedingt geführt werden musste. Davon konnte im Frühjahr 2003 keine Rede sein – im Gegenteil. Es wurde in und von deutschen Medien allenthalben dazu aufgefordert, Berichten und Bildern mit großer Vorsicht zu begegnen, weil diese von den Kriegsparteien gezielt zu Propagandazwecken eingesetzt würden.

Dagegen wurde während des Krieges in Jugoslawien von 1999 vor allem durch die visuelle Darstellung der Flüchtlinge starke Betroffenheit hergestellt. Sie fand ihren Ausdruck u.a. in einer enormen Spendenbereitschaft der Bevölkerung, mit der der Krieg dem politischen Raum entzogen wurde.

Dagegen beklagt z.b. die *„ Westdeutsche Allgemeine Zeitung"* (WAZ) in ihrer Ausgabe vom 23.4.2003, dass die Spendenbereitschaft für die irakische Bevölkerung während des Kriegs gegen den Irak bei den Deutschen ausgesprochen dürftig sei und dass dies auch daran liege, dass es an Bildern mangele, die Betroffenheit herzustellen vermögen.

Zwar stand die Logik, mit der 1999 die Bilder von flüchtenden Menschen aus dem Kosovo das Eingreifen der NATO rechtfertigen sollten, auf tönernen Füßen. Denn vorausgesetzt, dass Bilder überhaupt etwas „beweisen" können, so bewiesen diese Fluchtbilder doch auch, dass die Bomben den Flüchtlingen nicht zu helfen imstande waren. Doch in Verbindung mit der massiven Propagierung des Krieges als alternativlos konnten sie damals als Rechtfertigung des Krieges funktionieren.

Es gilt zu bedenken, dass der Einsatz der Bilder in der zweiten Phase des Nato-Krieges gegen Jugoslawien auch den Druck auf Politik und NATO erhöhten, den Krieg zu beenden. Hier ist vor allem an Bilder einer zerstörten Eisenbahnbrücke zu denken, mit der der verharmlosende Begriff der „Kollateralschäden" bloßgestellt wurde. Auch diese Bilder wurden immer wieder gezeigt und entfalteten dadurch Wirkung. Zu erinnern ist aber auch an die Bombardierung der Fernsehstation in Belgrad, bei der auch JournalistInnen umkamen, und nicht zuletzt an die Bilder der Bombardierung der chinesischen Botschaft. Die ikonografische Inszenierung dieser Ereignisse trug mit dazu bei, dass die Strategie eines unblutigen und chirurgischen Krieges, der sich nur gegen militärische Ziele richte, immer unglaubwürdiger erschien und die zuvor aufgebaute Akzeptanz zu bröckeln begann.

Insofern deutet sich in der Skepsis der Medien während des Irak-Krieges gegenüber Informationen und Bildern, die vor allem während der ersten Tage häufig zum Gegenstand der Berichte gemacht wurden, ein Sinneswandel an, von dem zu hoffen ist, dass er bei kommenden Kriegen, an denen möglicherweise dann auch Deutschland wieder beteiligt sein wird, auch durchgehalten wird.

Uunter dem Gesichtspunkt, dass mit weiteren Interventionskriegen gerechnet werden muss und dass die Medien in das Konzept der neuen Kriegsführung eingebunden werden, ist deshalb für Kriegsgegnerinnen und Kriegsgegner die Frage wichtig, auf welche Weise sich Kritik am Krieg in den Medien entfalten kann. Hier kann die Analyse der kritischen Stimmen während des Nato-Kriegs in Jugoslawien einige Schwachstellen offen legen.

Thematisch konzentrierte sich die Kritik am NATO-Krieg auf eine Kritik der Kriegsstrategie, die unter vielfältigen Gesichtspunkten angesprochen wurde. Dies zeigt bereits, dass die Reichweite der Kritik stark eingeschränkt war. Es ging nicht um eine generelle Ablehnung des Kriegseinsatzes, sondern um eine detaillierte Kritik an der Kriegsführung.

Diese Perspektive einer strategischen Kritik trug insgesamt dazu bei, dass sich ihre Reichweite und Tiefe nicht weiter entfalten konnte. Sie zwang die Kritikerinnen und Kritiker dazu, sich auf die strategischen Fragen, die vor allem von den Kriegsbefürwortern bzw. -betreibern aufgeworfen wurden, einzulassen und deren Vorgaben zu diskutieren. Wer allerdings militärische Optionen im Krieg kritisiert, befindet sich im Ausgangspunkt bereits im Feld des Krieges und wendet sich aus dieser Position heraus gegen einzelne Aspekte. Auf diese Weise konnte es dann auch geschehen, dass sich in einem einzigen Artikel gleichzeitig ablehnende und befürwortende Stellungnahmen zu Krieg auffinden ließen. (Vgl. etwa den Kommentar von Ralf Lehmann am 25.3.1999 in der WAZ.)

Dabei ist es nicht verwunderlich und auch nicht zu beanstanden, dass sich Medien vor allem kritisch mit den strategischen Fragen des Krieges auseinandersetzen. Es gehört selbstverständlich zu ihrer Aufgabe, kriegerische Auseinandersetzungen in einer kritischen Perspektive und Distanz zu begleiten. Es ist aber anzumerken, dass sich die Journalistinnen und Journalisten während des Nato-Kriegs in Jugoslawien über die Einengung ihrer eingenommenen Perspektive offenbar nicht im Klaren waren. Anderenfalls hätten sie möglicherweise erkannt, dass sie gegenüber den vermeintlich „starken" Argumenten der Kriegsbefürworter ebenfalls starke Argumente haben.

So ist der Einschnitt, den der Jugoslawien-Krieg für die deutsche Politik darstellte, vom Mediendiskurs kaum bearbeitet worden. Zwar spielte der Rechtsbruch, den die NATO durch ihre Kampfeinsätze beging, eine große Rolle. Doch der in Verbindung damit stehende out-of-area-Einsatz deutscher Soldaten ist ausgesprochen leise artikuliert worden. Diese Situation, die nicht nur rechtlich, sondern auch moralisch in der Bevölkerung stark umstritten war, ist überhaupt nicht skandalisiert worden. Dabei hätte durch eine Thematisierung dieses Sachverhalts nicht nur die historische, sondern auch die aktuelle Verantwortung Deutschlands in diesem Krieg deutlicher herausgestellt werden können.

Die starke Akzentuierung der Kritik auf die Kriegsstrategie der NATO weist auf ein weiteres Problem hin, das nicht nur für den Mediendiskurs und nicht nur für diesen Krieg in dieser Frage gilt. Die Analyse zeigte, dass die Kritik lediglich punktuell geäußert wurde und nicht in ein umfassenderes Konzept von Deeskalierung eingebunden war. Insofern zeigt sich in dieser Schwäche des Mediendiskurses eine Schwäche der öffentlichen Diskurse insgesamt. Offenbar verhält es sich so, dass alternative friedenspolitische Konzepte vor, während und nach dem Krieg im hegemonialen Diskurs kaum verankert sind. Gerade solche Konzepte gilt es aber in den Zwischenkriegszeiten zu diskutieren und zu etablieren.

Dokumente

Dokumente
1. Juli 2002 - 30. Juni 2003

In diesem dokumentarischen Anhang werden – wie bereits in den früheren Jahrbüchern des Komitees – Erklärungen, Stellungnahmen, Aufrufe, Eingaben etc. abgedruckt. Dabei kann bei weitem nicht alles aus den Komitee-Aktivitäten im Zeitraum von Juli 2002 bis Juni 2003 seinen Niederschlag finden. So entsteht die Merkwürdigkeit, dass diese Dokumente mancher/manchem geneigten LeserIn viel zu üppig ausgewählt erscheinen mögen und dennoch nur einen Teil dessen sichtbar werden lassen, was wir in dem angegebenen Zeitraum unternommen und gleichsam kritisch anzustoßen versucht haben. Zu berücksichtigen ist, dass neben der Tag-zu-Tag-Arbeit, die selbstverständlich weiterlief, einige Themen sich wie ein roter Faden durch unser Tun zogen und fast unsere ganze Kraft forderten: der zuerst drohende und dann heiße Interventionskrieg in Irak zur gewaltsamen Durchsetzung neoliberaler Globalisierung und die Proteste und Aktionen „Zivilen Ungehorsams" gegen diesen mit den Menschenrechten unvereinbaren Krieg; die Unterstützung der Proteste gegen die Wiederkehr der „Lager" für Flüchtlinge und Migranten; die sich abzeichnende Militarisierung der Europäischen Union; der Schutz des Demonstrationsrechtes und die Gefangenenhilfe. In dieser Zeit gewaltiger politischer Umbrüche und Suchbewegungen ist es besonders schwer, in der Tageshektik den langen menschenrechtlichen Atem zu halten, und trotz der weltumspannenden Probleme dürfen auch die „kleinen" Gefährdungen und Gefahren sowie Menschenrechtsverletzungen nicht ausgeblendet werden.

Protestaktionen zum Berliner Bankenskandal

Die von Peter Grottian, Vorstandsmitglied des Komitees für Grundrechte und Demokratie, mitgegründete „Initiative Berliner Bankenskandal" kämpft auf verschiedenen Ebenen und mit verschiedenen Mitteln gegen die Übernahme von 22 Milliarden Euro Risiken durch das Land Berlin zur Rettung der Berliner Bankgesellschaft. Über eine Protestaktion im Berliner Villenviertel Grunewald berichtete die „Frankfurter Rundschau" vom 16. Juli 2002

Demonstration vor Luxusvillen im Grunewald

Protestinitiative nach Bankenskandal / Fondszeichner sollen auf Vorteile verzichten

Eine Protestinitiative kämpft dagegen, dass Steuerzahler die Milliardenkosten des Berliner Bankenskandals tragen. Mit Demos vor Nobelvillen und der Veröffentlichung einer Liste mit 100 Namen prominenter Fondszeichner will die Initiative Druck machen.

Peter Grottian vom Komitee für Grundrechte und Demokratie betont, es gehe um mehr als nur lokalen Filz. Der Professor der Freien Universität Berlin hat mit engagierten Bürgern und der Protestkampagne Attac die „Initiative Berliner Bankenskandal" gegründet. Sie will die Übernahme von fast 22 Milliarden Euro Risiken durch das Land zur Rettung der Bankgesellschaft Berlin (BGB) nicht hinnehmen.

Auch der angesehene Berliner Bankenrechtsexperte Hans-Peter Schwintowski ist mit von der Partie und fordert, dass die 70.000 privaten Zeichner der geschlossenen Immobilienfonds auf Grund der desolaten Lage der Bank im Nachhinein auf die beispiellosen Garantien verzichten, die maßgeblich zur Schieflage des Konzerns beitrugen. „Damit büßt der einzelne Zeichner im Schnitt zwar 15 bis 20 Prozent seiner Anlage ein, der Steuerzahler aber würde um bis zu 18 Milliarden Euro entlastet", sagte er der FR.

Die Fondszeichner müssten einsehen, dass die Garantien „gegen Treu und Glauben verstoßen", weil die öffentliche Hand, die am Ende hafte, keine adäquate Gegenleistung bekomme. Deshalb sollten die Zeichner im Nachhinein marktübliche Garantien von fünf Jahren akzeptieren. Dann müsste der Bankkonzern für den Großteil der Risiken nicht mehr haften, weil die meisten Fonds bis 1997 aufgelegt wurden. Die Anleger müssten dann zum Beispiel für Mietausfälle in den Fondsimmobilien selbst gerade stehen.

Die BGB ersetzt maximal 30 Jahre lang Mietausfälle und hat umfangreiche Rücknahmegarantien für Fondsanteile vereinbart. Durch die beispiellosen Garantien stieg der Konzern in kurzer Zeit zum größten Anbieter der europäischen Fondsbranche auf. Das Gebäude brach aber zusammen, als die Bankenaufsicht aufdeckte, dass die BGB die Garantien unzureichend abgesichert hatte.

Schwintowski vertritt die Ansicht, dass die Abwicklung des Bankenkonzerns mit seinen zuletzt 15.000 Beschäftigten für den Steuerzahler am Ende günstiger wäre als die Rettung durch eine beispiellose Garantieübernahme. Nach Rechnung der EU-Kommission könnte sich deren Quittung im Extremfall auf mehr als 35 Milliarden Euro summieren. Bisher hat Brüssel die Garantien nicht genehmigt.

Die Protestinitiative lehnt auch den vom Berliner Senat geplanten Verkauf des Bankkonzerns ab, um den sich vier Investorengruppen bewerben. Insbesondere der Verkauf der profitablen Berliner Sparkasse wäre „verhängnisvoll", kritisiert Birger Scholz von Attac. Die Sparkasse sei ein Garant für die Finanzierung kleiner Firmen und verpflichtet, auch für sozial Schwache Konten zu eröffnen.

Scholz kündigt einen Protestmarsch durch das Villenviertel Grunewald für Ende August an. Dort wohnten viele Ex-Vorstände der

Bank und Zeichner der Fonds. Allein in diesem Jahr zahle das Land 300 Millionen Euro für die Fondsrisiken der Bank, während gleichzeitig Sozialabbau in großem Stil betrieben werde.

Die Aufklärung durch Staatsanwälte, Untersuchungsausschuss und Prüfer reiche im Berliner Bankenskandal nicht aus, so Scholz weiter. Nötig sei auf Grund der bedenklichen Zurückhaltung der Parteien ein breites Bürgerbündnis. Unter anderem müsse geprüft werden, ob die beschlossene Risikoübernahme durch das Land laut Verfassung überhaupt zulässig sei.

Zwischenbilanz zum Anti-Terrorkrieg –
ein Jahr nach dem 11. September

Am 1. August 2002 veröffentlichte das Komitee für Grundrechte eine ausführliche Analyse zu den Folgen des so genannten Anti-Terrorkrieges, der von den USA und ihren Alliierten bis heute geführt wird. Undifferenzierte Feindbilder müssen herhalten, um die Kriege gegen die schon vor den Anschlägen des 11. Septembers auf der „Achse des Bösen" verorteten Staaten zu legitimieren.

Ein Jahr nach den Terroranschlägen in den USA – eine Zwischenbilanz des Anti-Terrorkrieges

Die verbrecherischen Anschläge auf das World Trade Center und das Pentagon in den USA haben nicht eine „Stunde Null" bewirkt. Vielmehr haben sie auf bestehende innenpolitische, außenpolitische und internationale Strukturen eingewirkt. Der von Washington nach den Attentaten angekündigte lange Krieg gegen den Terrorismus knüpft an das bereits bestehende Feindbild des Pentagons von den ‚Schurkenstaaten' an. Die Länder der von Bush später sogenannten „Achse des Bösen" standen schon lange vor den Attentaten auf der Liste der Gegner der USA.

Eine der wichtigsten Auswirkungen der Attentate ist die ideologische Polarisierung in Gute und Böse.

Die Bösen sind die Terroristen, und die Guten sind diejenigen, die an der Seite der USA die Terroristen bekämpfen. Zu befürchten ist, dass sich erneut ein Weltbild durchsetzt, in dem es keine Differenzierungen, Widersprüchlichkeiten und keine Ursachenanalyse mehr gibt. US-Präsident Bush beschrieb diese Haltung in seiner Rede im Deutschen Bundestag: Die „neue Bedrohung" sei totalitär. Er stellt sie – „Andere töteten im Namen rassischer Reinheit oder eines Klassenkampfes" – in eine Reihe mit dem faschistischen zweiten Weltkrieg. Nun sei der „Terrorismus" die gleichwertige große Herausforderung. In einem ganz fundamentalistischen Sinne zeichnet der Präsident der USA ein geradezu manichäisches Weltbild der Bösen und der Guten. „Die Terroristen sind durch ihren Hass definiert. Sie hassen Demokratien, Toleranz und die freie Meinungsäußerung. Sie hassen Frauen, sie hassen Juden, sie hassen Christen und sie hassen Muslime, die sich gegen sie wenden." Diese Terroristen haben bei Bush also keinen historischen Hintergrund. Sie sind nur schlicht Abbild des absolut Bösen, die sich in den Besitz von Massenvernichtungswaffen setzen wollen, wobei ihnen bestimmte Regime helfen. Dagegen skizziert Bush die Guten, die freilich alle diese Waffen schon entwickelt und zur Verfügung haben: „Wir bauen eine Welt der Gerechtigkeit ..." und mit unseren „Freunden werden wir das Haus der Freiheit bauen – für unsere Zeiten und für alle Zeiten".

Gegen diese absoluten Bedrohungen benötige man mehr denn je die NATO, dieses

„erfolgreichste Bündnis der Geschichte". Auch entfernt von Europa müsse sie handlungsfähig sein. Dies ist eine Forderung nach Militarisierung der internationalen Politik, und zwar nicht unter dem Rechte-Katalog der Vereinten Nationen, sondern unter dem angeblich existentiellen Kampf zwischen Gut und Böse, wo alles andere zurückzustehen hat. Inzwischen nimmt sich Washington das Recht heraus, Staaten auch ohne eine vorausgegangene Aggression gegen die USA oder ein anderes Land anzugreifen, wie Bush Anfang Juni bei seiner Rede an der Militärakademie in West Point unterstrich. Erstmals verkündet hiermit ein westlicher Staatspräsident offiziell die Möglichkeit militärischer Präventivschläge gegen andere Länder. Das ideologische Stichwort für diese neue Doktrin der Offensive heißt „defensive Intervention".

Terror begleitet die Geschichte der Menschheit,

freilich in unterschiedlichen Formen. Terrorismus ist eine systematische Anwendung von Terror. Das Wort bedeutet Schrecken und in Schrecken versetzen. Geläufig ist der Begriff als individueller Terror (Ermordung von Fürsten usw., RAF), als Terrorangriffe durch Luftkrieg gegen die Bevölkerung, als Terror von Besatzungsregimen (z.B. Geiselnahme und Erschießung), als Vertreibungsterror (Balkan-Kriege), als terroristische Regime (Nazis bis Irak) oder als Staatsterror (Tschetschenien, Türkei-Kurden-Konflikt, Algerien usw.). In den Abschreckungsstrategien im Ost-West-Konflikt mit Androhung von Genoziden taucht der Begriff in der deutschen Version auf. Als Terrorismus ist auch die militärisch unorthodoxe Anwendung von Gewalt im Guerilla-Krieg der Schwachen gegen die Starken gebrandmarkt worden. Jeder Krieg – heute kommen meist neun tote Zivilisten auf einen toten Soldaten – ist im Sinne des Wortes systematischer Terror, also Terrorismus.

Terrorismus ist die gewaltträchtige Form des internationalen und vielfach auch innergesellschaftlicher Auseinandersetzungen. Zu diesen gewaltträchtigen Formen gehört neben dem ‚konventionellen' Krieg, dem Krieg mit Massenvernichtungsmitteln, dem Guerilla-Krieg mit verschiedensten Motivationen auch der Attentats-Terror. Die heutige Verwendung des Terrorismus-Begriff blendet jedoch den Terror des ‚normalen Krieges' aus. Er dient der Diffamierung der Gewalttätigkeit der Schwachen (feige und aus dem Hinterhalt) und der moralischen Legitimation und Erhöhung der Gewalttätigkeit des Krieges der Starken zum ‚gerechten Krieg'. Er ist eine ideologische Kampfformel!

Die Begriffe des ‚gerechten Krieges' und der ‚humanitären Intervention'

beziehen ihren legitimatorischen Charakter von der einseitigen Verwendung des Begriffs des Terrors als der Form der Gewalttätigkeit der Schwachen, die nicht über die hoch entwickelten technischen Mittel des militärischen Terrors verfügen. Paradoxer Weise wird den Schwachen einerseits ihre Form der Gewaltanwendung (Attentate, Selbstmordstrategien) vorgeworfen, gleichzeitig werden sie kriminalisiert, weil sie sich angeblich in verbrecherischer Weise die Massenvernichtungsmittel beschaffen wollten, über die die starken Staaten bereits ausgiebig verfügen. ‚Die Guten', so die Logik, dürfen also über alle Mittel des Terrorismus und des Massenmords verfügen, nicht aber ‚die Bösen'.

Der Rückfall in diese primitive Weltsicht ist auf das Engste verbunden mit der einzigartigen Machtposition der USA, die nach dem Ende des Ost-West-Konflikts als einzige Globalmacht gegenwärtig in der Lage ist, in allen Teilen der Welt militärisch zu intervenieren. Die damit verbundenen Vorstellungen von Omnipotenz führen nicht nur zu einer „Arroganz der Macht", wie es der US-amerikanische Senator Fulbright während des Vietnam-Krieges formulierte, sondern auch zu einer Relativierung der Bedeutung von Kooperation mit anderen Staaten. Das Wort von der unilateralistischen Politik der USA hat hier seinen Ursprung. Die Bündnisländer der USA in Europa und Fernost haben an Eigenständigkeit im Rahmen der Bündnisse

merklich verloren und erscheinen immer mehr als Vasallen-Staaten der USA. Dies hat freilich nicht nur etwas mit der militärischen Überlegenheit der USA zu tun, sondern auch mit gleichlaufenden Interessen dieser Länder mit den USA. Dies zeigt sich am deutlichsten in Bezug auf die strategische Sicherung der Öl- und Gasversorgung. Auch sie setzen sich für die Globalisierung in der aktuellen Form ein, die wenig Rücksicht nimmt auf die armen Länder und die Interessen der Industrienationen in den Vordergrund stellt. Dazu kommt, dass auch die Verbündeten, etwa im Rahmen der NATO, sich vorwiegend auf den militärischen Konfliktaustrag orientieren, wie die gegenwärtigen Aufrüstungspläne der EU und deren Wünsche, für eigene militärische Operationen die NATO-Infrastruktur mitnutzen zu dürfen, zeigen.

Deutschland ist mit Fuchs und Flotte dabei

Aus der Sicht der Friedensbewegung sind die USA also die Speerspitze des terroristischen Krieges gegen den Attentats-Terrorismus, die mit den USA verbündeten Industriestaaten bieten jedoch keineswegs eine Alternative, sondern sind eher als fellow-traveller dieser Politik zu bewerten. Selbst die Vorbehalte gegen einen Angriff der USA auf den Irak zum Sturz des Saddam Hussein-Regimes aus den Reihen der EU-Staaten sind mit großer Vorsicht zu bewerten. Die Stationierung des Spürpanzers Fuchs und von deutschen Flotteneinheiten in Nahost zeigen die Bereitschaft der rot-grünen Regierung, im Kriegsfall militärisch mit einzugreifen. Dies hat freilich weniger mit dem Wunsch der Bekämpfung des Attentats-Terrorismus zu tun, als mit der Fortsetzung der Kohl'schen Außen- und Sicherheitspolitik. Sie zielte darüber hinaus auf die „Normalisierung" der Militärpolitik, also der Befreiung von allen grundgesetzlichen Fesseln, einen Einstieg für Deutschland auch als militärische Großmacht zu erreichen. Ferner sollte das deutsche militärische Potential nun gleichberechtigt in die Hegemonialwaagschale der EU gelegt werden können. Steigende Rüstungsausgaben werden von Berlin letztlich von allen Bundestagsparteien – Ausnahme ist nur die PDS – akzeptiert. Insgesamt hat sich also die Militarisierung der Außen- und Sicherheitspolitik, die schon lange vor den Attentaten in den USA auszumachen war, erheblich beschleunigt und verstärkt.

Es fehlt die Bereitschaft zu einer kritischen Ursachenanalyse

Mit dieser Entwicklung korrespondiert die geringe Bereitschaft der US-Politik, sich einer eingehenden Analyse der Ursachen für den Attentats-Terrorismus, sowie seiner ökonomischen, psycho-sozialen, religiösen und ethischen Hintergründe zuzuwenden. Würde man das tun, müsste man zivile Strategien der Überwindung dieser Ursachen entwickeln, die weitreichende Konsequenzen auch für das Verhalten der dominierenden Industrie-Staaten haben könnten. Die eigene westliche Politik müsste in Frage gestellt werden. Das Schema des Kampfes von Gut und Böse macht also die westliche Politik blind und führt zu einem erheblichen Realitätsverlust. Eine höchst gefährliche Entwicklung, die immer wieder zu verstärkter Aufrüstung und militärischer Aktivität führen muss, da angeblich das zu bekämpfende Böse nur mit Gewalt bezwungen werden kann.

Ein solches militaristisches Konzept der Attentats-Bekämpfung ist vor dem Hintergrund der Netzwerk-Strukturen zu bewerten. Sie überspringen staatliche Grenzen, sind in der einen oder anderen Form in zahllosen Staaten vorhanden, können verschoben und im Fall von Einrissen neu verknüpft werden. Formen der herkömmlichen Kriegführung zwischen Staaten sind ihnen gegenüber lächerlich anachronistisch. Gegen solche Netzwerke mit militärischen Aktivitäten vorzugehen, heißt ohne Rücksicht auf internationales Recht in Staaten einzugreifen und/oder sie zu bedrohen, weil man ihnen eine Zusammenarbeit mit Attentats-Terroristen unterstellt. Dies öffnet selbstverständlich Tür und Tor für eine ständige Interventionspolitik gegenüber Staaten, deren Politik den USA oder der EU nicht gefällt.

*Staatsterror wird zum Anti-Terrorkampf
umgewertet*

Von großer negativer Bedeutung ist die
Instrumentalisierung der Parole vom Kampf
gegen den Attentats-Terrorismus. Dadurch
wird massiver Staatsterrorismus gegenüber
der eigenen Bevölkerung oder einer innenpolitischen Opposition nun plötzlich zum edlen
Kampf gegen Attentats-Terrorimus verklärt.
Im Falle Russlands wird in beispiellosem
Opportunismus der Staatsterror gegen das
tschetschenische Volk in dieser Weise umbe-
wertet. Washington und unter anderen auch
Berlin akzeptieren in brutalem Zynismus
gegenüber den angeblich von ihnen so hoch
gehaltenen Menschenrechten weitgehend
diese neue Deutung. Ähnliches gilt für die
Türkei und Ankaras Kampf gegen die Menschenrechte seiner eigenen kurdisch-stämmi-
gen Bevölkerung. Hier wird sogar gegen
große friedenspolitische Chancen einer friedlichen politischen Lösung des Konflikts verstoßen, indem die EU die seit Jahren Frieden
und Gewaltlosigkeit anbietende PKK auf die
Liste der Terror-Organisationen setzt. Wie
kann man angesichts einer solchen Verhal-
tensweise die EU-Staaten als friedenspolitischen Faktor noch ernst nehmen!?

*Internationales Recht
wird zur lästigen Fessel*

Die militärisch machtvolle Position der USA
und ihrer Bündnispartner will im Kampf zwischen Gut und Böse auch nicht mehr die
lästigen Fesseln des internationalen Rechts
akzeptieren. Diese Tendenz zeichnete sich
allerdings schon längst vor den Attentaten in
New York und Washington ab. Die ‚neue
NATO' reklamierte bereits im April 1999 für
sich, dass sie in für sie wichtigen Fällen
bereit sei, selbstständig ohne Rücksicht auf
Entscheidungen des Sicherheitsrats der Vereinten Nationen militärisch vorzugehen. Sie
praktizierte dies sogleich im Krieg gegen
Jugoslawien. Auch die Bombardierungen des
Irak durch US-amerikanische und englische
Flugzeuge ist durch die Vereinten Nationen
nicht gedeckt. Ob die gegenwärtige Kriegsführung in Afghanistan nicht gegen interna-

tionales Recht verstößt, ist zumindest
umstritten. Der Staatsrechtler Norman Paech
argumentiert, seit dem 20. 12. 2001 habe der
US-Krieg in Afghanistan keine völkerrechtliche Legitimation mehr, da durch den ISAF-
Beschluss des Sicherheitsrats das Recht auf
Selbstverteidigung für die USA entfiele.

Die herrschende Politik nimmt offensichtlich
eine Zerstörung des internationalen Rechts
und eine Degradierung der damit verbundenen Organisationen bewusst in Kauf, um
eigene Ziele durchzusetzen. Die ablehnende
Haltung der USA gegenüber der Einrichtung
eines internationalen Strafgerichtshofs, aus
Furcht, US-Militärs und -Politiker könnten
einst selbst vor Gericht gestellt werden – korrespondiert exakt mit der Missachtung internationalen Rechts. Es ist unschwer vorstell-
bar, wie diese Politik auf solche Staaten und
Eliten wirken muss, die glaubten in den internationalen Organisationen ihre Stimme wirksam zu Gehör bringen zu können und durch
internationales Recht wenigstens teilweise
geschützt zu sein. Wer sich rechtlich kein
Gehör verschaffen kann, mag leicht zur
Gewalt greifen. Die Missachtung internationalen Rechts durch die großen Industriestaaten wird wesentlich zur Stärkung des Attentats-Terrorismus beitragen.

*„Barbaren werden wir
durch barbarische Mittel"*

Dieser Slogan der Friedensbewegung der
60er Jahre war insbesondere bezogen auf die
Androhung des Einsatzes von Atombomben.
Wer Genozid androht, wird selbst in seiner
moralischen Identität beschädigt. Diese
Grundaussage gilt auch noch heute, und zwar
in zweierlei Hinsicht:

– Die Zerstörung internationalen Rechts und
die generelle Bereitschaft zur militärischen
Gewaltanwendung gegen Attentatsnetzwerke
führt auch innenpolitisch in den so genannten
westlichen Demokratien zu erheblichen Einschränkungen der Bürgerrechte. Die Innenminister nutzten die Gunst der Stunde und
holten Projekte aus ihren Schubladen, die sie
immer schon verwirklichen, aber nicht
durchsetzen konnten.

– Friedenspolitisch wichtig ist, dass es in den USA anders als während des Vietnam-Krieges keine relevante öffentliche Debatte über die US-Politik in diesem Feld gibt. Die Gesellschaft ist anscheinend fast gleichgeschaltet, so dass von ihr keine Impulse für eine ganz andere Form des Umgangs mit dem Attentats-Terrorismus zu erwarten sind.

– Auch in Deutschland hat sich in der Frage nach der Art der Bekämpfung des Attentats-Terrorismus mit Ausnahme der PDS eine weitgehende Gleichschaltung der politischen Parteien ergeben. In der Bevölkerung selbst bestehen allerdings erhebliche Vorbehalte bezüglich des Einsatzes deutscher Truppen, die sich jedoch kaum in einer breiten wirksamen Mobilisierung ausdrücken.

– Die qualitative Aufrüstung geht mit Riesenschritten voran und überschreitet bisher gesetzte Schranken. Die USA planen nun sogar, den Einsatz von Atomwaffen zu Angriffszwecken. Die Neuorientierung der US-Nuklearwaffenstrategie sieht eine drastische Erweiterung des Einsatzspektrums von Atomwaffen vor. Sie sollen künftig auch eingesetzt werden, erstens wenn konventionelle Waffen nicht zur Zerstörung begrenzter Ziele ausreichen, zweitens im Falle „überraschender militärischer Entwicklungen" und drittens als Antwort auf Angriffe mit atomaren, biologischen und chemischen Massenvernichtungsmitteln. Zu diesem Zweck sollen u.a. Mini-Atomwaffen für einen nuklearen Ersteinsatz entwickelt werden. Das Wort Mini-Nukes darf nicht täuschen. Es handelt sich um Waffen mit großer Sprengkraft und starker Neutronenstrahlung. Die neue ‚Nuclear Posture Review' der USA hat katastrophale friedens- und sicherheitspolitische Folgen.

– Die rüstungskontroll-politische Zusage der offiziellen Atom-Mächte, keine Atomwaffen gegen Nicht-Nuklearmächte einzusetzen, ist hinfällig. Das internationale System der Rüstungskontrollpolitik, insbesondere der Vertrag über die Weiterverbreitung von Atomwaffen, ist auf das Höchste gefährdet.

– Alle Staaten müssen sich als potentielles Ziel von Atomwaffen fühlen. Wer irgend

kann, wird nun selbst atomar aufrüsten. Statt einer Friedensdividende nach dem Ende des Ost-West-Konflikts ist eine neue Aufrüstungsrunde zu erwarten. Sie ist bereits durch die enormen jüngsten Erhöhungen des US-Militärbudgets eingeläutet.

– Die Kündigung des ABM-Vertrages, der Aufbau eines Raketenschutzschildes und die nun de facto unbegrenzte Einsatzbereitschaft von Atomwaffen signalisieren, daß die einzige Globalmacht USA ihre Interessen vorwiegend und letztendlich mit militärischen Mitteln verfolgen.

– Die riesigen Kosten für die Aufrüstung verschärfen weiter den Ressourcenmangel für die Bewältigung der drängenden Probleme im Bereich der Umwelt, der Sozialversorgung, der Bildung, der Entwicklungspolitik und der vorbeugenden, zivilen Konfliktbearbeitung, um Frieden zu sichern und Kriege und Gewalteskalationen zu vermeiden.

Afghanistan – eine Erfolgsstory?

Der Kritik aus der Friedensbewegung wird meist der Erfolg der Zerschlagung des Taliban-Regimes in Afghanistan und die dadurch erreichte Befreiung der Bevölkerung entgegengehalten. In der Tat eröffnet der Sturz dieses repressiven Regimes den afghanischen Völkern die Chance auf eine bessere Gestaltung der Zukunft. Wie weit dies gelingt, ist gegenwärtig schwer einzuschätzen, wurde doch der Sturz der Taliban vor allem durch den Einsatz der Nord-Allianz-Kräfte bewirkt, die sich zu einem großen Teil aus verbrecherischen und korrupten War-Lords und ihrer Soldateska zusammensetzen. Ihre durch den Sieg errungene Machtstellung ist eine schwere Hypothek für die Zukunft Pakistans. Durch den Krieg selbst, der sich ja keineswegs eine Befreiung der afghanischen Völker zum Ziel gesetzt hatte, sind die meisten Probleme des Landes ungelöst. Wohl zielten die politischen Hilfen vor allem durch die UN und auch mit wichtiger Unterstützung aus Deutschland in die richtige Richtung. Nun bleibt abzuwarten, ob sich aus den ersten Ansätzen eine dauerhafte Politik der Unterstützung von ökonomischen und demokratisierenden Prozessen entwickelt. Schon hört man die ständige Klage des neu gewählten Präsidenten des Landes, die zugesagten Mittel würden nur sehr unzureichend ausgezahlt.

Die Art der Kriegsführung und ihre Auswirkungen werden mit einer Decke der Geheimhaltung der Öffentlichkeit entzogen. Nach seriösen Schätzungen sind in diesem Krieg bislang weit mehr als 4.000 Menschen umgebracht worden. Es stellt sich wie 1999 im NATO-Jugoslawien-Krieg das Problem der sogenannten „Kollateralschäden" und die Frage, ob denn das Leben von Afghanen weniger Wert ist, als das von US-Amerikanern. Gegenwärtig kommt der schwere Verdacht auf, dass unter Anwesenheit amerikanischen Militärs Folterungen und Massenerschießungen von gefangenen Taliban-Soldaten stattfanden. Das erinnert an die grausame Praxis des serbischen Militärs in Srebrenica auf dem Balkan wie auch an das Zuschütten sich ergebender irakischer Soldaten mit Wüstensand durch große US-Planierraupen im Golfkrieg. In der FR vom 10.6.02 berichtet Karl Grobe über die Aussage eines US-Soldaten nach der ‚Operation Anaconda' in Afghanistan: „Wenn jemand da war, dann war er ein Feind. Uns wurde besonders aufgetragen, wenn da Frauen und Kinder waren, sollten wir sie töten". Der Kriegs-Terror scheint dem Attentats-Terror in nichts nachstehen zu wollen.

Doch auch der eigentliche Zweck der Bombardierung Afghanistans, die Zerstörung des Al-Qaida-Netzwerks, ist nach den vorliegenden Informationen bisher nicht gelungen, und es scheint keineswegs gewiss, dass es jemals mit militärischen Mitteln gelingen wird. Es ist auch nicht abzuschätzen, welche weiteren Destabilisierungen in der Region als Folge des Krieges gegen Afghanistan auftreten können. Die indisch-pakistanische Konfrontation ist eine sehr ernste Warnung.

Der Attentats-Terrorismus von Al-Qaida zielt vor allem auf Resonanz in den islamisch-arabischen Ländern

In ihnen sind die Gefühle der Demütigung durch die westliche Politik von der Kolonial-

zeit bis zur Gegenwart wie auch die Erinnerung an die große arabische Kultur und die Bedeutung des Islam als Weltreligion vorhanden. Eine Strategie gegen den Attentats-Terrorismus hat dies durch Ver-söhnungs- und Kooperationsangebote zu berücksichtigen. Eine wichtige Ursache für die Resonanz auf Attentate ist der israelisch-palästinensische Konflikt. Seine Lösung ist der Schlüssel zu einer solchen Strategie. Gerade die Rede des US-Präsidenten vom Juni dieses Jahres, in der er sich weitgehend auf die Seite der Israel-Politik Scharons stellt, zeigt jedoch keinerlei wirkliche Bereitschaft der USA, zu einer friedenspolitischen Lösung zu gelangen. Nun wird in Israel eine Mauer gebaut, statt Versöhnungs- und Friedenspolitik zu betreiben.

Zu fragen ist schließlich, welche anderen Ziele von den USA durch den Krieg in Afghanistan und durch eventuelle weitere Kriege verfolgt werden? Ein wichtiges Ziel wird bereits jetzt deutlich erkennbar, nämlich militärische Stützpunkte in der zentralasiatischen Region, wie gegenwärtig schon Manas in Kirgisien, zu errichten. Schon im Kosovo-Krieg hatten die USA ein großes Interesse, bei Pristina einen der modernsten Luftwaffenstützpunkte von strategischer Bedeutung zu bauen. Die zentralasiatischen Staaten bergen erhebliche Öl- und Gasvorräte. Dort militärisch präsent zu sein und von dort aus auch ganz Asien militärisch kontrollieren und gegebenenfalls bedrohen zu können, ist von erheblicher geo-strategischer Bedeutung. Dem entsprechen auch die Interessen am Bau einer Pipeline durch Afghanistan, die vermutlich seinerzeit erheblich zur Machtergreifung durch die Taliban beigetragen haben, von denen die US- und andere Ölgesellschaften eine Absicherung einer solchen Pipeline erwarteten.

Aufrüstung, Kriege und die Verschärfung aller Widersprüche

Bisher sind alle Probleme der Überwindung des Attentats-Terrorismus ungelöst. Vielmehr ist ein lang andauernder Krieg ohne Grenzen und mit präventiven Militärangriffen auf missliebige Staaten zu erwarten. An dessen Ende haben sich die bürgerlich-parlamentarischen Gesellschaften möglicherweise selbst im Sinne von Entdemokratisierung unkenntlich gemacht. Die Ressourcen für Problemlösungen werden in den militärischen Sektor umgeleitet und stehen so nicht zur Friedens-, Sozial- und Umweltentwicklung zur Verfügung. Zivile Konfliktbearbeitung bleibt auf der Strecke oder wird für den militärischen Konfliktaustrag instrumentalisiert.

Der Gegensatz zum militärisch-terroristischen Konfliktaustrag ist die friedliche, zivile Konfliktbearbeitung, möglichst verbunden mit einer präventiven Politik der Gewaltverhütung. Die Erkennung der jeweiligen Ursachen von Attentats-Terrorismus ist die Voraussetzung, um Gewalteskalation zu vermeiden und Strategien zu seiner Überwindung zu entwickeln. Es ist höchste Zeit, der weiteren Militarisierung der Weltpolitik eine zivile Alternative in der politischen Praxis entgegenzusetzen und mit ihrer Verwirklichung zu beginnen. Für die Friedensbewegung könnte die gemeinsame Orientierung lauten: ‚Krieg ist Terror – friedliche Konfliktlösung und globale Gerechtigkeit'. Damit wäre auch eine Öffnung der Friedensbewegung zur Frage der Ursachen und zur Globalisierungsproblematik angesprochen.

Andreas Buro,
Friedenspolitischer Sprecher
des Komitees für Grundrechte und
Demokratie

Bundestag lehnt Petition
gegen „Anti-Terror-Krieg" ab

Gegen den sogenannten Anti-Terror-Krieg der USA und ihrer Verbündeten richtete sich eine Petition von Oktober 2001, die das Komitee für Grundrechte und Demokratie initiiert hatte und die über 7.500 Personen unterzeichnet hatten. Der Petitionsausschuss des Deutschen Bundestages erteilte ein dreiviertel Jahr später der Petition eine nichtssagende Abfuhr. Wolf-Dieter Narr antwortete darauf mit einem grundsätzlich auf das Petitionsrecht eingehenden Schreiben, das allen Mitglieder des Petitionsausschusses zuging und das wir nachfolgend dokumentieren.

Köln, 26. Juli 2002

An die Mitglieder des Petitionsausschusses des Deutschen Bundestages

Betr.: Petition des Komitees für Grundrechte und Demokratie

„Krieg darf nicht die Antwort auf Terror sein"

Hier: Beschlussempfehlung, das Petitionsverfahren abzuschließen
Pet 4-14-05-050

Sehr geehrte Vorsitzende,

sehr geehrte Mitglieder des Petitionsausschusses,

mit einem kurzen Begleitschreiben vom 17.6.2002 ist uns die Beschlussempfehlung des Petitionsausschusses und der ihr folgende Beschluss des Deutschen Bundestages vom 13.06.2002 in Sachen der Ihnen von uns übermittelten Petition (BT-Drucksache 14/9233) zugegangen. Angesichts der demokratisch prozeduralen und der substantiellen Bedeutung des in unserer Petition formulierten Ersuchens und der an den Petitionsausschuss gerichteten Bitte um Abhilfe können und wollen wir die Sache nicht mit Ihrer rundum abschlägigen Beschlussempfehlung und dem entsprechenden Beschluss des

Deutschen Bundestages auf sich beruhen lassen. Um es klipp und klar am Beginn unserer Antwort schon festzustellen:

Der Deutsche Bundestag und der in seiner grundgesetzlichen Position hoch angesiedelte Petitionsausschuss desselben haben durch ihren abschlägigen Beschluss in Form und Inhalt der Sache der Demokratie im Sinne des Grundgesetzes Schaden zugefügt. Um vom Bundestag in toto zu schweigen, es wäre hoch an der Zeit, dass der Petitionsausschuss endlich intensiv über seine Funktion im Rahmen der volksgewählten Legislative und seine heute angemessenen Formen des Umgangs mit Petenten nachdenkt und drastisch verändernde Beschlüsse fasst.

Einige Anmerkungen in Sachen unserer im Juni von Petitionsausschuss und Bundestag fahrlässig behandelten Petition mögen an dieser Stelle genügen:

1. Obwohl seit mehr als zwei Jahrzehnten sogenannte Massenpetitionen in politisch demokratischer Absicht zu einem regelmäßigen Vorgehen des demokratischen Beteiligungsverlangens bundesdeutscher Bevölkerung geworden sind, werden dieselben vom Bundestag nach wie vor behandelt, als handele es sich um punktuelle und individuelle Petitionen, für die kein eigenes Verfahren erforderlich ist.

2. So geschehen auch im Falle unserer Petition. Dieselbe wurde von über 7.500 Bürgerinnen und Bürgern trotz geringen Mobilisierungsaufwands unterstützt. Indes, Petitionsausschuss und Bundestag halten es nicht für nötig, mit den Petenten ein öffentliches Verfahren zu vereinbaren, das die besorgten Bürgerinnen und Bürger ernst nähme, das jedoch auch die Abgehobenheit des Parlaments wenigstens ab und an aufhöbe. Es reicht nicht, das neualte Gebäude des Deutschen Bundestages, das vormalige Reichstagsgebäude, mit einer teuren Kuppel zu versehen, auf der sich Touristen, auf den Bundestag schauend, ergehen können, den Bundestag und auch seine Ausschüsse aber, deren Funktion wie die des Petitionsausschusses die möglichst unmittelbare Wahrnehmung dringlicher bürgerlicher Belange ist, in schlechter Distanz und Abstraktion von den Bürgern zu belassen.

3. Das ist ein demokratisch geradezu essentielles Verfahrensmanko des Deutschen Bundestages, hier vertreten durch seinen Petitionsausschuss. Dass er – von mehr oder minder läppischen Diskussionen über ohnehin auf Bundesebene kaum funktionstüchtige Volksbegehren und dergleichen abgesehen – nicht im mindesten darüber nachdenkt, wie die riesige, schlechte, aber verständliche Politikverdrossenheit produzierende Kluft zwischen dem wichtigen Organ repräsentativer Demokratie, dem Deutschen Bundestag, und der Bevölkerung im Zeitraum der einzelnen Legislaturperioden wenigstens ab und an überbrückt werden könnte. Bundestag und Petitionsausschuss benehmen sich in ihrer bürgerfernen Abgehobenheit verstockt. Sie schaden damit einer lebendigen repräsentativen Demokratie.

4. Auch in der Sache, derethalben wir uns an den Petitionsausschuss gewandt haben, kann die Antwort in keiner Hinsicht befriedigen. Im Gegenteil: das, was der Deutsche Bundestag auf Empfehlung des mangelhaft beratenen und politisch unselbstständigen Petitionsausschusses zur militärischen Beteiligung Deutschlands am nordamerikanischen Krieg gegen Afghanistan zu sagen vermag, ist nichts anderes als die Wiederholung der von uns beklagten regierungsamtlich falschen Auffassung. Petitionsausschuss und Deutscher Bundestag beweisen damit ein weiteres Mal – der Demokratie und dem Grundgesetz und allen Bürgerinnen und Bürgern sei's geklagt –, dass sie ihrer Politik mitbestimmenden, vor allem ihrer die politische Exekutive kontrollierenden Aufgabe nicht im mindesten nachkommen. Sie benehmen sich als abhängige Größen. Sie geben uns in der Antwort auf die Petition, die das wichtigste Thema, nämlich Krieg und Frieden angeht, nun im Zusammenhang der gewalttätigen Antwort der Regierung der USA auf den Gewaltakt vom 11. September, nichts anderes als die Antwort der Bundesregierung voll

der routinisierten Vorurteile, unzureichend in jeder menschen- und völkerrechtlichen Hinsicht. Es sei denn, man biege, wie nach dem 11. September gehabt, Menschenrechte und Völkerrecht je nach dem eigenen, dazuhin noch unaufgeklärten Interessengusto.

Nein, so leicht dürfen es sich der Deutsche Bundestag und an seiner ersten Stelle der Petitionsausschuss nicht machen. Sie schaden sich und ihrer institutionellen Bedeutung damit selber. Sie schaden jedoch vor allem den ohnehin viel zu geringen Ansätzen lebendiger Demokratie. Und sie tragen, indem sie der regierungsamtlichen Politik legitimatorisch nachstampfen, statt sie zu kontrollieren, statt menschen- und völkerrechtlich konsequent zu argumentieren, dazu bei, dass die Unfriedlichkeit dieser Welt auch von seiten des Deutschen Bundestages nicht wenigstens ein Stückweit eingeschränkt werde. Indem man alle möglichen kriegerischen Aktionen anders benennt, ist nichts getan.

Dieser Brief, sehr geehrte Mitglieder des Petitionsausschusses zeigt, wie ernst wir Sie nehmen. Wir hoffen, wir tun dies nicht selbst- und fremdtäuscherisch.

Prof. Dr. Wolf-Dieter Narr

PS: Wir erlauben uns, diese Antwort auf Ihre prozedural und substantiell faktisch nicht erfolgte Antwort auf unsere Petition öffentlich zu behandeln.

Praktisches Friedensengagement im Nahostkonflikt

Erstmals organisierte das Komitee für Grundrechte und Demokratie im Rahmen der Aktion „Ferien vom Krieg" mit friedenspolitischen Partnerorganisationen in Israel und Palästina im Sommer 2002 Begegnungen junger Israelis und junger Palästinenser in Deutschland. Solche Treffen können zur Zeit weder in Israel noch in Palästina stattfinden. Über diese in den Medien vielbeachteten Begegnungen berichtete die „Frankfurter Rundschau" am 19. August 2002 und „Neues Deutschland" am 23. August 2002. Wir dokumentieren die beiden Artikel.

Omer hat Angst, Rana auch
Junge Israelis und Palästinenser
diskutierten in Deutschland

Sie kommen aus Tel Aviv und Gaza, aus Jerusalem und der Westbank. Manche wurden Freunde, andere stritten sich heftig. In Walberberg bei Bonn diskutierten in den vergangenen zwei Wochen 35 israelische und palästinensische Jugendliche über den Konflikt im Nahen Osten.

Omer hat Angst. In ein paar Monaten soll er seinen Dienst bei der israelischen Armee antreten. Möglich, sagt er, dass ihn die Streitkräfte in die Autonomiegebiete schicken. „Ich hoffe, dass ich dann nicht auf Menschen schießen muss, aber ich kann es auch nicht ausschließen", sagte der 18-Jährige. Auf Menschen schießen zu müssen, davor hat Omer die größte Angst.

Trotzdem will der Israeli, der in der Nähe von Jerusalem lebt, den Kriegsdienst nicht verweigern. Zum einen sei das in Israel schwierig, „wer es schafft, sich zu drücken, hat später Nachteile". Zum anderen glaubt Omer, dass die Armee wichtig ist, denn „ohne die Soldaten würde es noch mehr Anschläge in unserem Land geben".

Auch Rana hat Angst. Am meisten vor Menschen wie Omer, die irgendwann mit geladenen Gewehren unter einem Vorwand in ihr Haus in Bethlehem eindringen könnten. Die sie wie so oft in den vergangenen Monaten wieder daran hindern könnten, die Univer-

sität zu besuchen, an der die 20-Jährige Englisch studiert. Oder die auf Palästinenser schießen könnten, obwohl sie das wie Omer gar nicht wollen.

Der Israeli Omer und die Palästinenserin Rana gehören zu denen, die in Walberberg keine Freunde geworden sind. Rana hat Omer gefragt, wie er es bloß rechtfertigen könne, „dass uns die israelische Armee in Bethlehem so leiden lässt. Wir sind doch auch Bürger dieser Stadt". Das stimme schon, hat Omer gesagt, „aber manchmal laufen diese Bürger, die du meinst, in ein Café und sprengen sich in die Luft".

Trotzdem sind Omer und Rana froh, dass sie sich im Rahmen der Aktion „Ferien vom Krieg" des Komitees für Grundrechte und Demokratie in Deutschland kennen gelernt haben. „Es war wichtig, auch die andere Seite mal zu treffen", sagt Omer. Rana ist glücklich darüber, Israelis gesagt zu haben „wie wir leiden". Vom Besuch in Deutschland will sie daheim nur Freunden und Verwandten erzählen. Wer Gespräche mit Israelis führt, gilt unter Palästinensern schnell als Kollaborateur.

Dass bei dem Treffen nicht bloß „Friede und Freude" herrschen würde, hatte Helga Dieter erwartet. Die Frankfurterin, die das allein durch Spenden finanzierte Projekt organisiert hat, sieht in scharfen Diskussionen auch nichts Negatives. Wichtig sei, dass die Jugendlichen überhaupt ins Gespräch kommen. Auch Mohammed Joudeh und Eidan Bronstein ziehen ein positives Fazit. „Für viele war es schwer, hier erstmals ihre Feinde zu treffen", sagt Joudeh, der die palästinensische Gruppe betreute. Sein israelischer Kollege Bronstein erzählt von „harten Konflikten", die die Jugendlichen vor allem zu Beginn des Camps ausgetragen hätten: „Viele der jungen Leute haben in den Workshops aber eingesehen, dass auch ihre Seite viel Grausames zu dem Konflikt beigetragen hat."

Abseits der Workshops und Diskussionen hat Omer zu Rana gesagt, er halte einen Frieden mit Palästinenser-Präsident Yassir Arafat nicht für möglich, weil Arafat „ein Terrorist" sei. Da ist Rana wütend geworden. Sie hat Omer gefragt, ob Israels Premier Ariel Scharon denn vielleicht kein Terrorist sei. Omer hat geschwiegen.

Georg Leppert

***

Frieden ist so weit weg wie ein Traum –
Jugendliche Israelis und Palästinenser
lernen in den „Ferien vom Krieg"
voneinander und übereinander

Inmitten der rheinischen Idylle des Köln-Bonner Vorgebirges machen derzeit 35 Jugendliche aus Israel und Palästina „Ferien vom Krieg". So nennt sich ein Programm vom „Komitee für Grundrechte und Demokratie" für Kinder und Jugendliche aus Kriegsgebieten. Zum ersten Mal ist es gelungen, 100 israelischen und palästinensischen Jugendlichen in drei Gruppen eine solche Freizeit zu ermöglichen.

Die freie Zeit ist dosiert. Neben Museumsbesuchen, Phantasialand und Kölner Pop-Komm absolvieren die Jugendlichen ein anstrengendes Programm. In täglichen Arbeitsgruppen diskutieren die jungen Israelis und Palästinenser unter pädagogischer Anleitung über den Konflikt in ihrer Heimat. Sie sprechen hebräisch und arabisch, die Betreuer helfen beim Übersetzen. Oft wird es laut, bei der Frage von Jerusalem und den Grenzen, wenn es um die Flüchtlinge und das Verhältnis von Arabern und Juden in Israel geht. Bei der Suche nach konkreten Lösungen aber rücken sie alle wieder zusammen.

Helga Dieter koordiniert ehrenamtlich seit sieben Jahren die Ferienfreizeiten für Kinder von verfeindeten Kriegsparteien auf dem Balkan. Seit das Programm vor neun Jahren startete, konnten 15 000 Kinder gemeinsam Ferien machen, meist in Badeorten an der Adria. Die Freizeiten werden ausschließlich mit privaten Spenden finanziert. „In diesem Jahr sind das knapp 400 000 Euro", sagt sie stolz. „Alles ohne staatliche Hilfe." Diese Freizeit „ist ein friedenspolitisches Projekt.

Es ist mehr als humanitäre Hilfe", betont Helga Dieter.

Einige der Jugendlichen kennen sich aus der „Schule für Frieden" in Israel. Die „Neve Shalom/Wahat al Salam" wurde 1979 gegründet und ist Teil der „Oase des Friedens", Lebenswerk des Dominikanerpaters Bruno Hussar. Für die Jugendlichen aus der Westbank ist die Friedensschule allerdings unerreichbar.

„Die angespannte Lage lässt miteinander reden gar nicht zu", sagt Mohammad Joudeh von der Palästinensischen Friedensbewegung aus Kalkilia. Er ist einer von fünf Betreuern der Jugendgruppe. Joudeh, der selber in einem israelischen Gefängnis saß, arbeitet seit sieben Jahren als „facilitator". Er vermittelt und unterstützt bei Treffen zwischen den „verfeindeten Gruppen". „Seit zwei Jahren gibt es keine Treffen mehr", sagt er bedrückt. Darum sei diese Freizeit für sie sehr wichtig.

„Wir lassen die Jugendlichen reden", meint Eitan Bronstein, einer der jüdischen Betreuer. Der langjährige Friedensaktivist unterrichtet sei zehn Jahren an der Friedensschule in Israel. „Sie sollen ihre Meinung sagen. Wir helfen ihnen dabei, die Probleme zu reflektieren. Die Situation innerhalb der Gruppe ist oft eine Parallele zur Situation in der Gesellschaft."

Die 16-jährige Shahar lebt in einem Kibbuz. „Unsere Lage ist nicht so schlimm wie für die Palästinenser in der Westbank", sagt sie. Dabei schaut sie den 18-jährigen Hadi aus Kalkilia etwas unsicher an. „Wir sind Freunde", lacht der und sie schütteln sich die Hände. Über die Vertreibung der Palästinenser 1948 hörte Shahar jetzt zum ersten Mal, von den Palästinensern. „Wir lernen in der Schule nur die guten Seiten unserer Staatsgründung. Erst jetzt weiß ich, was der Preis dafür war. Wir hatten von den meisten Verbrechen nie etwas gehört, es war sehr schwer für uns, das zu glauben." Shahar will nach ihrer Rückkehr vor allem mit ihrem Großvater reden, sagt sie, der war beim Krieg 1948 dabei.

Udi ist fast 17 und will Mathematiker werden. Zur Armee will der junge Pazifist auf keinen Fall. „Wir Israelis hören immer, dass wir keine Alternative haben", sagt er. „Nicht zur Armee, nicht zum Staat, aber ich glaube das nicht." Überzeugt fügt er hinzu: „Ich wünsche mir Frieden in der ganzen Welt und eines Tages werden wir das auch erreichen." Ranneen, die 17-jährige Palästinenserin aus Nazareth, stimmt ihm zu, aber sie ist skeptisch. Für sie als „israelische Araberin" ist Gleichheit zwischen Arabern und Juden wichtig. Sie hat zwar einen israelischen Pass, doch nicht die gleichen Rechte wie die israelischen Juden.

Gibt es Erfolge bei der Vermittlung? „Es verändert sich etwas, wenn auch langsam", sagt Eitan Bronstein. Die jüdische Seite der Gruppe habe eine Menge gelernt in den letzten zwei Wochen. „Über ihre Ignoranz gegenüber dem Leben der anderen Seite. Über die grausamen Dinge, die unsere Seite den Palästinensern antut. Diese Dinge sind für sie schockierend." Bronstein weiß von vielen Schülern aus früheren Seminaren, die ihre Ansichten völlig geändert haben.

Nur noch wenige Tage, dann geht es zurück. Die einen fliegen nach Tel Aviv, die anderen über Amman (Jordanien) in die Westbank. Ob sie sich wiedersehen? Alle haben sich das fest vorgenommen, wenn sie auch nicht wissen, wie es gehen soll. „Heute", sagt Ranneen, „ist der Frieden für uns wie ein Traum, weit, weit weg."

Karin Leukefeld

Mit den Grundsätzen eines demokratischen Rechtsstaates unvereinbar

In einem offen Brief an die Kandida-tinnen und Kandidaten des neu zu wählenden Deutschen Bundestages haben sich vier bundesdeutsche Bür-gerrechtsorganisationen, darunter das Komitee für Grundrechte und Demokratie, gegen die im Gefolge der Anschläge vom 11. September 2001 hektisch beschlossenen „Sicherheits-gesetze" gewandt, die allein den Sicherheitsinteressen des Staates die-nen und, damit verbunden, massiv in die Bürgerrechte eingreifen. Die „Frankfurter Rundschau" vom 31. August 2002 berichtete über das bür-gerrechtliche Protestschreiben.

Bürgerrechtler sehen Meinungsfreiheit in Gefahr
Neue Sicherheitsgesetze bedrohen nach Ansicht von Kritikern den Rechtsstaat

Bürgerrechtsorganisationen haben den künf-tigen Bundestag aufgefordert, die neuen Sicherheitsgesetze zurückzunehmen. Mit dem „nicht einhaltbaren Versprechen", Sicherheit gegen Terroranschläge zu schaf-fen, seien Befugnisse von Geheimdiensten und Polizei massiv ausgebaut worden. All diese Gesetze legalisierten erneut staatliche Eingriffe in die Rechte von Unverdächtigen. Bürger würden damit pauschal zu Sicher-heitsrisiken umdefiniert.

Sie befürchteten eine „tendenzielle Unter-drückung der Meinungsfreiheit durch Ein-schüchterung kritischer Bürgerinnen und Bürger", schreiben die Bürgerrechtsorganisa-tionen Humanistische Union, Gustav-Heine-mann-Initiative, Internationale Liga für Men-schenrechte und Komitee für Grundrechte und Demokratie in einem offenen Brief an die Kandidaten des künftigen Bundestages. Zu den ihrer Meinung nach gravierendsten Änderungen zählt beispielsweise die engere Kooperation zwischen Geheimdiensten und

Polizei. Martin Singe vom Komitee für Grundrechte und Demokratie kritisiert, das Trennungsgebot werde „faktisch abge-schafft" – ein Gut, das nach dem „Polizei-brief" der Westalliierten „zu Recht" fester Bestandteil der deutschen Verfassung war und die Machtvollkommenheit einer politi-schen Polizei verhindern sollte, „wie sie unser Land unter dem NS-Regime kennen lernen musste".

Weiterhin dürften Geheimdienste nach dem Ende Dezember verabschiedeten „Anti-Ter-ror-Gesetz" Kontobewegungen erfassen – ohne Verdacht und ohne die Betroffenen zu informieren. Menschen, die in so genannten sicherheitsempfindlichen Bereichen tätig sind – dazu können laut Bürgerrechtlern auch Rundfunkanstalten, Kliniken sowie Ver-kehrs- und Versorgungsbetriebe zählen – müssten sich gefallen lassen, dass sie am Arbeitsplatz und im Privatleben ausgeforscht werden und bei „Auffälligkeiten" ihre Exi-stenzgrundlage verlieren können. Wer Aus-länder einlade, werde künftig zusammen mit seinen Gästen auf „Zuverlässigkeit" hin überprüft.

Im April 2002 ergänzte der Bundestag zudem die Terrorismusparagraphen um den 129b, um das Strafrecht auch auf terroristische Ver-einigungen im Ausland anwenden zu kön-nen. Es sei aber fraglich, dass damit auslän-dische Terroristen verurteilt würden, da faire Strafverfahren kaum gewährleistet seien, meinen Bürgerrechtler. Denn um zu entschei-den, ob es sich bei einer Gruppe um Terrori-sten oder eine Befreiungsbewegung handelt, müsste die deutsche Justiz Abklärungen in Staaten vornehmen lassen, „bei denen es höchst zweifelhaft sei, ob sie das Prädikat eines Rechtsstaates verdienen". Für bedenk-lich halten die Initiativen auch die Entschei-dung, der Polizei den Einsatz des „Imsi-Cat-chers" zu erlauben, ein Gerät, das alle Mobiltelefone polizeilich registriert, die sich in seinem Bereich befinden.

Das Fazit der Bürgerrechtler lautet, „dass dem Rechtsstaat durch die ‚Anti-Terror-Pakete' schwerer Schaden zugefügt" wurde. Dabei hätten diese Regelungen, hätten sie damals schon gegolten, „die Anschläge von New York und Washington nach Auffassung aller Sachverständigen nicht verhindern können".

Andrea Neitzel

Soziale Grundrechte erstreiten

Für die Augustausgabe 2002 der „Sozialistischen Zeitung" (SoZ) kommentierte Christa Sonnenfeld, Vorstandsmitglied des Komitees für Grundrechte und Demokratie, aus menschenrechtlicher Perspektive die aktuellen Entwicklungen in der Sozialpolitik, die sozialen Sicherungen auszudünnen oder gänzlich zu schleifen. Wir dokumentieren diesen Beitrag an dieser Stelle.

Sozialer Kahlschlag
Soziale Grundrechte erstreiten

In der BRD ist die inhaltliche Füllung des Bürgerstatus relativ schwach, aber das hat gleichwohl Gründe. Die Begründer des Grundgesetzes hatten eine politische Teilhabe bewusst nicht intendiert, um der Bevölkerung nicht zu viel Macht zukommen zu lassen. Dies führte u.a. auch dazu, dass sogar die durchscheinende Demokratieverachtung der politischen Eliten mehr oder weniger als alternativloses Geschick – allenfalls leise murrend – bis heute hingenommen wird. Um so mehr muss ein Bewusstsein dafür geschaffen werden, dass sich das Wesen einer freien Gesellschaft mit forcierter Armut und repressiven Strategien nicht vereinbaren lässt. Im kapitalistischen (Welt-)System ist zwar das sozialstaatliche Modell mit seinen Versprechen von Freiheitsrechten und Absicherungen von Lebensrisiken ohnehin bloß fiktiv. Dennoch kann eine Diskussion über den Anspruch an soziale und politische Grundrechte die wachsende Ungleichheit zum öffentlichen Gegenstand machen, den Zwang zu irgendeiner Arbeit, und sei sie noch so sinnlos und schlecht bezahlt, ins öffentliche Bewusstsein rücken und die Einhaltung von Freiheitsrechten reklamieren. In einer solchen Debatte müsste es auch um die zunehmend autoritäre Politik gehen, die sich auf diesen Ebenen intensiviert. Hier ist nichts von einem Rückzug des Nationalstaats zu verspüren. Der repressive Staat wird gebraucht, um den sozialen Frieden zu sichern und um Ansprüche der Bedürftigen abzuweisen.

Blickt man in die Erklärung der Menschenrechte von 1948, dann mutet diese wie ein revolutionäres Manifest an. Dort sind soziale Grundrechte, wie z.B. das Recht auf freie Berufswahl, auf soziale Sicherheit, auf gleichen Lohn für gleiche Arbeit u.a. verankert. Davon sind wir weit entfernt. Besonders in der Medienöffentlichkeit würde eine derartige Proklamierung eher als Naivität diffamiert werden, die die modernen Anforderungen ignoriere.

Dabei trägt bei uns das Sozialgesetzbuch I dem Sozialstaatsgebot Rechnung, indem es die Verpflichtung formuliert, „ein menschenwürdiges Dasein zu sichern, gleiche Voraussetzungen für die freie Entfaltung der Persönlichkeit, insbesondere auch für junge Menschen zu schaffen ... den Erwerb des Lebensunterhalts durch eine frei gewählte Tätigkeit zu ermöglichen und besondere Belastungen des Lebens, auch durch Hilfe zur Selbsthilfe, abzuwenden oder auszugleichen". Der Einsatz für soziale Grundrechte ist vor diesem Hintergrund sowohl über die Erklärung der Menschenrechte als auch über die spezifisch deutsche Fassung argumentativ zu begründen, auch wenn ökonomische

Verwertungsinteressen machtvoll dagegen agieren und staatliche Repräsentanten uns weismachen wollen, dass der Bezug sozialer Leistungen immer auch zwingend mit der Verletzung von Grund- und Freiheitsrechten einhergehen müsse.

Die Frage bleibt, wie ein kritisches, produktives Verhältnis zu diesen Entwicklungen hergestellt werden kann. Eine Idealisierung des Sozialstaats der 70er und 80er Jahre ist eine Verkennung der Realität. Reanimierungsversuche vernachlässigen nämlich, dass weder soziale Rechte in Gestalt einer aktiven politischen Teilhabe noch eine menschenwürdige Existenzsicherung gegeben waren, da die Vergabe von Sozialleistungen immer mit Zwang und Disziplinierung verknüpft war.

Zum zweiten war das System der sozialen Sicherung Bismarck'scher Prägung immer erwerbszentriert. Die Weigerung, eine Stelle anzutreten, war deshalb immer auch mit der Androhung und Durchsetzung des Leistungsentzugs gekoppelt, wenn auch im alten Arbeitsförderungsgesetz die Interessen der Erwerbslosen und ihr Schutz vor „unterwertiger" Beschäftigung zumindest Bestandteil der Gesetze waren.

Weder die Rückkehr zum Sozialstaat der 70er und 80er Jahre noch die Forderung nach dem Erhalt der sozialen Sicherung wird uns angesichts des Umstands, dass es immer weniger existenzsichernde Arbeitsplätze gibt, einem menschenwürdigen Dasein näher bringen, das eine Sicherung auch ohne Lohnarbeit ermöglicht. Gleichzeitig muss aber bedacht werden, dass die Abkehr von der klassischen sozialen Sicherung bedeuten würde, dass wir soziale Rechte dann weder reklamieren noch einklagen können und mehr oder weniger auf die Mildtätigkeit von Wohlfahrtsorganisationen und Unternehmensstiftungen zurückgeworfen sein würden.

Ein bedingungsloses, ausreichendes Grundeinkommen würde nicht auf dem Beitragsmodell fußen können, das der jetzigen sozialen Sicherung wesentlich zugrunde liegt. Und es muss begleitet sein von sozialen Grundrechten. Dieser Weg wird uns sicherlich nicht geebnet werden, wir müssen ihn uns erstreiten.

Christa Sonnenfeld, Sozialwissenschaftlerin, ist Mitglied im Vorstand des Komitees für Grundrechte und Demokratie und Redakteurin der Internetzeitschrift links-netz (www.links-netz.de).

Die „Diktatur der DNA" und die Menschenrechte

Vom 13. bis 15. September 2002 organisierte das Komitee für Grundrechte und Demokratie seine Jahrestagung zum Thema Humangenetik und die menschenrechtlich-demokratischen Erfordernisse, die aus dieser Technologie und ihren Anwendungen erwachsen. Nachfolgend dokumentieren wir den Tagungsbericht.

Forderung der Komitee-Jahrestagung zur Humangenetik:

Unterbrechung von Forschung und Anwendung, um einen demokratischen gesellschaftlichen Diskurs zu ermöglichen!

Am Wochenende vom 13.-15. September 2002 fand in der Evangelischen Akademie Arnoldshain die diesjährige Jahrestagung des Komitees statt. Ihr Thema: „Humangenetik – Faszination und Furcht einer neuen Technologie – menschenrechtlich-demokratische Erfordernisse".

Diese etwas sperrige Formulierung bringt die Komplexität zumindest des Anliegens dieser

Tagung zum Ausdruck, denn es ging um drei in- und miteinander eng verbundene Aspekte. Zum ersten um die Information über den gegenwärtigen Stand humangenetischer Entwicklungen und Anwendungen, zum anderen um die dieser Entwicklung innewohnende Ambivalenz und schließlich um die menschenrechtliche Bedeutung, die beidem zukommt. Ziel dieser Tagung war es, für das Komitee einen gleichermaßen fundierten wie geeigneten Weg ausfindig zu machen, auf dem ein menschenrechtlich-demokratisches Engagement in diesem wichtigen Bereich basieren könnte.

Durch Beiträge der eingeladenen ReferentInnen, aber auch mit dem z.T. großen Fachwissen und den politischen Erfahrungen der TeilnehmerInnen gelang es, das anspruchsvolle Vorhaben auf den Weg zu bringen.

Sigrid Graumann (Institut Mensch, Ethik und Wissenschaft) gab einen ausführlichen Überblick über den gegenwärtigen Stand humangenetischer Entwicklungen. In ihrem Überblick über das weite Feld der Forschungen und Anwendungen, in dem neben unbezweifelbarem und ethisch unproblematischem Nutzen weitgehend unerfüllte Versprechungen (z.B. das Humangenomprojekt betreffend) stehen, markierte sie insbesondere die Punkte, an denen, oft unmerklich, der Sprung von diagnostischem oder therapeutischem Einsatz humangenetischer Erkenntnisse und Methoden zu einem Übergriff auf elementare Freiheitsrechte stattfindet. An diesen Punkten konstituieren sich Paradigmenwechsel, die als solche öffentlich selten benannt und noch weniger debattiert werden. Besonders deutlich wird das an der Präimplantationsdiagnostik (PID) oder sogar an der Pränataldiagnostik (PND). Standen einst die vorgeburtlichen Untersuchungen unzweideutig unter dem Vorzeichen des Wohls der Mutter, so werde heute in der Vorsorge über die PND zumindest auch auf die Verhinderung behinderten Lebens fokussiert. Ungefragt werden Frauen in Entscheidungskonflikte gestürzt, deren Rahmenbedingungen sich beständig durch die Möglichkeit der Selektion behinderten Lebens und dessen gesellschaftlicher Akzeptanz verschieben. Dieses wird besonders durch die PID gefördert, in der es letztlich nur noch um pure Selektion geht.

Margaretha Kurmann (Arbeitsstelle Pränataldiagnostik / Reproduktionsmedizin) unterstrich diese Einschätzungen durch ihre Erfahrungen in der Beratungsarbeit. Es gäbe mittlerweile eine individuelle Alltagseugenik, die wie selbstverständlich darauf basiere, dass Kinder bspw. mit dem Krankheitsbild Trisomie 21 (Downsyndrom) nicht leben sollen. Leid verhindern heiße konkret immer häufiger, Leidende zu verhindern. Frauen würden dabei in Entscheidungssituationen gedrängt, die sie objektiv völlig überfordern, weil sie auf gesellschaftlich unbeantwortete Fragen konkrete individuelle Antworten geben müssten.

Einen anderen Zugang zum Thema skizzierte Gottfried Orth (Seminar für Evangelische Theologie und Religionspädagogik an der Universität Braunschweig). Ausgehend von einer Interpretation des biblischen Bilderbots, das die Verdinglichung des Göttlichen und des Menschlichen thematisiert, kennzeichnete Orth die Punkte, an denen der Humangenetik fundamentale Gefahren für eine an den Menschenrechten orientierte Gesellschaft innewohnen. So ist z.B. die Fokussierung auf die Frage, an welchem Punkt denn nun wirklich Leben beginne (also von der Zeugung bis zu einem Zeitpunkt noch nach der Geburt) grundsätzlich irreführend, weil die Definition dieses Zeitpunkts ethische Grundentscheidungen voraussetze, von deren Diskussion man sich mit der Definition des Zeitpunkts zu dispensieren glaube. Vermieden werde dadurch die Diskussion um die Biologisierung des Begriffs vom Leben, des Verständnisses dessen, was Unversehrtheit, was Gesundheit etc. auch und gerade angesichts der Erkenntnisse der Humangenetik bedeute. Orth begründete seine Einschätzung, der zufolge Menschen, von denen man sich schon vor ihrer Geburt ein Bild gemacht habe, die Herausbildung ihrer je eigenen Identität und ihrer Kontingenz verweigert werde. Wenn der Mensch

„Zweck in sich sei", werde er durch jede Beeinflussung der unbedingten Annahme beschädigt. Orth verwies darauf, dass diese Fragen erhebliche Bedeutung auch für die gesellschaftliche Entwicklung haben und begründete damit eine „Heuristik der Furcht". In Anerkennung der Ambivalenz und in Abgrenzung von dogmatischen Positionen, wie sie bspw. von den großen Kirchen eingenommen werden, plädierte Orth für eine Unterbrechung der Dynamik als Akt bewusster Selbstbegrenzung von Forschung und Anwendung. Die ökonomisch gesteuerte Beschleunigung verhindere ein Nachdenken über zentrale Fragen, deren banalste allein die ist, ob die neuen Probleme, die bereits entstanden sind, nicht schon jetzt größer sind als die, die mit der Humangenetik zu beheben versprochen wurden.

In weiteren Beiträgen machten Christa Sonnenfeld und Martin Singe deutlich, wie weit praktische Anwendungen mittlerweile gediehen sind. Im Bereich der betrieblichen Praxis wandelt sich die Definition des gesundheitlichen Risikos: Gesundheitsgefährdung als Risiko wird verlagert auf eine Beurteilung der Anfälligkeit bspw. für bestimmte Chemikalien und damit auf eine „Risikoperson". Screenings im Rahmen der Einstellungsuntersuchungen sind mittlerweile Praxis, und die Möglichkeiten, sich ihnen zu entziehen, sind angesichts der Abhängigkeitsverhältnisse eher theoretischer Natur. Im Bereich der Strafverfolgung ist die DNA-Analyse kaum zu bremsen. Nicht rechtliche Regelungen, sondern die Dynamik der neuen Technologie setzt dabei die Maßstäbe. Das DNA-Identitätsfeststellungsgesetz setzt dem massenhaften, undifferenzierten Gebrauch der DNA-Feststellung zwar enge Grenzen, was jüngst auch durch eine Entscheidung der BVerfG bestätigt worden ist, der Praxis hat das aber keinen Abbruch tun können. So werden DNA-Analysen im Sinne allgemeiner Gefahrenabwehr angestellt. Laut BKA sollen z.B. 880.000 verurteilte Straftäter einer Speichelprobe unterzogen und deren Ergebnis in einer Datenbank gespeichert werden. Grundlage dieser Praxis ist die Einschätzung, dass schon die einmalige Verurteilung „für sich allein die Negativprognose" rechtfertige. Auch wenn nun dieser Test nicht mehr gegen den Willen der Betroffenen vollzogen werden darf, so darf man sich hinsichtlich der „Freiwilligkeit" unter Gefängnisbedingungen keinen Illusionen hingeben, was auch durch aktuelle Berichte Betroffener bestätigt wird.

Rudolf Walther (Komitee für Grundrechte und Demokratie) schließlich stellte die beschriebene Entwicklung in einen historischen Kontext, indem er wichtige Stationen der deutschen Humangenetik über einen Zeitraum von zwei Jahrhunderten illustrierte.

Die Diskussionen der Tagung rankten sich immer wieder um die Frage, wie all die Erkenntnisse in eine Form gebracht werden können, die eine politische Intervention ermöglicht. Um hier zu „operationalisierbaren" Zielen zu kommen, wurden sechs Thesen zusammengestellt, die die menschenrechtlich wichtigsten Punkte fixieren sollten, an denen politische Praxis ansetzen kann:

1. Selbstbestimmung (Autonomie) ist ein zentrales Kriterium zur Beurteilung des menschrechtlichen Status quo. Sie erschöpft sich aber oder verkehrt sich sogar in ihr Gegenteil, wenn sie mit der „Diktatur der DNA" konfrontiert wird oder aber wenn der Preis für individuell berechtigte Entscheidungen Einzelner von anderen Gruppen oder allen gezahlt werden muss.

2. Humangenetische Möglichkeiten privatisieren und individualisieren soziale Risiken. Jede/r managt sich selbst, muss individuelle Verantwortung auch für das Innere seines/ihres Körpers übernehmen. Das passt zur Ökonomisierung des Sozialen und zum Abbau sozialstaatlicher Strukturen und wird in einer „Ökonomie des Selbst" enden. Konkret heißt das: sich den jeweiligen (genetischen) Verhältnissen entsprechend über Wasser zu halten.

3. Humangenetische Möglichkeiten und Versprechungen verändern den Begriff von der „körperlichen Unversehrtheit". Sie redu-

ziert sich auf einen eng verstandenen Begriff von „Gesundheit" und führt zu einer Eugenik von unten.

4. In der gängigen Debatte wird der Grundwert von der Unantastbarkeit der Menschenwürde dem der Forschungsfreiheit gegenübergestellt. Dieses ist irreführend: Zum einen ist das Gebot von der Unantastbarkeit der Menschenwürde den anderen Grundrechten vorangestellt, was sich je und je auch an der Frage der Grenzen der Forschungsfreiheit bewahrheiten muss; zum anderen muss gerade unter dem starken ökonomischen Druck, dem die Humangenetik ausgesetzt ist, Forschungsfreiheit erst wieder hergestellt werden, und zum dritten muss im Konfliktfall über das öffentliche Interesse an einem konkreten Forschungs- (und Anwendungs-) Auftrag Rechenschaft abgelegt werden.

5. Wenn die Antwort auf die Frage, wo menschenrechtlich zu schützendes Leben beginnt, so oder so eine Setzung ist, sollte nicht über ein Datum, sondern über das Interesse an der je konkreten Datierung Rechenschaft abgelegt werden.

6. Normalisierungspraktiken setzen sich offenkundig dort am schnellsten durch, wo es definierte Interessen gibt: Katasterisierung für das Konzept allgemeiner Gefahrenabwehr u.a. oder Umsetzung eines Paradigmawechsels in der Definition des gesundheitlichen Risikos (vom Risikofaktor zur Risikoperson).

Im Komitee gibt es das große Interesse, anhand dieser Zugänge weiter daran zu arbeiten, eine menschenrechtlich fundierte Politik zu diesem Thema zu entwickeln. Eine kleine Arbeitsgruppe gibt es bereits, sie hat mit dieser Tagung Zuwachs erhalten und wird sich nun Gedanken über realisierbare erste Schritte machen.

Köln, den 24. September 2002

Theo Christiansen

Legalisierung von Menschenrechtsverletzungen

Die Humanistische Union und das Komitee für Grundrechte und Demokratie kritisieren in einer gemeinsamen Erklärung die auch im neuen „Zuwanderungsgesetz" rechtlich verankerten Zwangsmittel, um unerwünschte Flüchtlinge außer Landes zu schaffen, als menschenrechtswidrig. Mit der im Zuwanderungsgesetz ermöglichten Einrichtung von „Ausreiselagern" werde die „Logik", Flüchtlinge abzuschrecken und von Deutschland fernzuhalten, auf ihre menschenrechtswidrige Spitze getrieben. Die Bürgerrechtsorganisationen rufen dazu auf, sich gegen solche, oftmals im Mantel der Rechtsstaatlichkeit daherkommenden Menschenrechtsverletzungen zu engagieren, diese immer wieder offenzulegen und öffentlich zu missbilligen.

Erklärung der Humanistischen Union, Berlin, und des Komitees für Grundrechte und Demokratie, Köln, zum Aktionstag am 2. Nov. 2002 gegen Abschiebungen, Abschiebeknäste und Ausreiselager

Im deutschen Interesse: Ausreisen!

Bereits vor seiner parlamentarischen Verabschiedung haben verschiedene Bürgerrechtsorganisationen das neue Zuwanderungsgesetz der rot-grünen Bundesregierung aus menschenrechtlicher Perspektive scharf kritisiert.

Denn vornehmlichstes Ziel des Gesetzes war und ist es, die für den deutschen Wohlstand „nützlichen" von den insofern „unnützen" Menschen zu trennen und Letztere aus Deutschland fern zu halten. Während der ersten – zahlenmäßig zugleich verschwindend kleinen – Gruppe ein Niederlassungsrecht in der Bundesrepublik Deutschland eingeräumt wird, werden die im deutschen Wohlstandseigeninteresse nicht verwertbaren „Fremden" – die weitaus größere Gruppe – um so unnachgiebiger dem Abschreckungs-, Auslese- und Abschiebungsregime des Ausländer- bzw. nunmehr Aufenthaltsgesetzes unterworfen. Trotz aller gegenteiligen Bekundungen wurde mit dem Zuwanderungsgesetz das restriktive Ausländergesetz von 1990 im Wesentlichen unverändert fortgeschrieben. Wenigen – aus menschenrechtlicher Sicht selbstverständlichen – Erleichterungen stehen einige Verschärfungen gegen-über.

Die Zwangsmomente des Zuwanderungsgesetzes sind nicht anders als eine Legalisierung von Menschenrechtsverletzungen zu charakterisieren, mit denen sich die rot-grüne Regierung noch im Wahlkampf gebrüstet hat:

● eine konsequente Abschottung und Aufrüstung der Grenzen zur Verhinderung unerwünschter Einwanderung und Zufluchtsuche, in deren Folge Hunderte, ja Tausende Menschen an den Grenzen Europas bereits ums Leben gekommen sind und zukünftig sterben werden;

● die konsequente gewaltsame „Durchsetzung der Ausreisepflicht" (Abschiebung) um nahezu jeden Preis;

● die Inhaftierung (bis zu 18 Monaten) zum Zwecke der Vorbereitung einer Abschiebung von Menschen, ja sogar von Kindern, die lediglich ihr Menschenrecht auf Freizügigkeit in Anspruch genommen haben und Deutschland nicht verlassen wollen oder können;

● die Verpflichtung von Menschen, in einer bestimmten Gemeinde/Stadt und dort wiederum in häufig menschenunwürdigen „Sammellagern" zu leben (bei gleichzeitigem Arbeitsverbot).

Die Verlierer der Zuwanderungsrechtsnovelle sind die Schwächsten der EinwanderInnen – Flüchtlinge aus Kriegs- und Armutsgebie-

ten, nach herkömmlichen Kriterien Unqualifizierte aller Länder, Menschen, die durch den Aussonderungsrost der gesetzlichen Bestimmungen fallen. Sie sind Rechtlose und Geächtete zugleich.

Nachdem die Rauchschwaden der politischen Auseinandersetzung um das Zuwanderungsgesetz verzogen sind, ist nun zu befürchten, dass das verabschiedete Gesetzeswerk in absehbarer Zeit nicht mehr in Frage gestellt werden wird. Die regierungsnahen und -kritischen Verbände, Institute und die Kirchen haben sich alle mehr oder weniger in die Erarbeitung des staatlichen Zuwanderungskonzepts (Einwanderungskommission) einbinden lassen, und es ist zu befürchten, dass sich die bundesrepublikanische Gesellschaft immer mehr mit den menschenrechtlich inakzeptablen Auswirkungen des Gesetzes abfinden wird. Abschiebung und Abschiebungshaft mit ihren tödlichen Folgen gehören schon längst zum verdrängten Alltag unserer „multikulturellen Zivilgesellschaft". Die brutale Seite der Aussonderungslogik des Zuwanderungsgesetzes ist arbeitsteilig den „SpezialistInnen" (BeamtInnen der Ausländerbehörden und Polizeien, RichterInnen, ÄrztInnen, SozialarbeiterInnen und Angestellte von Fluggesellschaften etc.) übergeben. Diese haben das „Geschäft der Abschiebung" übernommen.

Aber die deutsche Gesellschaft wird sich infolge des neuen Zuwanderungsgesetzes an neue Grausamkeiten gewöhnen müssen: Menschen, die als wirtschaftlich unbrauchbar und auch im Übrigen als nicht „schutzwürdig" angesehen werden – die jedoch zugleich nicht abgeschoben werden können –, sollen durch die Zwangsunterbringung in euphemistisch so genannten „Ausreiseeinrichtungen" zu einer „freiwilligen Ausreise" gebracht werden (§ 61 AufenthG). Das Vorhaben klingt ungeheuerlich. Und tatsächlich zeigen die Erfahrungen mit bereits existierenden Pilotprojekten, dass der gesetzliche Auftrag zur „ungemütlichen Unterbringung" in der Praxis Formen systematischer Demütigung im staatlichen Auftrag annimmt. In den – wie sie ehrlicherweise genannt werden sollten – Abschiebe- bzw. Ausreiselagern werden die Menschen ihrer Privat- und Intimsphäre beraubt; Bewegungsfreiheit wird durch den Entzug jeglichen Bargeldes und jeder Möglichkeit der Selbstbestimmung (etwa in der alltäglichen Versorgung und Nahrungsmittelaufnahme) systematisch bis auf ein paar Quadratmeter in einem Mehrbettzimmer, in einem abgelegenen, schäbigen Sammellager eingeengt; durch permanente behördliche „Befragungen" und „Informationsgespräche" sollen die Unglückseligen psychisch unter Druck gesetzt und von der Hoffnungslosigkeit ihrer Lage „überzeugt" werden.

Die möglichst schäbige Umgangsweise mit unerwünschten Flüchtlingen/EinwanderInnen ist als Logik der Abschreckung seit langem fester Bestandteil der hiesigen Gesetze. Mit der Einrichtung von „Ausreiselagern" wird diese „Logik" jedoch auf ihre menschenrechtswidrige Spitze getrieben. Die offen zu Tage liegende Intention der „Ausreiselager" ist es, Menschen, die unerwünscht sind, derer man sich aber nicht durch das Mittel der Abschiebung entledigen kann (mangels Papieren, mangels Flugverbindungen, mangels Aufnahmebereitschaft der Herkunftsstaaten, mangels Mitwirkungsbereitschaft der Betroffenen an der eigenen Abschiebung etc.), alltäglich zu erniedrigen, zu demütigen und systematisch einzuschränken, kurz: sie so unwürdig zu behandeln, dass sie schließlich die Angst besetzte Rückkehr in ihre „Heimat" einem weiteren Verbleib in Deutschland (unter derartigen Bedingungen) vorziehen. Diese gesetzgeberische Erwartung, das zeigen bisherige Erfahrungen, erfüllt sich in der Praxis jedoch nicht: Statt auszureisen, ziehen viele das Leben unter illegalisierten, rechtlosen und unsicheren Bedingungen dem staatlich restlos verordnetem Leben in einem Ausreiselager in Deutschland bzw. der Rückkehr ins Nichts vor. Familien mit Kindern ist ein solches existenzgefährdendes „Abtauchen" unmöglich. Sie müssen die menschenrechtswidrigen und schädigenden Lebensbedingungen der Ausreiselager dauerhaft ertragen. Wer Menschen

solchen Bedingungen aussetzt, verletzt ihre Würde fundamental. Inzwischen haben Verwaltungsgerichte in Niedersachsen und Rheinland Pfalz erklärt, dass die Ausübung psychischen Drucks und die überlange Zwangsunterbringung in den Ausreisezentren, um den Willen von Flüchtlingen zu beugen, rechtsstaatlich nicht vertretbar seien.

Wir alle wissen, dass die Würde des Menschen (und zwar sehr leicht) „antastbar" ist. Deshalb heißt es im Grundgesetz auch: „Sie zu achten und zu schützen ist Verpflichtung aller staatlichen Gewalt." Die Bestimmungen der geltenden Asyl-, Aufenthalts- und Asylbewerberleistungsgesetze hingegen missachten und verletzen in ihrer Gesamtwirkung bzw. in einzelnen konkreten Anwendungsfällen die Würde von Menschen (ausreisepflichtig zwar, aber unstrittig menschlich) zum Teil sogar systematisch und mit gesetzgeberischer Absicht. Mit der rechtlichen Normierung unerträglicher, entwürdigender und völlig unverhältnismäßiger Zwangsmaßnahmen – wie etwa der Errichtung und Betreibung von „Ausreiselagern" – offenbart der „soziale Rechtsstaat" Bundesrepublik Deutschland (geschichts- und gegenwartsvergessen), wie viel Beachtung er den Menschenrechten beimisst.

Angesichts dieser Entwicklung wird es umso dringlicher, sich gegen diese herrschenden Zustände zu engagieren, auch wenn sie mit der täuschenden Aura der Rechtsstaatlichkeit bemäntelt sind. Gerade weil dies so ist, gilt zukünftig mehr noch als bisher, diese Rechtsförmigkeit von Menschenrechtsverletzungen offenzulegen und zu missbilligen. Es gilt, Flüchtlinge in ihrem Recht auf Freizügigkeit und Selbstbestimmung zu unterstützen. Politisch ist es darüber hinaus angezeigt, die Kehrseite des Zuwanderungsgesetzes, die alten und neuen Formen der Aussonderung und Entwürdigung, zu skandalisieren.

Die Bürgerrechtsorganisationen unterstützen deshalb nachdrücklich die Kampageninitiative gegen Abschiebungen, Abschiebeknäste und Abschiebelager, die mit entsprechenden Aktionen an einem „Tag der offenen Türen", dem 2.11.2002, beginnt. Wir rufen von daher zur aktiven und fantasievollen Teilnahme, Unterstützung und Ergänzung dieser Initiative auf (Näheres unter: www.abschiebehaft.de)

Köln, den 30. Oktober 2002

Dirk Vogelskamp
Komitee für Grundrechte und Demokratie

Grundrechtliche Kritik an den Demonstrationsverboten

Am 31. Oktober 2002 kündigte das Komitee für Grundrechte und Demokratie erneut Demonstrationsbeobachtungen anlässlich des im November 2002 bevorstehenden Castor-Transportes nach Gorleben an. Insbesondere wird die Allgemeinverfügung kritisiert, mit der die Versammlungsrechte außer Kraft gesetzt werden. Die Allgemeinverfügung kriminalisiert generell demokratischlegitimen Protest und untersagt diesen weitgehend. Wir dokumentieren die Presseerklärung und einen Artikel aus der Elbe-Jeetzel-Zeitung vom 18. Dezember 2002, der nach den Castortransporten erschienen ist.

Zur Verteidigung der Grundrechte von Bürgern und Bürgerinnen gegen ein ausuferndes Demonstrationsverbot

Demonstrationsbeobachtungen des Komitees beim Castortransport ab dem 9. November 2002

Das Komitee für Grundrechte und Demokratie erhebt Einspruch gegen die Allgemeinverfügung der Bezirksregierung Lüneburg. Wiederum werden Demonstrationen während des Transportes von hochradioaktivem Müll in das Zwischenlager in Gorleben weiträumig und zeitlich ausgedehnt verboten. Mit zum Teil sachlich unrichtigen Darstellungen der bisherigen Proteste gegen die Castor-Transporte im Wendland und verfälschenden Zitaten zu den geplanten Protestaktionen werden die Verbote begründet. Die Bezirksregierung

Lüneburg betreibt mit dieser Allgemeinverfügung eine Kriminalisierung des Protestes insgesamt. Der Schutz der Grundrechte auf Versammlungsfreiheit (Art. 8 GG) und Meinungsfreiheit (Art. 5 GG) wird – grundrechtswidrig – zugunsten des Schutzes von Eigentumsrechten aufgegeben. Wir kritisieren insbesondere:(1) Das Verbot verstößt gegen die parlamentarische Demokratie. Da die zuständigen Landkreise keine Demonstrationsverbote erlassen würden, zieht die Bezirksregierung die Entscheidungen an sich. Die Bürger und Bürgerinnen werden entmündigt. Sie haben demokratisch mehrheitlich Landtage gewählt, die das Grundrecht auf Demonstration achten. (2) Das Verbot widerspricht dem klaren und eindeutigen Urteil des Bundesverfassungsgerichts von 1985. Begründet wird dieses Demonstrationsverbot mit verfälschten Darstellungen vergangener Ereignisse. Einzelne möglicherweise tatsächlich begangene Straftaten werden ganzen Versammlungen angelastet, die insgesamt gewaltfrei demonstrierten. Gewaltfreie Aktionen und alle Formen von Blockaden werden durchgängig zu Gewalttaten umdefiniert. Das Komitee für Grundrechte und Demokratie hat bei allen bisherigen Transporten Demonstrationsbeobachtungen organisiert. Diese Berichte geben einen umfassenden Eindruck von den weitgehend gewaltfreien Protestaktionen. Von der Bezirksregierung werden dagegen Situationen verkürzt und verdreht, einseitig im Interesse des Verbots von Grundrechten dargestellt. Das Bundesverfassungsgericht hat in seinem Urteil seinerzeit unterstrichen, dass es nicht angeht, Handlungen von einzelnen und andere Nebenereignisse

275

dazu zu missbrauchen, den Bürgern und Bürgerinnen das Recht auf Demonstration insgesamt zu rauben.

(3) Die Bezirksregierung nimmt einseitig politisch Partei. Proteste und Blockaden weit außerhalb der damals geltenden Demonstrationsverbotszone werden zur Begründung des Verbots herangezogen. Dies zeigt, dass der Protest insgesamt aus einseitig politischen Gründen „nicht passt" und darum autoritär unterbunden werden soll. Als weitere wichtige Indizien für ein „notwendiges" Verbot werden folglich die Unzufriedenheit mit dem „Atomkompromiss", der einseitig mit der Atomindustrie ausgehandelt wurde, die Werbung für die Anti-AKW-Meinung, die Organisierung von Veranstaltungen zum Thema und entsprechendes angeführt. (4) Die Bezirksregierung praktiziert repressive Toleranz. Sie schreibt, dass „allen Demonstranten" unbenommen sei, „außerhalb dieses Transportkorridors ihr Recht auf Versammlungsfreiheit und freie Meinungsäußerung wahrzunehmen". Zu befürchten ist jedoch, dass die Polizei – wie im vergangenen Jahr bei beiden Transporten und wie die Verbotsbegründungen nahelegen (siehe Punkt 3) – auch weit außerhalb der Verbotszone mit Aufenthaltsverboten, Demonstrationsverboten und Ingewahrsamnahmen gegen jeden Zusammenschluss von Bürgern und Bürgerinnen vorgehen wird. (5) Die Bezirksregierung schafft die Gewalt, die sie angeblich vermeiden will. Für den bevorstehenden Transport prognostiziert die Bezirksregierung erneute „erhebliche Störungen" bis hin zu einer vermuteten Zunahme der Gewalt. Belegt und begründet wird dies nicht. Jedoch wird aus Veröffentlichungen verkürzt und verfälschend zitiert, so dass der Eindruck entstehen kann, als riefen tatsächlich die den Protest tragenden Gruppen – die Bürgerinitiative Umweltschutz und die gewaltfreie Aktion x-tausendmalquer – zu Gewalttaten auf. Und selbstverständlich werden wiederum im Internet veröffentlichte Aufrufe einseitig interpretiert und pauschal dem Protest insgesamt zugerechnet. (6) Die Bezirksregierung ist systematisch uninformiert. Sie diskriminiert etablierte Organisationen. Eine vermutete Zunahme des gewaltbereiten Anteils der Demonstranten wird aus der beabsichtigten Teilnahme von attac an Protesten gegen die Atomenergienutzung geschlossen. Ein solcher Schluss zeugt von Unkenntnis und belegt erneut die haltlose Kriminalisierung jedweden Protestes. Hier lautet die einfache Gleichung: Globalisierungskritiker sind gewalttätig, und attac ist eine globalisierungskritische Organisation. Ein solch pauschales Urteil ist schon gegenüber der gesamten Antiglobalisierungsbewegung unhaltbar; attac ist in Deutschland stark in gewerkschaftlichen und sozialdemokratischen Kreisen verankert. Um der Polizei nicht das letzte Wort zu lassen und eine den Grundrechten verpflichtete Berichterstattung möglich zu machen, wird das Komitee für Grundrechte und Demokratie auch diesmal die Proteste gegen den Castor-Transport im Wendland beobachtend begleiten. In dieser Rolle ergreifen wir Partei für die unverkürzten Freiheitsrechte der Bürger und Bürgerinnen, für das Recht auf Meinungsfreiheit und das Versammlungsrecht.

Elke Steven

* * *

„Gänzlich falsche Prognosen"
Castor-Transport: Erstes Fazit des
Komitees für Grundrechte und Demokratie

Der „breite gewaltfreie Protest im Wendland" gegen den jüngsten Atommülltransport nach Gorleben habe gezeigt, dass die Allgemeinverfügung der Bezirksregierung Lüneburg gegen Demonstrationen unmittelbar an der „Transportstrecke" auf gänzlich falschen Behauptungen und Prognosen beruht habe. Dieses Fazit zieht das Komitee für Grundrechte und Demokratie, das den Einsatz der Polizei kritisch beobachtet hat.

Allerdings, so heißt es in einer Stellungnahme des in Köln ansässigen Komitees weiter, sei kurz nach dem Abschluss des Castor-Transportes nach Gorleben „nur ein erstes Resümee auf der Grundlage einiger Demonstrationsbeobachtungen" möglich. Viele

Beobachtungen müssen erst noch zusammengetragen werden.

Eindeutig habe sich gezeigt, dass der Widerstand der Bürgerinnen und Bürger „nahezu ausschließlich" von friedlichen Protesten und Formen gewaltfreien zivilen Ungehorsams geprägt gewesen sei. Da so erneut bewiesen sei, dass das in der Allgemeinverfügung der Bezirksregierung Lüneburg entworfene Bild von einem gewaltbereiten, gar zunehmend gewalttätigen Widerstand „vollkommen falsch ist", sei die Grundlage des Demonstrationsverbotes hinfällig.

Diese Allgemeinverfügung, die jeden Bürger und jede Bürgerin unter Verdacht gestellt habe, habe jedoch den Polizeieinsatz bestimmt. Kontrolle, Überwachung und der ständige Verdacht gegen jeden Bürger, sich „unbotmäßig" verhalten zu wollen, „waren leitend für das Verhalten der Polizei".

Innerhalb dieses „Kontrollrahmens" sei das Bild eines gewaltfreien Protests jedoch auch von „einem häufig besonnenen Polizeieinsatz und -verhalten bestärkt worden". Entgegen der Verbotsverfügung waren immer wieder Proteste auf und entlang der Transportstrecken möglich. Die Polizei ermöglichte hierdurch der Anti-AKW-Bewegung – in den der Polizei genehmen Grenzen – ihren Protest friedlich und gewaltfrei vorzubringen.

Immer wieder hätten die Beobachter des Komitees feststellen können, „wie Sitzblockaden einigermaßen besonnen geräumt wurden". So sei etwa in der Nacht vor dem Castor-Transport nach Gorleben eine Sitzblockade von – nach ersten Schätzungen – 1000 Demonstrierenden auf der Transportstrecke in Laase in Ruhe geräumt worden. Auch kleinen Gruppen von Sitzblockierenden auf der Schienentransportstrecke sei die Polizei relativ gelassen begegnet.

Andererseits sei auch bei diesem Castor-Transport immer wieder beobachtet worden, wie einzelne Polizeibeamte mit unverhältnismäßiger Gewalt auf Demonstrierende eingeschlagen hätten. So seien „in völlig überflüssiger Weise gegenüber gewaltfreien Protestierenden Schlagstöcke – und gar Waffen gezogen" worden.

Festzuhalten bleibe vor allem, dass all diese Proteste „nur unter der völligen Übermacht einer technisch hochaufgerüsteten und zahlenmäßig gewaltigen Polizei stattfinden konnten". Die Polizei habe das Geschehen vollständig kontrolliert und auf der „Grundlage dieser Übermacht Proteste zulassen" oder genauer: „obrigkeitsstaatlich gewähren" können. Das aber habe nichts mit dem Recht auf Versammlungsfreiheit selbstbewusster Bürger zu tun.

Ein Lob den kritischen Polizistinnen und Polizisten

Im Dezember 2002 erschien die 50. Ausgabe von „unbequem", der Zeitschrift der Bundesarbeitsgemeinschaft kritischer Polizistinnen und Polizisten. Für das Komitee für Grundrechte und Demokratie gratulierte Elke Steven mit einem Beitrag in der Jubiläumsausgabe. Aus den Erfahrungen der Demonstrationsbeobachtungen kritisiert sie vor allem die ausufernden polizeilichen Eingriffsbefugnisse.

Ein langer Atem ist notwendig

Bürgerrechtsorganisationen stehen der Polizei traditionell eher skeptisch gegenüber. Kritik am Polizeiapparat wie am Verhalten einzelner Polizeibeamter und -beamtinnen entsteht aus den alltäglichen Erfahrungen, die diejenigen machen, die in dieser Gesellschaft kritisch aktiv sind für die Einhaltung der Menschenrechte und für eine demokratisch-grundrechtliche Gestaltung der Gesellschaft. In Zeiten der immer neuen Rollen rückwärts bei den Novellierungen von Polizeigesetzen, der Panikmache in Sachen Innerer Sicherheit und der damit verbundenen Ausweitung von Polizeibefugnissen steigt noch die Notwendigkeit der Kritik.

Dass diese notwendige Kritik schon lange nicht mehr pauschal gegen die Polizei insgesamt gewendet ist, das ist einer der Verdienste der „Kritischen Polizisten". Sie haben mit ihrem öffentlichen Aufbegehren gegen einen autoritären Polizeiapparat, in welchem der einzelne Polizeibeamte glaubte, ohne eigene Verantwortlichkeit Befehle ausführen zu müssen, deutlich gemacht, dass es auch in der Polizei Zivilcourage geben kann. Und davon war und ist viel notwendig, in einer Organisation, die noch immer von Korpsgeist und autoritärer Befehlsstruktur gekennzeichnet ist. Die beruflichen Nachteile, die viele von den „Kritischen" in kauf genommen haben, der Druck, dem sie widerstanden haben, hat gezeigt, dass es auch in der Polizei möglich ist, Kritik zu üben und grundrechtswidrige Befehle zu verweigern, bzw. auf dem Wege der Remonstration im Rahmen des Beamtenrechts Widerspruch anzumelden.

Die Zeiten sind jedoch mitnichten seit der Gründung der Bundesarbeitsgemeinschaft Kritischer Polizistinnen und Polizisten insgesamt besser geworden. Der später auch gerichtlich als rechtswidrig beurteilte „Hamburger Kessel" war der erste Anlass zur Gründung dieser berufsständischen Vereinigung. Wer, wie das Komitee für Grundrechte und Demokratie, regelmäßig Demonstrationsbeobachtungen organisiert, weiß jedoch, dass der politische und polizeiliche Umgang mit Demonstrationen noch immer von grundrechtswidrigen Einschränkungen gekennzeichnet ist.

Für die etablierte Politik und herrschende Interessen ist das Versammlungsrecht immer ein ärgerliches und hinderliches Grundrecht gewesen. Demonstrationen schaffen Unruhe, sie stellen die scheinbar geordneten Zustände in Frage. Sie machen aufmerksam auf Mängel der herrschenden Politik und werben für

andere Entscheidungen. Je mehr sie zentrale politisch-ökonomische Entscheidungen in Frage stellen, um so mehr wird dieses Grundrecht diskreditiert und zugleich herrschaftlich außer Kraft gesetzt. Daran hat auch die versammlungsfreundliche Rechtsprechung des Bundesverfassungsgerichts nichts geändert. Entsprechendes geschieht dieser Tage wieder anlässlich des bevorstehenden Transportes von hochradioaktivem Müll in das Zwischenlager in Gorleben. Die Bezirksregierung Lüneburg erließ am 26. Oktober 2002 per Allgemeinverfügung ein weiträumiges und zeitlich ausgedehntes Demonstrationsverbot. Die Polizei wird wiederum vorgeschickt werden, um einseitig den Schutz von Eigentumsrechten gegen die Interessen der Bürger und Bürgerinnen durchzusetzen. Ihr Auftrag, zum Schutz der Grundrechte auf Versammlungs- und Meinungsfreiheit aktiv zu werden, wird wiederum außer Kraft gesetzt. Und die meisten Polizeibeamten und -beamtinnen werden gemäß diesem Auftrag handeln. Sie werden sich erneut als unkritische Befehlsempfänger gegenüber den „gewaltunterworfenen" Bürgern und Bürgerinnen staatsautoritär, teilweise aggressiv und gewalttätig gebärden. Um so mehr, je mehr diese Bürger und Bürgerinnen selbstbewusst, aufmüpfig oder renitent auftreten.

Die kritischen Polizisten haben gerade im Zusammenhang mit dem Atomkonflikt und den Castortransporten immer wieder eindeutig zugunsten der Bürgerrechte Stellung bezogen. Sie haben dagegen protestiert, dass die Polizei zum Schutz einer fragwürdigen und hochgefährlichen Großtechnologie gegen den Willen eines großen Teiles der Bevölkerung missbraucht wird. Sie haben in den eigenen Reihen dazu aufgerufen, sich diesem Missbrauch zu widersetzen, den Dienst zu verweigern und zivilen Ungehorsam zu leisten. Die Resonanz war sicherlich nicht groß. Aber sie haben wohl den einen oder anderen Kollegen nachdenklich gemacht. Sie haben vielleicht mit dazu beigetragen, dass der eine Polizist oder die andere Polizistin zumindest unmittelbar überflüssige Gewaltanwendungen verweigert haben.

279

Denn das hat es immerhin während dieser Transporte auch gegeben. Und sie haben den Bürgern und Bürgerinnen gezeigt, dass ein anderes Verständnis der Aufgaben der Polizei auch innerhalb der Polizei möglich ist. Sie haben die Tür zum Dialog zumindest einen kleinen Spalt offen gehalten.

Die Zeichen der Zeit stehen jedoch eher gegen die Einsichten und Aktivitäten der „Kritischen". Mit immer neuen Methoden und vor allem technischen Möglichkeiten, mit immer ausgedehnteren Eingriffsbefugnissen wird die Polizei zur Lösung einer verfehlten Politik herangezogen. Die der Polizei gewährten Entscheidungsspielräume gemäß dem Opportunitätsprinzip, die Möglichkeiten, präventiv, also längst vor dem Begehen von Straftaten oder Ordnungswidrigkeiten, polizeiliche Maßnahmen zu ergreifen, haben zum fast gänzlichen Verlust von Rechtssicherheit bei Demonstrationen geführt. Die regierungsamtlich ausgesprochenen Verbote – vom Demonstrationsverbot bis hin zum Campverbot oder – wie in München im Februar 2002 – „Schlafplatzverbot" – ermöglichen dann der Polizei alle erdenklichen Eingriffe in die bürgerlichen Freiheitsrechte: Aufenthaltsverbote aufgrund unhaltbarer Verdächtigungen, Ingewahrsamnahmen, Einsatz von Mitteln polizeilicher Gewalt, die die körperliche Unversehrtheit unverhältnismäßig gefährden und verletzen. Die Aufdeckung und individuelle Zurechnung von polizeilicher Gewalt gelingt jedoch nur selten. Noch immer gibt es keine Kennzeichnungspflicht für Polizeibeamte im Einsatz, so dass Bürger und Bürgerinnen fast chancenlos in der Verfolgung polizeilicher Straftaten sind.

Die kritischen Polizisten bemängeln an vielen weiteren Stellen die Arbeit der Polizei und setzen sich für ein verändertes Polizeiverständnis ein. Von der Kritik am „Apparat" und der fehlenden demokratischen Kontrolle bis hin zur Zivilcourage, die es erfordert, polizeiliche Straftaten aufzudecken, nehmen sie Stellung und zeigen, dass auch die Polizeiarbeit an einem grundrechtlich-demokratischen Verständnis gemessen werden muss.

Das Komitee für Grundrechte und Demokratie wünscht den „Kritischen" den langen Atem, der für diese Arbeit notwendig ist. Mögen die Zeiten für Zivilcourage und eigenständiges Denken und Handeln karg sein, es ist zu hoffen, dass wieder bessere Zeiten kommen. Die Bundesarbeitsgemeinschaft Kritischer Polizistinnen und Polizisten ist ein Stachel in der gegenwärtigen Entwicklung, der auch anderen Mut machen wird.

Elke Steven

Vorkriegsfragen

In einem Interview mit der „tageszeitung" vom 2. Januar 2003 wird Andreas Buro, friedens-politischer Sprecher des Komitees für Grundrechte und Demokratie, zu den Chancen, einen Krieg noch zu verhindern, befragt.

Wer Ja sagt, muss auch kämpfen
„Verfahrensfragen sind politische Fragen":
Andreas Buro, langjähriger Friedensaktivist und -forscher, über Joschka Fischers Nicht-
Nein zum Irakkrieg und die Chancen, dass die Vetomächte im UN-Sicherheitsrat einen Krieg noch verhindern könnten

taz: Herr Buro, Außenminister Joschka Fischer hat eine deutsche Zustimmung zu einem Irakkrieg im UN-Sicherheitsrat nicht grundsätzlich ausgeschlossen. Überrascht Sie das?

Andreas Buro: Nein, überhaupt nicht. Denn Fischer hat bereits in einer sehr frühen Phase der Debatte immer wieder betont, dass es ihm darum gehe, einen Automatismus zum Krieg zu verhindern. Es ist in der Öffentlichkeit kaum wahrgenommen worden, dass dies keine klare Absage an einen Krieg war, sondern nur eine Aussage zu den formalen Prozeduren für eine Kriegsentscheidung. Hier müssen die Verfahrensfragen als politische Fragen gewertet werden.

taz: Eine Zustimmung im UN-Sicherheitsrat muss doch keine Beteiligung nach sich ziehen.

Andreas Buro: Doch. Wenn die Bundesregierung sagt: „Deutschland stimmt dem Krieg zu", muss sie auch Verpflichtungen übernehmen.

taz: Demnach wäre Fischers Erklärung mehr als nur eine Kurskorrektur?

Andreas Buro: Richtig. Die ursprüngliche Position, die von Kanzler Gerhard Schröder vor der Bundestagswahl suggeriert wurde – die Regierung sei gegen einen Krieg und werde sich nicht daran beteiligen – ist damit ausgehebelt.

taz: Dennoch wird Deutschland auch für den so genannten Antikriegskurs kritisiert.

Andreas Buro: Der grundsätzliche Kurs der rot-grünen Regierung in ihrer militärgestützten Außenpolitik folgt dem der Kohl-Regierung. Sie hält fest an der Aufstellung einer Interventionstruppe der EU. Obendrein stimmt sie einer Nato-Eingreiftruppe zu, die in der New York Times treffend als „Fremdenlegion der USA" bezeichnet wurde. Entsprechend verkündet der deutsche Verteidigungsminister Peter Struck, Verteidigung sei nicht mehr das Thema für die Bundeswehr, sondern Krisenbewältigung in aller Welt. Das heißt nichts weiter als Angriffskriege im globalen Maßstab.

taz: Immerhin will die Regierung keine Soldaten in einen Irakkrieg entsenden.

Andreas Buro: Durch den jüngsten Beschluss des Bundestages, die Beteiligung an dem Kriegsprojekt „Enduring Freedom" um ein Jahr zu verlängern, bleiben auch die „Fuchs"-Panzer und die deutschen Marineeinheiten in

Nahost. Im Falle eines neuen Krieges wird nicht mehr zu unterscheiden sein, in welcher Funktion sie dort eingesetzt werden.

taz: Aber auch in Frankreich und England gibt es Widerstand gegen einen Krieg. Damit könnten deren Regierungen Druck auf die USA ausüben.

Andreas Buro: Die anderen Veto-Mächte im UN-Sicherheitsrat haben alle der Resolution 1441 zugestimmt, die auf Grund ihrer Unschärfe den Kriegsbeginn ermöglicht. Bei den Vorverhandlungen zu der UN-Resolution haben die USA den Vetomächten ferner in Aussicht gestellt, sie würden deren Wirtschafts- und Ölinteressen im Irak berücksichtigen. Das hat nicht nur Frankreich beruhigt, sondern auch Russland.

taz: Die Kriegsbefürworter sagen, dass von Saddam Husseins Regime eine konkrete Gefahr ausgeht. Wäre der Krieg dann nicht gerechtfertigt?

Andreas Buro: Die Kriegspolitik wird mit der Ideologie vom „gerechten Krieg" und der „humanitären Intervention" legitimiert. Auf diese Ideologien wird dann noch der Stempel „Menschenrechte" und der Aufkleber „Freiheit" gedrückt. Doch haben nicht alle mörderischen Nationalisten, Kolonialisten und Imperialisten ihre Kriege für gerecht erklärt? Es gibt keinen gerechten Krieg. Denn Krieg hat nichts mit Gerechtigkeit, sondern nur mit Gewalt, Macht und rücksichtsloser Durchsetzung von Interessen zu tun.

Andreas Buro, 74, ist emeritierter Professor für internationale Politik an der Universität Frankfurt/Main. 1960 organisierte er den ersten deutschen Ostermarsch mit. Heute ist er friedenspolitischer Sprecher des Komitees für Grundrechte und Demokratie.

Interview: Thomas Klein

Desertieren für den Frieden

Je näher der Interventionskrieg im Nahen Osten rückte, desto häufiger wurden auch Aktionen der Kriegsgegnerinnen und Kriegsgegner in den Medien wahrgenommen. An vielen Protesten waren Engagierte aus dem Komitee für Grundrechte und Demokratie direkt beteiligt, wie exemplarisch aus dem dokumentierten Artikel aus der „Frankfurter Rundschau" vom 20. Januar 2003 ersichtlich wird.

Soldaten sollen Dienst verweigern

Friedensbewegung ruft Awacs-Piloten zum Ungehorsam auf

Mehr als 150 Personen aus der deutschen Friedensbewegung rufen Bundeswehr-Soldaten dazu auf, den Gehorsam zu verweigern. Der Appell richtet sich vor allem an die Besatzungen von Awacs-Flugzeugen.

Berlin, 19. Januar. Aktivisten der Friedensbewegung versuchen, mit einem Aufruf zur Gehorsamsverweigerung eine deutsche Beteiligung an einem möglichen Irak-Krieg zu verhindern. „Verweigern Sie jede Beteiligung an einem Krieg gegen den Irak!", heißt es auf Flugblättern, die an Bundeswehr-Soldaten verteilt werden. Am kommenden Samstag wird der Appell an der Nato-Airbase Geilenkirchen übergeben. Dort sind Awacs-Frühwarnflugzeuge stationiert, um deren Einsatz die USA die Nato gebeten haben. Zu den Besatzungen gehören auch Soldaten der Bundeswehr.

Die Autoren des Aufrufs glauben der Beteuerung nicht, dass die Jets lediglich zum Schutz des Nato-Landes Türkei im Falle eines Irak-Krieges gebraucht würden. „Awacs-Flugzeuge werden wie im Jugoslawien-Krieg als Feuerleitzentralen zur feindlichen, diesmal irakischen Zielerfassung, dienen", heißt es in den Flugblättern. Nach Einschätzung der Friedensbewegten würden auch die deutschen Marineeinheiten am Horn von Afrika und die Fuchs-Spürpanzer in Kuwait in das Kriegsgeschehen involviert werden, sobald ein Krieg gegen Irak beginne. Es drohe deswegen „erneut ein völkerrechtswidriger Krieg mit Beteiligung der Bundeswehr", heißt es in dem Text. Das Soldatengesetz regele aber, dass Soldaten bei Unrechtsbefehlen nicht gehorchen müssten.

Initiatoren des Aufrufs sind Armin Lauven von „Pax Christi" und Martin Singe vom „Komitee für Grundrechte und Demokratie". Sie hatten bis zum Wochenende 155 Unterstützer für ihr Schreiben gefunden, darunter Pfarrer, Lehrer und Richter. Die Unterzeichner müssen nach den Erfahrungen der Friedensbewegung damit rechnen, wegen Aufrufs zu einer Straftat verklagt zu werden. Während des Kosovo-Kriegs hatten 60 Pazifisten ebenfalls einen Aufruf zur Gehorsamsverweigerung veröffentlicht. Damals wurden alle angeklagt, aber spätestens in zweiter Instanz vom Berliner Kammergericht freigesprochen. Die Gerichte billigten ihnen Meinungsfreiheit zu. Über die Frage, ob der Krieg völkerrechtswidrig war, entschieden die meisten Richter nicht.

Pitt von Bebenburg

Jeder Kriegstreiberei zu widerstehen, ist erste Bürgerpflicht

In einer Erklärung vom 27. Januar 2003 zum drohenden Krieg im Irak äußerten sich die Gründungsmitglieder des Komitees für Grundrechte und Demokratie, Klaus Vack, Wolf-Dieter Narr und Roland Roth, zu den Voraussetzungen eines künftigen Friedens und den Hindernissen in der bundesrepublikanischen Politik, die diesen entgegenstehen.

Klaus Vack / Wolf-Dieter Narr / Roland Roth

Das Nein zu diesem Krieg ist nicht genug – Es gilt, die Voraussetzungen für einen künftigen Frieden zu schaffen!

Schwarze Kriegswolken ziehen bombenhagelschwer von den USA her herauf. Als wäre es Schicksal, braut sich menschenverachtendes Unheil über dem Vorderen Orient zusammen. Der Irak im Auge des Krieges. Obwohl wir alle wissen, dass dieses Geschick weltherrschaftsgemacht wird, ducken wir uns in unserer Ohnmacht. Als könnten wir nichts tun. Bis das Verhängnis kommt. Bis das Verhängnis mit unabsehbaren Folgen da ist. Allenfalls kritisieren wir zum ermüdend wiederholten Male die brutale und zugleich menschenlästerliche Arroganz der Macht der US-Führung. Allenfalls sind wir froh, dass die Bundesregierung, zunächst aus wahlopportunistischen Gründen, kein „kriegssolidarisches" Tremolo singt. Sie kündigt punktuelles Nein im Sicherheitsrat der UNO an (die Probe auf ihr Versprechen dürfte bald zu erfahren sein). Außerdem will sie sich deutsch-militärisch dem Kriegsschrecken-Mitspiel verweigern. All das ausgenommen, was im Nato-Vertrag steht und im Nato-Bündnis gemachte Zusagen angeht. Und das ist schon bei weitem zu viel. Immerhin hat dieselbe Bundesregierung jüngstens bereits zweimal prinzipiell versagt. Im Frühjahr 1999 hat sie gegen die Bundesrepublik Jugoslawien einwandslos mitgekriegt. Mit Menschen mordenden Folgen. Im Herbst 2001 hat sie sich im Krieg gegen Afghanistan militärkräftig ins Zeug gelegt. Mit Menschen mordenden Folgen. Und sie tut dies dort immer noch. Deutschland, so der Bundeskanzler staatsmännisch, solle wissen, dass es seine neue globale Verantwortung nur kriegsgerüstet, kriegsbereit und, wenn die Herrschaftsinteressenstunde schlägt, kriegsführend wahrnehmen könne. Also BRDeutsche „westlich-interessen-solidarisch" an die Front! Nein. Wir müssen angesichts dieses erneut kriegerisch aufgezäumten Konflikts eindringlicher lernen. Wir müssen nüchterner wahrnehmen, was herrschaftlich „von unseren Regierungen" angerichtet wird. Wir dürfen uns die Augen nicht von Mal zu Mal durch zwischenkriegszeitliche Illusionen selbst verkleben lassen. Wir müssen härter an uns und anderen arbeiten. Dann werden wir andauernder und in der täglich nötigen Radikalität für den Frieden arbeiten. Radikal heißt in diesem Falle, an die Wurzeln der Konflikte herangehen. Radikal sein heißt, die eigene Mitproduktion aggressiv sich wölbender Probleme zu erkennen. Das ist in den USA und westwärts insgesamt nach dem 11.9. rundum versäumt worden. Radikal heißt in diesem Falle, endlich zu begreifen, dass es keinen Interessenkonflikt in dieser Welt des 21. Jahrhunderts gibt, der durch Gewalteinsatz geklärt und gelöst werden kann. Für Krieg spricht in dieser Welt des 3. Jahrtausends kein menschenmögliches Interesse. Also lauten die ersten Folgerungen unseres nötigen Lernens hier und heute:

Zum ersten: Das Nein zu dem jetzt im sich täglich verdichtenden Vor-Krieg geführten, teils schon aktuellen, teils noch potentiellen 3. Golfkrieg gilt ohne Wenn und ohne Aber. Dieses Nein reicht jedoch nicht aus. Dieses Nein zum 3. Golfkrieg im Kontext seiner Entstehung muss das Nein zu allen kommenden kollektiven Gewaltäußerungen einschließen. Zu den schlimmsten Folgen dieses

3. Golfkriegs gehört schon vor seiner aktuellen Explosion eine Botschaft, die die nächsten Kriege hervortreibt: Rüstet auf! Rüstet auf! Rüstet auf! Denn nur die Interessen jener Länder und Länderblöcke setzen sich durch, die militärisch mordüberlegen sind. Nur dann werdet ihr im globalen Machtkonzert nicht restlos unterlegen als dritte Hilfsgeiger und Posaunenputzer mitwirken, wenn ihr selbst anstrebt, militärisch eine der ersten Geigen zu spielen.

Was der 3. Golfkrieg angeblich schon in seiner aktuellen militärmassigen Drohung verhindern will, genau das produziert er. Ohnmächtige, die sich nur noch terroristisch verblendet helfen zu können meinen. Herrschaftsgierige aller Sorten, die zu wissen meinen – und sich auf die Inszenierung des 3. Golfkriegs und seinen „zivilisatorischen" Zampano an der Spitze berufen können: Dass eigene (herrschaftliche) Politik nur möglich werde, wenn deren kriegsfähige Voraussetzung mit Massenvernichtungsmitteln gegeben sei.

Zum zweiten: Wenn der Krieg soweit zusammengebraut (worden) ist, wie dies für den 3. Golfkrieg gilt, kommt Opposition dagegen wie die Reue fast immer zu spät. Wir alle – uns, die wir diese Erklärung vorlegen, eingeschlossen – haben versäumt, sofort nach dem Ende des seinerseits radikal falschen 2. Golfkriegs 1991 daran zu arbeiten, dass nicht ein 3. Golfkrieg vernichtend gezüchtet werde. Dieser wird nun Bushkriegs- und das heißt zugleich ölheiß betrieben. Wir waren nach dem Ende des Krieges zu erleichtert. Wie nach dem Kosovokrieg. Wie nach dem Afghanistankrieg. Wie nach dem Krieg gegen Somalia zuvor. Eine staatsterroristische, westlich mit geschmiedete Kette ohne Ende. Aller Verhalten in den Nachkriegszeiten entscheidet darüber, wenn und wann diese fließend in Vorkriegs- und damit neue Kriegszeiten übergehen. Der urrichtige Verzweiflungs- und Hoffnungsschrei „Nie wieder Krieg!" verblasst und verdämmert, wenn nicht die Wirklichkeiten in und zwischen den Gesellschaften verändert werden. So trug der falsche Frieden

1991 den platzenden Kriegswanst 2002/2003 schon in sich. Westlich machtvoll hat man nach 1991 nicht mit allen möglichen diplomatischen Mitteln versucht, das bis 1990 vor allem durch die USA, jedoch auch Deutschland wohl gepäppelte Regime des Saddam Hussein zu einem für seine Bürgerinnen und Bürger einigermaßen akzeptablen Zustand zu locken und zu pressen. Dafür hätten nicht zuletzt ökonomisch eine Fülle positiver Sanktionen zur Verfügung gestanden. Statt dessen hat das schon 1990 vom Sicherheitsrat der UN beschlossene, nahezu totale ökonomische Embargo drei nachweisliche Effekte gezeitigt (vor allem die USA haben im UN-internen Verfahren, das nie öffentlich geworden ist, darauf geachtet, das dieses Embargo nicht einmal zuließ, im Irak zureichend sauberes Wasser zu erzeugen).

– Dieses bundesdeutsch mitgetragene Embargo hat nach vorsichtiger Schätzung, und das macht schaudern, etwa 500.000 Kindern das Leben gekostet.

– Dieses Embargo hat das Regime des Saddam Hussein zementiert. Es hat seinen „Wirklichkeitsverlust" mit produziert.

– Dieses Embargo hat jegliche politischen Veränderungen im Vorderen Orient mit verhindert.

Merke: Wer Frieden will, hebt im Krieg mit der Friedensarbeit an. Die Unterlegenen sind so zu behandeln, dass sie zu Partnern im Rahmen friedlicher Konfliktlösungen werden. Vor allem auf die Sieger ist zu achten. Die Arroganz der Sieger bewirkt in der Regel die entscheidenden Fehler. Letztere bereiten den Boden neuer Kriege.

Zum dritten: Es reicht nicht aus, wenn die Bundesregierung und wenn möglicherweise alle im Bundestag vertretenen Parteien gegenwärtig friedensgerichtete Flötentöne von sich geben. Wir wissen, wie rasch diese Flötenlaute zu kriegerischen Pauken und Trompeten werden. Wenn herrschende Meinungen sich ändern. Wenn Wirtschaftsmachtinteressen andere Richtungen weisen.

Wenn die Wahlkalküle opportunistisches Verhalten anders programmieren. Kein Anzeichen spricht dafür, dass europäische Staaten samt der BRD ihre Interessen weniger borniert und weniger aggressiv vertreten als die USA. Wenn's drauf ankommt. Wenn sie können. Allein der europäisch-deutsche Umgang mit Ausländern, mit Flüchtlingen wirkt wie ein andauerndes Menetekel.

Die Alternative wäre,

– dass die Nato-Staaten und die BRD keine neuen Kriegsbilder kreieren und sich abrüsten. Das Gegenteil aber ist im April 1999 so beschlossen worden. Das wird expansiv und rüstungskräftig vorangetrieben.

Die Alternative wäre,

– dass nicht ein eigenes kriegsbereites europäisches Potential geschaffen wird. Dann wird Politik nicht vollends zur Sklavin eines Amalgams aus Wirtschafts-, ungleichen Wohlstands- und Militärinteressen.

Die Alternative wäre,

– dass die Bundesdeutschen und ihre Regierungen nicht daran mitwirken, die wirtschaftliche Überlegenheit des europäisch-angelsächsischen Westens militärisch nach vorn abzusichern. Die jetzige Bundesregierung bei uns denkt nicht daran, diese Alternative zu wählen.

Es kommt schließlich darauf an, aus der schrecklich inszenierten Botschaft des 11.9. zu lernen. Darin besteht sie primär:

– die human unerträglichen Ungleichheiten der Lebenschancen dieser globalen Welt sind abzubauen;

– eine gründlich veränderte Weltwirtschaftspolitik ist geboten;

– zu erkennen, dass der Interessen gemäß willkürlich umpolbare „Krieg" gegen den beliebig bestimmbaren Terrorismus nur die törichte Antwort der Einsichts- und Lernunfähigen ist;

– daraus folgt, zu erkennen, dass militärisch, polizeilich, geheimdienstlich und technolo-

gisch verdinglichte Sicherheit des innen- und außengerichteten „Antiterrorismus" nur eines sichert: Die etablierten Herrschaftsformen, ihre Interessen und die fortgesetzte, sich immer wieder kriegerisch zuspitzende Akkumulation von Ungleichheit und Aggression.

Hier ist die bundesdeutsche Politik gefordert. Hier versagt sie in all ihren Institutionen und Äußerungen. Hier aber wird von uns allen verlangt, neu zu denken, neu zu wagen, neu zu handeln. Frieden hat seinen hohen Preis. Er verlangt unablässige tägliche Arbeit. Auch an uns selber. Sonst wird kriegstreibend weiter motivieren, was in wachsendem Maße die Politik bestimmt: Fürchte den Nächsten wie dich selbst. Das heißt aggressive Konkurrenz um die Lebenschancen und eine gewaltgeschützte Schein-Sicherheit vor uns selbst im anderen.

Zum vierten: Wir befinden uns inmitten des 3. Golfkriegs. Noch werden Militär und Kriegsmaterial ‚nur' drohdicht zusammengezogen. Kriegerisches Denken, kriegerisch geharnischte Politik, kriegerzeugte Ängste und Aggressionen haben jedoch längst das Kommando übernommen. Und das nicht erst seit den Bush-Proklamationen einer in „Freunde" und „Feinde" geteilten Welt.

Die Zeit ist längst überschritten und doch ist es jetzt und immer erneut an der Zeit, sich radikal gegen diesen Krieg und gegen Kriege inszenierende Politik insgesamt zu stellen. Jeder Kriegstreiberei zu widerstehen, ist erste Bürgerpflicht. Auch und gerade in der lernfaulen Bundesrepublik Deutschland. Gerade auch in einem Land, das sich seit Jahrzehnten nach dem „Ende der Nachkriegszeit" sehnt, aber nicht um mit dem Kriegen aufzuhören. Vielmehr um „weltpolitisch" „normal" wieder hoch gerüstet bei Kriegen mitwirken zu können. Im Konzert der großen Mächte. Angeblich um deutscher Interessen willen.

Das Nein zum Krieg jetzt ist nur wahrhaft, wenn es das Nein zum Krieg morgen einschließt. Das Nein zum Krieg morgen verlangt, endlich humane Politik zu entdecken. Das aber wäre eine Politik, die prinzipiell ohne Kriegsrüstung und Kriegsdrohung auskommt. Eine Politik, die landinnen und global auf Verhältnisse zielt, die die Lebenschancen überall auf dieser Erde angleicht. Dann werden endlich ganz andere, nämlich friedliche Konflikte möglich. Diese gehen dann um verschiedene Qualitäten des Lebens und verschiedene Kulturen. Diese werden dann nicht länger gewaltsam zerschlagen.

Welche riesige Aufgaben. Sie zu übernehmen allein jedoch machte uns eine Politik möglich, die der Zukunft unserer Kinder und Kindeskinder, aller Kinder dieser Erde verantwortlich sein kann. Wer Nein sagt zum 3. Golfkrieg, kann diese Botschaft hören, danach handeln und sie weitertragen. Friedenspolitisch gibt es keine andere Wahl.

Weiterverbreitung, Nachdruck etc. erwünscht!

Beleg an vack.sensbach@gmx.de

Infos zu Aktionen etc. unter www.resistthewar.de

oder www.friedenskooperative.de

Komitee für Grundrechte und Demokratie: Köln, den 27. Januar 2003

Seid wachsam
wider die rotgrüne Avantgarde des Friedens

Anlässlich der großen Friedensdemonstration am 15. Februar 2003 in Berlin warnte das Komitee für Grundrechte und Demokratie vor einem falschen „Schulterschluss" mit der vermeintlich friedensliebenden Berliner Regierung.

Offener Brief des Komitees für Grundrechte und Demokratie

An die deutsche Friedensbewegung aus Anlass der Großdemonstration in Berlin und der weltweiten Proteste gegen den drohenden Irak-Krieg am 15.2.03

Gemeinsam gegen einen Irak-Krieg: Ja, aber traut nicht den Worten der Partei-Eliten, sondern schaut auf ihre Taten!

Der Protest gegen einen bevorstehenden Krieg gegen den Irak gewinnt nicht nur in den Gesellschaften EU-Europas, sondern auch in vielen anderen Ländern und Kontinenten an Stärke. Er wird zu einem bedeutenden internationalen Faktor. Die Haltung der Bundesregierung spielt mit ihrer Absage an eine militärische Beteiligung – aus welchen vordergründigen Erwägungen auch immer – eine wichtige Rolle auch für den gesellschaftlichen Protest in Deutschland und vermutlich sogar darüber hinaus. Die bundesdeutsche Regierung hat sich gemeinsam mit Frankreich und Belgien gerade in den letzten Tagen u.a. in der NATO einem bedingungslosen Schulterschluss mit dem US-amerikanischen Kriegskurs verweigert. Dahinter stehen zum einen taktische Überlegungen – man will Zeit gewinnen und man will gegenüber der eigenen Bevölkerung den Eindruck vermitteln, man habe sich bis zuletzt um alternative friedliche Lösungen bemüht. Zum anderen werden an diesem Konflikt auch handfeste Gegensätze zwischen der Hegemonialmacht USA und den EU-Führungsmächten Deutschland und Frankreich offenbar. Dieser Dissens eröffnet Handlungsspielräume für Friedenspolitik und Friedensbewegung. Trotzdem darf die Friedensbewegung sich nicht mit der Politik der Bundesregierung identifizieren, die in ihrer Grundkonstellation auf eine Militarisierung der Außenpolitik und weltweite militärische Interventionen zielt und die sich auch in der Frage des Krieges gegen den Irak noch die Hintertür einer zumindest indirekten Beteiligung offen lässt. Wir müssen mit aller Deutlichkeit Nein sagen, wenn Sozialdemokraten und Grüne versuchen, sich als „Avantgarde des Friedens" an die Spitze der Proteste zu stellen.

Ist es nicht grotesk, wenn sich Wolfgang Thierse von der SPD über den von den USA geplanten „völkerrechtswidrigen Angriffskrieg" empört, wo doch Deutschland unter einer rot-grünen Regierung an dem völkerrechts- und damit grundgesetzwidrigen Angriffskrieg gegen Jugoslawien teilgenommen hat? Wenn Berlin in Nah- und Mittelost seit längerer Zeit eine Politik verfolgt, die nicht im Gleichklang mit den US-amerikanischen Interessen steht und die eine Kriegsbeteiligung nicht opportun erscheinen lässt, so heißt das doch nur, dass man gegen diesen speziellen Krieg unter diesen speziellen Bedingungen ist. Rot-Grün lehnt doch Angriffskriege nicht generell ab! Ja, man plant sogar für eine „Verteidigung am Hindukusch" (Verteidigungsminister Struck), das heißt: militärische Interventionen fern der Heimat. Dafür wird die Bundeswehr seit geraumer Zeit zur Interventionsarmee um- und aufgerüstet. In diese Richtung weisen auch die „Verteidigungspolitischen Richtlinien". Zudem will sich Berlin sehr wohl am Krieg gegen den Irak indirekt, in bescheidenem Rahmen zwar, beteiligen: Den USA werden Überflugrechte und die Nutzung ihrer deutschen Militärbasen eingeräumt, die Fuchs-Panzer der Bundeswehr bleiben in Kuwait und die deutschen Soldaten in den AWACS-Maschinen über der Türkei. Das darf bei allem aktuellen deutsch-amerikanischen Dissens nicht aus dem Blick geraten. Wer einem Aggressor solche Hilfe leistet, verstößt selbst gegen das Völkerrecht – und das Völkerrecht steht über „Bündnisverpflichtungen" im NATO-Rahmen, auf die sich die Bundesregierung herauszureden versucht. Das gilt auch für die Frage des militärischen Beistands für die Türkei. Wenn sich die Türkei an einem Angriffskrieg gegen den Irak beteiligt, hat sie bei einer militärischen Reaktion des Irak jeden Anspruch aus der NATO-Beistandspflicht verwirkt. Denn diese bezieht sich nur auf Hilfe für den Fall der legitimen Selbstverteidigung, nicht aber auf die Beteiligung an einer völkerrechtswidrigen Aggression.

In der Frage des Krieges gegen den Irak sind tiefgreifende Divergenzen zwischen den USA und einigen europäischen Staaten – angeführt von Frankreich und Deutschland – offenbar geworden. Nichts wäre jedoch unter friedenspolitischen Gesichtspunkten falscher, als nun zu glauben, dort seien die kriegslüsternen USA als Gegner der Friedensbewegung und hier die friedlichen EU-Europäer als Freunde. Auch wenn herrschende Politik in Europa – oft mit einem gewissen antiamerikanischen Zungenschlag – den Eindruck zu erwecken sucht, dass die EU als „Zivilmacht" die friedlich-gesittete Alternative zu den „Rabauken in Washington" bilden könne und dass man daher einen Kurs europäischer Selbstbehauptung stärken müsse, so begäbe man sich damit doch auf einen Irrweg. Denn Deutschland und Frankreich betreiben eine Militarisierung der EU – inklusive des Aufbaus europäischer Interventionstruppen –, um künftig eigenständig und unabhängig(er) von den USA eine ebenfalls militärisch abgestützte Machtpolitik betreiben zu können. Zwar ist den USA eine Spaltung EU-Europas in Sachen Irak-Krieg gelungen, was dem Projekt Militärgroßmacht EU einen herben Rückschlag bereitet haben dürfte, doch das darf die Friedensbewegung nicht zum Schulterschluss mit „unseren" europäischen Regierungen gegen „die Amerikaner" verleiten. Auch die EU akzeptiert Gewalt und Krieg als „Lösungsmodell" für Konflikte jeder Art und rüstet entsprechend auf. Auf die europäische Karte zu setzen hieße daher, Teufel mit Beelzebub auszutreiben.

Der zunehmenden Akzeptanz von Gewalt und Krieg muss nicht nur im Fall des aktuell drohenden Krieges, sondern ihr muss grundsätzlich und langfristig widersprochen und widerstanden werden. Gerade die BürgerInnen der politisch, wirtschaftlich und militärisch mächtigsten Staaten stehen in der großen Verantwortung, ihre jeweils eigene Regierung zu einer Abkehr von einer Politik zu bewegen, die zur Abnahme weltweiter

Gerechtigkeit und zur Zunahme militärischer Gewalt geführt hat und weiter führt. Friedensbewegung braucht also sowohl einen langen Atem als auch eine Horizonterweiterung: Wer vom Frieden redet, darf über neoliberale Globalisierung nicht schweigen! Und wer den Kräften des Krieges widerstehen will, sollte sich setzen – etwa vor die Tore der Militärflughäfen und Kommandozentralen, die für den Krieg genutzt werden. Mit solchen Aktionen zivilen Ungehorsams – wie sie von der resist-Kampagne propagiert und geplant werden – kann mensch dem „Nein!" zum Krieg konkrete Taten folgen lassen.

Unsere strategischen Bündnispartner sind diejenigen, die für friedliche Konfliktlösung und soziale und globale Gerechtigkeit eintreten. Unsere Ziele können nicht von denjenigen formuliert und repräsentiert werden, die sonntags Friedensreden halten und montags die Logistik für den Krieg bereitstellen.

Köln, 11. Februar 2003

Dr. Volker Böge / Theo Christiansen (Geschäftsführender Vorstand)

Prof. Dr. Andreas Buro (Friedenspolitischer Sprecher)

resist – Sich dem Irak-Krieg widersetzen!

Mit der vom Komitee für Grundrechte und Demokratie mit ins Leben gerufenen „resist"-Kampagne versucht die Friedensbewegung mit angekündigten Aktionen zivilen Ungehorsams den Protest gegen den bevorstehenden Irak-Krieg zu verstärken. In der Zeitschrift „graswurzelrevolution" von April 2003 erschien ein Artikel von Elke Steven, in dem die Kernelemente und Ziele der Kampagne dargestellt werden. Über Ziele und politische Einschätzungen der Aktionen berichtete sie in einem Interview mit der „jungen Welt" vom 21. Februar 2003.

Wo Recht zu Unrecht wird, wird Widerstand zur Pflicht!

Schon seit Mai 2002 drohte die Regierung der USA mit einem Angriffskrieg gegen den Irak. Scheinheilig begründete sie diesen mit dem Kampf gegen den Terrorismus, der drohenden Gefahr durch Massenvernichtungswaffen, der Notwendigkeit der Befreiung des irakischen Volkes. Mit all dem hat die Invasion, die am 20. März 2003 begonnen hat, jedoch nichts zu tun. Dieser Krieg, der ja

schon lange vorher begonnen hat, wird für die wirtschaftlichen und militärisch-strategischen Interessen einer Großmacht geführt.

Im Herbst des Jahres 2002 taten sich einige Aktive aus verschiedenen deutschen Friedensorganisationen zusammen, um frühzeitig Formen des Widerstands zu entwickeln. Angeregt von der US-amerikanischen Kampagne „pledge of resistance" Anfang der 80er Jahre verfassten sie einen Aufruf zur Selbstverpflichtung. Sie kündigten an und forderten andere zur Unterzeichnung auf: „Für den Fall, dass die US-Regierung mit einem Angriff auf den Irak beginnt, erkläre ich heute schon, mich an Protesten, Demonstrationen und/oder Aktionen zivilen Ungehorsams vor US-Militäreinrichtungen, US-Konsulaten und/oder US-Botschaften in Berlin zu beteiligen."

In den USA entwickelten Friedensaktivisten 1984, kurz nachdem die USA Grenada überfallen hatten, die Aktion „pledge of resistance". Sie drohten mit Aktionen Zivilen Ungehorsams einerseits, legalen Aktionen, Demonstrationen, Mahnwachen und Unterstützungen derjenigen, die Zivilen Ungehorsam leisten wollten, andererseits. Die Drohung sollte die US-amerikanische Regierung von einem militärischen Eingreifen in Nicaragua abhalten. Als jedoch immer offensichtlicher wurde, dass die USA längst an diesem schwelenden Krieg beteiligt waren, erkannten die Unterzeichner, dass schon vor einem „offiziellen" Kriegsbeginn der Protest deutlich vorgetragen werden müsste. Denn der Geheimdienst CIA unterstützte die Contras, diese wurden aus den USA finanziell unterstützt, die Häfen Nicaraguas waren vermint worden. Wichtige Daten und Entscheidungen im Kongress wurden zum Anlass für Aktionen genommen. In weniger als einem Jahr hatten 75.000 Menschen die Selbstverpflichtung unterschrieben. Es kam zu großen und kleinen Aktionen überall in den Vereinigten Staaten. Manchmal wurden Tausende verhaftet. Sie unterstrichen damit ihre Bereitschaft, dem Staat den Gehorsam zu verweigern, wenn dieser bereit ist, Unrecht zu tun. Ihr eigenes Gewissen verbot ihnen unter diesen Umständen den Gehorsam. Über diese Aktionen zur Beeinflussung des US-Kongresses hinaus wollte die Kampagne aber auch die öffentliche Meinung der „normalen" Bürger und Bürgerinnen für ihr Anliegen gewinnen. Sie bezeichneten es als „ongoing struggle for the hearts and minds of the American people". Der „offizielle" Krieg gegen Nicaragua fand nicht statt. Viele Analytiker meinten, dass die Selbstverpflichtungskampagne dabei ein wichtiger Faktor war. (Vgl. Kristin Flory: Widerstand gegen eine amerikanische Intervention in Nikaragua – Die Pledge of Resistance-Bewegung in den USA, in: gewaltfreie aktion, 68/69/70, 1986, S. 68-74)

An diesen Erfolg knüpfte „resist – Sich dem Irak-Krieg widersetzen!" an – leider ohne einen solchen direkten Erfolg erreichen zu können. Allerdings sind noch nie vorher so viele Menschen rund um die Welt vor einem Krieg auf die Straße gegangen, um ihren Protest gegen die Regierungen zum Ausdruck zu bringen. In den vergangenen Tagen mussten wir einsehen, dass nicht einmal dieser weltweite Protest den Krieg, das Leid, das er so vielen Menschen bringt, verhindern konnte. Die Interessen an diesem Krieg sind stärker.

Eine Weltmacht kann sich eben über den Willen der Völker hinwegsetzen, sie kann offen Völkerrecht brechen, die Vereinten Nationen desavouieren und ignorieren. Und sie tut es lügnerisch auch noch im Namen von Demokratie.

Trotzdem war und bleibt der Protest von zentraler Bedeutung, um das Unrecht und die Menschenrechtsverletzungen um so deutlicher hervortreten zu lassen, um diesen Krieg so schnell wie möglich zu beenden und um die nächsten Kriege be- und irgendwann einmal verhindern zu können.

Obwohl die Formulierung der Selbstverpflichtung offen war und auch diejenigen zur Unterzeichnung eingeladen waren, die selbst keinen Zivilen Ungehorsam leisten wollten, wollten die meisten mit ihrer Unterschrift deutlich machen, dass sie sehr ernsthaft gegen diesen Krieg protestieren werden. Die Zahlen sind nicht so beeindruckend wie in den USA damals. Die Kampagne hat jedoch in kurzer Zeit eine große öffentliche Aufmerksamkeit erreicht. Mitte März 2003 hatten bereits über 7.000 Bürger und Bürgerinnen die Selbstverpflichtung unterzeichnet. Im Dezember fand eine erste Demonstration vor der US-Airbase bei Frankfurt statt. Im Zentrum der Reden standen die Kritik an einer Politik, die vorbeugend Krieg führen will, der Protest gegen die Militarisierung der Gesellschaften, an der sowohl die Bundesrepublik wie auch die EU insgesamt massiv beteiligt sind, und der Protest gegen eine bundesdeutsche Politik, die angesichts der gestiegenen Kriegsdrohung noch häufiger irakischen Flüchtlingen Asyl verwehrt.

Einerseits betonte resist von Anfang an die Verantwortung der US-Regierung. Deshalb wurden Aktionen vor US-amerikanischen Einrichtungen angekündigt. Die US-Regierung wurde aufgefordert, jegliche Kriegsdrohung und alle kriegerischen Handlungen einzustellen sowie das Embargo gegen den Irak aufzuheben. Wichtig war den Initiatoren jedoch gleichzeitig immer, die Verantwortung der deutschen Bundesregierung ebenfalls zu unterstreichen und auch hier die Forderungen vorzutragen. Denn auch die deutsche Regierung hat in der Vergangenheit bewiesen, dass sie bereit ist, Kriege für ihre Interessen zu führen. Ihrer kritischen Haltung zu diesem Krieg, die auch auf anderen Interessen beruht, entsprechen die Taten nicht. Schon früh wurden die Forderungen gestellt, die seit Kriegsbeginn um so dringender gelten: Keine Überflugrechte für Krieg führende Armeen; keine Nutzung amerikanischer oder britischer Basen oder Kommandozentralen auf deutschem Boden; Rückzug der bereits vor Ort liegenden Truppen – Fuchs-Panzer in Kuwait, Marineeinheiten am Horn; keine Beteiligung deutscher Soldaten bei den Einsätzen der AWACS-Flugleitzentralen; kein Schutz von US-Militärstandorten durch die Bundeswehr!

Mit Beginn des Jahres 2003 wurde auch immer deutlicher, dass der Ankündigung von resist schnell Taten folgen sollten, um den öffentlichen Druck zu erhöhen und vor allem eine immer breitere Öffentlichkeit anzusprechen und zum Zivilen Ungehorsam zu ermuntern. Erste befristete Sitzblockaden an symbolischen Orten, die für die unterschiedlichen Beteiligungsformen stehen, fanden Ende Januar/Anfang Februar statt. Am Stationierungsort der AWACS-Flugzeuge wurde gegen die Beteiligung deutscher Soldaten an Flügen protestiert, die unmittelbar dem Krieg dienen. Die Soldaten wurden aufgefordert, nicht gegen Recht und Gesetz zu verstoßen, Befehle zur Beteiligung am Krieg zu verweigern oder gegebenenfalls zu desertieren. Das deutsche Verteidigungsministerium wurde blockiert, um der Forderung Nachdruck zu verleihen, dass Krieg führenden Armeen Überflugrechte und der Schutz von Militärtransporten zu verweigern ist. Ein go-In fand an dem Militärstandort in Grafenwöhr statt, an dem amerikanische Soldaten in Deutschland den Krieg Anfang Februar probten. Alle diese Aktionen verliefen friedlich. Immer nahmen auch BürgerInnen teil, die sich selbst noch nicht zutrauten, zivilen Ungehorsam zu leisten. Die Überschreitung von Recht und Gesetz erscheint vielen als eine hohe Hürde, das Auftreten der Polizei und die möglichen

rechtlichen Folgen schrecken ab. Immer aber wurde deutlich, solche Aktionen sind möglich. Selbst ein go-in auf den Platz, auf dem das US-Militär „war games" übte, die nichts mit Spielen zu tun haben, sondern tödlicher Ernst sind, konnte realisiert werden.

Am 22. Februar 2003 folgte eine mehrstündige Sitzblockade von ca. 3.000 Demonstrierenden vor der US-Airbase bei Frankfurt. Von regionalen Gruppen wurden weitere Aktionen an Militäreinrichtungen vorgenommen: in Geilenkirchen, als am 24. Februar die AWACS-Einheiten von dort in die Türkei verlegt wurden, und am EUCOM in Stuttgart. Und am 15. März 2003 folgte die nächste Blockade der US-Airbase bei Frankfurt. Kurz vor Beginn der Invasion sollte ein weiterer Schritt in der Eskalationsstufe getätigt werden. Angekündigt wurde eine 24-stündige Blockade. Das Ordnungsamt der Stadt Frankfurt verbot die Kundgebung, in deren Anschluss die Blockade stattfinden sollte. Nicht nur das, sie verbot kurzerhand Demonstrationen im gesamten Stadtgebiet von Frankfurt. Auf dem Rechtsweg konnte das Demonstrationsrecht erstritten werden. Zumindest eine Kundgebung auf dem Fraport-Parkplatz neben dem Haupttor des Airbase wurde genehmigt. Die Polizei bemühte sich dann, potentielle TeilnehmerInnen zumindest einzuschüchtern. Am Hauptbahnhof und erneut am S-Bahnhof Zeppelinheim fanden ausführliche Kontrollen und Durchsuchungen statt. Ca. 2.000 Demonstrierende kamen zur Airbase. Sie wollten allerdings nicht auf ein eingezäuntes Gelände, sondern setzten sich sofort vor das Tor. Die Polizei löste die Versammlung auf und forderte immer wieder zum Verlassen des Ortes auf. Aber die Bürger und Bürgerinnen blieben sitzen. Sie mussten von der Straße getragen werden. Die ersten wurden gar in eine Gefangenensammelstelle ge-bracht, entwürdigend durchsucht und in viel zu enge Räume gesperrt. Später wurde nur noch weggetragen, wurden Personalien festgestellt und schließlich wurden die TäterInnen zum S-Bahnhof gebracht.

resist wollte schon durch die Bekanntmachung des Widerstands den Krieg möglichst verhindern. Wenn Tausende ankündigen, dass sie der Regierung im Falle des Krieges den Gehorsam verweigern werden, dann steigt der politische Druck gegen den Krieg. Menschen für diese Aktion zu gewinnen ist leicht und schwer zugleich. Einerseits lehnt der weitaus größte Teil der Bevölkerung in Deutschland – wie in den meisten Ländern der EU und der ganzen Welt – den Krieg ab. Während die letzten Kriege von den Regierungen fadenscheinig und lügnerisch mit der Verteidigung von Menschenrechten begründet wurden – und viele diesen Täuschungen glaubten –, wird den Begründungen diesmal nicht geglaubt. Zu durchsichtig wird dieser Krieg für Machtinteressen geführt und zu offensichtlich gibt es Möglichkeiten der friedlichen Problemlösung. Andererseits geben immer mehr Bürger und Bürgerinnen die Hoffnung auf, die Politik mit Protesten beeinflussen zu können. Resignation greift um sich.

Gerade deshalb ist es wichtig, Handlungsmöglichkeiten zu schaffen, die tatsächlich ein wenig Sand im sonst reibungslosen militärischen Getriebe sind. Denn – und dies ist wiederum die positive und hoffnungsvolle Seite – immer mehr Menschen wollen deutliche Zeichen setzen gegen diese todbringenden Taten der Staaten. Erfahrungen mit zivilem Ungehorsam gibt es seit langem, und diese Erfahrungen breiten sich immer weiter aus. In unterschiedlichen Zusammenhängen und zu verschiedenen Zeiten haben Menschen diese Erfahrungen gesammelt: von den Protesten der Friedensbewegung bis hin zur Anti-AKW- und zur globalisierungskritischen Bewegung gibt es Erfahrungen mit konsequentem gewaltfreien Protest. Daran knüpft resist an. Wichtig ist, dass diese Aktionen Zivilen Ungehorsams selbst gewaltfrei und demokratisch organisiert sind und vom Respekt vor den anderen, allen anderen getragen sind. Deshalb werden Trainings des gewaltfreien Widerstands angeboten und Strukturen der Beteiligung aller an den gemeinsamen Entscheidungen eingeübt.

Die Kampagne will Rückhalt geben und das Vertrauen darauf schaffen, dass die Aktiven nicht alleine sind. Die großen gemeinsamen Aktionen sollen auch Mut und Anregungen schaffen für viele kleine Aktionen an den vielen Orten, an denen der Krieg vorbereitet und durchgeführt wird.

Irische Kriegsgegner haben dafür gesorgt, dass der Flughafen in Shannon nicht mehr störungslos von der USA als Auftank- und Nachschubbasis für die in die Golfregion entsandten Soldaten genutzt werden kann. Schnell wurde angekündigt, dass zumindest siebzehn geplante Truppentransporte von Shannon nach Frankfurt umgelegt werden sollten. Mit Aktionen Zivilen Ungehorsams sollten wir dafür sorgen, dass sie auch dort nicht mehr ungestört abgefertigt werden.

Am 29. März findet die nächste unbefristete Blockade der US-Airbase bei Frankfurt statt. Und für den 5./6. April ruft „war resisters international" zu weltweiten Aktionen an Militärstützpunkten auf. Widerstand gegen diesen Krieg, gegen zukünftige Kriege, gegen die Militarisierung der Politik und für eine demokratische, sozial gerechte, nachhaltige und friedliche Welt ist jetzt geboten.

Elke Steven

***

Sitzblockade vor der US-Airbase in Frankfurt/M.:

Mit zivilem Ungehorsam den Krieg verhindern?

Elke Steven ist Sprecherin der Kampagne „resist – sich dem Irak-Krieg widersetzen" und Mitarbeiterin im Komitee für Grundrechte und Demokratie

„junge Welt": Wie schätzen Sie gegenwärtig die Erfolgschancen ein, den drohenden Irak-Krieg mittels „Druck von unten" doch noch zu verhindern?

Elke Steven: Die weltweiten Friedensdemonstrationen am vergangenen Wochenende haben bewiesen, dass Millionen Menschen bereit sind, sich einem Krieg entgegenzustellen. Die diplomatische Feilscherei um einen Krieg ging aber unversehens weiter. Die USA und Großbritannien kündigten erneut an, dass sie auch ohne Zustimmung des UN-Sicherheitsrates bereit sind, einen Krieg zu führen. Auch die gemäßigteren Regierungen lassen sich zunehmend auf die Kriegslogik ein. Bis heute sind der kriegskritischen Rhetorik keine Taten gefolgt. Nun hat auch noch die NATO der Türkei den „Beistand" zugesagt, obwohl dieser nichts mit dem Verteidigungsfall zu tun hat. Vielmehr sollen deutsche Soldaten mit Patriot-Raketen, in Spürpanzern und in AWACS-Flugzeugen einen Angriffskrieg „verteidigen". Wenn von der Türkei aber tatsächlich ein Angriffskrieg ausgeht, hat sie jeden Anspruch aus der NATO-Beistandspflicht verwirkt.

„junge Welt": Der jüngste EU-Beschluss war auch nicht gerade ermutigend?

Elke Steven: Stimmt. Auch die EU hat in ihrer Vereinbarung nun bestätigt, dass Krieg das letzte Mittel der Politik ist. Das darf nicht verwundern, denn auch die bundesdeutsche Regierung hat bereits mehrfach Krieg geführt. Die EU ist nicht etwa per se friedlicher und ziviler als die USA. Auch die EU akzeptiert Gewalt und Krieg als Mittel zur Durchsetzung ihrer Interessen. All diesen Staaten muss der Protest der Menschen entgegenschallen, damit endlich Möglichkeiten zur friedlichen Konfliktlösung und zur Schaffung von sozialer und globaler Gerechtigkeit gesucht werden.

„junge Welt": Stichwort: Protest. Die „resist"-Kampagne plant für das Wochenende eine große Sitzblockade an der US-amerikanischen Airbase in Frankfurt/Main.

Elke Steven: Die Aktion knüpft an die vielfältigen Erfahrungen mit zivilem Ungehorsam der Friedensbewegung, Anti-AKW-, der globalisierungskritischen sowie der Bürgerrechtsbewegung an. Wir haben bundesweit zu einer dreistündigen Blockade des Flughafens aufgerufen, der schon jetzt in die Vorbereitung des Angriffskrieges einbezogen ist. Wir rechnen mit etwa 1000 Teilnehmern.

„junge Welt":Was ist darüber hinaus geplant?

Elke Steven: Sollte der Krieg beginnen, wird die Airbase am zweiten Samstag nach Kriegsbeginn unbegrenzt blockiert werden. Wir hoffen, dass dann viele weitere Gruppen an all den Orten, die in die Vorbereitung und Planung dieses Krieges einbezogen sind, ihren Protest zum Ausdruck bringen.

Interview: Thomas Klein

Demonstrationsbeobachtungen zum 1. Mai 2003 in Berlin

Am 2. Mai 2003 veröffentlichte das Komitee für Grundrechte und Demokratie eine erste Bilanz seiner Beobachtungen der Demonstrationen am 1. Mai in Berlin und am Vortag. Die immer wieder medial hervorgehobenen Krawalle hatten auch diesmal mit dem eigentlichen Demonstrationsgeschehen wenig zu tun. Die aus den Demonstrationsbeobachtungen gewonnene politische Einschätzung wird von der „Frankfurter Rundschau" vom 3. Mai 2003 übernommen.

Betr.: Demonstrationsbeobachtung am 30.4. und 1.5. in Berlin

Die Demonstrationen am Abend des 30.4. und am Tag und in der Nacht des 1. Mai verliefen friedlich. Sachzerstörungen, Gefährdungen von Personen und polizeiliche Übergriffe sind festzustellen.

Wie seit drei Jahren hat das Komitee für Grundrechte und Demokratie zum Schutz des demokratisch wesentlichen Rechts auf freie Demonstration das demonstrative Geschehen rund um den 1. Mai in Berlin beobachtet. Diese mit ca. 30 entsprechend informierten und kompetenten Personen aus Berlin und der übrigen Bundesrepublik angestellte Beobachtung hat den Sinn, möglichst verlässliche Informationen über das demonstrative Geschehen und die Rolle der Polizei zu präsentieren. Einseitige Interessen oder Mangel an beobachtenden Personen verzerren allzuoft die Berichte über Demonstrationen. Sie haben darum in aller Regel falsche Interpretationen zur Folge. Diese können zu negativen Konsequenzen für die Teilnahme an und den Umgang mit Demonstrationen, einem zentralen Grundrecht der Demokratie, führen.

1. Stenogramm des Verlaufs

a) am 30.4. im Bereich Eberswalder Str./ Schwedter Str. / Mauerpark und Ecke Eberswalder Str. / Schönhauser Allee: Die Veranstaltung von 2.000 Beteiligten am Mauerpark war bis kurz vor Mitternacht festlich. Die Polizeikette stand hochgerüstet, aber passiv. Kurz vor Mitternacht kam es zu Flaschenwürfen, wurden Steine, Büchsen und Feuerwerkskörper geworfen. Die Polizei reagierte. Sie setzten einen Wasserwerfer ein. Das Hin und Her zog sich ca. eine Stunde hin. Es heizte die Stimmung auf. Die Lage hatte sich schon wieder entspannt, da kam es gegen 1.30 Uhr an der Ecke Eberswalder Str. / Schönhauser Allee erneut zu erheblichen Sachbeschädigungen. Insbesondere die Fensterscheiben einer Berliner Bank wurden zertrümmert. Etliche der Pflastersteinewerfer beachteten dabei nicht, dass sie andere Bürgerinnen und Bürger gefährdeten. Die Polizei reagierte zum Teil geradezu panisch. Festnahmen erfolgten. Das gewaltförmige Hin- und Hergewoge zog sich über zwei Stunden hin.

b) Von der DGB-Demo am Morgen des 1. Mai ab 10.00 Uhr, vom Brandenburger Tor aus, ist nur zu berichten, dass sich die Polizei als Verkehrshelferin nützlich machte.

c) Die Demonstrationen der NPD und der antifaschistischen Gegendemonstrationen um 10.00 Uhr mit dem Ausgang am S-Bahnhof Heerstraße bzw. am Theodor-Heuss-Platz zeichneten sich dadurch aus, dass die Polizei beide Demonstrationen strikt auseinander hielt. Die Teilnehmenden der NPD-Demonstration, ca. 2.000 Leute, wurden an einem polizeilich errichteten Nadelöhr individuell kontrolliert. Die Gegendemonstranten kamen höchstens auf Sichtweite an die NPD-Demonstration heran. Bei einem Gerangel wurden einige Personen von der Polizei vorübergehend festgenommen. Von den Gegendemonstranten wurden keine Sachbeschädigungen verübt.

d) Die beiden Demonstrationen um 15 und 18 Uhr vom Oranienplatz und vom Rosa-Luxemburg-Platz verliefen ohne Zwischenfälle. Bei der Nachmittagsdemonstration war die Polizei nicht sichtlich präsent. Am Abend war sie zum Teil mit schwerem Gerät massiv gegenwärtig, jedoch ohne über die genau vorgezeichnete Route einengend auf die Demonstration einzuwirken.

2. Interpretation der Demonstrationen

Die Demonstrationen als Demonstrationen sind rundum friedlich verlaufen. Es herrschte eine ausgesprochen entspannte Atmosphäre. Erst nach den Demonstrationen haben wenige Jugendliche mit Flaschen und Steinen Polizeibeamte beworfen und mehrere Autos in Brand gesetzt. Die Polizei hat nach unseren Beobachtungen keine Gewaltsituation provoziert, aber bei ihrem Eingreifen vereinzelt Passanten rüde und gewaltsam an die Seite der Straßen gedrückt (Oranienstraße). Scharf zu kritisieren ist im Sinne eines demokratischen Demonstrationsrechts, wenn die Polizei gegen vermutete Straftäter individuell gezielt den Einsatz von Wasserwerfern ankündigt und praktiziert (siehe Heinrichplatz). Drei Personen sind aufgrund des Wasserwerfereinsatzes ohnmächtig umgefallen und mussten weggetragen werden.

Die Zurückhaltung der Polizei ließ in Kreuzberg zunächst ein friedliches Volksfest zu. Erst nach dem Brand mehrerer Autos schlug

die Situation in immer noch vereinzelte Auseinandersetzungen um. Eine lange Nacht der
Sachzerstörungen oder gezielter Gewaltakte
brach in Kreuzberg zum 2. Mai hin nicht an.

Elke Steven, Peter Grottian, Wolf-Dieter Narr

***

*Unmut über die wieder einmal frustrieren-
de Nacht
Nach den rituellen Kreuzberger Krawallen
zum 1. Mai wird rituell das Einsatzkonzept
der Polizei kritisiert*

Den Ritualen der Nacht folgten die Rituale
am Tag danach. In Berlin-Kreuzberg hatten
die Mai-Krawalle auch in diesem Jahr mit
fast schon traditioneller Automatik eingesetzt. Erste Bilanz der Nacht: 139 Festnahmen, 98 Sachbeschädigungen, 175 verletzte
Beamte. Alles mehr als im vergangenen Jahr.
Und wieder einmal streitet die Politik darüber, wer das offenkundig Unvermeidliche
durch sein Tun oder Lassen noch schlimmer
gemacht hat.

Am Tag danach wird in Berlin über den jüngsten fehlgeschlagenen Versuch diskutiert, die
Dimension der Randale im Rahmen des
Erträglichen zu halten. Fazit des für den Polizeieinsatz zuständigen Innensenators Eckart
Körting (SPD): Das diesmal praktizierte
Konzept der „ausgestreckten Hand" – so viel
guter Wille wie möglich, so wenig zur Schau
getragene Martialität seitens der Polizei wie
nötig – sei fehlgeschlagen.

Vorwurf der Opposition, namentlich der Bun-
des-FDP: Körting habe dazu mit „unverant-
wortlicher Blauäugigkeit" beigetragen.
Gemeinsame Bilanz: Auch im 17. Jahr nach
Beginn der schweren Mai-Krawalle ist die
Polizei auf der Suche nach einem Patentre-
zept noch nicht fündig geworden.

So hatten sich im Lauf des Abends in Kreuzberg auch dieses Mal wieder jene Krawallri-
tuale Bahn gebrochen, die schon zum
langjährigen Standardrepertoire der Mai-
Randale gehören: umgestoßene und in Brand
gesetzte Autos, eingeworfene Fensterscheiben, abgeschossene Leuchtspurmunition,

explodierende Feuerwerkskörper sowie ein
Regen aus Pflastersteinen auf die anrückende
Polizei, die erst in den früheren Morgenstun-
den des Freitags Herr der Szenerie wurde.
Nach Darstellung Körtings haben insgesamt
etwa 1300 gewaltbereite Jugendliche in Ein-
zelgruppen bis zu 200 Mann an unterschiedlichen Stellen in Kreuzberg mit der Randale
angefangen.

Nach Körtings Erkenntnissen sei dabei „von
neuer Qualität" gewesen, dass es sich vornehmlich um „vandalisierende Jugendliche"
gehandelt habe, die sich auf ihre Gewaltak-
tionen gezielt vorbereitet hätten. Jugendliche, die nach Ansicht Körtings „im Zweifel
nur mit Polizeieinsatz erreichbar" seien.

Nach Angaben des Komitees für Grundrechte und Demokratie, das wie im Jahr zuvor
Beobachter an Kreuzbergs „hot spots" ent-
sandte, habe die Polizei diesmal „keine
Gewaltsituation provoziert", wohl aber bei
ihrem Eingreifen „vereinzelt Passanten rüde
und gewaltsam an die Seite der Straßen
gedrückt". Passable Noten also für die
gebremst agierende Staatsmacht. Scharf zu
kritisieren sei es im Sinne eines demokratischen Demonstrationsrechts allerdings, so
das Komitee, „wenn die Polizei gegen vermutete Straftäter individuell gezielt den Einsatz von Wasserwerfern ankündigt und praktiziert".

Deutlichen Unmut über die wieder einmal
frustrierend verlaufene Nacht äußerte die
Gewerkschaft der Polizei. Sie forderte, dass
sich Politiker künftig mit politischen Vorgaben an die Polizei zurückhalten sollten. „Die
Polizei ist sehr gut in der Lage, auf Grundlage bestehender Gesetze allein über ihre Ein-
satztaktik zu entscheiden."

Die Gewerkschaft bemängelte, dass die Strategie der Zurückhaltung ein Problem darstel-
le, wenn es darum gehe, schnell zu reagieren.
Die Gewerkschafter nahmen damit einen
anderen Standpunkt ein als Berlins Polizei-
präsident Dieter Glietsch. Der nannte das
Einsatzkonzept am Freitag „alternativlos".

Axel Vornbäumen

Kritik der neuen „Verteidigungspolitischen Richtlinien" – oder die Sicherheit Deutschlands wird am Hindukusch verteidigt

Am 21. Mai 2003 erließ Verteidigungsminister Peter Struck neue Verteidigungspolitische Richtlinien, die die zuletzt von Volker Rühe erlassenen Richtlinien aktualisieren und ersetzen. Grundtenor des Papiers ist die Umstellung der Bundeswehr auf eine weltweit interventionsfähige „Armee im Einsatz". In einem in der Zeitschrift „analyse & kritik" vom 20. Juni 2003 erschienenen Artikel kritisiert Martin Singe die neuen Richtlinien aus friedenspolitischer Sicht.

Strucks Verteidigungspolitische Richtlinien (VPR) bedeuten fortgesetzten Verfassungsbruch

Unter dem Titel „Tod in Kabul" kommentierte die „Frankfurter Allgemeine Zeitung" am 10.6.03 den Bombenanschlag auf einen Bundeswehr-Bus bei Kabul, der vier Tote und viele Verletzte forderte, u.a. wie folgt: „Verteidigungsminister Struck hat mit dem Satz, Deutschlands Sicherheit werde auch am Hindukusch verteidigt, eine kühne These aufgestellt. Tatsächlich geht es darum, wie viel Ordnung diese Welt braucht, damit im Westen, in Europa, Frieden und Wohlstand erhalten bleiben, und welchen Beitrag dazu Deutschland leisten kann, soll oder muss. Es ist eine Frage, die nüchtern zu prüfen ist, von Fall zu Fall, die eigenen Interessen durchaus im Blick, ob in Afghanistan oder in Kongo."

Dieser Absatz hätte gut als Motto den neuen Verteidigungspolitischen Richtlinien (VPR) vorangestellt sein können, die Struck am 21.5.2003 offiziell erlassen hat. Diese Richtlinien ersetzen die zuletzt 1992 von Volker Rühe vorgelegten und aktualisieren dieselben. Die neuen Richtlinien versuchen, so

Struck, das veränderte sicherheitspolitische Umfeld zu analysieren und die Prinzipien, Interessen sowie die bestimmenden Faktoren deutscher Verteidigungspolitik zu definieren. „Auf dieser Grundlage werden Auftrag und Aufgaben der Bundeswehr definiert und neu gewichtet sowie Folgerungen gezogen für die Bundeswehr und die künftig erforderlichen Fähigkeiten unserer Streitkräfte." (Struck, Pressekonferenz 21.5.03)

Die Gefährdungslage aus Sicht der VPR

Laut Struck bedrohen militärische und nichtmilitärische Risiken die Sicherheit und Stabilität Deutschlands. Der 11.9. habe die asymmetrischen Gefährdungen durch den internationalen Terrorismus bewusst gemacht, „die jederzeit, an jedem Ort der Welt erfolgen und sich gegen jeden richten können" und die Errungenschaften der modernen Zivilisation bedrohen. Die Weiterentwicklung und Weiterverbreitung von Massenvernichtungswaffen können zu einer direkten Bedrohung der Bevölkerung und der Länder Europas werden. Weiterhin sei Europa von nationalistisch und ethnisch motivierten gewaltsamen Konfliktaustragungen sowie von Krisen an seiner südlichen und südöstlichen Peripherie betroffen, bzw. bedroht. Auch wirtschaftliche Konflikte und Flüchtlingsbewegungen werden als sicherheitspolitische, also den militärischen Bereich tangierende Probleme wahrgenommen: „Ungelöste politische, ethnische, religiöse, wirtschaftliche und gesellschaftliche Konflikte wirken sich im Verbund mit dem internationalen Terrorismus, mit der international operierenden Organisierten Kriminalität und den zunehmenden Migrationsbewegungen unmittelbar auf die deutsche und europäische Sicherheit aus. ... Die deutsche Wirtschaft ist aufgrund ihres hohen Außenhandelsvolu-

Endlich Klarheit:

Die deutschen AWACS-Besatzungen bleiben an Bord ...

... ohne sich dabei am Krieg zu beteiligen !!

mens und der damit verbundenen besonderen Abhängigkeit von empfindlichen Transportwegen und -mitteln zusätzlich verwundbar."

Prinzipien und Interessen deutscher Sicherheitspolitik

Anschließend an die Beschreibung der Gefährdungslage gehen die VPR auf die Prinzipien und Interessen künftiger Sicherheitspolitik ein. So breitgefächert wie die Bedrohungen, so umfassend müsse die deutsche Sicherheitspolitik angelegt sein und „politische, ökonomische, ökologische, gesellschaftliche und kulturelle Bedingungen und Entwicklungen" berücksichtigen. Obwohl betont wird, dass das Militär weder vorrangig noch allein in diesen Bereichen Sicherheit gewährleisten kann, spiele es doch in allen diesen Bereichen eine potentielle Rolle: „Gleichwohl sind die politische Bereitschaft und die Fähigkeit, Freiheit und Menschenrechte, Stabilität und Sicherheit notfalls auch mit militärischen Mitteln

durchzusetzen oder wiederherzustellen, unverzichtbare Voraussetzung für die Glaubwürdigkeit eines umfassenden Ansatzes von Sicherheitspolitik."

Im Kapitel „Multinationale Einbindung" wird vor allem die Kooperation der Bundeswehr im Rahmen von NATO und EU thematisiert. Die NATO müsse selbstverständlich auch im erweiterten geografischen Umfeld wirken. Nicht mehr die Grenzen und Territorien der Mitgliedstaaten im Falle von Angriffen werden verteidigt, sondern „die lebenswichtigen Sicherheitsinteressen ihrer Mitglieder". Als eine der Grundlagen künftigen Handelns der NATO wird explizit das strategische Konzept der NATO erwähnt. Dieses wurde als weltweites Einsatzkonzept erstmals nach Ende des Kalten Krieges im November 1991 in Rom verabschiedet und dann zum 50-jährigen Bestehen der NATO – inmitten des völkerrechtswidrigen Angriffs-Krieges der NATO gegen Jugoslawien – am

24.4.1999 in überarbeiteter aktualisierter Form in Washington vorgestellt. Dieses neue Strategische Konzept der NATO, das nie demokratisch-öffentlich oder parlamentarisch beraten wurde, geht weit über das bisherige Konzept der NATO hinaus und stellt den ursprünglichen Washingtoner Vertrag (NATO-Vertrag) quasi auf den Kopf, indem ein für ein bestimmtes Territorium zuständiges Verteidigungsbündnis kurzerhand zu einem weltweiten Interventionsbündnis zur Wahrung und Durchsetzung westlicher Interessen konstruiert wurde. Im strategischen Konzept, das mit den neuen VPR ausdrücklich als Bestandteil bundesdeutscher Militärpolitik festgeschrieben wird, wird in erster Linie von „Nicht-Artikel-5-Einsätzen" gesprochen, also von out-of-area-Einsätzen, die im ursprünglichen Vertrag überhaupt nicht vorgesehen waren. Zudem wird im Strategischen Konzept den Atomwaffen des Bündnisses eine Ewigkeitsrolle zugeschrieben, die im klaren Widerspruch zum Nichtverbreitungsvertrag steht, dem gemäß sich auch die sogenannten anerkannten Atommächte zum Abbau ihrer Nuklearwaffen bekannt haben. Auch werden künftige NATO-Einsätze nicht mehr eindeutig an UN-Mandate gebunden, sondern eine UN-Anbindung wird lediglich angestrebt. Damit aber ist die Anerkennung des strategischen Konzepts der NATO durch die Bundesregierung in mehrfacher Hinsicht grundgesetz- und völkerrechtswidrig, da sie den Bruch internationaler Verträge und Vereinbarungen bedeutet und die Zustimmung des Bundestages fehlt.

Für die Zukunft falle Deutschland – so die VPR – „eine herausragende Rolle und Verantwortung für den künftigen Kurs der NATO zu". Priorität seien für die NATO der Aufbau der neuen schnellen Eingreiftruppe, die Verbesserung militärischer Fähigkeiten zum Schutz gegen Massenvernichtungswaffen sowie die Verteidigung gegen den Terrorismus. An allen diesen Vorhaben will sich die Bundeswehr im Rahmen ihrer Fähigkeiten beteiligen.

Die EU wird als Kern des europäischen Stabilitätsraums beschrieben. „Für ihre politische Glaubwürdigkeit und Durchsetzungsfähigkeit ist es unabdingbar, dass sie umfassend in allen Politikbereichen handlungsfähig wird. Krisen, die Europa berühren, muss die EU mit einer breiten Palette ziviler und militärischer Fähigkeiten begegnen können." Dem solle der zu forcierende Ausbau der Europäischen Sicherheits- und Verteidigungsunion dienen.

Die neue Rolle der Bundeswehr

Die wesentlichen Punkte der neuen VPR hinsichtlich der künftigen Einsatzoptionen für die Bundeswehr können wie folgt zusammengefasst werden:

- Die out-of-area-Orientierung wird zentrale Aufgabe der Bundeswehr. Es geht um eine Neuausrichtung der Bundeswehr jenseits der Aufgaben der Landesverteidigung. Die Landesverteidigung im Bündnisrahmen gegen konventionelle Angriffe als die bisher maßgebende strukturbestimmende Aufgabe der Bundeswehr entspricht nicht mehr den aktuellen sicherheitspolitischen Erfordernissen.

- Die klassische Landesverteidigung ist vernachlässigbar und darf nicht länger Ressourcen verbrauchen, die dringend für die neuen prioritären Optionen benötigt werden. Künftige Einsätze sollen vor allem der internationalen Krisenbewältigung und dem Kampf gegen den internationalen Terrorismus dienen. Multinationale Operationen könnten sich weltweit und mit geringem zeitlichen Vorlauf ergeben und das gesamte Einsatzspektrum bis hin zu Operationen mit hoher Intensität umfassen.

- Das Profil der Streitkräfte soll an „sechs wesentlich miteinander verzahnten Fähigkeitskategorien" ausgerichtet werden. Hierzu gehören „Führungsfähigkeit, Nachrichtengewinnung und Aufklärung, Mobilität, Wirksamkeit im Einsatz, Unterstützung und Durchhaltefähigkeit, Überlebensfähigkeit und Schutz".

- Frühzeitige militärische Eingriffe in Krisenfällen – praktisch US-Strategie-ähnliche Präventivkriegsoptionen – werden für die

Zukunft nicht ausgeschlossen, auch wenn sie nicht explizit erwähnt sind. Jedenfalls ist an keiner Stelle des Papiers von dem in politischen Debatten ansonsten so hoch gehaltenen „Ultimaratio"-Prinzip die Rede. Auch wird im Papier ein künftiger Bundeswehreinsatz weder von einem bewaffneten Angriff noch von sonstigen prinzipiellen Voraussetzungen abhängig gemacht.

- Die Bundeswehr soll erweiterte Optionen für Einsätze im Inneren erhalten – insbesondere angesichts der „gewachsenen terroristischen Bedrohungen" – falls nur sie über die erforderlichen Fähigkeiten verfüge oder wenn zum Schutz der Bürger und kritischer Infrastruktur ein erheblicher Personaleinsatz erforderlich sei.

- Die Wehrpflicht soll erhalten bleiben, vor allem für folgende Optionen: Kampf gegen den Terrorismus im Inneren; Möglichkeit der Rekonstitution der klassischen Verteidigungsfähigkeit im Fall einer (unwahrscheinlichen) Veränderung der Bedrohungslage; Unterstützung bei Naturkatastrophen.

Zusammenfassend beschreiben die VPR den Auftrag der Bundeswehr wiefolgt: „Der Auftrag der Bundeswehr ist eingebettet in die gesamtstaatliche Vorsorgepflicht für die Sicherheit der Bürgerinnen und Bürger, unseres Landes und unseres Wertesystems sowie für die Wahrung unserer Interessen im europäischen und transatlantischen Zusammenhang." Außerdem müsse die Bundeswehr die außenpolitische Handlungsfähigkeit absichern sowie einen Beitrag zur Stabilität im europäischen und globalen Rahmen leisten.

Das Recht folgt der Macht

In den VPR werden zwar immer wieder das Grundgesetz und die UN-Charta erwähnt. Dies wirkt jedoch eher wie ein Beschwörungsritual, dem keine Realität mehr entspricht. Wenn man sich erinnert, wie die NATO den grundgesetz- und völkerrechtswidrigen Jugoslawienkrieg 1999 vom Zaun gebrochen hat, sieht man, wie sinnlos solche Beschwörungen in der Realität wir-

ken. Und statt nach dem Krieg gegen den Irak die Völkerrechtswidrigkeit dieses Angriffs im UN-Rahmen öffentlich feststellen zu lassen, schreibt die Bundesregierung praktisch an der Entwicklung des Völkergewohnheitsrechtes, das sich immer schneller von der UN-Charta und dem darin verbürgten Gewaltverbot entfernt, eifrig mit.

Mit den erweiterten Aufgabenumschreibungen für die Bundeswehr gehen die neuen VPR eindeutig über alles bisher strategisch Festgelegte hinaus. Zur Erinnerung: Noch bis zum 2. Golfkrieg 1991 waren sich alle Politiker darin einige, dass das Grundgesetz out-of-area-Einsätze strikt verbiete. 1992 erließ der damalige Minister Rühe erste Verteidigungspolitische Richtlinien, die den NATO-Strategiewechsel (Rom 1991) für die Bundeswehr nachvollziehen sollten, aber mit dem Grundgesetz (Art. 87 a GG) nicht kompatibel waren. 1992/1993 wurde dann an entsprechenden Vorlagen für Grundgesetzänderungen bzw. ergänzenden Klarstellungen (gemäß Art. 79 GG) gearbeitet. Eine dafür notwendige 2/3-Mehrheit im Bundestag zeichnete sich jedoch nicht ab. Verfassungsklagen gegen erste out-of-area-Einsätze der Bundeswehr (Adria-Überwachung; AWACS-Einsatz über Bosnien; Somalia-Einsatz) führten am 12.7.1994 zu einem höchst umstrittenen Verfassungsgerichtsbeschluss, dem gemäß alle diese Einsätze als verfassungskonform erklärt wurden. In diesem Beschluss hatte das höchste Gericht die NATO von einem klassischen Verteidigungsbündnis zu einem System kollektiver Sicherheit umdefiniert. In ein solches könne sich der Bund gemäß Art. 24 Abs. 2 GG einordnen und somit auch entsprechende (militärische) Aufgaben wahrnehmen (obwohl alle solche Beteiligungen – sowohl im UN- wie im NATO-Kontext – vertraglich unter dem Vorbehalt des jeweiligen nationalen Verfassungsrechtes stehen!). Artikel 87 a, der den Einsatz der Bundeswehr außer zur Verteidigung ausdrücklich verbiete, stünde dem – so das Gericht – nicht entgegen. Die Regierungsseite hatte damit einen gewissen Endpunkt der Debatte erreicht. Auch das damals im Entstehen befindliche

Entsendegesetz wurde nicht mehr auf den Weg gebracht, um sich als Regierung für künftige Entscheidungen in Sachen Kriegsbeteiligungen nicht von einer 2/3-Mehrheit des Bundestages, die in allen Gesetzesentwürfen vorgesehen war, abhängig zu machen.

Doch Bundesverfassungsgerichts-Entscheidungen dürfen nie als Endpunkt verfassungsrechtlicher Entwicklungen betrachtet werden. Immerhin hatte das Bundesverfassungsgericht 1994 nur mit knappstem Ergebnis der Umstrukturierung der Bundeswehr zugestimmt: Die Hälfte der Richter/innen stimmte hinsichtlich zentraler Ausführungen gegen den Beschluss! Vier Richter/innen mahnten bereits damals an, dass sich die NATO schon so weit von ihren ursprünglichen Vertragsvereinbarungen entfernt habe, dass nur eine parlamentarische Befassung mit dieser „Neuen NATO" eine entsprechende Neuausrichtung der Bundeswehr für Aufgaben jenseits des Verteidigungsauftrags verfassungsrechtlich (gemäß Art. 59 Abs. 2 GG) ermöglichen oder absichern könnte.

Hätten die Richter/innen seinerzeit geahnt, mit welcher Geschwindigkeit sich die Bundeswehr weiter vom ursprünglichen Verfassungsauftrag entfernen wird, wäre der damalige Beschluss vielleicht eindeutiger ausgefallen. Die Entfernung zum grundgesetzlich festgeschriebenen Verteidigungsauftrag der Bundeswehr wird nun mit den neuen VPR um etliche Meilensteine weiter verlagert. Die „neu ausgerichtete" Bundeswehr hat mit dem Grundgesetzauftrag nichts, aber auch gar nichts mehr gemeinsam. Die neuen VPR stehen diametral gegen Sinn und Wortlaut des gültigen Grundgesetzes. Die nun endgültig vorgenommene Neukonstituierung der Bundeswehr als einer Offensivarmee zur weltweiten Absicherung bundesdeutschwestlicher Interessen – durch einfachen Erlass des Verteidigungsministers – ist verfassungswidrig. Dabei nützt es auch nichts, dass in den neuen VPR am Anfang darauf hingewiesen wird, dass Art. 87 a mit den VPR vereinbar sei, da es ja das entsprechende Verfassungsgerichtsurteil gebe. Beschwörungs-

formelhaft wird die Vereinbarkeit der Neuausrichtung der Bundeswehr mit Art. 87 a GG festgestellt. Damit versucht das Verteidigungsministerium die notwendige Diskussion in Parlament und Öffentlichkeit vorauseilend abzuwürgen. Dem gilt es nun seitens der Friedensbewegung entschieden entgegenzuwirken. Eine neue Debatte um die „neue Bundeswehr" muss entfacht werden!

Diese Auseinandersetzung kann auch im Rahmen der nun doch noch bevorstehenden Debatte um ein Entsendegesetz geführt werden. In den VPR wird mehrfach betont, dass es bei künftigen Bundeswehreinsätzen schneller politischer Entscheidungen bedürfe. Außerdem wird festgestellt, dass sich künftige Einsätze schwer im Vorhinein konkret definieren lassen. Einsätze, die mit niedriger Intensität beginnen, könnten schnell zu hoher Intensität eskalieren. All dies sind Hinweise darauf, dass das Parlament künftig nur begrenzt an Kriegseinsatzentscheidungen beteiligt werden soll. Zwar hat das Bundesverfassungsgericht die parlamentarische Entsendung als eindeutige Voraussetzung definiert. Doch macht schon der semantische Wechsel in der erst beginnenden Debatte den Trend deutlich: Hieß es zunächst „Entsendegesetz", so wird nun schon lieber nur noch von einem „Parlamentsbeteiligungsgesetz" gesprochen. D.h., dass die Gewichtung für Einsatzentscheidungen vom Parlament möglichst weit hin zur Regierung verlegt werden soll (vgl. auch die Debatte um die Frage, ob nicht eine parlamentarische Rückholmöglichkeit genüge). Von der Anfang der 90er Jahre vorausgesetzten 2/3 Mehrheit des Bundestages für eine Entscheidung über einen Bundeswehreinsatz ist überhaupt keine Rede mehr.

Neben der theoretischen Auseinandersetzung sollte die Friedensbewegung auch öffentlichsichtbar ihren Protest gegen die Neuausrichtung der Bundeswehr zum Ausdruck bringen. Überall dort, wo die Umgestaltung der Bundeswehr zur Offensivarmee sichtbar wird, kann die Friedensbewegung Präsenz zeigen, protestieren und Alternativen darstellen. Einer dieser Orte wird sicherlich die FREIe HEIDe sein. Ein Sommercamp vom 25. Juli bis 3. August 2003 (www.freiheiden-nb.de/resistnow) will die örtlichen Friedensgruppen im Kampf gegen das Bombodrom bei Wittstock unterstützen, das die Bundeswehr noch in diesem Jahr in Betrieb nehmen will.

Martin Singe

Gefährliche Fehlentwicklungen

Über die öffentliche Vorstellung des von verschiedenen Bürger- und Menschenrechtsorganisationen, darunter das Komitee für Grundrechte und Demokratie, herausgegebenen „Grundrechte-Reports" berichtete neben vielen anderen Tageszeitungen und Zeitschriften die „Süddeutsche Zeitung" vom 23. Mai 2003.

Vom Ende der Privatheit
Report warnt vor Überwachung in Bett, Bus und Büro

Das Geburtstagskind Grundgesetz ist krank – nicht lebensbedrohlich, aber in wesentlichen Funktionen gefährdet. Bei einem Organ hat ein Experte gar einen „Totalverlust" diagnostiziert: Das Brief- und Fernmeldegeheimnis „darf man getrost abschreiben", schreibt der frühere Bundesverfassungsrichter Jürgen Kühling im neuen „Grundrechte-Report", den sieben Bürgerrechtsvereinigungen vor dem Verfassungstag in Karlsruhe vorstellten. Inzwischen werde „buchstäblich jedes Telefonat abgehört", sei es durch legale Maßnahmen staatlicher Behörden oder durch fremde Geheimdienste. „Dem Telefon vertrauen nur noch Ahnungslose", sagte der jetzt als Rechtsanwalt arbeitende Kühling.

Bei der Präsentation des „alternativen Verfassungsschutzberichtes" erinnerte er an die Rasterfahndung nach dem 11. September 2001. Die damals erhobenen Datenbestände über Moslems hätten zwar „Null Ergebnis" gebracht, seien aber bis heute nicht gelöscht. Alarmierend fand Kühling auch die in Thüringen eingeführte Telefonüberwachung durch die Polizei ohne Einschaltung eines parlamentarischen Kontrollgremiums. Generell seien die Befunde des „Grundrechte-Reports" deprimierend wie eh und je. Die Freiheitsrechte würden mit dem Argument der Sicherheit zunehmend eingeschränkt. Es gebe aber nun einmal keinen vollkommenen Schutz vor Verbrechen; die Verschärfungen des Strafrechts und des Strafvollzugs seien „absoluter Quatsch".

Lohn der Anpassung

In seinem Beitrag in dem Sammelband beschreibt Kühling das „Ende der Privatheit": Die E-Mail- und Handy-Kommunikation werde überwacht, die eigenen vier Wände seien nicht mehr vor Lauschangriffen, Versammlungen nicht mehr vor V-Leuten sicher; Benutzer von Internet und Kreditkarten sowie Kunden von Banken und Bahn würden erfasst; im öffentlichen Raum spähten und speicherten Videokameras. „Nur wer in Beruf und Bett völlig angepasst lebt", könne Sicherheitsüberprüfungen einigermaßen zuversichtlich entgegensehen, sagte Kühling. Aufsässige Bürger wie Globalisierungsgegner würden umfassend überwacht. Randgruppen diskriminiert. Der Ex-Verfassungsrichter sieht in der Realität einen klaren Widerspruch zu den „Verheißungen des Volkszählungsurteils" von 1983. So könne heute niemand mehr zuverlässig sagen, wo überall seine persönlichen Daten gespeichert seien und wer sie auf Knopfdruck abrufen könne.

Freund hört mit

Privatheit sei aber kein Luxusartikel, sie gehöre zu den Strukturbedingungen einer funktionierenden Demokratie wie die Mei-

301

nungs- und Pressefreiheit. Im Familien- und Freundeskreis, an Stammtischen und in „Bett, Bus und Büro" entstehen für Kühling die Tendenzen der öffentlichen Meinung, keimten Werturteile, Kritik und Protest. Grundbedingung sei der ungenierte Austausch, „die Freiheit zu schmähen und zu preisen".

Die Freiheitsrechte sieht Kühling nicht nur vom deutschen Staat bedroht, sondern auch von großen Wirtschaftsunternehmen sowie von Geheimdiensten anderer Staaten. Deshalb sei es an der Zeit, vom Staat dessen Schutzpflicht einzufordern und ihn auch als Verbündeten wahrzunehmen, wo es um den Kampf für die Verwirklichung von Menschenwürde und Freiheitsrechten gehe.

Konkret verlangte er, offenkundig mit Blick auf den US-geführten Spionageverbund

Echelon: „Der Staat muss seine Bürger vor den Abhörpraktiken der ausländischen Geheimdienste schützen, keinesfalls darf er sie fördern, indem er die dafür erforderlichen technischen Einrichtungen auf unserem Territorium duldet." Zu den Schwerpunkten des diesjährigen „Grundrechte-Reports" zählt erneut die Situation von Asylbewerbern. Bernd Mesovic von Pro Asyl kritisierte besonders die auch im europäischen Vergleich „exzessiv lange" Dauer der Abschiebehaft sowie die Einrichtung von „Ausreisezentren" für Menschen ohne Papiere. „Wir produzieren Hoffnungslosigkeit", sagte Mesovic.

Helmut Kerscher

Kongo-Intervention soll EU-Aufrüstung „humanitär" legitimieren

In einer Erklärung vom 16. Juni 2003 kritisiert das Komitee für Grundrechte und Demokratie den für den Kongo geplanten EU-Militäreinsatz. Da die intervenierenden Nationen mit eigenen (Rohstoff-)Interessen in die Ursachen des schon lang andauernden kriegerischen Konfliktes verwickelt seien, diene die Militärintervention eher der Legitimierung des Aufbaus der beschlossenen EU-Interventionsarmee als einer produktiven Konfliktlösungsstrategie.

Das ‚Komitee für Grundrechte und Demokratie' lehnt den EU-Einsatz im Kongo ab. Das überwiegende Motiv für die Intervention ist offensichtlich der von der Koalition der Aufrüstungswilligen beschlossene Aufbau einer EU-Interventionsarmee. So wie früher die ‚out-of-area-Orientierung' der NATO und der Bundesrepublik mit scheinbar harm-

losen Auslandseinsätzen eingeführt wurde, so soll nun dieser neue Schritt der Militarisierung der EU-Außenpolitik mit einer humanitären Tarnung legitimiert und durchgesetzt werden. Schon liest man, es handele sich um einen gezielten Schritt der EU-Selbstvergewisserung, der von Solana geplant in Gang gesetzt worden sei. Statt die Herstellung und Sicherung von Frieden im Kongo mit politisch-zivilen Mitteln ernsthaft anzugehen und damit eine wirkliche Alternative zur US-Imperialpolitik zu entwickeln, wird mit dieser Intervention eine humanitäre Tragödie im Kongo mit weltweiten Verstrickungen zur Legitimierung von Aufrüstung der EU instrumentalisiert. Die EU-Aufrüstung ist die falsche Weichenstellung in Zeiten der militärisch geprägten US-Imperialpolitik.

In der Provinz Ituri im Nordosten des Kongo herrscht seit Jahren Krieg. Seit 1999 sollen dort 50 000 Menschen ums Leben gekommen sein. Angeblich handelt es sich um Stammeskriege zwischen den Hema und den Lendu. Doch die Weltöffentlichkeit nahm sie bisher kaum zur Kenntnis. Mittlerweile sind alle Seiten von fremden Kräften aufgerüstet worden, denn im Hintergrund stehen Interessen an der Goldgewinnung und an vermuteten Ölvorkommen. Präsident Kabila vergab Ölkonzessionen an die kanadische Firma Heritage Oil und warb schon frühzeitig für eine kongolesische Schutztruppe zur Sicherung der Explorationen. Von Kabilas Seite aus werden die Lendu-Milizen, von Uganda aus die Hema-Milizen unterstützt. Nun kommt eine EU-Schutztruppe.

Frankreich und Belgien haben als Kolonialmächte über lange Zeit – auch nach der Dekolonisation – verhängnisvoll auf afrikanische Staaten eingewirkt. Die Rolle Belgiens bei der Ermordung des ersten gewählten Ministerpräsidenten im Kongo Lumumba und bei der Unterstützung des mörderischen und korrupten Präsidenten Mobuto ist unvergessen. Den Massenmord in Ruanda 1994 hat der Westen desinteressiert geschehen lassen. Experten verweisen nun darauf, dass die Stationierung von EU-Truppen in Bunia nur die Kämpfe auf das flache Land verlagert, wo das Morden von den Medien kaum zur Kenntnis genommen wird. Alle humanitären Argumente für die EU-Intervention sind wenig glaubwürdig. Wer die Kämpfe in Ituri und der Stadt Bunia beenden will, muss die Hintermänner unter Druck setzen. Diese sitzen nicht nur in Afrika.

Prof. Dr. Andreas Buro
Friedenspolitischer Sprecher des Komitees für Grundrechte und Demokratie

Protest und Ziviler Ungehorsam gegen den Irak-Krieg – 1.363 Verfahren gegen Demonstranten eingeleitet

Die großen Sitzdemonstrationen an der US-Airbase Frankfurt der Kampagne „resist – Sich dem Irak-Krieg widersetzen!" haben die Verfolgungsbehörden wachgerufen. Die Stadt Frankfurt hat wegen Verstoßes gegen das Versammlungsgesetz 1.363 Ermittlungsverfahren eingeleitet. Gegen rund 50 Personen wird wegen des Vorwurfs der Nötigung strafrechtlich vorgegangen. Das Komitee für Grundrechte und Demokratie, das auch in der „Rechts-AG" der Kampagne aktiv mitwirkt, kritisiert mit einer Presseerklärung vom 27. Juni 2003 das Vorgehen der Behörden.

Das Ordnungsamt der Stadt Frankfurt hat Ermittlungen wegen des Vorwurfs einer Ordnungswidrigkeit gegen 1.273 Personen (90 Personen mit je zwei Verfahren) eingeleitet, die sich an gewaltfreien Sitzdemonstrationen vor der US-Airbase Frankfurt/Main während des Krieges gegen den Irak beteiligt hatten. Ihnen werden Verstöße gegen das Versammlungsgesetz vorgeworfen, da sie sich nicht an erteilte Versammlungs-Auflagen gehalten und sich nach Versammlungsauflösung nicht entfernt hätten.

Die Ordnungsbehörde hat seit Anfang Juni 1.363 Anhörungsbogen an die Betroffenen verschickt. Es folgen Bußgeldbescheide, in denen eine Geldbuße von 100 Euro und 18 Euro Verwaltungsgebühr für jeden Verstoß gefordert wird. Damit ergibt sich eine Gesamtforderung an die Demonstrationsteilnehmenden in Höhe von über 160.000 Euro. In mehreren Einzelfällen werden neben den Ordnungswidrigkeiten auch Straftaten konstruiert, etwa wegen Widerstands gegen Vollstreckungsbeamte (Unterhaken bei der Räumung) oder Beamtenbeleidigung.

Die Betroffenen werden gegen die Bußgeldbescheide Einspruch einlegen. Sie wollen die Rechtfertigungsgründe für diese gewaltfreien Aktionen vor den Gerichten in Hauptverhandlungen darlegen. Da der Angriffskrieg gegen den Irak sowohl gegen das Grundgesetz als auch gegen das Völkerrecht und das Gewaltverbot der UN-Charta verstoßen hat, liegen Gründe für einen rechtfertigenden Notstand vor.

Die bundesweite Kampagne „resist the war" hatte zu Aktionen Zivilen Ungehorsams an kriegsbeteiligten Einrichtungen aufgerufen. Tausende haben sich an gewaltfreien Sitzblockaden vor allem vor US-Militäreinrichtungen beteiligt. Die umfangreichsten polizeilichen Räumungen fanden anlässlich der Großblockaden vor der Frankfurter US-Air-base am 15.3. und 29.3.2003 statt. Hunderte Betroffene wurden nach den Räumungen mehrstündig in Polizei-Gewahrsam verbracht oder anderenorts ausgesetzt.

Bei einer anderen resist-Aktion in Geilenkirchen gegen die Beteiligung der deutschen AWACS-Piloten am Irak-Krieg leiteten die Staatsanwaltschaften Aachen und Bonn Ermittlungen gegen die Initiatoren wegen des Verdachts des öffentlichen Aufrufs zu Straftaten ein. Diese wurden Ende Mai jedoch wieder eingestellt.

Die Arbeitsgruppe Rechtliches von „resist the war" wird die in Frankfurt bevorstehenden Prozesse begleiten und die Öffentlichkeit regelmäßig über Prozesstermine und den Stand der Prozessentwicklung informieren.

Martin Singe

Verzeichnis der Autorinnen und Autoren

Verzeichnis der Autorinnen und Autoren:

Martina Backes, Jahrgang 1959, Biologin und Journalistin. Schwerpunkte: Gesellschaftliche Naturverhältnisse, Biologische Vielfalt, Bio-/Gentechnologie und Entwicklungspolitik. Seit 1999 im Rahmen des Projektes FernWeh – Forum Tourismus & Kritik im Informationszentrum 3. welt in Freiburg tätig. Mehrjährige Arbeitsaufenthalte in Ostafrika. Kontakt: fernweh@iz3w.org (hier: Monatskalender Oktober 2002: Das berechnete Leiden)

Volker Böge, Jahrgang 1952, Historiker, Friedens- und Konfliktforscher, arbeitet am Institut für Entwicklung und Frieden (INEF) der Universität Duisburg, Geschäftsführender Vorstand des Komitees für Grundrechte und Demokratie, lebt in Bonn (hier: Monatskalender April 2003: Europa auf dem Weg zur militärischen Großmacht)

Heiner Busch, Jahrgang 1957, Politikwissenschaftler, freier Journalist, Mitherausgeber von „Bürgerrechte und Polizei" / CILIP, Vorstandmitglied des Komitees für Grundrechte und Demokratie, lebt in Bern (hier: Monatskalender Januar 2003: Eurodac – oder die lange Geschichte der Erfassung von Asylsuchenden)

Helga Dieter, Jahrgang 1944, Lehrerin, Supervisorin, Journalistin, Mitglied im Vorstand des Komitees für Grundrechte und Demokratie, organisiert und koordiniert die Aktion „Ferien vom Krieg", lebt in Frankfurt/M. (hier: Monatskalender November 2002: Die Instrumentalisierung der Toten von Srebrenica)

Margarete Jäger, Jahrgang 1951, Wirtschaftswissenschaftlerin und Sprachwissenschaftlerin, stellvertretende Leiterin und Mitarbeiterin des Duisburger Instituts für Sprach- und Sozialforschung, Arbeitsschwerpunkte: Diskursanalysen zu Rechtsextremismus, Rassismus und Militarismus (hier: Kriegskritik in den Medien)

Siegfried Jäger, Jahrgang 1937, emeritierter Hochschullehrer der Universität Duisburg-Essen, Leiter des Duisburger Instituts für Sprach- und Sozialforschung, Arbeitsschwerpunkte: Diskurstheorie, Diskursanalysen zu Einwanderung, Rechtsextremismus und Militarismus (hier: Monatskalender August 2002: Der Einwanderungsdiskurs nach dem 11.9.2001)

Heiko Kauffmann, Jahrgang 1948, Pädagoge und Sozialwissenschaftler, Mitbegründer und Sprecher von Pro Asyl (hier: Monatskalen Juni 2003: Europas Krieg gegen Flüchtlinge)

Peter Kammerer, Jahrgang 1938, Soziologe an der Universität von Urbino (hier: Erinnerung an Willi Hoss)

Thomas Kunz, Jahrgang 1962, Politologe, zur Zeit Mitarbeiter im Amt für multikulturelle Angelegenheiten der Stadt Frankfurt am Main; Arbeitsschwerpunkte: Innere Sicherheit und Rassismus, Migration und Integrationspolitik, lebt in Frankfurt/M. (hier: zusammen mit Gottfried Oy: Grenzen und Chancen eines aktualisierten Konzeptes von Gegenöffentlichkeit. Das Beispiel der Kritik „Innerer Sicherheit")

Sabine Lang, Professorin an der University of Washington, Arbeitsschwerpunkte: Politische Öffentlichkeit, Neue Medien, Partizipation und Geschlecht (hier: zusammen mit Birgit Sauer: Öffentlichkeit und Privatheit neu bedacht. Grenzziehungen im Neoliberalismus und die Konsequenzen für Geschlechterpolitik)

Ariane Mohl, Jahrgang 1977, Politologin, Mitarbeiterin beim Forschungsverbund SED-Staat der FU Berlin, lebt in Berlin (hier: Die Qual der Wahl – Überlegungen zur medialen Präsentation von Politik am Beispiel der letzten Bundestagswahl)

Wolf-Dieter Narr, Jahrgang 1937, Hochschullehrer, Politologe, Redaktionsmitglied des Komitee-Jahrbuchs, lebt in Berlin (hier: Monatskalender Mai 2003: „Agenda 2010" oder der Zukunftsverlust steril aufgeregter Politik; gemeinsam mit Roland Roth: Einleitung in den Schwerpunkt. Strukturwandel der Öffentlichkeit 2003 – Menschenrechte, Medien und Demokratie)

Gottfried Oy, Jahrgang 1967, Sozialwissenschaftler, lebt und arbeitet als freiberuflicher Lektor und Publizist, z.Zt. im Erziehungsurlaub, in Frankfurt/M., Arbeitsschwerpunkte: Medien- und Öffentlichkeitstheorien, Alternative Öffentlichkeit, Geschichte sozialer Bewegungen. (hier: zusammen mit Thomas Kunz: Grenzen und Chancen eines aktualisierten Konzeptes von Gegenöffentlichkeit. Das Beispiel der Kritik „Innerer Sicherheit")

Dieter Prokop, Professor für kritische Medienforschung am Fachbereich Gesellschaftswissenschaften der Johann Wolfgang Goethe Universität (hier: Ist das nächste Ziel der Neoliberalen die Abschaffung der Meinungsfreiheit?)

Roland Roth, Jahrgang 1949, Hochschullehrer, Politologe, Mitglied des Arbeitsausschusses des Komitees für Grundrechte und Demokratie und Redaktionsmitglied des Komitee-Jahrbuchs, lebt in Berlin (hier: Monatskalender Juli 2002: Der Absturz der Kommunalfinanzen und seine Folgen; gemeinsam mit Wolf-Dieter Narr: Einleitung in den Schwerpunkt. Strukturwandel der Öffentlichkeit 2003 – Menschenrechte, Medien und Demokratie)

Birgit Sauer, Jahrgang 1957, Hochschullehrerin, Politologin, Redaktionsmitglied des Komitee-Jahrbuchs, lebt in Wien (hier: zusammen mit Sabine Lang: Öffentlichkeit und Privatheit neu bedacht. Grenzziehungen im Neoliberalismus und die Konsequenzen für Geschlechterpolitik)

Albert Scharenberg, Jahrgang 1965, Dozent und Autor, forscht zurzeit am John F. Kennedy Institut der FU Berlin, Mitglied im Arbeitsausschuss des Komitees für

Grundrechte und Demokratie, lebt in Berlin (hier: Monatskalender Februar 2003: Globalisierung, Terror und Folter nach dem 11.9.)

Eckart Spoo, Jahrgang 1936, Journalist, Mitherausgeber und Redakteur der Zeitschrift Ossietzky, lebt und arbeitet in Berlin (hier: Missbrauch publizistischer Macht)

Frank Unger, Jahrgang 1945, Professor für Geschichte/Europäische Studien an der Universität of British Columbia, Vancouver (Kanada) (hier Monatskalender März 2003: Die „Neue Weltordnung", die Vereinten Nationen und die neue EU-Sicherheitsdoktrin)

Jürgen Wagner, Jahrgang 1974, Vorstandsmitglied der Tübinger Informationsstelle Militarisierung (www.imi-online.de) und ist Autor des Buches „Das ewige Imperium: Die US-Außenpolitik als Krisenfaktor", Hamburg 2002 (hier: Monatskalender September 2002: Die Globalisierung der US-Hegemonie)

Rudolf Walther, Jahrgang 1944, Historiker, arbeitet als freier Publizist in Frankfurt/M., Mitglied im Arbeitsausschuss des Komitees für Grundrechte und Demokratie, lebt in Frankfurt/M. (hier: Monatskalender Dezember 2002: „Die Türken" vor den Toren der EU – oder wie Vorurteile geschürt werden)

Bildquellennachweis

Bildquellennachweis

Nachweis für die in diesem Jahrbuch abgedruckten Fotos, Bilder, Zeichnungen, Karikaturen usw., zum Teil mit kurzen Erläuterungen: Titelbild/Umschlagseite: David Plunkert, aus: american illustration sweet 16 ● Seite 1: wildplakatieren erwünscht, aus: HKS 13 (Hg.) hoch die kampf dem, 20 Jahre Plakate autonomer Bewegungen, S. 8 ● Seite 23: Skulptur aus: Hrg. Ulrich herold/Friedrich Schorlemmer, Zusammenwachsen, S. 320 ● Seite 25 oben: Die Angst Regiert, aus: Die Tatsachen sehen und nicht verzweifeln. Kritische Grafik zum Umweltschutz von A. Paul Weber; unten: New York City, September 1987 von Maureen Fennelli, aus: Homeless, S. 61 ● Seite 27: Polizisten auf erstürmter Barrikade, aus: Ostkreuz, Aufbruch nach Deutschland, S. 23 ● Seite 35: Hecht, Foto von Jim Lavrakas, aus: World Press Photo 2002, S. 82/83 ● Seite 39: Ceylon 1950, aus: Henri Cartier-Bresson, Für die Pressefreiheit, S. 25 ● Seite 41: Der Himmelsstürmer von Jonathan Borofsky auf der Documenta 1992 in Kassel, aus: zeitzeichen 8/2003, S. 27 ● Seite 45: „Über die Mauer blicken" von Lothar Nahler, aus: zeitzeichen 10/2002, S. 21 ● Seite 49 oben: Bäuerinnen, Foto Martina Backes; unten: USA, aus: The world's Family, Photographs by Ken Heyman, S. 51 ● Seite 51: Der Strand von Cayar, Senegal, 1960, aus: Robert Lebeck, Augenzeuge, S. 94 ● Seite 55: Dorfkirche in Bosnien, aus zeitzeichen 10/2003, S. 44 ● Seite 59 oben: „invest srebrenica", Foto von Helga Dieter, unten: Srebrenica, Foto von Helga Dieter ● Seite 63 oben: Großvater mit Enkelkind auf der Flucht, aus: World Press Photo 1996, S. 63, unten: Großvater mit Enkelkind auf der Flucht, aus: World Press Photo 1996, S. 62 ● Seite 69: „Befremdlich oder Befreiend?", Foto: BilderBox, aus: zeitzeichen 2/2003, S. 23 ● Seite 71: „Mecca Cola", aus: Dialog mit dem Islam, hrsg. vom Deutschen Institut für Menschenrechte ● Seite 75: Hände, Foto: Russell Lee, aus: The Family of Man, S. 79 ● Seite 81: Jannis Psychopedis, Das Verhör, aus: Eva Weber, In zwei Welten. Migration und Kunst, S. 16 ● Seite 85: Die Folter, aus: Ursula Tjaden, Die Hülle zerfetzen. Helios Gómez 1905 - 1956, S. 75 ● Seite 89: In the name of humanity, Plakat von Klaus Wittkugel, aus: Plakate gegen den Krieg ● Seite 93: Demonstration gegen den Vietnamkrieg, New York, 1967, aus: Robert Lebeck, Augenzeuge, S. 51 ● Seite 97 oben: Park der Menschenrechte, Foto: Manfred Wegener, aus: StadtRevue 1/2003, S. 14; unten: Menschenrechtskrieger, Foto: Larry Downing/rtr, aus: Süddeutsche Zeitung vom 25.9.2003 ● Seite 103: Die Freiheit schützen, aus: Nato-Brief, Gipfelausgabe 1999 ● Seite 105 oben: Transparent: Soldaten bewachen den gedeckten Tisch, Foto privat; unten: Demonstration gegen den Kölner EU-Gipfel 1999, Foto privat ● Seite 111: Ausverkauf im Herbst, aus: Süddeutsche Zeitung vom 13./14.9.2003 ● Seite 115: Ein Produkt der Zivilgesellschaft, aus: Karikatur, Europäische Künstler der Gegenwart, S. 157 ● Seite 119 oben: Brücke ins nirgendwo, aus: Joachim Richau / Wolfgang Kil, Land ohne Übergang, Umschlagbild; unten: gerettete Bootsflüchtlinge, Foto: Perales/ap, aus: Frankfurter Rundschau 24.10.2003 ● Seite 123 oben: entdeckte Bootsflüchtlinge, aus: Sebastião Salgado, Migration, S. 39; unten: Migrantenjunge, aus: Sebastião Salgado, Migration, S. 147 ● Seite 139: Dem Deutschen Volke, aus: Regina Schmenken, Photographien 1989 - 1993, S. 47 ● Seite 143: Fähnchenmenge, aus: Alfred Appel, JR.; Signs of life, S. 17 ● Seite 147: House of Representatives, aus: Zeitenblende. Fünf Jahrzehnte MAGNUM-Photographie, S. 182 ● Seite 153: Bankenplatz, aus: Walter Vogel, Abschied von Gestern. Das neue Gesicht der Bundesrepublik Deutschland, S. 39 ● Seite 157: Hausbesetzerversammlung, aus: Barbara Klemm, Unsere Jahre, S. 66 ● S. 163: Bankenmahnwache, Foto: dpa, aus: zeitzeichen 3/2003, S. 25 ● Seite 173: Presseshop, aus: Der Spiegel Nr.43/2003, S. 116 ● Seite 175: Die Lesende, aus: Regina Schmenken, Photographien 1989 - 1993, S. 43 ● Seite 179: Pressetycoon Murdoch, aus: Der Spiegel Nr. 21/1998 ● Seite 183: Henry Kissinger, aus: Digne Meller Marcovicz, ... die Lebendigen und die Toten ..., S. 166 ● Seite 193: Demokratisierung des Sommerfestes beim Bundeskanzler, aus: Barbara Klemm, Unsere Jahre, S. 30/31 ● Seite 199: Wahlplakat von gestern, aus: Reiner Diederich / Richard Grübling, Stark für die Freiheit. Die Bundesrepublik im Plakat, S. 56 ● Seite 203: Agit-Drucker verhaftet, aus: HKS 13 (Hg.) hoch die kampf dem, 20 Jahre Plakate autonomer Bewegungen, S. 16 ● Seite 207: Euch glaub ich nix, Foto: Josef Poborsky, aus: zeitzeichen 11/2001, S. 39 ● Seite 209: radikal, Zeitung für Freiheit & Abenteuer, aus: HKS 13 (Hg.) hoch die kampf dem, 20 Jahre Plakate autonomer Bewegungen, S. 124 ● Seite 211: „Die Gedanken sind frei", aus: Herlinde Koelbl, Hierzulande ● Seite 219: Familienpolitik, aus: Michael Ruetz, Sichtbare Zeit. Photographien 1965 - 1995, S. 83 ● Seite 223: Schülerin, Guinea-Bissau, 1974, aus: Michael Ruetz, Sichtbare Zeit. Photographien 1965 - 1995, S. 83 ● Seite 235: Crowd watching TV during elections, aus: The Fifties, Photographs of America ● Seite 241: Fische schauen Dich an, Foto: Mauritius, aus: Süddeutsche Zeitung vom 20.11.2003 ● Seite 247: Journalisten, eingebettet, Zeichnung: Murschetz, aus: Süddeutsche Zeitung vom 5./6.4.2003 ● Seite 255: War = Terror, Foto: Martin Singe ● Seite 263 oben: israelische und palästinensische Pässe; unten: gemeinsam Brotbacken, beide Fotos: Helga Dieter ● Seite 277: beide Fotos Martin Singe ● Seite 271: Menschendesigner, Foto: E. J. Wodlicka, aus: zeitzeichen 4/2002, S.10 ● Seite 285 oben: resistthewar; unten: Airbase-Blockade, beide Fotos: Martin Singe ● Seite 297: Kriegsnichtbeteiligung, Karikatur aus: die tageszeitung vom 13.12.2002.

Die Redaktion dankt allen, die mit der Zurverfügungstellung von Bildmaterial zur Illustration des Komitee-Jahrbuches 2002/03 beigetragen haben, und bittet um Vergebung, wenn wir es manchmal mit dem Urheberrecht nicht peinlich genau genommen haben. Wir selbst freuen uns über jeden – auch ungefragten – Nachdruck aus unsere Publikationen (selbstverständlich unter Angabe der Quelle).

Was will das Komitee für Grundrechte und Demokratie?

Das Komitee für Grundrechte und Demokratie wurde 1980 gegründet. Die Initiative ging aus von Leuten, die am Zustandekommen des Russell-Tribunals über die Situation der Menschenrechte in der Bundesrepublik Deutschland (1978/79) beteiligt waren. Die damals formulierten Ziele sind nach wie vor seine Leitlinie: Couragiertes und menschenrechtlich erforderlichenfalls zivil ungehorsames Engagement für Menschenrechte aller Menschen und überall. Im Gründungsmanifest von 1980 heißt es:

„Das Komitee begreift als seine Hauptaufgaben, einerseits aktuelle Verletzungen von Menschenrechten kundzutun und sich für diejenigen einzusetzen, deren Rechte verletzt worden sind (z.B. im Kontext sogenannter Demonstrationsdelikte, Justizwillkür, Diskriminierung, Berufsverbote, Ausländerfeindlichkeit, Totalverweigerung, Asyl- und Flüchtlingspolitik), andererseits aber auch Verletzungen aufzuspüren, die nicht unmittelbar zutage treten und in den gesellschaftlichen Strukturen und Entwicklungen angelegt sind (struktureller Begriff der Menschenrechte). Die Gefährdung der Grund- und Menschenrechte hat viele Dimensionen, vom Betrieb bis zur Polizei, vom ‚Atomstaat‘ bis zur Friedensfrage, von der Umweltzerstörung bis zu den Neuen Technologien, von der Meinungsfreiheit bis zum Demonstrationsrecht, von der Arbeitslosigkeit bis zur sozialen Deklassierung, von den zahlreichen ‚Minderheiten‘ bis zur längst nicht verwirklichten Gleichberechtigung der Frau.“

Was tut das Komitee?

Das Komitee konzentriert seine Arbeit vor allem auf die Situation der Grund- und Menschenrechte in der Bundesrepublik Deutschland. In seinem Selbstverständnis jedoch vertritt das Komitee einen universellen – die Grenzen der Bundesrepublik überschreitenden – Anspruch auf unverkürzte Verwirklichung von Menschenrechten. Verbindliche Arbeit wäre vom Komitee auf globaler Ebene indes weder finanziell noch organisatorisch zu leisten.

Inhalte

Die Schwerpunkte, Themen und Aktionen verändern sich. Aktuelle Fragestellungen werden aufgegriffen und bearbeitet. Einige grundlegende Themen beschäftigen das Komitee jedoch immer wieder neu.

Schwerpunkte der derzeitigen Arbeit:

- Strafen, Haftbedingungen und Gefangenenhilfe
- Friedenspolitik
- Demonstrationsrecht/-beobachtungen
- Flucht, Migration und Asyl
- Soziale Bürger- und Menschenrechte
- Verletzungen von Grundrechten im Namen der „Inneren Sicherheit"
- Neue Technologien (Humangenetik/Biomedizin)
- Umweltschutz
- Kinderferienfreizeiten im ehemaligen Jugoslawien
- gelegentlich Prozeßbeobachtungen
- Fragen einer menschenrechtlich-demokratisch nötigen bundesdeutschen und europäischen Verfassung

Arbeitsformen

Zu vielen dieser Themen sind Arbeitsgruppen tätig, die Aktionen planen, vorbereiten und ermöglichen. Zu aktuellen Fragen werden Stellungnahmen erarbeitet und Pressemitteilungen herausgegeben. Über Hintergründe und Zusammenhänge werden Seminare veranstaltet und wird in Aufsätzen und Broschüren informiert. Dort, wo möglich, nötig und sinnvoll, sucht das Komitee, für bedrohte Menschenrechte und gegen undemokratische Maßnahmen in Formen strikt gewaltfreien symbolischen Handelns direkt einzutreten. Es gibt verschiedene Kooperationen mit anderen Bürgerrechtsgruppierungen. An den Demonstrationsbeobachtungen, mit denen das Komitee bereits 1981 bei der Brokdorf-Demonstration begonnen hat, beteiligen sich viele Förderer, Förderinnen und Interessierte des Komitees – neue Interessierte werden immer gesucht.

Die Gefangenenbetreuung ist arbeitsintensiv. Umfangreiche Briefwechsel mit Gefangenen und Eingaben zur Verbesserung von Haftbedingungen bei den Behörden, aber auch zahlreiche Gefangenenbesuche fallen an. Außerdem schicken wir auf Anfrage von Gefangenen Literatur in die Justizvollzugsanstalten. Ein besonderer Schwerpunkt liegt in der kritischen Auseinandersetzung mit der lebenslangen Freiheitsstrafe und ihren repressiven Auswirkungen auf den sogenannten Normalvollzug.

Dem Selbstverständnis des Komitees entspricht es, nicht primär „große Politik" in Sachen Menschenrechten zu beeinflusssen zu suchen, sondern vor allem einzelnen und Gruppen konkret zu helfen. So wirkt das Komitee einerseits als eine prinzipielle Orientierungsinstanz in der Menschenrechtsfrage, andererseits als eine Stelle, bei der Betroffene direkte Hilfe suchen und auch erwarten können – wenn es irgendwie in unseren Möglichkeiten liegt.

Das Komitee organisiert Tagungen und Seminare, an denen alle Interessierte teilnehmen können. Jedes Jahr erscheint ein Komitee-Jahrbuch, das neben einem Monatskalender, Dokumenten aus der Arbeit des Komitees und einem Ereigniskalender Aufsätze zu einem jeweils neu gewählten Schwerpunktthema enthält. Zu den verschiedenen Schwerpunkten des Komitees erscheinen Broschüren und Bürger- und Bürgerinnen-Informationen. Letztere sollen BürgerInnen in verständlicher und kurzer Form mit aktuellen Problemen konfrontieren beziehungsweise sie darüber informieren.

Wie ist das Komitee organisiert?

Das Komitee hat die Rechtsform eines eingetragenen, gemeinnützigen Vereins. Es ist jedoch nicht in lokalen Gruppen strukturiert. Es will Hilfestellungen und Orientierungen für Initiativen, Gruppen und einzelne geben. In das, was das Komitee sagt und tut, fließen viele Erfahrungen eines langjährigen basispolitischen Engagements derjenigen ein, die das Komitee tragen. In diesem Sinne ist das Komitee eine „Kopf-Institution", weder von der Basis berufen noch ihr abgehobener Stellvertreter. Über die vielfältigen, außerhalb des organisatorischen Rahmens des Komitees liegenden Aktivitäten seiner Mitglieder in Projekten, lokalen oder übergreifenden Initiativen ist es zusätzlich auf indirekte Weise mit den sozialen Bewegungen vernetzt.

Mitglieder, Förderer, Förderinnen und InteressentInnen

Organisatorisch besteht das Komitee aus einem kleinen Mitgliederkreis von etwa 100 engagierten ExpertInnen zu spezifischen Fragen der Grund- und Menschenrechte (monatlicher Mindestbeitrag 25 Euro). Darüber hinaus gibt es einen Förderkreis zur finanziellen Unterstützung des Komitees (zur Zeit etwa 1.000 FörderInnen mit einem monatlichen Mindestbeitrag von je 10 Euro). Mitglieder und FörderInnen erhalten alle Publikationen des Komitees sowie unregelmäßig herausgegebene Informationen über die Aktivitäten des Komitees etc. kostenlos zugesandt (diese Materialien sind durch die Beiträge bezahlt). Das Komitee verfügt über einen InteressentInnen- und SympathisantInnenkreis von etwa 7.500 Einzelpersonen, die in verschiedenen Zusammenhängen politisch tätig sind (in Bürgerinitiativen, Frauenbewegung, Friedensbewegung, Umweltschutz, in Parteien, Gewerkschaften, Kirchen usw.). An diese InteressentInnen gehen von Zeit zu Zeit Informationsblätter, wichtige Stellungnahmen und Orientierungspapiere o.ä. des Komitees. Die AdressatInnen dieser Informationssendungen zahlen keine Beiträge. Diese spenden gelegentlich und greifen auf die vom Komitee publizierten Materialien usw. zurück.

Der Verein

Das Komitee hält alle zwei Jahre eine Mitgliederversammlung ab, auf der – neben einer inhaltlichen Schwerpunktsetzung mit Referaten und Diskussionen – die erforderlichen Regularien behandelt werden: Geschäfts- und Finanzbericht, Vorstandswahl u.ä. Stimmberechtigt sind die Mitglieder. Die FörderInnen werden eingeladen, können teilnehmen und mitdiskutieren. Die letzte Mitgliederversammlung war im Dezember 2003.

Die Arbeit des Komitees wird getragen von einem Vorstand (gegenwärtig 7 Mitglieder) und einem Arbeitsausschuß (incl. Vorstand gegenwärtig 19 Mitglieder). Dieser wird koordiniert vom Geschäftsführenden Vorstand:

Volker Böge, Oberer Lindweg 26, 53129 Bonn
Theo Christiansen, Eichenstr. 27, 20259 Hamburg

Sekretariat

Die Arbeit des Komitees wird koordiniert von einem Sekretariat in Köln, in dem Martin Singe, Dirk Vogelskamp und Elke Steven arbeiten. Das ursprüngliche Sekretariat in Sensbachtal, das die Arbeit 19 Jahre lang getragen hat, ist zum 1. Januar 1999 geschlossen worden. Zum 1. Januar 1993 wurde das Sekretariat in Köln eingerichtet, das nun die Arbeit ganz übernommen hat.

Gerade bei einer kleinen, zugleich vielfältig und intensiv arbeitenden Institution wie dem Komitee für Grundrechte und Demokratie liegt es auf der Hand, daß dem Büro eine besondere Bedeutung zufällt: die vielfältige Arbeit zu ermöglichen; in vielen Fällen einzelnen direkt zu helfen; aus- und inländische Bürger und Bürgerinnen zu unterstützen, die (vor allem) staatlichen Repressionen aller Art ausgesetzt sind. Ein funktionstüchtiges Sekretariat ist von großer Bedeutung. Darum ist es wichtig, daß das Komitee finanziell gut ausgestattet ist, um seinen Aufgaben und Anforderungen gerecht werden zu können. Dazu braucht das Komitee noch mehr Förderer und Förderinnen, auch dann, wenn diese sich nicht aktiv an der Arbeit des Komitees beteiligen können. Ihre Geldbeiträge und Spenden helfen dem Komitee, seinerseits Hilfe gewähren zu können.

Komitee für Grundrechte und Demokratie e.V.
Aquinostr. 7-11, 50670 Köln
Telefon: 02 21/9 72 69-20 und -30
Telefax: 02 21/9 72 69-31

email: info@grundrechtekomitee.de
web-Seite: www.Grundrechtekomitee.de

Spenden erbeten:
Volksbank Odenwald, Kto. 8 024 618, BLZ 508 635 13

(Spenden sind steuerlich absetzbar.)
